21세기 개혁주의 구약신학

SFC

21세기 개혁주의 구약신학

SFC

차례

추천의 글

이 책은 현대의 구약신학의 동향을 다양한 각도에서 보여주는 파노라마와 같다. 특별히 저자는 자신을 복음주의적 개혁주의 입장에 위치시키면서 현대의 다양한 구약신학자들을 그들의 신학적 경향성에 따라 범주화시켜 설명한다. 그러면서도 때론 강도 높은 비판을 가하기도 한다. 이 책의 구성에 있어 약간의 불균형들이 발견되기도 하지만, 이는 현대 구약신학이 직면한 다양하고 중요한 이슈들에 대한 저자의 열정에서 비롯된 양적 불균형일 뿐이다. 이 책은 현대 구약신학을 이끌어가는 인물들 및 이슈들과 성향들에 대한 비판적 고찰로 가득한 책으로서, 보수주의적 전통에 서있는 신학생들과 학자들에게 좋은 안내자 역할을 함은 물론, 중요한 구약신학 개관서로 자리매김하게 될 것이다. 장세훈 박사의 노고는 마땅히 높이 평가되어야 하며, 이 분야에 관심이 있는 신학생들에게 일독을 권한다.

류호준 (백석대학교 신학대학원 구약학 교수)

이 책은 다루기 어려운 주제를 읽기 쉽고 수려한 필체로 풀어낸 뛰어난 구약신학 소개서이다. 특히 구약신학의 폭넓은 분야를 일목요연하게 소개하되 복음주의적 관점, 특히 언약신학과 정경적 해석 같은 개혁주의의 강조점에 방점을 두고 구약신학의 흐름을 펼쳐 보인다. '21세기' 라는 표제에 걸맞게 바울신학의 새관점을 주장하는 톰 라이트의 율법 이해와 피터 엔스를 둘러싼 영감론 논쟁과 같은 최근의 신학기상도도 포함하고 있다. 하나님 말씀으로서의 구약의 깊은 의미와 현대적 적실성에 목마른 신학생, 목사님과 관심 있는 성도들에게 필독을 권한다.

성주진 (합동신학대학원대학교 총장)

장세훈 교수가 쓴 책 『21세기 개혁주의 구약신학』은 구약성경신학에 관심이 많은 목회자들에게 좋은 소식이 아닐 수 없다. 장 교수의 책은 전통적인 비평주의 신학을 잘 정리하여 소개할 뿐만 아니라, 이들에 대한 개혁주의 및 복음주의 신학자들의 반응과 영향을 명쾌하게 정리하였다. 나아가 전통적인 비평학 이후의 구약신학 동향까지도 다루고 있기 때문에 신학생과 목회자들에게 큰 도움이 되리라고 생각된다. 그 동안 구약신학에 대한 미국과 유럽 학자들의 책을 번역한 책들은 더러 있었지만, 한국 신학자가 개혁주의와 복음주의 관점에서 쓴 책은 흔치 않았다. 그런 점에서 장 교수의 책은 더욱 평가받을 만하다.

기동연 (고려신학대학원 구약학 교수)

서 문

필자는 수년간 구약신학을 상의하면서 교재선정의 어려움을 겪어 왔다. 구약신학을 다루는 책들은 무수히 많으나 구약신학의 다양한 방법론과 관점들을 일목요연하게 정리해 놓은 책들은 그리 많지 않았기 때문이다. 필자가 처음으로 신학의 길에 들어섰을 때, 게하르드 하젤(Gerhard Hasel)의 『구약신학』은 필자에게 상당한 매력을 가져다주었다. 필자는 이 책을 통해 구약신학의 전반적인 흐름과 특징을 이해할 수 있는 안목을 얻게 되었다. 그러나 하젤의 『구약신학』이 출판된 지 수십 년의 세월이 지난 이 시점에서 이 책을 계속해서 교재로 사용하는 것은 무리라는 생각이 들었다. 결국 필자는 5년 전부터 하젤의 『구약신학』이 다루지 못했던 21세기 구약신학의 흐름과 특징들을 분석하고 소개하는 작업을 계획하기 시작했다. 나아가 필자는 하젤의 책이 충분히 제시하지 못했던 복음주의뿐만 아니라 개혁주의 진영에 속한 구약신학자들의 작품들을 살펴보며 그 가치를 평가하는 일에 관심을 기울이기 시작했다. 본서는 이러한 저자의 관심과 노력의 결과물이라고 말할 수 있다. 아쉽게도 본서는 한국 구약신학자들의 작품을 다루지는 않는다. 언젠가 한국 구약신학자들의 사상을 정리하고 평가하는 작품을 선보일 수 있기를 고대해 본다. 부디 본서가 21세기 구약신학, 특히 복음주의와 개혁주의 구약신학을 알고자하는 신학생이나 목회자들에게 유익한 정보를 제공해 줄 수 있기를 바라마지 않는다.

본서의 출판을 위해 아낌없는 격려를 보내주신 분들께 감사를 드리고 싶다. 먼저 바쁘신 중에도 본서의 출판을 축하해 주시고 기꺼이 추천사를 수락해 주신 합동신학대학원대학교의 성주신 총장님, 백석대학교의 류호준 교수님, 고려신학대학원의 기동연 교수님께 감사의 마음을 전한다. 또한 필자에게 늘 따뜻한 조언과 충고를 해 주시며 스승으로서의 참된 본을 보여주신 유재원 교수님, 김정우 교수님, 김지찬 교수님께 감사를 드리며, 변함없는 우정으로 학문의 동지가 되어 주는 강규성 교수와 최순진 교수께도 이 지면을 빌어 고마움을 전하고 싶다. 끝으로 본서의 출판을 위해 수고해 주신 SFC 출판사 이의현 목사님과 간사님들께 진심으로 감사를 드리는 바이다.

2010년 11월 1일

신림동 연구실에서

저자 장세훈

제1부
21세기 구약신학과 개혁신학

제1장 구약신학의 어제와 오늘

1. 20세기 초반의 구약신학 - 종교사학파의 시기

19세기 후반부터 20세기 초반까지의 시기는 종교사학파의 시대라고 해도 과언이 아니다. 죠셉 가블러 이후 성경학 분야에 점차 역사비평적 해석이 강화되면서 종교사학파의 위치는 더욱 확고해졌다. 먼저 초창기에 끼쳤던 파트케(Wilhelm Vatke)의 영향력을 무시할 수 없다. 파트케는 1835년에 『성경신학: 제1부』(*Biblishe Theologie: Part I*)[1]를 출간하여 주목받기 시작했다. 여기서 파트케는 그 시대의 중요한 사조였던 헤겔의 변증법을 도입하여 이스라엘의 역사를 재구성하였다. 헤겔이 파트케의 사상적 영감을 제공한 장본인이었음을 감안해 본다면, 파트케의 신학적 작업에 끼친 헤겔의 사상적 영향은 결코 간과될 수 없다. 이런 이유로 인해 파트케는 이스라엘의 역사를 연구할 때 헤겔의 변증법의 관점을 적극적으로 수용하고 적용하였다. 그는 역사가 정과 반의 과정을 통해 새로운 단계로의 합으로 발전하듯이, 이스라엘 역사도 계속되는 진화의 발전과정을 겪었다고 주장한다.

특히 파트케가 선지자들의 가르침을 오경의 체계보다 먼저 생겨난 것이라고 주장한 최초의 학자였다는 사실을 주목해 볼만하다. 물론 파트케 이전의 학자들도 구약의 역사를 재구성하는 작업을 시도해 왔으나, 파트케의 논리만큼이나 분명하지 않았다. 그러므로 파트케의 작품은 "구약신학의 역사 전체를 두고 볼 때 가장 긴 철학적인 서론을 가지고 있는 반면에, 그것은 또한 철저하게 역사적인 성격을 가진 맨 처음 저술"로 평가된다.[2] 이스라엘 종교가 포로기 시대 이후에 그 정점에 도달했다고 주장했던 파트케의 입장은 실로 역사비평학의 역사적 재구성의 기초를 놓았다고 말할 수 있다.

이와 같은 파트케의 이스라엘 종교사 이해는 종교사학파의 아버지로 일컫는 벨하우젠의 사상에 지대한 영향을 끼쳤다. 실제로 벨하우젠은 "가장 많이 그리고 가장 훌륭하게" 배운 것은 파트케로부터였다는 점을 솔직히 시인하였다.[3] 파트케에 의하면, 이스라엘의 종교는 원시적인 단계에서 유일신론으로 진화되었는데, 이스라엘 종교사의 최종적인 "합"의 단계는 바로 에스라 시대(주전 450-425년) 혹은 그 이후 시대의 종교형태에 해당한다. 그러므로 선지서 시대 이전의 모든 역사적 기록물들은 현재의 사상을 과거로 투영해서 본 후기 저작물에 불과하다.

그러나 19세기 중반에 종교사적 접근에 대한 구속사 학파의 강한 반발이 제기되었다. 가령 슈토이델(J. C. F. Steudel),[4] 헤페르닉(H. A. C. Hävernic),[5] 욀러(G. F. Oehler),[6] 호프만(J. C. K. Hofmann), 슐츠(Hermann Schultz) 그리고 헹스텐베르크(E. W. Hengstenberg)와 같은 이들이 구속사 학파에 중심을 구축하였다. 특히 헹스텐베르크는 대표적인 학자로 손꼽힌다. 그의 책, 『구약의 기독론』(*Christologie des Alten Testaments*)[7]는 주로 메시아 예언을 다루고 있기 때문에 엄격한 의미에서 구약신학적 작품으로 평가될 수는 없지만 역사 비평학의 부당성을 고발하면서 메시아 예언들에 대한 연구를 통해 구약과 신약의 통일성을 강력하게 주장한 획기적인 저술이었다. 그는 만약 구약과 신약이 예수 그리스도를 증거하는 확실한 메시지를 담고 있다면 구약과 신약의 통일성이 성립될 수 있다고 보았다. 또한 그는 모세의 오경 저작권을 고수하였고 성경의 역사성과 영감 및 계시의 역사성을 결포 포기하지 않았다. 헹스텐베르크 외에도 구약성경의 권위와 영감을 강조하는 학자로는 앞서 언급된 스토이델, 헤페르닉 그리고 욀러와 같은 이들이 있었다. 특히 욀러는 역사비평적 해석의 위험성을 경계하면서 "문법적-역사적" 주석을 강조하였다.

무엇보다도 "구속사 학파"의 아버지로 불리는 호프만(J. C. K von Hofmann)은 보수주의 구약신학에 지대한 영향을 끼쳤다. 호프만은 그의 책, 『예언과 성취』(*Weissagung und Erfüllung*)에서 구약에 나타난 각각의 여러 단계들이 궁극적으로 하나님의 구원방식을 보여준다고 주장하였다. 호프만은 구약성경에는 인간을 향한 하나님의 구속사적 선포를 제시하는데, 궁극적으로 예수 그리스도를 통해 이 구속사의 목적이 성취된다고 보았다. 결론적으로 19세기의 "구속사 학파"는 "(1) 말씀에 표현된 하나님 백성의 역사 (2) 성경과 영감 사상 (3) 하나님과 사람 사이의 역사의 (예비적) 결과는 예수 그리스도라는 세 가지 명제에 근거하고 있었다."[8)]

그러나 하우스(Paul R. House)의 지적대로, 19세기 중반의 보수주의자들은 종교사학파의 합리주의에 대항하여 성경의 영감과 역사성을 변호하였으나, 그들 역시 헤겔 사상의 영향으로부터 완전히 자유롭지 못했다. 다시 말해 하우스는 "그들은 역사의 발전과정을 지나치게 강조한 나머지 구약의 중요한 사상들을 간과하고 말았다"고 지적하면서, "그들에게 있어서 구약의 메시아 약속들이야말로 가장 중요한 것들이었다. 그러나 구체적으로 구원과 관련되지 않은 이슈들을 다루고 있는 구약의 독특한 요소들은 어떻게 되는가? 성결한 삶, 지혜 혹은 사회적 정의에 관한 히브리 성경의 가르침은 어떻게 되는가?"라고 질문을 던진다.[9] 또한 어떤 이들은 구약의 오류의 가능성을 인정하여 구약의 무오성을 철저하게 고수하지는 않았는데 이것은 아쉬운 점이 아닐 수 없다. 예를 들면 호프만은 성경에는 오류가 포함되어 있으며 역사적인 사건에 있어서 문자적으로는 정확하지 않을 수 있다고 인정했다.[10]

비록 종교사학파에 대한 보수주의의 강력한 도전이 있었음에도 불구하고, 파트케로부터 시작된 종교사적 이해와 그 영향력은 결코 사라지지 않았다. 사실상 파트케의 이스라엘 종교사 이해는 그 당시에 매우 급진적이었기 때문에 그다지 많은 호응을 얻지 못했지만, 앞서 언급했듯이 파트케의 종교사 이해를 대중화시킨 학자가 등장하였는데 그가 바로 벨하우젠이었다. 벨하우젠의 출현은 파트케로부터 시작된 종교사학파의 승리를 의미하였다. 벨하우젠의 작품, 『고대 이스라엘 서설』(*Prolegomena to the History of Ancient Israel*)[11]의 출간은 벨하우젠의 전성시대가 시작되었음을 알려주었고, 구약신학계는 일부 보수주의를 제외하곤 대다수가 벨하우젠의 종교사 이해로부터 지대한 영향을 받게 되었다.

예를 들면, 보수주의 구약학자 슐츠는 원래 구속사 학파에 굳게 서 있었으며, 1869년에 출간된 그의 구약신학 저술 제1판에는 구속사 학파의 입장을 그대로 반영하였다. 그러나 1878년에 출간된 구약신학 제2판에서는 율법의 연대를 후기에 속한 것으로 보았던 파트케와 벨하우젠의 견해를 수용하였으며, 계속 이어진 개정판에서는 벨하우젠의 종교사 학파를 더욱 적극적으로 받아들였다.[12] 결과적으로 보수적인 구속사 학파는 벨하우젠의 영향력 앞에 그 힘을 상실하게 되었다.

벨하우젠은 그의 선생 에발트(Heinrich Ewald) 뿐만 아니라 드 베테, 파트케, 그라프(Karl F. Graf) 및 쿠에넨(Abraham Kuenen)으로부터 사상적 영향을 받았다. 그리하여 그는 이스라엘 종교사를 진화론적 관점에서 본 파트케의 입장을 수용하여 레위기의 제사장 자료가 이스라엘 역사 말기에 기록되었으며, 오경은 선지서 이후에 완성되었으며, 특히 신명기는 7세기에 기록된 작품으로 간주되었다. 이러한 입장을 취하게 되면, 유일신 사상은 율법으로부터 파생된 것이 아니라 선지자들의 가르침에 기인한다. 그러므로 벨하우젠에 의하면, 이스라엘 종교는 다른 고대 근동 종교들과 마찬가지로 원시 자연종교로부터 시작하여 선지서와 초기 오경 부분에 나오는 윤리적 유일신론으로, 나아가 신명기와 그 사상에 영향을 받은 책들(여호수아, 사사기, 사무엘상하, 열왕기상화, 예레미야)에 나타나는 중앙성소 중심의 유일신론으로, 그리고 에스라와 레위기 및 에스겔과 역대상하에 나타나는 제사장 중심의 종교로 진화되었다.

결과적으로 벨하우젠 이전부터 제기되었던 오경의 문서설은 벨하우젠에 의해 학계로부터 대중화되었고, 급기야 구약연구의 출발점으로 인식되기에 이르렀다. 이와 같은 벨하우젠의 종교사 이해는 순식간에 구약신학계를 지배하였는데, 영국을 거쳐 미국까지 그 영향력을 발휘하게 되었다. 벨하우젠에 의한 종교사의 승리에 대해 아이히로트는 다음과 같이 기술한다.

> 이제 구약의 통일성은 더 이상 발견될 수 없었고 구약은 단지 분리된 시기들을 엮어 놓은 일종의 모음집에 불과했다. 즉, 구약은 다른 많은 종교들처럼 분리된 시기들을 반영해 줄 뿐이다. 이 같은 상황 속에서 "구약신학" – 이 단어는 이전에는 꽤 다른 의미를 함축하고 있었다 – 이라는 명칭은 종종 거부되었고 "이스라엘 종교사"라는 명칭으로 대체되었다. 그리고 이러한 현상은 단지 논리적 귀결일 뿐이었다. 비록 신학자들은 "구약신학"이라는 이전의 명칭을 고집하려 했지만, 그들은 역사적 발전과정에 대한 연구 외 어떤 해석도 할 수 없었고, 또 그러한 연구를 심각하게 고려하지 않았다.[13]

벨하우젠 이후에 19세기에서 20세기로 전환하면서 종교사학파의 또 다른 대표적인 인물은 바로 헤르만 궁켈(Hermann Gunkel)이었다. 그는 구약신학 자체를 거부하지는 않았지만, 기존의 구약연구에 영향을 주었던 교리나 교의학으로부터 분리를 강조하였다. 그는 구약신학 분야는 교의학과 거리를 두어야 하며, 구약해석의 목표는 종교자체에 관심을 기울이는 것이라고 주장했다. 다시 말해, 궁켈은 구약신학의 과제가 "그 종교의 깊이와 넓이를 제대로 이해함과 동시에 그것의 다양한 굴곡과 변화를 추적하며, 그것의 가장 심오한 사상들이 생겨난 곳을 찾아가는" 데 있다고 보았다.[14]

그리하여 가블러 이후 연구되어 온 구약신학 분야는 궁켈에 이르러서 완전히 종교사 연구로 고정되었다. 특히 궁켈은 고대근동문헌 특히 메소포타미아 문헌들을 체계적으로 사용한 최초의 구약학자였다.[15] 궁켈은 그의 책, 『창조와 혼돈』 (*Schöpfung und Chaos*)에서 이스라엘의 고대 종교형태를 이해하기 위해 바벨론의 창조신화 "에누마 엘리쉬"를 연구하였다. 그는 이 책에서 "창세기 1장은 바벨론 신화로부터 기원하는가? 만약 그렇다면 어느 정도까지 그런가?"라고 질문을 던진다. 그리하여 궁켈은 바벨론 신화가 이스라엘 종교에 영향을 미친 과정을 다음과 같은 세 단계로 보았다. "(1) 말둑의 바벨론 원시 창조신화 → (2) 히브리 창조 신화 형성 → (3) 신화가 완전히 제거된 제사장 내러티브"

궁켈이 보여준 이 단계들은 창세기에 나타난 바벨론 창조 신화의 사상적 영향과 그 과정을 보여준다. 결론적으로 궁켈은 계시가 역사와 충돌하거나 역사 밖에서 존재할 수 없으며, 오히려 인간 정신의 발전(the ascending development of the human spirit) 속에서 등장한다고 보았다. 그러나 그의 종교사적 연구는 히브리 신학을 파괴하기 위한 목적에 있지 않았다. 오히려 그의 연구는 구약의 종교적 기원을 탐구하는 데 있었다. 그리하여 20세기 종교사학파는 궁켈 이후에 아히혼(Albert Eichhorn), 브레데(William Wrede), 부세트(Wilhelm Bousset) 및 모빙켈(Sigmund Mowinckel)로 이어지며 그 영향력을 확장시켜 나갔다. 종합하자면, 20세기 초반의 종교사학파적 구약신학은 결과적으로 구약성경의 통일성을 거부하여 구약 자체를 서로 연결되지 않는 시대의 자료집으로 간주했으며, 나아가 구약과 신약의 연속성은 더욱 불가능한 것으로 인식하였다.

2. 20세기 중반의 구약신학(1930년-1960년대)
- 신정통 신학과 성경신학운동[16]의 시기

앞서 살펴본 대로, 지난 수 세기 동안 구약신학 연구는 역사비평학에 의해 주도된 종교사학파적 접근의 지배를 받아왔다. 특히 벨하우젠의 이스라엘 역사 이해는 구약신학 연구에 엄청난 파장을 불러일으켰으며, 종교사학파의 전성기를 예고해 주었다. 이 학파는 헤겔, 마르크스, 다윈 및 프로이드의 사상을 근간으로 한 진화론적 관점을 이스라엘 종교사에 적용시켜, 고대 이스라엘 종교사를, 일종의 덜 진화된 "신화적 단계"에서 보다 고차원적인 "윤리적 단계"로의 발전으로 보았으며, 나아가 이런 진화론적 이해를, 성경의 문서적 발전 과정과 연결시켰다. 즉 종교사학파들은 오경과 같은 성경 문서들이 J에서 E로, 그리고 D와 P로 전개되는 발전 과정을 통해 최종적인 구성형태를 갖게 되었다고 주장하였다.[17] 그러나 종교사학파의 진화론적 종교사 이해는 바르트 신학의 출현[18]과 함께 그 영향력이 약화되기 시작한 반면, 바르트 신학에 영향을 입은 구약신학자들의 활약은 더욱 두드러지기 시작했다.

2.1. 월터 아이히로트(Walter Eichrodt)

바르트의 바젤 대학교 동료교수이자, 1930년대에 중요한 구약신학자로 부각되었던 아이히로트(Walter Eichrodt)는 그 유명한 『구약신학』(*Theology of the Old Testament*)[19]이라는 작품을 출간하여 학계의 주목을 받

게 되었다. 그는 비록 역사비평의 영향으로부터 완전히 자유롭지 않았지만, 전통적인 진화론적 관점에서 떠나 새로운 구약신학적 개념으로 관심을 돌린다. 먼저 그는 전통적인 종교사학파의 입장이 객관적이라는 주장에 대해 의문을 제기하며, 종교사 연구 역시 주관적이라고 강변한다. 그리하여 아이히로트는 "역사" 대 "신학"의 이분법적 대조를 시도한 종교사학파와는 달리 "역사"와 "신학"의 통합을 시도하였다. 그는 다음과 같이 말한다.

> 구약학에서 역사주의의 독재가 깨뜨려지고 우리의 과제에 적절한 접근방식이 재발견될 호기를 맞았다. 분명히 이것은 결코 새로운 문제가 아니라 모든 지식의 시대에 새로이 해결되어야 할 문제 – 구약의 신앙 세계를 그 구조적 통일성 속에서 어떻게 이해하며 한편으로 구약의 종교적 환경, 또 다른 한편으로 신약과의 본질적인 통일성을 검토함으로써 구약의 매우 심원한 의미를 어떻게 밝혀내느냐 하는 문제 – 이다.[20]

여기서 아이히로트는 이스라엘 역사 속에 나타난 신학의 내용들과 그 내용들을 묶어주는 신학적 구조에 초점을 두었다. 그는 이스라엘 종교의 모든 단계 속에서 나타나는 일관된 신앙의 연속성을 탐색한 뒤, 그것이 바로 "언약"이라는 개념을 통해 드러난다고 이해하였다.

즉, 아이히로트는 (1) 하나님과 이스라엘 (2) 하나님과 세상 그리고 (3) 하나님과 인간과의 언약적 관계야말로 구약의 이스라엘의 신앙에 결정적인 요소가 된다고 본다. 아이히로트는 이와 같은 언약적 접근이야말로 구약의 역사와 신학의 통합을 가능하게 만들어 준다고 보았다.

나아가 아이히로트는 이 "언약"이라는 개념이 구약을 신약까지 연결시켜주는 역할을 한다고 주장하였다. 그는 신약과 연결되지 않는 구약연구란 존재할 수 없다고 강조하면서, 구약과 신약의 통일성에 깊은 관심을 기울였다. 그러므로 언약 개념을 통해 구약과 신약을 통일체로 묶는 아이히로트의 성경신학적 작업은 하나님 나라의 도래와 그리스도 안에서의 새 언약 계시에 초점을 둔다.

차일즈의 평가처럼, 아이히로트의 공헌은 크게 세 가지로 요약될 수 있다. 첫째, 아이히로트는 19세기 역사 비평에 의해 흔들렸던 구약신학이라는 분야의 위치를 다시 회복시켰다. 둘째, 아이히로트는 구약 이스라엘의 신앙세계를 탐구하기 위해 비평적 도구를 잘 활용하였다. 셋째, 그는 바로 이 이스라엘의 신앙을 통합하는 신학적 통일성을 찾고자 씨름하였다.[21]

그러나 덴탄의 지적처럼, 아이히로트의 언약 중심적 구약신학은 "결합되어 있어야 하는 주제들을 인위적으로 나누고 지루할 정도로 상당한 양의 내용이 중복되는 등의 결과"[22]를 초래하였다. 그렇지만 "언약"을 기초로한 아이히로트의 구약신학 작업은 기존의 종교사의 한계를 뛰어넘어 구약의 "신학"에 대한 관심을 다시 고조시키는 전환점을 마련해 주었으며, 구약의 통일성을 규명하는 탁월한 시도로서 찬사를 받아 마땅하였다. 이 "언약" 개념은 1950년대에 이르러 죠지 멘덴홀(George Mendenhall)과 같은 학자들에 의해 보다 중요한 구약신학의 요소로 자리 매김하게 되었다.[23]

2.2. 폰 라트(Gerhard von Rad)

아이히로트의 구약신학 이후 구약학계는 종교사학파의 한계를 인식하면서 신학적 작업에 더욱 박차를 가하였다. 1949년에 출간된 화란의 구약신학자 프리젠(Th. C. Vriezen)의 작품, 『구약신학 개요』(*Hofdlijnen der Theologie van het Oude Testament*)는 이스라엘 종교사와 그 발달과정에 초점을 두기보다는, 구약정경 자체에 관심을 기울이면서 구약의 신학적 내용을 규명하려는 시도를 보였다. 이 책에서 프리젠은 구약의 권위와 가치, 교회에서 구약의 사용, 구약의 문학적 영적 내용 및 구약신학의 원칙들과 방법론을 다루고 있으며, 실질적으로 "하나님-인간-구원"이라는 개요를 잘 드러내 준다. 또한 그는 구약을 관통하는 단일 주제로서 "하나님의 교통하심"을 강조한다. 이 주제는 하나님의 자기계시, 언약수립, 언약백성 창조 및 하나님 예배의 기초가 되는 요소가 된다. 프리젠은 이러한 주제 탐구를 통해 신선한 연구를 선보였다.

특히 1950년대를 대표하는 구약신학자는 단연코 게하르트 폰 라트(Gerhard von Rad)였다. 폰 라트는 이미 1938년에 『육경의 양식사적 문제』(*Das formgeschichtliche Problem des Hexateuch*)라는 작품을 통해 육경의 기본적 구조를, "제의적 신앙고백"에서 찾았다. 다시 말해 그는 구약의 내용들이 역사 속에서 행하신 하나님의 놀라운 일들을 대한 "지속적이고도 영속적인 고백"과 관련이 있다고 보았다. 즉, 폰 라트는 구약의 역사는 지속적이며 역동적인 신앙고백의 발전과정을 보여준다고 보았다. 그리하여 마침내 등장한 폰 라트의 대작, 『구약신학』

(*Theologie des Alten Testaments*)은 기존의 구약신학을 완전히 새로운 방향으로 전환시켰다.[24]

이 저작은 크게 두 권으로 저술되었는데, 제1권은 "이스라엘의 역사적 전통의 신학"에 초점을 두고 다루면서, 마지막으로 시편과 지혜서를 다루는 부분으로 끝을 맺는다. 제2권은 이스라엘의 선지서 전통을 탐구하는데, 제2권의 연구는 제1권의 연구에 그 기초를 두고 있다. 특히 제2권은 구약과 신약의 연관성을 다루면서 마무리된다. 좀 더 부연하자면, 폰 라트의 구약신학은 다음과 같은 이슈들을 제기한다.[25]

(1) 구약신학의 방법론적인 출발점

(2) 역사와 구속사 사이의 관계

(3) 신앙과 역사 사이의 상관 관계

(4) "구약성서에 대한 신학적인 담론의 가장 적합한 형태"로서의 재진술 (retelling) 개념

(5) 전승사적인 재구성 작업의 본질

(6) 구약성경과 신약성경 사이의 관계

(7) 구약성경이 "중심점"을 갖는가의 문제

무엇보다도 폰 라트의 구약신학에 제기되는 (4)의 이슈는 매우 중요하다. 다시 말해, 폰 라트의 구약신학의 독특한 특징은 엄격한 역사적 재구성을 통해 구약의 역사를 설명하기보다는 구약의 신앙고백적 측면을 강조한다는 점이다. 폰 라트에 의하면, 구약을 읽는 자들은 구약을 어떤 역사의 책보다는 "신앙고백" 혹은 설교의 책으로 보아야 한다. 폰

라트는 이스라엘의 신앙 고백의 핵심으로서 신명기 6:20-24, 26:5-9 그리고 여호수아 24:2-13에 요약되어 있다고 보았다. 특히 폰 라트는 신명기 26:5-9야말로 "고대의 모든 흔적"을 갖고 있으며, "구원 역사 속에 나타난 주요 사건들"을 요약해 주고 있다고 생각했다. 그는 다음과 같이 주장한다.

> 야웨께 대한 가장 초기의 고백들조차도 역사적인 성격을 가지고 있어서, 하나님의 이름을 역사 안에서 이루어진 그의 행동에 관한 진술과 관련시킨다. 야웨가 "이스라엘을 이집트로부터 이끌어 내신"분이라는 고백은 아마도 가장 초기의 것이면서 동시에 가장 폭넓게 사용되던 신앙고백일 것이다. 역사적인 핵심 주제를 최소한으로 압축하고 있는 이 짤막한 고백 양식이 만들어진 지 얼마 되지 않아서 곧 구원 역사에 대한 신앙고백적인 요약문이 정리되었다. … 그 중에서도 가장 중요한 것이 신명기 26:5-6에 있는 신앙고백문이었다. 이 고백문은 그것이 아주 오래 전에 만들어졌음을 나타내는 특징들을 모두 가지고 있다.[26)]

그러므로 폰 라트의 구약신학은 이스라엘의 신앙고백을 담은 전승의 역사를 보여준다. 그러나 이러한 전승의 발전과정은 여러 세대를 거치면서 새로운 상황 속에서 그 시대에 맞도록 변형되었다. 그러므로 폰 라트의 구약신학은 구약의 역사를 재구성하는 작업이 아니라, 이스라엘의 신앙고백을 담은 전승들의 단위들을 재구성하는 작업에 초점을 두며, 전승의 역사를 통해 나타난 구속사를 규명하는 일에 관심을 기울인다.

이처럼 폰 라트는 이스라엘의 전승들과 그 역사를 통시적으로 분석한 최초의 구약신학자로서 신앙고백적 "케리그마 신학"으로 구약연구의 새로운 장을 열어 주었다. 그는 이스라엘의 가장 초기 전승에 나타난 신앙고백이 신약의 예수 그리스도의 신앙고백으로 연결된다고 주장함으로써 전승의 구속사적 통일성을 강조하려 했다. 그러나 구약의 역사를 단지 신앙고백을 담은 전승의 역사로 이해한 것은 이스라엘의 역사 자체의 가치와 그 중요성을 간과하는 문제를 초래하였다.[27]

2.3. 윌리엄 올브라이트(William Foxwell Albright)

한편, 알트(Albrecht Alt)로부터 영향을 받은 폰 라트의 명성과 아울러, 1930년대 이후로 미국에서는 존스 홉킨스 대학교의 올브라이트(William Foxwell Albright)와 그의 제자들의 작품이 지대한 영향을 끼쳤다. 올브라이트는 고고학적 연구를 통해 구약학계에 지대한 영향을 발휘하기 시작했다. 그는 실제로 고고학 발굴 작업에 직접 참여하면서 구약 역사의 신빙성을 증거 하기 위해 심혈을 기울였다. 특히 그는 왕조 이전의 구약 역사에 관심을 쏟으면서 후기 청동기 시대와 초기 철기시대에 집중하였다.

무엇보다도 그의 대작, 『석기시대에서 기독교까지』(*From Stone to Christianity*)[28]는 구약의 초기 역사를 후대 저작의 결과로 보는 종교사학파의 구약 이해에 정면으로 도전하며 구약의 역사성을 강하게 증명하고자 시도한다. 올브라이트는 자신의 방법론을 "귀납적" 연구로 소개하는데, 그 이유는 자신이 수집한 모든 고고학적 자료들을 활용하여 구약의 역사성을 증명하고자 시도했기 때문이다. 올브라이트가 구약학계에 끼친 가장 큰 공헌은 종교사학파와는 달리 이스라엘 신앙의 독특성 혹은 유일성을 드러내고자 노력했다는 점이다.

결과적으로 그의 고고학적 연구는 1940-50년대에 활발히 진행되어 1960년대까지 이어졌으며, 그의 학문적 영향은 그의 제자들에게까지 확대되었다. 올브라이트는 1930년대에 히틀러로부터 벗어나 미국에 정착하려는 독일 유대인 학자들을 도와주었으며, 1940년대에는 많은 가톨릭 학생들을 제자들로 받아들였다. 그들 중 대표적인 학자로는 프리드맨(D. N. Freedman), 크로스(F. M. Cross), 램딘(T. Lambdin)과 같은 이들을 꼽을 수 있다. 또한 최근까지도 각광을 받고 있는 존 브라이트(John Bright)의 『이스라엘 역사』(*A History of Israel*)는 구약의 기록이 역사적 신빙성을 갖는다는 올 브라이트의 입장을 많이 반영하고 있다.[29]

2.4. 조지 어니스트 라이트(George Ernest Wright)

나아가 1950년대에 이르러 올브라이트의 제자, 조지 어니스트 라이트(George Ernest Wright)는 올브라이트의 고고학 연구에 영향을 받아[30] 구약신학의 주요 주제로서 "여호와의 독특성"에 관심을 집중시켰다. 라이트의 저작, 『행하시는 하나님』(*God Who Acts*)[31]과 『배경 속에서 본 구약』(*The Old Testament against Its Environment*)[32]은 그의 구약신학적 관심을 잘 반영해 준다. 라이트의 고고학적 관점에 근거한 신학적 접근은 마침내 미국의 구약학을 대변하는 자리에 위치하며 1950년대와

1960년대를 풍미하게 되었다.

먼저 라이트는 종교사학파의 진화론적 역사 이해를 거부하면서 "구약을 (원시사상에서 고등사상으로 발전한) 종교의 진화과정을 보여주는 일종의 자료집으로 해석하려던 시도가 구약에 대한 근본적인 오해에 기인하는 것임을 오늘날 점차 깨닫게 되었다"고 진술한다. 나아가 라이트는 이스라엘의 신앙을 고대 근동의 신화와 동일시하는 것은 문제가 있으며, 이스라엘 신앙의 독특성에 초점을 두어야 한다고 강변했다.

그렇다면 이스라엘의 신앙을 고대 근동 신화와 구별시켜 주는 것은 무엇인가? 그것은 이스라엘을 위해 자신을 계시하시고 구속하시는 하나님의 역사하심에 있으며, 이 하나님만을 철저하게 신뢰하는 신앙이 이방의 다신론을 버리고 유일신론을 지향하도록 만들었다. 그러므로 유일신론은 점차적으로 발전한 진화사상이 아니라, 역사 속에서 일하는 하나님의 역사하심에서 비롯된 것이다. 이 점에 대해 라이트는 다음과 같이 진술한다.

> 사상의 역사라기보다는 차라리 "성경에 나오는 사람이 하나님의 역사적 사건들을 하나님의 구원사역으로 낭송하면서 자신의 신앙을 고백한 이야기체(recital)의 신학이다. 성경의 사실성은 역사와 전승이라는 실제들에 대한 세밀한 관찰에 달려 있다. 왜냐하면 이러한 실제들은 하나님의 실제들이기 때문이다.[33]

이처럼 라이트의 구약신학은 종교사학파의 진화론적 세계관을 거부하고, 이방의 다신론과 구별되는 구약의 유일신론의 신학적 중요성을 부각시키면서 1960년대의 "성경신학운동"의 중심을 이루었다. 하지만 폰 라트와 마찬가지로 구약 자체의 역사적 신빙성에 대해서는 관심을 기울이지 않고 단지 구약의 신앙고백적 측면을 강조한 라이트의 입장은 여전히 폰 라트의 한계에서 머물고 있음을 발견할 수 있다.

2.5. 에드워드 제이 영(Edward J. Young)

한편, 보수주의 구약신학들도 1950-60년대에 활발한 활동을 보였다. 에드워드 제이 영(Edward J. Young)은 『현대 구약신학 연구』(*The Study of Old Testament Theology Today*)라는 작품을 통해 보수주의 구약신학의 한 모델을 제시하였다. 이 작품은 1958년 5월, 런던 바이블 칼리지의 새 건물에서 행한 4편의 강연들로 구성되어 있다. 영은 이 작품에서 구약신학과 역사간의 연관성, 구약신학의 본질, 구약신학의 내용 및 구약신학의 영향들을 차례로 논의해 나간다. 특히 이 책에 드러난 두드러진 특징 가운데 하나는 그의 구약신학적 방법론이 유신론적 전제에 근거하고 있다는 점이다. 다시 말해, 영은 구약이 하나님의 말씀이요 계시임을 전제하며, 구약신학을 위해 이런 전제적 이해가 필수적임을 강조한다. 그는 다음과 같이 진술한다.

> 만약 기독교 유신론이 한 인간의 사상적 기초를 이룬다면, 그는 한 범주 안에서 이해할 것이다. 그는 하나님의 진리의 빛 아래서 모든 진리를 알게 될 것이다. 그는 하나님의 빛을 통해 빛을 볼 것이다. 성경이 하나님의 말씀이라는 우리의 최종 확신은 성령의 내적 증거이다. 우리는 성경의 신

적 기원을 확신함으로써 성경이 말하는 것들을 하나님의 말씀으로 받아들이게 된다.[34)]

또한 영의 구약신학에 나타난 두 번째 특징은 영의 접근방식이 게할더스 보스의 성경신학을 충실히 반영하고 있다는 점이다. 영은 자신의 구약신학의 사상적 기초로서 보스의 성경신학을 강조한다. 보스가 구약계시의 점진적 특징을 강조했듯이, 영 역시 구약 그 자체를 "계시의 시대"로 이해한다. 이런 관점에서 볼 때, 영의 구약신학은 계시중심적 관점에 기초하고 있으며, 이와 같은 보스의 성경신학적 구약신학은 계속해서 영이 가르친 웨스터민스터 신학교의 중요한 신학적 전통이 되었다.

2.6. 로런드 케네스 해리슨(Roland Kenneth Harrison)

영과는 접근이 다르지만, 1960-70년대를 대표하는 보수주의 구약신학자로서 로런드 케네스 해리슨(Roland Kenneth Harrison)을 손꼽을 수 있다. 그는 잘 알려진 보수주의 구약주석 시리즈, *New International Commentary on the Old Testament*의 주 편집장으로 수고한 바 있다. 하지만 해리슨을 구약 분야의 권위자로 그 명성을 떨치게 한 것은 다름 아닌 그의 대작, 『구약서론』(*Introduction to the Old Testament*)이었다. 해리슨은 이 책에서 구약 분야의 방대한 학문적 지식을 전달하고 있다. 특히 해리슨은 해박한 학문적 지식을 통해 그라프-벨하우젠 가설을 맹렬하게 비판한다. 그럼에도 불구하고 해리슨은 구약의 맥락과 그 의미를 정확하게 찾기 위해 고대근동 연구의 필요성을 강조하며 고대근동의 지식을 폭넓게 추구한다. 흥미롭게도 해리슨의 해석방식은 "반 비평적 접근"(Anti-critical)을 추구하였다. 해리슨은 자신의 구약해석 방법론을 다음과 같이 소개한다.

> 주목할 만한 강조점은 히브리 성경으로 하여금 고대 근동의 배경에 비추어 그 스스로 말하도록 허용하는 방법론에 있었다. 대부분 이 분야의 비평적 연구는 고고학, 비교종교, 사회학, 역사, 언어학, 생물학 및 물리학을 수반하는 방법론적 접근 방식들과 판연히 구별된, 언어적 문학 비평이론들의 적용으로 일관하여 왔다. 이 모든 방법론적 접근 방식들은 기록된 성경의 올바른 이해를 위해 중요한 부분을 차지하며, 이러한 목적을 이루는 적절한 수단으로서 문학 비평 및 본문 비평과 함께 그 위치를 나란히 해야만 한다. 본서에 채택된 방법론은 귀납적이다. … 본서에 나타난 결론들은 (미래에 발생할) 적절한 실제적 정보에 비추어 수정될 수 있는 임시적인 것들이다.[35]

마크 놀(Mark Noll)은 복음주의 신학자들을 두 부류의 그룹으로 구분하는데, 한 그룹은 "비평적인 반 비평학자"로, 또 다른 그룹은 "믿음의 비평가들"로 명명하였다.[36] 이 같은 놀의 진술에 따르면, 분명 해리슨은 전자에 속하는 "비평적 반 비평주의자"로 간주될 수 있다. 다시 말해 해리슨은 성경의 신적 영감을 확신하며, 성경의 권위를 매우 강조하였다. 그럼에도 불구하고 해리슨은 구약을 연구할 때는 그 방법론이 과학적이어야 한다고 보았기 때문에, 비평적 태도에 긍정적이었다. 그리하여 해리슨은 과학적 지식과 귀납적 방법론을 사용하여 구약의 난해한 문제들을 설명하며 구약의 진정성을 입증하려 했다. 그러나 몇몇 보수주의자들은 과학적 귀납적 접근을 근거로 한 해리슨의 비평적 반 비평 해석이 19세기 고등 비평가들의 문제로 지적되었던 실증주의의 함정에 빠질 수 있다고 우려를 표명하였다. 그럼에도 불구하고 그의 책, 『구약서론』은 보수주의 신학교의 표준서였을 뿐 아니라, 복음주의자들에게 지대한 영향을 미쳤다.

1950-60년대에 활동했던 대표적인 두 명의 보수주의 구약학자들의 구약신학적 작업들에서처럼, 비록 보수주의 구약신학이 구약의 권위와 영감을 강조하면서 신정통 성경신학과 차별된 하나의 신학적 목소리로서 자리를 잡긴 했지만, 1950-60년대는 주로 바르트의 신학적 유산을 공유하는 신정통 성경신학의 전성시대였다고 할 수 있다.

여기서 우리는 19세기 후반부터 20세기 초반까지 전성기를 풍미했던 종교사학파와 20세기 초반부터 중반까지 영향력을 떨쳤던 신정통 성경신학적 해석의 차이점을 간략하게 정리해 볼 필요가 있다. 레오 펄듀(Leo Purdue)의 지적처럼, 이 두 방법론은 완전히 분리되기보다는 서로 교차하며 함께 사용될 때도 있다. 그러나 이 두 방법론은 분명한 차이를 나타낸다.[37)]

첫째, 학자들의 배경이 큰 차이를 보인다. 종교사학파에 속하는 구약신학자들은 대체로 학문적 공동체에서 활동하지만, 구약 성경신학적 접근을 강조하는 신학자들은 교회를 배경으로 한다. 둘째, 종교사학파와 구약 성경신학의 또 다른 차이는 그 학문적 목적에 있다. 구약신학은 교회의 교리 혹은 가르침으로부터 완전히 분리되지 못하나, 종교사학파는 교회의 공동체보다는 학문 공동체를 염두에 둔 연구에 초점을 둔다.

그러므로 구약신학을 선호하는 학자들은 주로 신앙 공동체에 속한 신학교의 교수들 출신인 반면, 종교사학파를 따르는 학자들은 일반 대학교에 속한 교수들이 많다. 셋째, 구약신학적 해석은 구약의 가르침에 권위를 부여하여 규범화시키려 하지만, 종교사학파 신학자들은 구약의 가르침을 규범화하는 것을 거부한다.

넷째, 구약신학적 해석은 구약 본문을, 신앙 공동체를 위한 계시로 간주하지만, 종교사학파는 다른 타 본문들과 마찬가지로 인간의 문서로 간주하여 비평적으로 취급하려는 경향이 있다. 다섯째, 구약신학 분야는 주로 성경 본문과 그 신학적 선언에 초점을 두지만, 종교사학파는 이스라엘과 고대근동의 종교적 배경에 관심을 기울인다. 여섯째, 구약신학 분야는 본문의 신학적 주제들에 관심을 갖고 이 주제들을 조직적으로 종합하는 시도를 하지만, 종교사학파는 본문자료와 그 자료의 시대적 정황을 재구성하는데 초점을 둔다. 일곱째, 구약신학은 구약의 통일성을 지향하며 하나의 중심을 찾는데 주력하지만, 종교사학파는 통합적 요소 혹은 통일성을 거부하며 여러 주제들 혹은 이데올로기들이 계속해서 변화 발전해 나간다고 생각한다.

이상으로 20세기 초반과 중반을 지배했던 종교사학파와 신정통적 성경신학의 특징과 그 차이점을 살펴보았다. 앞서 지적했다시피, 종교사학파와는 달리, 신정통 구약신학 방법론은 구약본문의 권위를 강조하며, 교회 공동체를 위한 신학적 해석에 집중하며, 구약의 통일성을 지향함으로써 종교사학파의 한계를 극복하여 수년간 그 영향력을 크게 떨치게 된다. 그러나 이 방법론은 1970년대를 맞이하면서 거대한 도전에 직면하게 된다.

3. 20세기 후반의 구약신학(1970년-1990년대) - 다양성으로의 전환기

3.1. 제임스 바(James Barr)

1970년대 초에 이르러 미국과 유럽의 구약신학 연구는 새로운 도전을 겪게 된다. 특히 고고학과 신학적 접근을 두 축으로 한 1960년대의 성경신학적 접근방식은 두 구약신학자의 등장과 함께 심각한 비판에 부딪히게 되었다. 첫째, 옥스퍼드의 구약학자 제임스 바(James Barr)는 키텔 사전으로 대변되는 성경신학 방법론의 언어학적 결함을 과감하게 지적하였다. 바는 그의 첫 저서, 『성경 언어의 의미론』(*The Semantics of Biblical Language*)을 통해 하나의 신학적 단어 혹은 개념으로 성경 전체의 의미를 추구하고자 했던 기존의 성경신학 전통에 의문을 제기하였다.[38] 바에 의하면, 본문의 의미는 개별 단어들이 아니라 문맥 속에 있는 단어들, 즉 문장에 대한 바른 이해로부터 파악될 수 있음을 역설하였다. 이처럼 기존의 단어 연구의 문제점을 예리하게 비판한 바의 해석학적 관점은 급속히 많은 학자들로부터 공감대를 얻게 되었다. 결국 기존의 성경신학적 접근을 대변하는 "성경신학운동"(Biblical Theology Movement)은 바의 비판에 직면하면서 점차 그 영향력을 상실하게 되었다.

바는 바르트의 영향에 따라 구약의 신학적 측면을 강조했던 "성경신학운동"을 비판하면서 역사비평학의 긍정적인 면을 부각시켰다. 그는 지나치게 성경의 영감과 권위에 고착된 태도를 "근본주의"로 규정하여 이런 입장에 대해 혹독한 비판을 가한 뒤, 역사 비평학의 원리를 적극적으로 수용한다. 이런 점에서 역사 비평학의 문제를 인식하며 역사 비평학을 강하게 공격했던 차일즈의 입장과는 다소 차이를 보인다. 최근에 출간된 그의 저작, 『성경신학의 개념: 한 구약의 관점』은 제목이 의미하듯이 자신의 성경신학적 입장보다는 기존에 제시된 다양한 견해들에 대한 자신의 평가를 제시하고 있다.

흥미롭게도 본서에서 바는 차일즈의 정경적 접근을 심층적으로 다루며 많은 지면을 할애한 뒤, 차일즈의 정경적 해석을 매우 신랄하게 비판한다.[39] 바는 차일즈의 정경적 접근을 교리적 해석으로 치부하며 성경신학적 방법론으로는 결코 적절치 않다고 평가한 반면, 폰 라트의 전승사를 지지하며 구약을 "이야기"로 이해하는 문학적 방법론의 필요성을 긍정하였다. 이런 관점에서 볼 때, 바의 입장은 단순하지 않으며, 매우 다양하고도 복잡한 성격을 취한다. 이 같은 바의 복잡한 성경신학적 태도는 "종합적인 현대 성경신학"(synthetic modern biblical theology)으로 간주되었다. 하젤은 구약신학에 대한 바의 복잡한 입장을 다음과 같이 잘 정리하고 있다.

(1) 이것은 서술적이어야 하며 규범성을 떠난 신학적 작업이어야 한다

(2) 이것은 역사비평적 주석의 과정에 근거하고 주석과 조직신학 사이에 서야 한다

(3) 이것은 현대의 역사비평학계와의 광범위한 연대성 속에서 이루어져야 한다

(4)이것은 신화, 전설, 비유, 이야기 등의 범주를 포함하는 역사적-문화적 해석과 함께 이루어져야 한다

(5)이것의 자료들은 정경화된 성경과 그 배후에 있는 전통들과 고대 근동 종교 및 문화에서 발굴된 문서들에서 취한다

(6) 이것은 종교사학적, 문학적, 신학적 접근들을 융합한 것이다

(7)이것은 전승사적 방법에 근거하여 그 자체의 몫을 찾고 다른 연관된 분야들과의 관계를 설정해야 한다

(8)이것은 구약이 기본적으로 "이야기"라는 인식 위에서 이루어져야 한다. 이 이야기는 "실제로 일어났다"는 점에서의 역사라고 말할 수 없지만 어느 정도 역사를 담고 있다

(9)이스라엘 종교의 독특성은 역사 속에 찾아온 하나님의 행동에 있지 않고, 다른 신들과 대치되는 한 하나님에 대한 사상에 있다

(10)성경신학은 구약(그리고 신약)에 제시된 다양하고 이질적인 신학들을 포함해야 되기 때문에 "복합적 방법"(multiple approach)을 사용해야 한다

(11) 구약은 (폰 라트의 주장처럼) 하나의 "중심"을 갖고 있지 않으며, 여러 개의 "중심"을 갖고 있다

(12) 만약 성경신학이 발전하려면 "신학적 융통성과 자유로운 학문 연구"가 있어야만 한다

(13) 신학은 현재 있는 그대로의 (성경) 본문을 읽는 것이 아니다 … 신학은 본문 '배후'(behind the text)에 서야 한다[40]

바의 복잡한 구약신학적 입장에 대한 하젤의 평가는 매우 적절하다. 바는 신정통 성경신학의 신학중심적 해석에 불편한 심기를 나타내면서

역사비평학을 더욱 중요시 했다. 다만 바는 기존의 역사비평학을 그대로 답습하거나 그 입장을 고수하지 않는다. 오히려 바는 역사 비평학의 원리를 따르면서도 새로운 구조주의적 해석과 문학적 접근도 수용한다. 이런 점에서 바의 신학적 태도는 역사비평학으로의 회귀가 아니라, 방법론적 다양성 혹은 복합성을 암시해 준다. 한편 포스트모던의 영향을 받는 이데올로기 해석에 대한 최근의 바의 비판적 입장은 포스트모던 해석에 대한 그의 부정적 태도를 잘 반영해 준다.[41] 이처럼 구약신학에 대한 바의 입장이 방대하고 복잡하기 때문에 그의 입장을 파악하기란 매우 힘든 일이다. 또한 역사비평학의 중요성을 강조한 그의 입장은 보다 세련된 "신자유주의"(neo-liberalism)라는 혹평을 받게 되었다.

3.2. 브레바드 차일즈(Brevard S. Childs)

바와 함께 "성경신학운동"의 몰락을 가속화시킨 또 다른 장본인은 단연코 브레바드 차일즈(Brevard S. Childs)일 것이다. 예일 대학교 신학부 구약학 교수였던 차일즈는 전통적인 역사 비평적 해석에 도전하면서 "정경적 접근"이라는 새로운 성경 해석 방법론을 주창하였다.[42] 그는 "성경신학운동"이 구약의 정경적 맥락을 간과하여 그 신학적 의미를 발견하는데 실패했다고 진단하였다. 또한 그는 기존의 성경신학 연구가 지나치게 역사비평학에 의존하고 있다고 비판하면서 구약 본문 배후의 역사적 재구성에 지나치게 집착하기보다는 구약 본문의 최종 정경 형태와 그 신학적 의도에 초점을 두어야 한다고 주장한다.

차일즈는 정경적 해석의 새로운 차원을 제시하기 전에 먼저 역사 비평의 폐단을 지적한다. 첫째, 차일즈는 본문의 "진정성"과 "비진정성"을 구분하는 역사 비평의 분류방식은 논의에 그다지 가치를 지닐 수 없다고 지적한다.[43] 또한 차일즈는 양식 비평적 분석이 원 저자의 배경에 대한 지나친 관찰로 인해 결국 본문의 파편화를 초래하였다고 지적한다.[44] 나아가 그는 편집 및 사회학적 접근마저도 본문을 정치화시키거나 혹은 정치적 선전(political propaganda) 형태로 취급하는 경향이 있다고 비판한다.[45] 결국 역사 비평의 이 같은 폐단은 성경의 정경적 권위와 그 역할을 제대로 인식하지 못하는 우를 범하고 말았다.

다시 말하자면, 과거 역사 비평 학자들의 해석은 성경을 정경으로 받아들인 교회의 신앙고백적 차원을 거의 고려하지 않았으므로, 역사 비평 학자들에게는 본문의 최종 정경 형태가 연구 대상이 될 수 없었다. 그러므로 차일즈는 성경 해석자는 거룩한 실재(the divine reality)를 증언하며, 신앙 공동체가 거룩한 정경으로 받아들인 성경 본문을 그대로(the text as it is) 연구 대상으로 삼아야 한다고 강조한다. 차일즈는 정경적 맥락의 중요성을 다음과 같이 진술한다.

> 실제의 신학적 반영은 정경적 본문의 구조 속에 세워졌다. 현대의 해석은 정경적 구성을 무시함으로 말미암아 큰 난관에 봉착하였다. 원래의 역사적 배경을 회복시키려는 기존의 역사 비평적 방법론은 정경 형태를 구성하는 그 요소들을 종종 개의치 않는다. 본문을 과거 역사에 집중시켜서 탈정경화시킬 때 해석자가 그 본문을 현대의 종교적 맥락 속에 적용하는데 어려움을 겪는 것은 그리 놀라운 일이 아니다.[46]

그리하여 차일즈는 본문의 최종 정경 형태와 그 정경적 맥락이 성경 해석의 출발점이 된다고 말한다. 왜냐하면 다양한 본문의 자료들은 비록 역사적 기원을 달리 하더라도 정경의 과정을 통해 원래의 역사적 맥락에서 벗어나 최종 정경의 맥락 속에 위치하기 때문이다. 다시 말해, 서로 다른 역사적 기원을 지닌 본문의 자료들은 새로운 신학적 맥락에 위치함으로써 하나님을 증거하는 신학적 문헌이 된다.

이와 같은 차일즈의 정경적 해석은 그의 이사야서 해석을 통해 분명히 드러난다.[47] 차일즈는 소위 제2 이사야의 새로운 신학적 맥락을 관찰하면서 그의 정경적 해석을 전개해 나간다. 차일즈에 따르면, 아모스나 예레미야와는 달리, 제2 이사야의 원 역사적 맥락은 자료를 전달하던 자들이 무시했기 때문에 제2 이사야의 본문에는 거의 나타나지 않는다. 즉, 제2 이사야의 신학적 맥락이 역사적 맥락을 흐리게 만들었기 때문이다.

예를 들면, 고레스 왕의 기사는 역사 속의 한 인물에 대한 구체적인 이름이 제시되기 때문에, 어떤 한 역사적 상황을 반영해 준다. 그러나 고레스와 관련된 역사적 사건들에 대한 언급은 거의 나타나지 않는다. 그것은 고레스 왕과 관련된 역사적 맥락이 극히 최소화되었음을 의미하며, 소위 제2 이사야에 나타난 고레스는 '하나님의 손에 있는 도구' 라는 메시지를 더욱 강하게 전달한다. 그러므로 소위 제2 이사야는 고레스 왕을 역사적 실존 인물로 강조하기 보다는 오히려 하나님의 도구로서 일종의 신학적 반영체로 부각시키고 있다. 결국 원래의 역사적 맥락은 신학적 맥락 안에서 최소화되거나 상실되어 버린다. 그로 인해 원래 포로기의 맥락에서 기능했던 제2 이사야의 메시지는 결과적으로 8세기 선지자의 맥락에 위치함으로써 미래를 향한 종말론적인 메시지로 이해된다.

그러므로 소위 제2 이사야의 새로운 맥락은 포로기 이스라엘의 필요를 채워주는 메시지로 이해될 수 없고, 전 역사를 향한 하나님의 구속 계획과 연관된다. 이처럼 본문의 자료들은 서로 다른 역사적 배경을 가지고 있지만, 최종 정경적 맥락 속에서 일관된 신학적 메시지를 증거하는 본문이 된다. 여기서 차일즈는 본문의 자료들이 편집의 과정을 거쳐 정경화되는 과정 속에 하나님의 영의 역사하심이 있었다고 말한다.[48]

이런 관점에서 볼 때, 차일즈의 정경적 해석과 전통적인 역사 비평과의 근본적인 차이점은 성경 본문을 어떤 문헌으로 취급하는가에 있다. 전통적인 역사 비평학자들은 "여느 다른 본문들과 같이 읽어야 한다" (Reading the Bible like any other book)는 벤자민 조웨트(Benjamin Jowett)의 주장[49]을 주요한 해석학적 원리로 취급해 왔다. 즉 전통적인 역사 비평 학자들은 그 당시 일반 문헌 연구와 마찬가지로 본문의 의미가 원 저자의 의도와 결부되어 있다고 판단한 뒤, 이 저자의 의도를 찾기 위해 자료의 원 역사적 배경을 탐구하는 작업에 치중하였다.

그러나 차일즈가 볼 때, 이런 역사적 연구는 본문의 파편화를 초래하여 최종 본문의 정경 형태와 그 신학적 맥락을 간과하는 결과를 초래하고 말았다.[50] 차일즈에게 있어서 성경은 신앙공동체가 정경으로 받아들여진 거룩한 본문으로 하나님을 만나는 매개체(instrument)로서 기능한다. 그렇다면 성경 해석의 주요 임무는 정경 본문을 통해 하나님을 만나고 그 말씀을 듣는데 있다. 이와 같은 차일즈의 정경적 해석은 여러 학자들의 해석학적 작업에 커다란 영향을 끼치게 된다.[51] 흥미롭게도 차일즈의 정경적 접근은 다양한 학자들로부터 상반된 평가를 받았다. 여기서 우리는 차일즈의 정경적 접근에 대한 상이한 평가들을 간략히 살펴보도록 하겠다.

먼저 차일즈의 정경적 접근은 여러 학자들로부터 반 비평적 혹은 교리적 해석으로 치부되었다. 이러한 부정적 평가를 제기한 학자들 가운데 가장 공격적인 자세를 취한 사람은 단연코 전 옥스퍼드 대학교 구약교수였던 제임스 바(James Barr)일 것이다. 바는 오랫동안 차일즈의 정경적 접근을 신랄하게 비판하면서 그 가치를 결코 인정하지 않았다. 바는 차일즈의 해석에 대해 여러 지면들을 통해 매우 부정적인 평가들을 제기해 왔는데, 특히 차일즈의 해석이 "교리신학"에 불과하다고 혹평하였다. 좀 더 구체적으로 말해, 바는 "사실상 차일즈가 작업한 것들은 성경신학이 아니다. 그것은 교리신학이다. 즉 그것은 성경의 증거들 혹은 더 정확히 말해 개인적인 종교적 고백을 포함하는 일종의 교리신학이다"[52]고 평가하면서 차일즈가 성경신학과 교리신학의 구분을 모호하게 만들었다고 비판한다.

바가 가르쳤던 옥스퍼드 대학교의 구약교수로 있는 존 바튼(John Barton)도 바의 입장에 서서 차일즈의 정경적 접근을 성경신학적 접근이 아닌 조직신학적 접근으로 간주한다. 바튼에 의하면, 성경연구 방식은 본문 자체에 집중하는 비평적 연구와 신학에 관심을 기울이는 교리신학으로 구분될 수 있는데 차일즈의 해석은 후자에 속한다. 다시 말해 바튼은 차일즈의 성경해석이 성경본문 자체에 관심을 기울이는 비평적 접근과는 다른, 교리신학적 입장에 서서 성경을 연구한다고 평가한다.[53] 그는 다음과 같이 말한다.

정경적 접근은 만약 우리가 본문을 향해 비평적 지성을 적용할 때 이 본문에 대해 무엇을 말할 수 있는가를 질문하면서 성경 본문 연구를 시작하지 않는다. 정경적 접근은 신학적 진리를 공식화하려는 필요로부터 시작한다. … 폭넓게 말하자면 정경적 접근은 해석자들이 성경을 통일체로 간주하며, 이런 읽기가 기독교 신앙을 위한 결실이었음을 나타내고자 하였던 교부들 혹은 종교개혁 시기의 "비평 이전의 성경 읽기"(pre-critical reading of the Bible)로의 회귀를 뜻한다.[54]

차일즈가 가르쳤던 예일 대학교의 구약교수인 존 콜린스(John J. Collins)도 차일즈의 접근이 역사 비평의 정신을 충분히 반영하지 못하고 교리적 개념 속에 사로잡혀 있다고 지적한다.[55] 그는 차일즈의 정경적 접근이 배타적인 정경개념을 제시하여 독단적인 교리신학의 길로 빠지고 말았다고 진단한다. 결론적으로 콜린스는 차일즈의 정경적 해석이 결국에는 성경신학을, 역사비평학에 근거한 다른 중요한 성경연구들로부터 분리시키는 결과를 초래하였으며, 해석학적 대화의 가능성을 차단시켰다고 평가한다. 좀 더 구체적으로 말하자면, 콜린스의 관점에서 볼 때, 차일즈는 자신의 정경 개념을 수용하지 않는 학문적 태도들은 모두 부적절한 것으로 이해한다. 그로인해 차일즈의 정경적 해석은 모든 성경 해석의 가치의 진위를 판가름하는 신앙의 규칙으로 작용한다. 이러한 차일즈의 해석학적 독단은 다음에 소개될 월터 브루그만(Walter Brueggemann)의 공격에 직면하게 된다.

둘째, 차일즈의 정경적 접근을 심각하게 우려했던 브루그만은 차일즈의 정경적 해석이 심각한 환원주의로 전락할 수 있음을 경고한다. 앞서 살펴본 대로, 차일즈에게 있어서 본문의 의미는 전적으로 최종정경형태에 의해 결정된다. 여기서 차일즈가 강조하는 "최종정경형태"는 일종의 "신앙의 규칙"으로 작용한다. 차일즈의 관점에 의하면, 최종정경형태가 본문의 신학적 의도를 반영하기 때문에, 본문의 의미는 이제 이 "신앙의 규칙"에 의해 파악될 수 있다. 이것은 차일즈의 "최종정경형태"라는 개념이 일종의 규범적 규칙으로 작용하고 있음을 암시해준다. 브루그만은 차일즈의 이런 입장을 다음과 같이 비판한다.

> 이러한 변화는 이상하며, 내 판단으론 전혀 받아들일 수 없는데, 그 이유는 이것이 의미하는 바는 본문 자체는 이제 본문이 아닌 여타 다른 곳으로부터 오는 일련의 해석상의 카테고리들에 종속되어 있다는 것을 의미하기 때문이다. 이러한 차일즈의 진술의 이상한 결과는 성경 본문과 본문의 가능한 해석을 교회 카테고리들의 통제하에 종속시키려는 트랜트 종교회의의 성향을 무제한 받아들임으로 생겨난 것이다. … 이제 차일즈는 본문을 정확히 교회의 해석적 권위에 다시 종속시키기를 제안하고 있다.[50]

브루그만은 차일즈가 주장하는 "최종정경형태"라는 개념이 새로운 권위로서 작용하고 있음을 인식하고 있으며, 결국 차일즈의 정경적 접근이 본문을 다시 "최종정경형태"라는 새로운 권위 아래 종속시키고 있다고 판단한다. 그러므로 브루그만에 의하면, 차일즈의 정경적 해석은 본문을 교회의 해석적 권위 아래 종속시켰던 옛 시대로의 회귀를 지향하는 "환원주의"로 평가될 수밖에 없다. 그러나 브루그만은 본문이 교회의 해석과 같은 본문 외부의 요소에 의해 통제되는 것이 아니라, 교회의 해석이 본문에 의해 통제되어야 하듯이, "최종정경형태"가 본문의 의미를 결정하는 것이 아니라, 본문 그 자체가 본문의 의미를 결정해야 한다고 주장한다.

나아가 브루그만은 차일즈의 해석이 독단적인 규범적 해석으로 전락할 위험성이 크다고 경고한다. 차일즈에 의하면, "최종정경형태"야말로 본문의 의미를 결정하는 절대적 기준이 되며, 그 정경적 맥락의 신학적 의도를 찾는 것이 성경해석의 최우선적 목표가 된다. 그렇다면 본문의 의미는 차일즈가 해석한 "최종정경형태"의 신학에 의해 결정된다. 그러나 브루그만은 정경적 접근에 근거한 신학적 해석을 마치 절대적인 규범적 해석으로 강조하는 차일즈의 주장을, 지극히 독선적인 태도라고 비판한다. 그리하여 브루그만은 차일즈의 해석에 대해 다음과 같은 결론에 도달한다.

> "정경적 읽기"를 결정할 수 있는 차일즈에게 있어서, 다른 독자들의 "독자 반응"은 그의 "정경적 읽기"에 의해 교정되어야만 한다. 그[차일즈]는 자신의 "정경적 읽기"가 또 다른 "독자 반응"의 형태라는 것을 인정하지 않거나 인정할 수 없는 것처럼 보인다. 왜냐하면 그는 마치 "정경적 읽기"가 단순히 객관적인 것이며 어떤 독자들의 영향과도 무관하며 심지어 차일즈 자신의 영향과도 무관한 것처럼 계속해서 주장한다.[57]

끝으로 차일즈는 역사 비평의 한계를 극복하고자 했으나 한편으로는 지나치게 역사 비평에 의존하는 이중적 입장을 취한다. 이 같은 그의 모호한 태도로 말미암아 정경적 해석에 대한 학자들의 평가들은 매우 다르게 제시되기도 한다. 앞서 언급했듯이, 콜린스와 브루그만은 차일즈의 정경적 접근이 반 비평적 혹은 비평 이전시대로의 회귀하는 환원주의로 규정한다.

반면에 어떤 학자들은 차일즈가 역사 비평에서 떠난 것이 아니라 철저하게 역사 비평에 의존하고 있다고 비판한다. 앞서 살펴보았듯이, 차일즈는 역사 비평학의 해석학적 전제와 원리가 성경 연구에 필수적임을 인정하며, 단지 역사 비평학의 해석학적 목표가 수정되어야만 함을 역설하면서 최종본문의 신학적 의도를 찾는 것이야말로 성경 연구의 최우선적 목표가 되어야 한다고 주장한다. 이와 같은 차일즈의 입장에 주목해 온 여러 학자들은 차일즈의 성경해석이 철저하게 역사 비평학에 근거를 두고 있음을 지적하면서 차일즈를 역사 비평학자로 규정하기를 주저하지 않는다. 예를 들면, 존 바튼(John Barton)은 차일즈의 정경적 접근이 "결코 역사 비평의 출현 이전의 성경 해석으로의 귀환이 아니라 비평적 방식에 의존하고 있다"[58]고 지적한다. 그는 다음과 같이 말한다.

> 차일즈 자신은 그의 정경적 읽기가 얼마나 비평적 입장에 의존하고 있는지 깨닫지 못한다. 그리고 차일즈는 자신의 비평적 입장에 완전히 동의할 뿐만 아니라 공개적으로 역사비평적 방식을 중요한 것으로 간주하며 결코 정경적 접근에 의해 거부되어서는 안 된다고 주장한다.

차일즈와 역사 비평과의 연속성에 관하여 리차드 코긴스(Richard J. Coggins)는 보다 더 부정적인 평가를 내린다.

> 정경적 관점에 많은 부분에 있어서 한 가지 모호한 점이 있다. 내가 앞서 말했듯이, 차일즈의 작품은 역사 비평의 기초에 세워져 있다. 그렇지만 그는 종종 최근의 그의 작품에서 자신이 타고 올라왔던 그 사다리를 걷어 치우기 원하는 듯하다. 나는 이사야서에 대해 연구할 때 그의 구약서론의 작품에서 이사야서를 통일체로 읽기위해 큰 도움을 기대했었다. 그러나 나는 실망하고 말았다. … 차일즈에게 있어서, 이사야서의 요소들의 복잡한 수많은 배경들을 제안하는 역사 비평의 관점이 옳은 것이었다. 다만 그 다음 단계로서 이사야서를 통일된 책으로 받아들인 교회의 전통을 따르는 신앙으로의 큰 도약이 필요한 것이다.[59)]

차일즈와 함께 예일에서 가르치다가 지금은 캐나다 토론토 대학교의 구약교수로 있는 정경적 성경신학자 크리스토퍼 자이츠(Christopher R. Seitz)도 차일즈의 정경적 접근이 역사 비평학의 수정을 요구하면서도 역사 비평학의 기본 전체를 결코 부인하지 않는다고 진단한다. 그리하여 자이츠는 정경적 접근을 "하나의 최신 역사적 접근"(a modern historical approach)라고 부린다.[60)] 이와 같은 자이츠의 표현은 차일즈의 정경적 접근이 기존의 역사 비평을 그대로 답습하지는 않지만 여전히 역사 비평학과의 철저한 연속성을 견지하고 있음을 잘 나타내준다. 자이츠의 관점에서 볼 때, 차일즈는 정경적 접근의 새로운 시도에 역점을 두면서도 언제나 역사 비평을 필요로 했으며 역사 비평학적 기초와 토대에서 벗어나기를 결코 원하지 않았다. 그러기에 차일즈가 역사비평학자로 규정되는 이유가 바로 여기에 있는 것이다.

3.3. 로날드 클레멘츠(Ronald E. Clements)

차일즈의 뒤를 이어 클레멘츠(R. E. Clements) 역시 정경적 접근에 근거한 구약신학을 지향한다. 그는 지금까지 구약 전반에 걸친 다양한 주제들을 탐구하면서 학문적 가치가 있는 작품들을 꾸준히 집필해 왔다.[61] 그의 학문적 공헌을 기리는 기념 논문집이 쉐필드 출판사(Sheffield Academic Press, 1999)에서 출간되었고,[62] 이 논문집의 기고자로는 월터 부르그만(Walter Brueggmann), 존 바튼(John Barton), 롤프 렌토르프(Rolf Rendtorff), 브레바드 차일즈(Brevard S. Childs)와 같은 뛰어난 구약 학자들이 참여한 바 있다. 전통적인 역사 비평학의 영향에서 공부했던 그는 정경적 해석이 대두되었을 때 그 중요성을 인식한 뒤, 자신의 해석학적 작업에 정경적 해석을 과감히 수용하였다.

클레멘츠는 정경적 해석의 중요성을 취급하기에 앞서 역사 비평적 해석의 필요성을 먼저 강조한다. 클레멘츠는 성경 연구에 있어서 역사 비평학이 차지하는 역할을 결코 무시해서는 안 된다고 말한다. 다시 말해, 본문의 의미를 찾기 위해 본문의 역사적 배경을 탐구하는 작업은 결코 간과되어서는 안 된다. 그는 역사 비평의 가치에 대해 다음과 같이 말한다.

> 18세기에 시작된 역사적 비판적 방법이야말로 성서 신학의 독립을 유도한 새로운 성서 연구 방법이었다. 이 방법을 지금 포기한다면 우리는 지금까지 2세기에 걸쳐서 발전한 가장 유용한 학문의 도구 가운데 하나를 잃어버리고 말 것이다. … 신학을 향한 보다 자유롭고 개방적인 접근을

추구하는 우리가 이러한 비판적인 접근을 포기한다면 거기에는 변명의 여지가 있을 수 없다.[63]

하지만 클레멘츠는 역사 비평적 방법론의 가치와 그 중요성을 인정하면서도 이 방법론 자체에 대해 만족을 느끼지 못한다. 그는 역사 비평적 방법론으로만 성경을 해석할 때 만나게 되는 문제점을 인식한다. 클레멘츠에 따르면, 역사 비평적 해석은 본문의 의미를 파악하는데 필수적인 원래 본문의 역사적 맥락을 확립하는데 기여하였다. 예를 들면, 역사 비평학자들은 선지서를 다룰 때, 선지자의 원 의미를 파악하기 위해 예언이 나타났을 때 원 역사적 맥락을 철저히 규명하고자 했으며, 클레멘츠의 관점에서 볼 때, 이런 작업은 본문의 의미를 파악하는데 필수적인 작업이었다. 결국 구약 해석은 역사 비평적 연구의 결과를 토대로 본문의 자료를 평가하고 결론을 내려야 하며, 그런 작업은 불가피한 일로 여겨진다.

그러나 클레멘츠는 본문의 의미를 지나치게 역사적 맥락으로 국한시킬 때 자칫 성경의 본문들에 베여있는 그 신학적 의미를 간과할 수 있다고 지적한다. 예를 들면, 이사야 7:14의 임마누엘 아기에 관한 예언과 그 의미는 어떻게 취급되어야 하는가? 역사 비평적 관점에서 볼 때, 이 예언은 이사야 당시의 역사적 맥락 속에서 이해되어야 한다. 그러므로 이 예언의 의미는 8세기의 역사적 배경으로 제한되어야만 한다. 그러나 만약 그렇게 된다면, 이사야 7:14의 예언은 마태복음 1:23의 임마누엘과는 전혀 상관성을 갖지 못하게 된다. 결국 이런 접근은 성경의 깊은 신학적 차원을 간과하는 우를 범하는 셈이 된다. 만약 마태복음

기자가 이사야의 예언을 예수의 출생과 연결시키고 있다면, 우리는 이 두 단락의 신학적 연관성을 깊이 고려해야만 한다. 즉 성경 해석자는 본문의 역사적 차원뿐만 아니라 본문의 신학적 차원도 함께 염두에 두어야만 한다. "이 말은 성경의 각 부분을 그 부분이 속한 역사적 맥락에서 이해하는 일을 그만두자는 뜻이 아니라 성경의 다양한 부분들을 보다 더 의미 있게 상호 연결시킬 필요에서 역사 비평적 연구를 사용하자는 뜻이다."[64)]

이와 같은 신학적 해석의 필요성은 구약의 여러 가지 주요 주제들을 다룰 때 더욱 절실해진다. 예를 들면, 창세기 12:1–3에 나오는 아브라함의 언약은 그 역사적 맥락 속에서만 이해될 수 없다. 이 언약은 선지서에서도 매우 중요하게 취급되며, 나아가 바울의 칭의 교리에도 매우 중요하게 다루어진다. 즉 족장들의 언약사상은 여러 시대에 걸쳐 다양하게 나타나기 때문에 이 주제를 시대와 상황에 따라 분리시켜 다룰 수 없는 일이다. 오히려 이 언약적 사상은 이스라엘의 세대들을 연결시켜주는 신학적 고리가 된다. 그러므로 "진정한 의미의 성서신학은 이 고리들에 관심을 가져야 하며 폭넓은 성서의 맥락에서 중요한 사상이 어떻게 전개되어 왔는가를 인식하면서 그것을 해석해야 한다. 이제는 단 하나의 역사적 맥락이 그 자체만으로 본문의 성서적 의미를 결정할 수 없다는 것이 분명해진 줄 믿는다."[65)]

그러므로 성경의 본문은 단지 문헌자료로서 이해될 수 없으며 권위 있는 하나님의 말씀으로 취급되어야 함을 강조한다. 클레멘츠는 신학적 해석을 위해 정경적 개념의 중요성을 다음과 같이 피력한다.

구약은 단순히 고대 근동의 문서들의 문집이 아니라 정경이기 때문에, 구약을 통해서 고대 종교 사상의 보고서가 아닌, "신학"을 발견할 수 있다고 믿는다. "정경"과 "신학"이라는 개념들 사이에는 진정한 관계가 있다. 그리고 이 정경은 하나님의 말씀을 포함하고 있음을 알려주며 또한 여전히 권위적인 것으로 신뢰받고 있다.[66)]

나아가 클레멘츠는 정경의 통일성에 대한 중요성을 강조한다. 그에 의하면, 비록 구약 본문들이 여러 자료들로 구성되었다 하더라도, 이 수많은 자료들이 현재의 전체 본문으로 구성되었다는 것은, 우리가 개별적인 자료들을 밝히고 규명하는 것보다는 전체를 이해하는데 전력을 기울어야만 함을 말해준다.[67)] 또한 구약을 정경으로 읽는다는 것은 고대 이스라엘과 유대교의 세계에만 관심을 기울이는 순수한 역사적 학문만을 추구하기보다는, 정경으로서의 이 권위적인 하나님의 말씀이 신앙 공동체에게 어떤 기능하며 어떤 영향을 가져다주는가에 대해 깊은 성찰을 해야만 함을 의미한다.

다시 말해, "만일 우리가 구약을 고대의 텍스트로서 읽는 일에만 스스로를 한정시킨다면, 그리고 고대의 성서 기자가 전하려 했던 내용 이외에는 아무것도 들으려 하지 않는다면, 우리는 하나님께서 성서를 통해서 여전히 그의 백성들에게 말씀하신다는 우리의 전통을 부인하는 셈이 될 것이다."[68)] 그러므로 클레멘츠는 하나님께서 정경으로서의 구약 본문을 통해 그의 백성들에게 지금도 계속해서 말씀하신다는 사실을 주지시키고 있다.

3.4. 롤프 렌토르프(Rolf Rendtorff)

클레멘츠와 아울러, 정경적 해석을 시도하는 대표적인 독일학자는 롤프 렌토르프(Rolf Rendtroff)이다. 그는 저명한 독일 구약신학자 폰 라트의 제자로서 전통적인 역사 비평의 오경 문서설에 도전했으며, 독일 구약학자들이 흔히 간과했던 본문의 최종 형태에 큰 관심을 기울여왔다. 나아가 그는 성경해서학의 새로운 패러다임의 전환과 그 필요싱을 인식한 뒤 정경적 해석을 주요 해석학적 원리를 수용한다. 먼저 렌토르프는 전통적인 역사 비평학의 문제점을 분석한다. 그는 구약 역사 비평학의 대원리로 작용했던 벨하우젠의 문서설과 그 역사적 재구성에 의문을 제기한다. 그는 J 혹은 P 문서들이 정확한 언어학적 근거를 상실한다고 진단한 뒤 J와 P문서는 존재하지 않았다고 주장함으로써 전통적인 역사 비평학에 심각한 도전을 제기한다.[69]

더욱이 그는 토라를 선지서 이후에 위치시킨 벨하우젠의 역사적 재구성에는 본질적으로 반유대교적 사상이 숨겨져 있다고 날카롭게 지적한다.[70] 또한 그는 자료비평을 극복하기 위해 제시되었던 양식비평조차도 삶의 정황에 따른 본문의 단락들을 너무 분리시켜 결국 본문의 파편화를 초래했다고 지적한다. 그는 양식비평의 문제를 다음과 같이 말한다.

> 양식 비평은 개별 본문 단락들을 그 배경에 따라 너무 세분화시키는 경향이 있었다. 양식 비평의 창시자 헤르만 궁켈은 "최소의 문학단위"(smallest literary units)에 대해 말했으며, 이런 최소단위는 구체적이고도

> 분석되고 규정되어야만 한다고 보았다. 이런 과정으로 말미암아 더 넓은 본문의 복합성(the larger textual complexes)에는 관심을 두지 못했다.[71]

이와 같이 전통적인 역사 비평의 문제점을 인식한 렌토르프는 본문 자료들의 더 넓은 문학적 단위와 그 신학적 관점에 관심을 기울이면서 정경적 해석의 필요성을 역설한다. 1993년에 영문으로 번역 출간된 그의 책, 『정경과 신학』(*Canon and Theology*)에서 그의 정경적 입장을 분명히 피력한다.

> 따라서 내가 제안하고자 하는 요점은 두 부분으로 이루어진다. 즉 첫째는 구약 본문들 혹은 모음집들의 "정경적" 방식을 따르는 것이며, 둘째는 구약에 나오는 개별 신학적 논점과 그 외 다른 것을 포함한 개별 주제들 및 사상들을 고찰하는 것이다.[72]

렌토르프는 전통적인 역사 비평적 방식이 정경으로 주어진 본문의 맥락을 무시했다고 지적하면서 "해석의 주체는 무엇보다도 먼저 주어진 히브리 성서 본문이 되어야 한다"[73]고 강조한다. 이것은 최종 정경 형태를 해석의 출발점으로 삼고 있는 차일즈의 입장과 그 맥락을 같이 한다. 그러므로 렌토르프는 해석자가 성경을 해석할 때 먼저 성경 본문을 "하나의 전체로서의 정경"(canon as a whole)으로 취급해야한다고 말한다.[74]

이와 같은 렌토르프의 정경적 관점은 그의 해석 작업을 통해 명백히 나타난다. 예를 들면, 렌토르프는 이사야서 구성의 열쇠가 되는 이사야

56:1의 기능에 대한 분석을 통해 이사야서의 정경적 통일성을 논증한다.[75] 그에 따르면, 이사야서는 몇 가지 극적인 분기점을 보여준다. 즉 39장 이후 40장의 출현은 실로 극적인 전환을 이루며, 55장 이후 56장의 등장도 대전환을 보여준다. 이로 인해 전통적인 역사 비평학자들은 이사야서를 제1, 2, 3 이사야로 엄격히 구분한 바 있다. 그렇지만 레토르프에 의하면, 제3이사야는 제1 이사야와 제2 이사야로부터 완전히 독립된 자료로 취급될 수 없다. 왜냐하면 56장이 극적인 전환을 이루고 있으나 제1, 제2 이사야와 긴밀한 연관성을 지니고 있기 때문이다.

이러한 연관성은 이사야 56:1의 "의"(צדקה)의 용법을 통해 증명된다. 렌토르프는 56:1에 등장하는 "의"라는 표현이 다른 두 단어와 병행을 이루고 있음을 인식한다. 실제로 1–39장에서 "의"(צדקה)는 "정의"(משפט)라는 단어와는 함께 쓰이고 있으나 "구원"(ישועה)이라는 단어와는 병행을 이루지 않는다. 반면에 40–55장에는 "의"(צדקה)는 "정의"(משפט)라는 단어 대신 "구원"(ישועה)이라는 단어와 연결된다. 그런데 56:1에는 "의"(צדקה)라는 단어가 "정의"(משפט)라는 단어뿐만 아니라 "구원"(ישועה)이라는 단어도 함께 사용되고 있다.

> 여호와께서 이같이 말씀하시되
>
> 너희는 공평(משפט)을 지키며 의(צדקה)를 행하라.
>
> 나의 구원(ישועתי)이 가까웠고
>
> 나의 의(צדקתי)가 쉬 나타날 것임이니라.

이런 현상은 56:1이 다른 주요 단락들, 즉 1–39장과 40–55장을 연결시켜 주는 기능을 하고 있음을 시사한다. 그러므로 56-66장은 1-39장과 40-55장을 함께 묶어주기 때문에, 이 두 단락으로부터 분리될 수 없다. 그리하여 렌토르프는 제1, 제2, 제3 이사야를 분리하지 않고 반드시 전체 구성의 맥락에서 이해해야 한다고 주장한다.[76)]

또한 최근 들어 렌토르프는 정경적 관점에 근거하여 12선지서의 신학적 통일성을 논증한다. 먼저 렌토르프는 12선지서의 구성에 있어서 연대기적 언급의 차이점에 대해 주목한다.[77)] 좀더 구체적으로 말하자면, 호세아, 아모스, 미가, 스바냐, 학개 및 스가랴의 표제는 구체적인 연대를 기술하고 있다. 그런데 호세아, 아모스, 미가 및 스바냐는 바벨론 포로기 전 시대와 관련이 있는 반면, 학개와 스가랴는 바벨론 이후 페르시아 시대를 반영해 주기 때문에, 이런 연대기적 구성(chronological frame)은 커다란 시간적 간격을 보여준다.

여기서 렌토르프는 이런 연대기적 표제가 있는 본문들 속에 위치한 비 연대기적 표제의 본문들에 관심을 기울인다.[78)] 즉 렌토르프에 의하면, 연대기적 표제가 없는 본문들의 구성과 배열은 어느 특정한 연대기적 이유보다는 다른 중요한 이유에 기인한다고 본다. 즉 이런 구성과 배열은 신학적 연관성에 기인한다. 예를 들면, 아모스에는 "주의 날"이란 표현이 한 차례만 등장한다(5:18-20). 그러나 아모스의 청중들에게 이 날은 생소한 개념이 아니다. 왜냐하면 12선지서를 읽는 독자들은 아모스의 선행 본문인 요엘과 후속 본문인 오바댜에서 이 "주의 날"이 중심 주제로 취급되기 때문이다. 그러므로 이것은 요엘, 아모스 그리고 오바댜가 "주의 날"이라는 중심 신학에 의해 구성되었음을 반영해 주며, 이것은 "주의 날"을 강조하는 마지막 본문인 말라기의 위치와도 연관성을 지닌다. 즉 렌토르프에 의하면, 12선지서의 구성은 처음부터 마지막까지 "주의 날"이라는 신학적 주제에 의해 연결되며, 이것은 12선지서가 하나의 신학적 통일체로 구성되었음을 의미하는 것이다.

최근에 출간된 그의 책, 『구약정경신학』[79]은 이와 같은 렌토르프의 해석학적 입장을 더욱 견고히 한다. 1999년 독일의 Nukirchener Verlag 출판사에서 *Theologie des Alten Testaments: Ein kanonischer Entwurf* 라는 제목으로 출간된 본서는 원래 2권으로 출간되어 2001년에 다시 재판된 책이다.[80] 1권에서 구약의 개별 책들을 다루면서 그 신학적 관점에 집중했던 렌토르프는 2권에서는 구약의 주요 주제들을 집중적으로 다룬다.

특히 본서의 마지막 부분은 렌토르프의 해석학적 방법론을 상세히 반영하고 있다. 이 단락에서 "정경적 최종본문이란 무엇을 뜻하는가?" 라는 질문은 렌토르프의 정경적 입장을 분명하게 전달하고 있다. 앞서 언급했듯이 그는 역사 비평학의 가치를 부정하지는 않지만, 그 방법론만으로는 본문해석이 온전할 수 없음을 지적한다. 왜냐하면 역사 비평학의 역사적 재구성은 현재의 최종정경형태의 의도를 파악하는데 실패했기 때문이다. 여기서 그는 새로운 해석학적 전환을 주장하면서 역사 비평학이 도외시했던 본문의 최종형태를 해석자의 일차적 관심으로 강조한다.

예를 들면, 역사 비평학자들에 의하면, 창조의 주제는 역사 비평학에 의해 재구성된 역사에 따라 취급되어야 한다. 다시 말해, 창조의 주제는 종교사적인 관점에 따라 통시적으로 해석되어야 한다. 그 결과, 최종 정경 형태에 나타난 창조신학의 연속성 혹은 연관성을 파악하는데 실패하고 말았다. 다시 말해, 렌토르프는 최종 정경 본문 자체의 맥락을 보지 못하는 역사 비평학의 한계를 넘어서서 최종 정경 형태의 전체 구상과 그 의도를 강조하고자 한다. 이와 같은 정경적 접근은 인지형식구의 정경적 해석을 통해 더욱 뒷받침된다.

끝으로 렌토르프는 구약의 명칭에 따른 신학적 문제들에 관심을 기울이며, 유대교와 기독교 사이에서 구약의 권위와 그 가치의 다양성을 면밀히 분석한다. 여기서 렌토르프는 구약의 해석에 있어서 신약의 예수 그리스도의 중심성을 강조하는 차일즈의 입장과는 거리를 둔다. 또한 그는 70인경의 순서를 따르는 기독교 정경의 입장보다는 유대인들이 취하는 "타낙"의 세 등분 순서를 더욱 선호한다. 그럼에도 불구하고 렌토르프는 이런 첨예한 신학적 이슈들에 대해 어떤 확고한 해석학적 방향을 정하고 그것을 정당화하기 위한 일방적 자세를 취하기보다는, 독자들을 향해 계속적인 대화와 열린 마음으로서의 해석학적 태도를 촉구하면서 본서를 마무리한다.

본서가 21세기 구약 해석학계에 미친 가치와 공헌은 의심의 여지가 없다. 먼저 본서는 전통적인 역사 비평학의 통시적 해석의 한계를 넘어서서 구약 전체의 정경적 맥락을 해석학의 출발점으로 강조함으로써 21세기 독자들을 향해 본문 전체의 정경적 구상과 그 의도의 중요성을 올바로 인식시켜주고 있다. 그러므로 본서는 역사 비평학의 문제와 한계를 인식한 독자들에게 매우 유익한 해석학적 대안을 마련해 주고 있다.

나아가 본서는 개별 책들의 신학들이 어떻게 정경적으로 연관성을 갖는지를 규명함으로써 우리들로 하여금 개별 책들을 독자적으로 읽기보다는 상호 본문적(intertextual)으로 읽도록 촉구한다. 이와 같은 렌토르프의 접근은 구약전체의 신학적 구상과 의도를 무시한 체, 개별 책들의 신학적 다양성에만 치중하는 목회자들이나 신학생들에게 정경적 통일성에 근거한 구약읽기의 해석학적 필요성을 인식시켜준다.

뿐만 아니라 본서는 난해한 전문적인 신학토론이나 논증방식보다는, 다소 이해하기 쉬운 신학적인 기술방식을 선택함으로써 신학생뿐만 아니라 일선 목회자들의 구약연구에 매우 유익한 지침서로서 손색이 없다. 또한 그의 해석 방법론은 통시적 접근과 공시적 접근의 가치를 모두 인정하고 있기 때문에, 보다 많은 독자층을 확보하는데 유리할 수 있다.

그러나 렌토르프의 작품은 몇 가지 아쉬운 점을 노출하고 있다. 먼저 2권에 소개된 렌토르프의 주제적 접근은 주제의 선택에 있어 주관성이 반영되고 있다. 물론 그가 선택한 주제들이 구약신학의 중심으로 작용하고 있음은 분명하다. 그러나 그의 주제 선택은 다소 선별적인 뉘앙스를 남긴다. 예를 들면 구약 전반에 걸쳐 강조되는 "거룩"과 같은 주제들이 중요하게 다루어지지 못한 것은 매우 아쉬운 점이 아닐 수 없다. 비록 하나님의 속성을 취급하는 부분에서 하나님의 거룩하심을 언급하고 있지만, "거룩"의 주제가 구약 전체에 어떻게 정경적으로 연결되는지를 살펴보는 것은 중요한 작업이라고 판단된다. 또한 다른 구약신학 작품에서 주요 주제로 다루어지는 "죄", "속죄" 혹은 "제사"의 이슈들 역시 중요하게 취급되지 않고 있다. 이런 점을 감안해 볼 때, 그의 주제 선택이 다소 주관적인 성격을 띠고 있음은 아쉬운 부분이 아닐 수 없다. 또한 렌토르프는 주요 주제들을 다룰 때, 때때로 내용의 균형을 상실하고 있다. 가령, 창조나 토라의 주제는 비교적 많은 지면을 할애하고 있으나, 예배나 지혜의 주제는 매우 소극적으로 취급된다. 이러한 차이는 독자들에게 특정 주제에 대한 편향적 시각을 의심하게 만든다.

본서의 전개구성 역시 아쉬운 점을 보여준다. 본서는 전반부에 구약의 주제들을 다루고, 후반부에 구약 해석 방법론을 취급한다. 그렇지만 이런 순서는 오히려 반대로 전개되는 것이 더욱 효과적이다. 다시 말해, 전반부에 저자의 구약 해석 방법론을 소개하고, 후반부에 저자의 주제적 접근을 제시하는 순서방식이 독자들의 읽기에 더욱 도움을 줄 수 있다.

끝으로 렌토르프의 정경적 해석은 매우 중대한 해석학적 질문을 유발시킨다. 그는 해석학의 출발점으로서 최종 본문 형태의 정경적 의도를 강조한다. 여기서 그가 말하는 최종 정경 형태는 어떤 순서의 본문을 가리키는 것인가? 가령 구약은 70인경의 순서와 맛소라의 순서로 크게 구분된다. 비록 렌토르프는 구약의 70인경 순서를 부정하지는 않지만, 맛소라의 "타낙" 순서를 최종 정경 형태로 선호하는 듯하다. 그러므로 렌토르프의 정경적 해석은 맛소라의 전통을 존중하여 "타낙"의 정경 형태를 중요시 여기는 듯하다. 그러나 기독교회는 구약의 "타낙" 순서보다는 70인경 순서를 최종 정경 형태로 취하고 있다. 그렇다면 최종 정경 형태로 구약을 읽을 때, 우리는 어떤 순서를 최종 정경 형태로 취해야 하는가? 또한 최종 형태의 순서의 차이는 정경적 해석에 어떤 차이를 가져다주는가? 저자의 후속 작품에서 이러한 해석학적 문제들이 보다 설득력 있게 설명될 수 있기를 고대해 본다.

이상으로 우리는 1950-60년대에 전성기를 맞이했던 신정통 구약신학에 도전하며 새로운 구약신학적 방향을 제시했던 바와 차일즈 그리고 차일즈의 정경적 접근의 영향을 받은 클레멘츠와 렌토르프의 정경적 구약신학 방법론을 살펴보았다. 20세기 중반을 풍미했던 "성경신학운동"의 아성은 마침내 차일즈와 바의 도전으로 더 이상 지속될 수 없었다. 특히 최종 형태의 맥락과 그 신학적 의도를 강조하는 차일즈의 정경적 접근은 하나의 중요한 해석학적 위치를 차지하며 클레멘츠와 렌토르프와 같은 정경 신학자들에 의해 지금까지 그 영향력을 계속해서 발휘하고 있다.

3.5. 필리스 트리블(Phyllis Trible)

한편, 구약학계는 차일즈의 정경적 접근과 함께 또 다른 해석방식의 출현을 목도하게 되었다. 제임스 마일렌버거(James Muilenburg)는 SBL의 회장직 수락 강연에서 구약 본문을 파편화시켰던 역사비평학(특히 양식비평)의 한계를 넘어 본문의 더 큰 맥락과 그 맥락을 이어주는 수사적 구조에 관심을 기울어야만 함을 역설하였다.[81]

마일렌버거의 수사적 접근과 그 영향력은 그의 제자 필리스 트리블(Phyllis Trible)의 연구를 통해 더욱 구체화되었다.[82] 마일렌버거와 트리블의 수사적 접근은 본문 배후의 역사세계가 아닌, 주어진 본문 자체의 세계를 탐구하며, 그 본문의 구조분석을 통해 본문 자체의 의미가 무엇인지를 연구하고자 하였다. 특히 트리블은 수사 비평을 통해 여성 해방적 해석을 지향하여 구약학계로부터 큰 관심을 불러 일으켰다. 그녀의 해석은 대개 철저한 본문 분석에 기초하지 않는 여성해방적 해석의 한계를 넘어선다. 또한 그녀는 역사비평학의 역사적 재구성에 머무르지 않고 본문 자체의 유기적 구조분석에 초점을 두면서 역사비평의 약점에 빠져들지 않는다. 다시 말해, 트리블은 수사적 접근을 통한 정밀한 본문 분석과 주해에 집중함으로써 그녀의 해석학적 과업을 충실히 수행한다. 예를 들면, 그녀의 명저, 『하나님과 성의 수사학』(*God and the Rhetoric of Sexuality*)[83]는 여성 해방적 수사 비평의 진수를 유감없이 들어낸다. 이 책에서 트리블은 자신의 해석 방식을 "여성 해방적 해석학"(feminist hermeneutics)으로 규정한다. 그녀에 따르면, 여성해방적 해석은 "성경과 전통적인 성경신학의 남성 중심주의를 잘 알고 있는 까닭에 주석과 더불어 자신의 작업을 시작한다. 그것은 소홀히 여겨진 본문들을 조명하고 이미 잘 알고 있는 본문들을 재해석하는데 있다."[84]

특히 트리블은 소홀히 취급된 본문들에 집중하는데, 그 중 가장 심혈을 기울이는 부분은 하나님의 여성적 메타포가 등장하는 곳이다. 예를 들면, 예레미야 31:15-22은 하나님을 여성으로 묘사하는 대표적인 본문에 해당한다. 이 본문은 어머니 라헬이 잃어버린 자식들을 위해 우는 모습을 보여주는데, 이 라헬의 모습은 어머니인 여호와께서 처녀 딸인 이스라엘에게 긍휼을 베풀기로 약속하는 모습으로 이동한다. 여기서 "긍휼"에 해당하는 히브리어 "라함"은 단수일 때에는 "태"혹은 "자궁"(womb)의 의미를 지니지만, 복수일 때는 "긍휼"을 의미한다. 그러므로 트리블은 하나님께서 긍휼에 해당하는 "라함"이라는 히브리어의 주체로서 소개될 때, 하나님은 어머니와 같은 분으로 묘사된다고 강조한다.

또한 트리블은 은유적으로 하나님을 여성적인 분으로 묘사하는 호세아 11장에 관심을 기울인다. 호세아 11:3-4은 하나님께서 아이 에브라임의 걸음을 가르치고 그를 일으켜 세우며 그를 먹이시는 부모와 같은 분이라고 묘사한다. 트리블에 의하면 가부장적인 해석은 이 표현이 아버지의 역할을 강조함으로써 하나님의 부성애를 보여준다고 말한다. 그러나 트리블은 실제로 고대 이스라엘에서 어머니들이 이와 같은 일들을 했다는 점을 간과해서는 안 된다고 말한다.

이처럼 트리블은 남성중심적 성경해석의 문제점을 검토하고 지적할 뿐만 아니라, 그 동안 무시되어 왔던 여성 관련 본문들의 중요성을 일깨워줌으로써 여성신학자로서의 탁월성을 유감없이 발휘한다. 그러나 트리블의 여성해방적 해석은 현대의 해석자들 뿐만 아니라 구약 본문들 자체가 남성중심의 가부장제를 지향한다고 주장한다. 그녀는 다음과 같이 진술한다.

> 여성해방적 주석은 또한 다수의 본문들이 얼마나 많이 가부장제적인가를 보여 주기도 한다. … 호세아는 남자가 야웨께 충성스러운 모습을 보이는 것으로 묘사하는 것과는 대조적으로, 제멋대로 행동하는 이스라엘을 비난하기 위해 창녀 개념을 사용한다(호 1-3장). 에스겔은 천박한 성적 표상들을 사용하여 여성들을 부당하게 대우한다(겔 23장; 36:17). 스가랴는 여인을 악함과 동일시하고 회복된 땅에서 그 여인을 배제시킴으로서 그러한 경향을 계속 유지해 간다(슥 5:7-11). 법적인 규정들 역시 가부장제적인 편견을 매우 강하게 드러내고 있다.[85]

그러나 구약 본문들의 저자들이 여성의 부정적 이미지를 사용하는 것을 가부장적이라고 평가하는 트리블의 입장은 다소 지나친 감이 있다. 여성의 부정적 이미지 사용은 여성의 가치를 무시하는 것이 아니라, 하나의 신학적 메시지를 전달하기 위한 기법에 불과하다. 가령 스가랴 5:7-11에 등장하는 "악"의 여인은 바벨론의 여신과 연관성을 지닌다. 그러므로 본문이 "악"을 묘사할 때 여인의 이미지를 사용한 것은 가부장적 이데올로기를 반영하기보다는, 포로기 후 공동체의 여신 숭배 사상에 대한 비판을 염두에 둔 것이라고 볼 수 있다. 비록 트리블의 여성해방적 해석에서 아쉬운 점들이 발견되지만, 기존의 전통적인 역사비평학과 신정통 신학의 한계에서 벗어나 정교한 수사적 구조분석을 통한 본문분석을 확립하였고, 남성중심의 구약학 분야에서 여성 구약학자로서 여성해방적 성경신학의 모델을 제시한 것은 그녀만이 해낼 수 있는 공헌임이 틀림없다.

4. 전환기의 구약신학(1990–현재) – 다양성의 전성기

4.1. 포스트 모던적 이데올로기 해석

이상으로 정경비평과 수사비평은 1970년대의 대표적인 구약신학 방법론으로 자리매김하였다. 특히 1980-90년대에는 정경적 접근의 공시적 해석과 수사적 분석에 근거한 문학적 해석이 그 전성기를 맞이하였다. 이런 이유로 인해 1980-90년대의 구약신학 작품들은 대체로 이 두 방법론의 영향력을 잘 반영해 준다. 비록 종교사학파의 영향력이 완전히 사라진 것은 아니지만, 구약 학자들은 점차 정경 비평 및 문학 비평을 구약신학 연구를 위한 주요 해석학적 전략으로 사용하기 시작했다. 예를 들면, 데이빗 건(David Gunn)과 클라인스(David J. A. Clines)의 주도로 출간된 영국의 *Journal of Study for the Old Testament* 시리즈는 역사비평의 한계를 극복하려는 문학 비평적 연구들을 집중적으로 소개하였으며, 그 영향력은 80-90년대의 구약 학계에 엄청난 파장을 불러일으켰다.

또한 앞서 강조했듯이, 정경적 접근을 사용하는 구약신학 연구는 차일즈와 그의 동료 자이츠, 그리고 독일의 렌토르프에 의해 더욱 강조되었다. 이들은 역사비평학의 한계를 올바로 인식하며, 본문을 해석함에 있어 최종 정경 형태의 중요성에 대해 공감대를 이루었다. 그러나 차일즈와 자이츠는 구약 신약이 반드시 신약과 연결되어야만 한다는 신념을 굽히지 않은 반면, 렌토르프는 구약신학이 기독교적 관점에 의해 독점적으로 해석되기를 원치 않는다. 그리하여 렌토르프는 "구약"이라는 표현보다는 "히브리 성경"이라는 용어를 더욱 선호한다.[86] 이처럼 80-90년대의 구약신학의 흐름은 역사 비평학이 주도하던 저자 중심적 접근" 에서 문학 비평과 정경 비평에 의해 강조되는 "본문 중심적 접근"으로 이동하는 해석학전 전환을 잘 나타내 준다.

그러나 본문 중심의 문학적 접근과 정경적 접근은 1990년대 이후부터 이데올로기 비평과 포스트모던 해석의 거대한 물결을 목도한다. 지금까지 성경해석 학계는 주로 저자(혹은 편집자)의 의도와 그의 삶의 정황에 초점을 맞춘 역사적 해석방법론과, 본문의 문학적 구조와 그 통일성에 집중한 문학적 접근 방식이 성경 해석의 주류를 형성해 왔다. 그러나 1990년대에 이르러 이데올로기 비평이 새로운 성경 해석 방법론으로 크게 부각되기 시작했다. 클라인스는 이와 같은 해석학적 동향을 다음과 같이 진술한다.

> 본인이 생각하기에, 1980년대는 '독자'(the reader)가, 1970년대는 '본문'(the text)이, 그리고 역사적 연구의 지난 세기는 '저자'(the author)가 핵심용어(catchword)이었다면, '이데올로기'(ideology)는 1990년대 성경 비평의 핵심 용어가 될 것이다.[87]

클라인스가 언급한 바와 같이, 최근 들어 성경의 이데올로기에 대한 토론과 논쟁이 뜨겁게 불붙기 시작했다. 예를 들면, 스코트랜드 출신의 젊은 신학자 푸로반(Iain W. Provan)은 저명한 성경 해석학 저널지, *JBL*(*Journal of Biblical Literature*)에서 성경 본문을 후대 기자 혹은 공동체의 이데올로기의 산물로 취급하여 성경의 역사성을 제거해버린 이데올로기 성경 해석가들을 향해 과감한 도전을 시도한다.[88] 이에 맞서 톰슨(Thomas L. Thompson)[89]과 데이비스(Philip R. Davies)[90]는 푸로반의 도전을 거부하면서 구약 이스라엘 역사에 대한 자신들의 이데올로기적 접근 방식을 옹호한다.[91] 또한 성경 해석학 전문 학술지, *Semeia*도 제 59호(1992)에서 "이데올로기 성경 해석"을 특집으로 다루면서 그 중요성을 일깨워주고 있다. 더욱이 포스트모던 사상이 확산되면서 현대의 정치적 이슈들을 포스트모던적 관점으로 해석하려는 이데올로기적 접근이 점차 주목을 끌고 있다.[92]

여기서 이데올로기 성경 해석을 정확하게 이해하려면 이 방법론의 주요 관심사를 먼저 설명할 필요가 있다. 이데올로기 성경 해석의 주요 관심사는 다음과 같은 세 가지 특징들로 요약될 수 있다.

첫째, 이데올로기 성경해석은 주로 성경 본문에 암시된 사회적 갈등에 관심을 기울인다. 성경 해석가들에 따르면, 성경은 다른 문헌들과 마찬가지로 사회적 문화의 산물이다. 성경 본문의 형성에 주도적 역할을 담당한 저자들 혹은 편집자들은 권력 계층(victors)에 속한 자들로 이해된다. 그러므로 성경은 직접적이든 혹은 간접적이든 간에 서로 다른 사회의 권력 계층들 간의 갈등(social conflicts)을 암시해 준다. 예를 들면, 클라인스는 십계명이 어느 특정 그룹의 관심에 따라 존재하게 되었다고 본다. 그렇다면 이들은 어떤 그룹에 속한 자들인가? 이 그룹은 타 그룹과 어떤 사회적 갈등 속에 있었는가?[93] 이러한 질문들은 이데올로기 성경 해석의 주요 관심사를 잘 반영해 준다.

둘째, 이데올로기 성경 해석은 이데올로기 성경 해석은 권력으로부터 소외된 타자(the Other)에 관심을 기울이기 때문에,[94] 성경 본문에 도외시된 혹은 숨겨진 억압된 목소리들에 집중한다. 마르크스 전통을 이어받은 사회학자 이글턴(Terry Eagleton)의 입장을 따르는 성경학자들은 성경 본문이 주로 강자, 남성 및 유대인들에 집중된 나머지 빈자, 여성 및 비 유대인들에 대한 관심을 결여하고 있다고 진단한다. 그래서 그들은 성경 본문 속에서 무시되거나 혹은 침묵하고 있는 억압된 목소리들을 찾아내려 한다.[95] 예를 들면, 케롤(Robert Carroll)은 오므리 왕에 대한 구약 본문의 침묵에 주목한다.[96] 오므리 왕이 성경 외 문헌들 속에는 비교적 충분히 소개되고 있는 반면(이것은 오므리 왕의 중요성을 암시해 준다), 구약 본문 속에는 왜 간략하게 축소되었는가?

결론적으로 케롤은, 오므리 왕 기사의 축소현상은 신명기적 전통에 속한, (북이스라엘에 적대적인) 남 유다적 이데올로기에 기인한다고 진단한다. 또한 구약은 이스라엘의 역사에 대한 기술이라고 인식되어 왔으나 팔레스타인에 대해서도 언급하고 있다. 그렇다면 왜 구약본문은 팔레스타인에 대해서는 큰 관심을 기울이지 않는가? 이러한 질문들에 대한 해답을 찾기 위해 사용되는 주요 방법론이 바로 이데올로기적 접근이다.

셋째, 주로 문학비평을 선호하는 이데올로기 해석 가들은 성경 본문이 현대의 이데올로기적 상황 속에서 어떻게 독자들에 의해 읽혀질 수 있는가에 초점을 둔다. 즉 이데올로기 성경 해석은 성경 본문이 현대 독자들의 독서에 어떤 이데올로기적 영향을 미치는가 혹은 독자들이 성경 읽기를 통해 어떻게 자신의 이데올로기를 반영하는가에 관심을 기울인다. 예를 들면, 최근 성경 학계에 큰 논쟁의 이슈로 부각한 페미니즘 혹은 동성애적 접근은 이러한 이데올로기적 경향을 잘 반영해 준다. 또한 최근에는 후기 식민주의 관점에 근거하여 이데올로기 성경해석을 시도하려는 성경학자들이 늘어나고 있다. 주로 이들은 서구출신이 아닌, 아시아나 제3세계 출신의 신학사들이다. 예를 들면, 홍콩 출신의 곽 푸이란(Kwok Pui-lan), 인도 출신의 쑤기사라자(R. S. Sugirtharajah) 그리고 아프리카 출신의 두베(Musa W. Dube), 히스페닉계의 세고비아(Fernando F. Segovia)와 워리어(Robert Allen Warrior)를 꼽을 수 있다.

종합하자면, 이데올로기 성경 해석이란 본문 속에 암시된 여러 사회 계층들의 권력 구조에 집중하여 계층들 간의 갈등과 분열을 야기시킨 사회적 이데올로기를 규명하며, 본문에서 무시되거나 관심 밖으로 내버려진 이야기들을 재발견하며, 나아가 본문이 현대 독자들의 이데올로기적 정황 속에서 어떻게 읽혀지는가를 연구하는 총체적인 해석학적 작업이라고 볼 수 있다.

그런데 최근의 이데올로기 성경 해석은 매우 다양한 접근 방식들을 보여준다. 그럼에도 불구하고 이데올로기적 접근은 대체로 두 가지 유형으로 분류될 수 있다. 첫 번째 유형은 역사적 재구성을 통해 본문의 이데올로기를 재구성 혹은 재발견하는 방식이다. 최근 이데올로기적 관점에서 이스라엘의 역사를 재구성하려는 시도가 각광을 받기 시작했다. 쉐필드 대학교의 데이비스(Philip Davies)와 화이트램(K. W. Whilelam), 코펜하겐 대학교의 톰슨(Thompson), 스웨덴 출신의 신학자로서 시카고 대학교에서 가르쳤던 고(故) 알스트룀(the late Gösta Ahlström), 그리고 이탈리아의 가비니(Giovanni Garbini)와 같은 학자들의 방법론이 대체로 이러한 유형에 포함된다. 그들은 구약 본문을 이데올로기의 산물로 간주하며 구약 본문의 이데올로기에 관심을 기울인다.[97)]

두 번째 유형은 본문과 독자와 문화와의 상호작용을 통해 본문의 이데올로기를 연구하는 작업이다. 조블링(David Jobling), 피펀(Tinna Pippin), 퓨웰(Nolan Fewell)과 같은 포스트모던 신학자들은 전통적인 역사 비평적 입장에서 벗어나 포스트모던 해석(the postmodern interpretation)을 통해 이데올로기 해석을 시도한다. 이들에 따르면, 본문의 이데올로기는 역사적 재구성을 통해 발견되기보다는, 본문의 구조 속에 암호화(encoded)되거나[98)] 혹은 본문과 독자와의 복합적인 상호작용에 의해 생겨난다.[99)] 다시 말해서, 독자들은 그들의 이데올로기를 가지고 해석에 참여할 뿐 아니라, 본문을 사용하여 그들의 이데올로기를 다른 이들에게 설득시키려한다. 첫 번째 유형의 입장이 주로 전통적인 역사비평의 역사적 재구성에 의존하는 반면, 두 번째 유형의 접근은 문

학 비평을 포함한 현대의 포스트모더니즘적인 해석을 취한다.[100)]

물론 어떤 이데올로기 성경학자들[101)]은 전자와 후자를 모두 포괄적으로 사용한다. 그러므로 모든 이데올로기 해석 방식들이 무조건 전자와 후자로 제한될 수는 없다고 본다. 그러나 대체로 이데올로기 성경 해석은 편의상 전자와 후자로 크게 분류되고 있다. 그럼 지금부터 이데올로기 성경해석의 실례들을 살펴보기로 하자. 지면관계상 우리는 여러 명의 이데올로기 해석자들의 입장을 다룰 수는 없고, *Semeia*에 실린 갓월드의 이데올로기 해석을 잠시 살펴볼 것이다.

이데올로기적 접근방식의 대표주자로는 단연코 갓월드(N. K. Gottwald)를 손꼽을 수 있다. 특히 갓월드의 이데올로기적 접근은 역사적 재구성 방식의 전형이 된다. 그는 이데올로기 해석을 특집으로 다룬 *Semeia* 제59호(1992)의 한 논문, "이사야 40-55장의 사회 계급과 이데올로기"("Social Class and Ideology in Isaiah 40-55")에서 이글턴(Eagleton)의 입장에 비추어 소위 제2 이사야(Second Isaiah)를 이데올로기적 관점에서 해석한다. 무엇보다도 갓월드(N. K. Gottwald)는 소위 제2 이사야가 침묵하고 있는 두 가지 중요한 요소들에 우리들의 관심을 집중시킨다.

첫째, 갓월드(N. K. Gottwald)는 소위 제2 이사야가 바벨론으로 잡혀가지 않고 유다에 그대로 머물러있었던 본토 백성들에 대해 침묵하고 있음에 주목한다. 실제로 바벨론으로 끌려간 포로들은 전체 인구의 10%정도에 지나지 않는다. 그렇다면 왜 제2 이사야는 동시대의 본토 유다 백성들에 대해서는 침묵하고 있는가? 혹자는 제2 이사야 기자가 유다 본토로부터 너무 멀리 떨어져 있었기 때문에 본토 백성들에 대한 정보를 알지 못했기 때문에 그들에 대해 기록하지 못했을 것이라고 추론한다.[102] 그러나 예레미야와 에스겔은 바벨론과 유다와의 교류가 왕성했음을 암시해 주기 때문에 이러한 설명은 그리 설득력이 없다.

여기서 갓월드는 이러한 부재현상이 바벨론 포로민들과 유다 본토 백성들간의 리더쉽 논쟁의 결과로 이해한다. 부연하자면, 바벨론 포로들은 주로 패망한 유다의 높은 관직에 있었던 관료 출신들이었던 반면, 본토 유다에 남아있었던 자들은 대부분 가난한 서민들로 추측된다. 여기서 이 두 그룹은 리더쉽에 대한 서로 다른 기대와 입장을 표출했을 것이다. 바벨론 포로들은 포로생활을 통해 새롭게 정화되어 그들을 중심으로 새로운 리더쉽을 고대했었던 반면, 유다 본토민들은 과거 지도자들의 실패와 죄악에 염증을 느낀 나머지 그 후손들의 리더쉽에 회의를 느꼈을 것이다. 여기서 바벨론 포로민들과 유다 본토민들간의 리더쉽 논쟁 혹은 갈등이 표출되었을 것이다. 그러므로 바벨론 포로기에 활동했던 소위 제2 이사야 기자와 그의 독자들은 본토 유다 백성들을 그다지 중요하게 취급하지 않았을 것이다. 그리하여 갓월드(N. K. Gottwald)는 이러한 두 그룹간의 갈등과 논쟁에 비추어 다음과 같은 결론에 도달한다.

> 그러므로 우리는, 저자와 그 청중의 관점에서 볼 때, 이사야 40-55장에 등장하는 상상의 인물들(야곱/이스라엘, 여인 시온 및 고난받는 종)은 단연코 바벨론 포로였던 유다 백성들이라고 결론 내려야만 한다.[103]

둘째, 갓월드는 소위 제2 이사야가 회복될 공동체의 건설에 대해 침묵하고 있음에 주목한다. 갓월드에 의하면, 제2 이사야는 장차 회복될 유다 공동체의 미래상을 구체적으로 제시하지 않는다. 단지 제2 이사야는 회복될 미래 공동체에 대한 희미한 암시만들을 남겨두고 있다. 예를 들면, 제2 이사야는 고레스를 여호와의 "메시아"로 인식한다(45:1). 또한 여호와와 포로 공동체와의 언약관계에 관한 선포는 다윗의 영원한 언약이 포로 공동체를 통해 지속적으로 유효함을 말해준다. 그러므로 다윗 왕조에 의한 정치적 역할은 이제 페르시아 왕에 의해 대치될 것이며, 다윗 왕조의 종교적 기능은 귀환을 기다리는 포로 공동체에게 위임될 것임을 암시해 준다.[104)]

그렇다면 왜 제2 이사야 기자는 회복될 공동체의 미래상을 직접적인 방식이 아닌, 극히 암시적인 방식으로 드러내고 있는가? 여기서 갓월드는 바벨론 포로 공동체 안의 갈등에 대해 논의한다. 아마도 포로 공동체 가운데 다윗 왕조의 부활을 염두에 둔 유다의 회복을 염원하는 자들이 있었을 것이다. 그러므로 만약 제2 이사야 기자가 다윗 왕조의 정치적 종교적 기능의 변화를 직접적으로 드러낸다면 포로 공동체는 큰 논쟁에 휩쓸리게 되고 말 것이다. 이러한 연유로 인해, 제2 이사야 기자는 다윗 왕조의 종말과 관련된 공동체의 미래상을 암시적으로 기술할 수밖에 없었던 것이다.

결론적으로 제2 이사야는 포로로 잡혀 가지 않은 유다 본토민들과 포로로 잡혀간 포로 공동체와 갈등, 그리고 포로 공동체 가운데 두 부류의 그룹들, 즉 다윗 왕조의 부활을 고대하는 포로민들과 평등화된 왕권(democratization of royal rule)을 염원하는 포로민들과의 갈등을 보여준다. 그러므로 갓월드는 제2 이사야는 포로로 잡혀간 종교적 정치적 엘리트 계층으로 구성된 포로민들의 이데올로기적 구성임을 강조하고 있다.

그럼에도 불구하고 갓월드의 이데올로기 해석은 심각한 문제점을 노출하고 있다. 이데올로기 신학자들에 의해 (재)발견된 본문의 이데올로기는 그들의 상상력의 산물이라고 보아야 한다. 이데올로기 해석 가들은 본문 배후의 이데올로기적 갈등을 밝혀내기 위해 그들의 논리적 추론 혹은 상상력에 의존한다. 앞서 살펴본 갓월드의 해석은 이와 같은 해석학적 상상력을 잘 보여주고 있다. 실제로 고대 본문 배후의 이데올로기를 객관적으로 추적하는 일은 어려운(혹은 불가능한) 작업이다. 그러므로 이데올로기 신학자들이 재발견한 이데올로기는 "본문의 이데올로기"가 아니라 그들의 상상의 도약으로 재구성한 이데올로기라고 봄이 더욱 타당할 것이다. 그렇다면 갓월드가 발견한 제2 이사야의 이데올로기는 엄격히 말해 그가 재구성해 낸 상상력의 산물이라고 보아야 할 것이다. 결국 이데올로기 해석은 본문 배후의 갈등 구조에 집중한 나머지 본문 그 자체를 연구대상으로 인식하지 못하는 우를 범하고 있다.

앞서 언급했듯이 21세기 구약신학은 이데올로기 해석과 같은 포스트모던 시대의 정신을 적극적으로 반영하는 경향으로 흘러간다. 이러한 흐름 속에서 가장 대표적인 두 명의 구약신학자를 꼽는다면 단연코 영국 세필드 대학교의 데이비드 클라인스(David J. A. Clines)와 미국 콜롬비아 신학교의 월터 브루그만(Waler Brueggemann)이다.

4.2. 데이비드 클라인스(David J. A. Clines)

세계적인 구약학 저널 *JSOT*와 저명한 출판사 Sheffield Academic Press의 편집장으로 오래 동안 활동해 온 클라인스는 호주 출신의 구약신학자로서 영국의 세필드 대학교의 구약교수로 봉직한 뒤 지금은 은퇴하여 명예교수로 있다. 1980년대 후반부터 일찍이 역사비평학의 한계를 인식하고 신문학비평을 적극적으로 수용함으로써 구약신학계의 새 흐름을 주도해왔다.

예를 들면, 클라인스는 복음주의 성경신학자들의 주석을 출판하는 *WBC* 시리즈의 욥기 주석을 집필한 바 있는데, 클라인스의 욥기 주석은 전통적인 역사비평학의 영향에서 벗어나 신문학 비평을 적극적으로 활용한다. 물론 그는 역사비평학을 전적으로 거부하거나 무용하다고 여기지는 않는다. 다만 그는 역사비평학의 한계점을 인식하며 역사비평학의 영향에서 벗어나 새로운 해석학으로의 도약이 필요함을 역설한다.

특히 1990년에 출간된 그의 책, 『이브는 돕기 위해 무엇을 할 수 있는가?』(*What Does Eve Do to Help?*)[105]은 신문학 비평 가운데 특히 독자반응비평의 필요성을 강변한다. 또한 최근의 그의 저술들은 이데올로기 해석의 중요성을 피력하면서 포스트모던 정신의 수용을 강조한다.[106] 가령 1998년에 출간된 논문집, 『포스트모던으로 가는 길에서』(*On the Way to the Postmodern*, Vol. 1 & Vol. 2)[107]의 제목은 클라인스의 해석 여정이 포스트모던을 지향하고 있음을 시사해준다. 그렇다면 클라인스가 지향하는 포스트모던 해석의 주요 원리는 무엇인가?

클라인스가 중요시 여기는 포스트모던 해석 원리는 바로 "의미의 불확정성"이다. 클라인스는 역사 비평학의 주요 해석 원리 가운데 하나인 "객관적 단일 의미 탐구"에 대해 의문을 제기한다. 클라인스는 본문을 읽고 해석하는 독자들의 해석학적 전제들이 본문 해석에 영향을 주기 때문에 역사비평학자들이 주장하는 객관적인 단일 의미란 존재할 수 없다고 본다.

클라인스에게 있어서 본문의 의미란 결코 한 특정한 공동체 혹은 독자에 의해 파악될 수 없다. 오히려 본문의 의미는 해석 공동체에 따라 다양하게 이해될 수 있다. 이런 점에서 클라인스는 본문의 의미는 "확정적"(determinate)이기보다는, "불확정적"(indeterminate)이라고 결론짓는다. 클라인스에게 있어서, 본문의 의미는 저자가 아닌, 본문의 독자들, 좀 더 구체적으로 말하면 해석 공동체에 의해 결정된다. 물론 클라인스의 주장처럼 본문의 의미의 불확정성 개념은 본문의 의미를 독점하는 독단적 해석의 위험성을 경계할 수 있다. 그러나 클라인스가 주장하는 본문의 "불확정" 개념은 본문의 객관적 의미의 가능성을 포기하는 결과를 초래할 수 있다.

클라인스가 올바로 인식했듯이 역사비평자들의 가장 심각한 문제점은 역사 비평학자들이 그들의 복잡한 역사적 재구성 방법론을 통해서만 본문의 의미 파악이 가능하다고 본 것이다. 역사 비평학자들에 의하면 본문의 의미는 저자의 의도와 결부되어 있으며, 저자의 의도는 역사적 재구성을 통해서만 파악될 수 있다. 그러므로 본문의 의미를 파악할 수 있는 가장 정확하고 올바른 해석법은 역사적 재구성을 통한 역사비평 방법론이다. 그러나 클라인스의 주장대로 역사비평학자들의 본문 해석은 객관적이기보다는 주관적인 것이다. 다시 말해 역사비평은 여러 가지 가능한 해석들 가운데 하나의 해석에 불과하다.

그럼에도 불구하고 클라인스의 주장처럼, 모든 해석이 주관적이며, 본문의 의미가 불확정적이며, 해석 공동체의 읽기에 의해 의미가 결정된다면 객관적 의미의 가능성은 사라진다. 그 결과 본문의 의미를 결정함에 있어 본문 그 자체의 권위보다는 해석 공동체의 역할과 권위가 더 중요시된다. 그러나 본문의 의미는 해석 공동체에 의해 창조되는 것이 아니라 저자의 의도를 반영해 주는 본문 그 자체에 의해 결정되어야 할 것이다.

4.3. 월터 브루그만(Walter Brueggemann)

앞서 진술했듯이 클라인스와 함께 1990년대 포스트모던 구약신학을 주도한 또 다른 구약신학자는 월터 브루그만(Walter Brueggemann)이다. 미국의 가장 영향력 있는 구약신학자 중 한 사람으로 인정받는 브루그만은 미국 조지아 주의 콜롬비아 신학교(Columbia Theological Seminary)에서 구약교수로 재직하다 2003년에 은퇴하여 지금은 명예교수로서 봉직하고 있다. 그의 초창기 구약해석은 사회학적 접근과 변증법적 신학을 강조하는 독특한 접근을 시도하였다.[108] 그러나 1990년대에 이르러 브루그만은 기존의 방식을 넘어서서 포스트모던 신학을 적극적으로 수용한다. 1997년에 출간된 그의 자극적인 작품, 『구약신학』(*Theology of the Old Testament: Testimony, Dispute, Advocacy*)은 포스트모던 해석으로 이동한 브루그만의 해석학적 전환을 선명히 드러내 준다. 브루그만의 포스트모던적 구약신학은 다음과 같은 특징을 보여준다.

첫째, 브루그만은 해석의 다원성을 지향한다. 그에 따르면 구약본문은 다원적 소리를 내포하고 있으며, 이는 해석의 다원성을 반영해 준다고 믿는다. 그러므로 브루그만은 본문을 해석할 때, 어떤 하나의 결정적인 해석이나 독점적 입장은 더 이상 불가능함을 천명한다. 다시 말해 해석의 규범적 성격은 더 이상 포스트모던 시대에는 받아들여질 수 없다. 오히려 브루그만은 포스트모던 시대에 부합하는 해석은 독점적 입장보다는 여러 공동체의 다양한 목소리에 귀를 기울이는 열린 해석학적 태도가 필요하다고 역설한다.

둘째, 브루그만은 지금까지 구약신학 분야에서 추구했던 "하나의 주제" 혹은 "하나의 중심"을 찾아 구약본문들을 통일시키는 작업은 바람직하지 않다고 주장한다. 오히려 브루그만은 구약의 증거들이 핵심증거(core testimony)와 반대 증거(counter testimony)의 변증법적 과정 속에서 해석되어야 한다고 강조한다. 부연하자면 브루그만은 핵심 증거와 반대 증거의 변증법적 구도를 세 가지 예를 들어 설명한다.[109)] 즉 언약과 유배, 찬양과 탄식, 현존과 부재의 상반된 개념은 핵심 증거와 반대 증거의 변증법적 구도를 보여준다. 구약 본문은 하나님과의 언약관계를 말하지만, 이스라엘 백성들의 유배는 이 언약에 대해 깊은 의구심을 갖도록 만든다. 모세와 미리암의 찬양으로 소급되는 이스라엘의 찬양 전통은 이스라엘의 탄식과 불평의 소리에 직면한다. 또한 이스라엘과 함께 하셨던 하나님의 임재는 하나님이 어디에 있느냐고 반문하는 하나님의 부재의 항변과 만난다.

셋째, 브루그만은 구약과 신약의 통일성을 강조하는 해석에 대해 부정적인 입장을 취하며, 구약을 신약에 비추어 해석하는 전통적인 기독론적 해석이 반 유대교적 성향을 띄기 때문에 다원론적 상황에서는 적절치 않다고 생각한다. 물론 브루그만은 기독론적 해석도 하나의 해석이 될 수 있으나 규범적 해석이 될 수는 없다고 말한다. 이런 점에서 브루그만은 "구약"이라는 명칭보다는 "히브리 성경"이라는 표현을 더욱 선호한다.

끝으로 브루그만은 모든 해석이 이데올로기를 반영해 주기 때문에, 객관적 해석이란 존재할 수 없다고 보며, 본문의 의미 역시 결정적인 것이 아니라 비결정적인 것으로서 언제나 해석의 과정 속에서 독자들의 상상력을 통해 새롭게 창조된다고 믿는다. 그러나 만약 브루그만의 주장처럼 본문의 의미가 독자의 해석학적 상상력에 의해 창조된다면 본문의 객관적 의미는 사라지며, 성경해석자들은 해석학적 무질서에 빠질 위험성이 크다. 여하튼 이와 같은 브루그만의 구약신학은 20세기 후반에 접어들면서 구약학계에 강력하게 대두되는 포스트모던 정신의 영향력을 반영해준다.[110]

결론적으로 우리는 구약신학의 흐름이 "저자"에서 "본문"으로, "본문"에서 "독자"로 그리고 "독자"에서 "이데올로기"와 "해체주의"로 이동하고 있음을 발견할 수 있으며, 모더니즘에서 포스트모더니즘으로의 전환을 시사해준다. 물론 현재의 구약신학계에서 역사비평적 모더니즘 방식이 영향력을 완전히 상실했다거나 해체주의적 포스트모던적 해석이 완전한 주도권을 갖고 있다고 평가할 수는 없다. 역사비평적 해석은 여전히 영향력을 잃지 않고 있으며, 종교사학파적 해석 역시 많은 학자들로부터 수용되고 있다. 다만 역사비평적 해석이 20세기 초반과 중반에 미쳤던 주도적 영향력은 더 이상 20세기 후반에는 불가능하다는 점을 인식할 필요가 있다. 말 그대로 20세기 후반의 구약신학은 다양성으로의 전환점에 서 있다. 흥미롭게도 이러한 구약신학의 흐름 속에서 복음주의 구약신학 특히 개혁주의 구약신학의 도약은 눈부시다. 그러므로 제2장은 복음주의 구약신학자들과 아울러 최근에 매우 큰 영향을 미치는 개혁주의 구약신학자들과 그들의 작품들에 초점을 맞출 것이다.

제2장 복음주의 구약신학의 흐름

앞서 살펴본 바와 같이, 20세기 구약신학의 흐름은 20년대 초반을 지배했던 종교사학파에서 20년대 중반의 구약신학을 압도했던 신정통적 성경신학으로, 그리고 20년대 중반 신정통 성경신학을 도전했던 정경적 구약신학과 수사 비평적 접근에서 20년대 후반의 포스트모던 신학으로 흘러왔다. 이런 격변의 해석학적 전환 속에서 복음주의 구약신학 역시 지속적인 발전을 이루었으며, 최근까지 복음주의 구약신학 작품들은 놀라운 학문적 성취를 보여준다. 특히 차일즈의 정경신학의 출현과 맞물려 "성경신학운동"이 쇠퇴해 가던 1970년대부터 복음주의 구약신학자들의 작품들이 두각을 나타내기 시작했다. 물론 1970년대 이전부터 영(E. J. Young), 체스터 레만(Chester Lehman), 바튼 페인(Barton Payne)과 같은 보수주의 구약신학자들의 작품들이 복음주의 구약신학을 이끌었지만, 1970년대에 접어들면서 복음주의 구약신학은 그 영향력을 극대화시켰다. 이런 현상에 대해 *Christian Century*라는 기독교 잡지의 편집자 서문은 1976년을 "복음주의자들의 해"로 간주하였다.[1)]

여기서 우리는 1970-80년대부터 부각되었던 대표적인 복음주의 구약신학자들 중 월터 카이저(Walter C. Kaiser Jr.)와 엘머 말텐스(Elmer

A. Martens)의 구약신학적 접근을 다룬 후, 1990년대부터 주목받기 시작한 복음주의 구약신학을 이끄는 폴 하우스, 밴 게메렌, 세일해머의 구약신학 특히 그들의 정경적 접근을 중점적으로 다루어 볼 것이다. 나아가 최근에 대작, 『구약신학 I, II』을 집필하여 복음주의 구약신학 분야에서 크게 주목받는 존 골딩게이의 내러티브 정경 구약신학은 21세기 복음주의 구약신학의 한 특징을 이루고 있음은 의심의 여지가 없다. 하지만 그의 구약신학 연구는 아직 진행중인 상태이므로, 추후에 그의 논점과 평가를 다시 고찰해 볼 것이다. 끝으로 본 단락의 마지막은 신학적 해석을 토대로 삼는 최근의 구약신학적 방식을 소개할 것이다. 웬함, 맥콘빌, 밴게메렌, 하우스, 배솔로뮤와 같은 상당수의 복음주의 구약신학자들이 신학적 해석에 기초한 구약신학을 지향하고 있음은 눈여겨 볼만하다. 그러므로 우리는 최근 복음주의 진영에서 수용되는 신학적 해석의 구약신학 방법론을 고찰해 볼 것이다.

1. 1970-80년대의 복음주의 구약신학: 카이저와 말텐스를 중심으로

1.1. 월터 카이저 주니어(Walter C. Kaiser Jr.)

1970-80년대부터 대표적인 복음주의 구약신학자로 인정받아 왔던 월터 크리스천 카이저 주니어(Walter Christian Kaiser, Jr.)는 1933년 4월 11일 펜실베니아 주 폴크로프의 한 독일 침례교 가정에서 출생했다. 그러나

그의 가족은 한 근본주의적인 독립교회로 옮겨 신앙생활을 하였는데, 이 때에 카이저는 스코필드 성경과 세대주의적 가르침의 영향을 받았다.[2)] 1952년 카이저는 휘튼 칼리지에 입학하여 성경을 전공하였고, 헬라어와 철학을 부전공으로 선택했다. 그 당시 카이저는 아더 홈즈(Arthur Holmes)의 조교로 수고하였다. 1958년 휘튼 대학원을 졸업한 그는 휘튼 칼리지에서 전임으로서 가르쳤으며, 그런 와중에도 브랜디스 대학교(Brandeis University)의 대학원 과정에서 구약과 고대 역사를 연구하였으며, 1973년에 박사 학위를 취득하였다.

브랜디스 대학교에서 박사 과정을 밟고 있는 가운데 그는 1963년에 트리니티 복음주의 신학교에서 강의를 시작하였고, 1966년 가을에 이 학교의 전임교수가 되어 구약 교수뿐만 아니라 1992년 6월까지 부학장 및 교무처장의 임무를 맡았다. 1993년 가을, 카이저는 고든 콘웰 신학교로부터 콜만 모클러 구약 교수(Colman M. Mockler Distinguished Professor of Old Testament)직을 제의받고 이 학교로 옮겼으며, 1997년에는 이 학교의 학장으로 취임하여 지금까지 가르치고 있다.

그는 구약신학과 관련된 수많은 작품들을 저술하였고, 그의 작품들은 지금도 계속 출판되고 있다.[3)] 그러나 그의 구약신학을 대표하는 작품으로는 그의 명저, 『하나의 구약신학을 향하여』(*Toward an Old Testament Theology*)을 손꼽을 수 있다. 카이저는 이 책에서 자신의 구약신학적 방법론을 소개한다.

먼저 그의 구약신학은 전통적인 종교사학파로부터 거리를 둔다. 그는 구약의 권위를 무너뜨리는 파괴적인 역사비평 방법론으로 구약신학을 수행하는 것은 바람직하지 않다고 본다. 오히려 그는 구약을 하나님의 영감된 계시의 말씀으로서 무오하다는 점을 인식하는 것이 필수적이라고 보았다. 카이저는 구약의 권위가 무너진 이유 가운데 하나가 바로 파괴적인 역사 비평학이라고 진단한다. 그는 다음과 같이 진술한다.

> 왜냐하면 성경신학은 자료비평과 종교사적 역사주의의 취약점으로부터 완전히 벗어나지 못했기 때문이다. 그렇다고 이러한 합리적 신학의 영향이 성경본문보다 우위에 두는 그 어떠한 준거도 허락지 않는 일련의 방법론으로 대체된 것도 아니다.[4]

그럼에도 불구하고 그는 구약의 영감과 권위를 손상시키지 않는다면, 비평적 연구도 도움이 될 수 있다는 입장을 취한다. 카이저가 구약의 배경과 그 역사적 연구의 필요성을 인식한 것은 고대근동역사와 문헌에 대한 그의 관심에서 비롯된 듯하다.

둘째, 카이저는 구약신학을 위해 선행되어야 할 자세는 최종 정경 자체에 초점을 두어야 함을 강조한다. 카이저는 역사 비평학이 본문을 재구성하여 본문을 조정하는 잘못을 범했다고 지적하면서 구약의 권위 있는 정경으로서의 본문 그 자체를 구약신학의 출발점으로 삼아야 한다고 보았다. 이러한 카이저의 입장은 구약의 정경적 권위를 강조한 차일즈의 정경적 접근의 영향을 반영해 준다. 그는 정경 자체로부터 도출되는 구약신학의 중요성을 다음과 같이 진술한다.

> 우리가 제안한 방법론에 근거하여 다시 말하자면, 성경신학은 본문의 역사적인 발전 과정과 본문이 가지고 있는 신학적인 선택의 원리 및 정경적

인 시각에서 발견된 것들로부터 이끌어낸 결론 등을 자신의 연구 대상으로 삼는다. 그것은 구약신학의 통시적인 연구 유형이나 구조적인 연구 유형을 강조하는 태도와 부분적으로 일치한다.[5]

또한 그는 계속해서 주장하기를,

이처럼 활발한 신학 활동을 가능케 하는 기본 시각이 존재한다면, 그것은 정경 자체의 "출발점"으로 본문 자체에 의해 입증되어야만 한다. 그것은 또한 정경의 통일된 증언 안에서 정경 자신의 보편적인 관심사요 중심을 이루는 희망이요 신학적으로 중요하고 또 규범성을 가진 것들에 대한 끊임없는 판단을 이루는 것임이 본문 자체에 의해 재확증되어야만 한다.[6]

물론 카이저의 구약신학 방법론이 차일즈의 정경적 신학을 전적으로 수용하거나 동일한 방식을 채택한 것은 결코 아니다. 그럼에도 불구하고 최종 형태의 중요성을 강조한 카이저의 입장은 차일즈의 정경신학의 영향을 시사해 준다.

셋째, 카이저의 구약신학은 19세기 전통적인 보수주의자들이 강조했던 "구속사" 신학에 기초하고 있다. 그의 방법론은 구약의 구속의 역사를 강조했던 호프만과 헹스텐베르크의 성경신학에 토대를 둔다. 카이저는 헹스텐베르크의 『구약의 기독론』의 서문에서 다음과 같이 진술한다.

헹스텐베르크는 그의 시대와 오늘날의 많은 다른 학자들보다도 진지한 기독교적 체험과 철저한 성경적 학문을 놀라우리만치 잘 조화시킴으로써 그

> 전형이 되었다. … 그는 간과되었던 정통신학의 진리들을 현대의 세대를 향해 담대히 주장하였다. … 그의 영적인 후손들이 우리의 대주제 하나님과 구주 예수 그리스도의 영광을 위해 그의 뒤를 따르기를 바라나이다.[7]

이처럼 카이저는 역사비평을 수용치 않고 구약의 통일성을 지향했던 헹스텐베르크와 구약의 구속사를 강조했던 호프만의 신학을 중요한 신학적 기초로 삼는다. 그렇다면 카이저는 구약을 관통하는 중심 주제로서 무엇을 중요시하는가? 카이저는 "약속"이야말로 구약의 중심 개념임을 강조한다. 카이저는 구약의 역사는 서로 연관성을 지니는 사건들을 보여주는데, 이 역사의 내용은 타락한 세상을 다루며, 사탄을 심판하며 구속자를 보내주시는 하나님의 궁극적인 의도를 보여주는 단일 구속사를 통해 계시된다. 그러므로 구약의 역사는 하나님의 구원의 의도를 보여주는 약속의 역사이다. 그러나 이 약속의 역사는 점진적인 발전 과정을 따르며, 점진적 변화의 과정을 거친다. 카이저에 의하면, 모든 약속의 특징들이 각 역사의 단계들마다 동일한 방식으로 드러나지는 않는다. 약속은 변하지 않지만 그 약속의 표현방식과 명료성은 변한다. 비유로 말하자면, 약속의 발전은 수목 혹은 나무의 성장과 같다. 약속은 하나의 단순한 씨로 시작하지만 씨앗이 결실을 이루듯이 역사의 과정 속에서 장구한 세월을 거쳐 구체적인 개념과 사상으로 성장 발전하여 결실을 맺는다.

예를 들면, 구약의 한 메시아 본문은 약속의 원 특징을 내포할 것이다. 그러나 이 약속의 본문은 장차 역사에 나타날 하나님의 사역의 한 전조가 된다. 이사야 7:14의 임마누엘의 약속은 아하스의 아들 히스기야의 출생으로 성취되지만 그 약속은 단지 궁극적 성취의 전조일 뿐이다. 다시 말해 이사야 7:14의 약속은 예수 그리스도의 출생으로 이루어질 궁극적 성취를 고대하고 있다. 이처럼 카이저는 하나님의 약속을 올바로 이해하려면 약속의 역사의 점진적 특징과 그 발전 과정을 잘 파악해야 한다고 주장한다. 그는 약속의 역사의 각 단계들은 계시의 점진적인 발전 단계를 반영해주며, 구약의 역사는 이 약속의 역사의 점진성과 그 전체적인 틀 속에서 이해되어야 한다고 주장한다. 결론적으로 카이저는 19세기 보수주의 성경신학의 맥을 다시 되살려 "구속사"신학의 필요성을 인식시켜 주었고, 파괴적인 역사비평으로부터 구약의 권위를 회복시키는 복음주의 구약신학의 한 모델을 성공적으로 제시하였다. 다만 폴하우스의 지적대로, "약속"이라는 구약의 한 주제가 어떻게 구약 전체 본문들과 연관성을 가질 수 있는지를 좀 더 구체적으로 다루지 못한 것은 아쉬움으로 남는다.[8]

1.2. 엘머 말텐스(Elmer Martens)

월터 카이저와 함께 1970-80년대를 대표하는 복음주의 구약신학자는 의심할 나위 없이 엘머 말텐스(Elmer Martens)를 손꼽을 수 있다. 캐나다 출신의 미국 신학자 말텐스는 캘리포니아의 프레스노(Fresno)에 있는 매노나이트 형제 성경 신학교(Mennonite Brethren Biblical Seminary)에서 수학했으며, 이 곳에서 1970년 이후로 구약학을 가르쳤으며, 9년 동안 학장직을 맡아 수고했다. 그는 1972년에 미국 클레어몬든 신학교(Claremont Graduate School)에서 구약학 전공으로 박사학위를 받았으며, *New American Standard Bible*과 *New King James Version*의 번역위원으로 활동하였다. 그러나 그의 학문적 진가는 그의 대표적인 구약신학 작품, 『하나님의 계획: 구약신학의 한 촛점』(*God' s Design: A Focus on Old Testament Theology*)[9]에서 유감없이 드러나고 있다.

말텐스는 이 책에서 구약신학적 작업을 시도할 때 주제적 접근을 채택한다. 그러나 기존의 구약신학자들의 시도처럼 하나의 주제 혹은 개념으로 구약의 신학을 추적하기보다는 오히려 "하나님의 계획"이라는 큰 주제와 아울러, 이 주제에 포함된 네 가지 중심 요소들에 초점을 두고자 한다. 다시 말해, 말텐스의 구약신학은 하나님의 계획을 보여주는 네 가지 주제들 즉 "구원"(deliverance), "공동체"(community), "하나님의 지식"(knowledge of God), "땅의 축복"(the abundant life)을 집중적으로 다룬다. 그렇다면 이 네 주제는 어디서 그 신학적 기원을 갖고 있는 것일까? 말텐스는 출애굽기 5:22-6:8의 본문을 살펴볼 때 이 네 주제가 이 본문에 압축되어 있음을 발견할 수 있다고 논증한다. 그리하여 그는 자신의 구약신학적 작업의 첫 출발점으로서 출애굽기 5:22-6:8을 강조한다. 그는 다음과 같이 말한다.

> 이 책은 하나님의 계획이야말로 구약성경의 내용을 가장 잘 요약해 주고 있다는 기본 전제를 가지고 있다. 이러한 기본 전제는 구약성경에서 한 개의 단일한 중심 메시지를 찾으려는 노력이 타당한 것이라고 본다. 다음에 이어질 장들에서 나는 그러한 생각이 옳은 것임을 뒷받침하는 분명한 이유들을 밝히고자 한다. 하나님의 계획이 구약성경 자료들을 하나로 묶

어주는 기본 원리임을 강조하는 입장은 몇 개의 성경 본문들을 주석함으로써 얻을 수 있다. 그 첫 본문은 출애굽기 5:22-6:8이다.[10]

그는 계속해서 주장하기를,

사람들은 일반적으로 구약성서가 야웨를 중심주제로 가지고 있다는 점에 의견의 일치를 보인다. 그러나 그 다음이 문제이다. 만일에 그 점이 사실이라면 그것은 구체적으로 어떠한 의미를 갖는 것일까? 일한 질문에 대해서 우리는 출애굽기 5:22-6:8의 본문이 구약성경의 중심주제인 야웨를 어떻게 설명할 것인가에 대한 분명한 해답을 가지고 있다고 말할 수 있다. 야웨는 그 자신의 계획을 가지고 있다. 그 계획은 자신의 특별한 소유인 한 백성에게 구원을 베풀고 그들을 부르며 그들에게 자기를 알게 하고 또 땅을 그들에게 줌으로써 약속을 성취하는 것 등을 포함한다.[11]

이처럼 말텐스는 출애굽기 5:22-6:8에서 중요하게 다루어진 네 가지 주제들이 다윗시대와 포로기 그리고 포로기 후, 심지어 신약시대로까지 어떻게 점진적으로 발전해 나가는가를 정밀하게 탐구한다. 여기서 우리는 하나의 주제를 통해 구약전체의 신학을 규명하려던 기존의 방법론의 한계를 넘어서는 말텐스의 성경신학적 가치를 발견할 수 있다.

나아가 그는 하나님의 계획 속에 있는 네 주제들을 역사적 점진성을 통한 통시적 접근을 시도하면서도 이 주제들의 연속성과 통일성을 규명함으로써 공시적 접근의 필요성도 간과하지 않는다. 또한 그의 구약신학적 접근은 카이저처럼 차일즈의 정경적 접근의 영향력을 따르지 않는다. 오히려 그의 신학적 접근은 역사 비평과 정경적 해석으로부터 자유로울 뿐만 아니라, 전통적인 구약신학의 단일 주제적 접근의 한계로부터 벗어나고 있기 때문에 복음주의 구약신학계로부터 큰 호응을 얻게 된다. 특히 네 가지 주제들을 신약과 연결시키는 그의 성경신학적 접근은 구약과 신약의 통일성을 강조하는 전통적인 보수주의 성경신학의 정신을 되살리고 있다.

하지만 그는 하나님의 계획의 네 주제들을 탐구하기 위해 출애굽기 5:22-6:8의 본문을 구약신학의 출발점으로서 채택하지만, 그의 구약신학적 작업 속에 구약신학의 기원이 되는 창세기 본문의 연구가 다소 결핍되어 있음은 안타까운 일이다. 예를 들면 구약신학의 기원으로서 창세기 1:26-28이 갖는 구약신학적 중요성을 간과하고 있음은 아쉬움을 남긴다. 그럼에도 불구하고 기존의 구약신학 방식의 전형적 패턴에서 벗어난 네 가지 주제에 대한 정밀한 분석으로 새로운 구약신학적 관점을 제시한 말텐스의 구약신학은 폴 하우스의 평가처럼 "후기 보수주의 신학자들에게 커다란 가치를 던져 준다."[12]

2. 최근 복음주의 구약신학과 정경신학

앞서 살펴본 대로, 20세기 구약신학의 다양한 해석학적 변화의 흐름 속에서도 복음주의 구약신학자들은 구약의 권위를 강조하는 구약신학적 연구를 흔들림 없이 지속해 왔다. 월터 카이저는 "약속"[13]이라는 사상을 토대로 한 구약신학 연구의 가능성을 역설하였으며, 엘머 말텐스는 출애굽기 5:22-6:8에 요약된 네 주제들, 즉 "구원", "공동체", "하나님의 지식" 그리고 "풍성한 삶/땅의 축복"을 구약신학의 뼈대를 이루는 핵심 사상으로 이해하였다.[14] 또한 최근에 폴 하우스는 그의 대작『구약신학』[15]에서 정경적 접근을 통해 구약신학의 기초가 되는 핵심 사상으로서 "유일신 사상"을 강조하였으며, 세일헤머는 정경으로서의 구약과 그 정경적 신학을 새롭게 선보인 바 있다.[16] 최근에 말텐스는 복음주의 구약신학에 영향을 끼친 정경적 접근의 가치를 다음과 같이 밝힌다.[17]

(1) 구조적 망을 제공한다

(2) 성경 본문들의 형성과 다른 복잡한 역사적 질문들에 관한 논쟁을 피한다

(3) 뎀스터와 하우스의 책에서처럼 하나의 공통된 주제를 설명하는 독창적 구성이 가능하다

(4) 지혜 문헌을 보다 쉽게 결합시킬 수 있으며, 신약과 쉽게 연결하도록 이끌어준다

이처럼 최근 복음주의 구약신학이 정경신학을 중요한 해석학적 방법론으로 채택하고 있음은 흥미롭다. 앞서 진술했듯이, 정경적 접근의 영향은 차일즈로부터 시작된다. 1970년 차일즈가 그의 책,『위기에 처한 성경신학』(*Biblical Theology in Crisis*)[18]에서 성경신학의 새로운 방향전환의 필요성을 역설하며 정경적 접근을 주창한 뒤, 정경적 해석은 중요한 해석학적 방법론으로 인식되기 시작했다.[19] 물론 차일즈뿐만 아니라 제임스 샌더스(James A. Sanders)도 정경적 해석을 강조했지만 성경학계에 미친 차일즈의 해석과 그 영향력은 매우 두드러지게 나타났다.[20] 차일즈는 오랫동안 성경학을 독점해 오던 역사 비평적 방식에 문

제를 제기하였고, 본문의 최종 정경 형태를 강조했으며, 나아가 성경 본문을 권위 있는 신학적 문헌으로 취급해야만 함을 역설하였다.

이와 같은 정경적 해석의 관점은 점차 많은 성경 해석학자들에게 영향을 끼치게 되었고, 특히 크리스토퍼 자이츠(Christopher, R. Seitz),[21] 클레멘츠(Ronald Clements),[22] 렌토르프(Rolf Rendtorff)[23] 및 벌츠 외 공역자들(Bruce Birch et al.)[24]과 같은 저명한 구약신학자들이 정경적 접근을 수용하게 되었다. 뿐만 아니라 정경적 해석의 영향력은 복음주의 진영에 까지 확대되어 여러 복음주의 성경신학자들로부터 주요 해석학적 전략으로 수용되었다. 예를 들면, 왈키(Bruce Walke), 덤브렐(William J. Dumbrell), 세일헤머(John Sailhamer) 및 하우스(Paul R. House)와 같은 복음주의 성경 신학자들이 정경적 해석을 주요 해석학적 방식으로 사용하고 있음은 눈여겨 볼만하다.

더욱이 정경적 해석은 계속해서 복음주의 정경 해석에 지속적인 영향력을 미칠 것으로 예상된다. 이와 같은 상황을 고려해 볼 때, 필자는 복음주의 정경 해석에 대한 올바른 평가 작업이 반드시 수반되어야 한다고 생각한다. 그러므로 본 장은 정경적 해석의 역사과 그 논점을 살펴보고, 최근 정경적 해석의 동향을 소개한 뒤, 현대 복음주의 정경 해석자들의 주요 접근에 나타난 긍정적인 기여와 아울러 그 한계점 살펴봄으로써 현대 복음주의 정경 해석에 대한 균형 잡힌 해석학적 관점을 제시하고자 한다. 지면 관계상 우리는 대표적인 복음주의 성경 신학자인 하우스(Paul House), 세일해머(John Sailhamer) 그리고 밴게메렌(Willem A. VanGemeren)의 해석학적 입장을 집중적으로 다루어 보고자 한다.

2.1. 하우스(Paul R. House)

폴 하우스는 테일러 대학교(Taylor University), 남침례교 신학교(Southern Baptist Theological Seminary), 미국 성공회 신학교(Trinity Episcopal School for Ministry) 및 휘튼 대학교(Wheaton College)의 대학원에서 오랫동안 구약을 가르쳤으며, 지금은 저명한 복음주의 신학자들로 구성된 샘포드 대학교(Samford University)의 비슨 신학부(Beeson Divinity School)의 부학장 및 구약 교수로 봉직하고 있다. 미국의 대표적인 복음주의 구약신학자로 알려져 있다. 그는 최근에 출판한 대작 『구약신학』(*Old Testament Theology*)[25]에서 복음주의적 관점에서 정경 신학을 발전시킴으로 주목할 만한 신학적 성취를 이루어내고 있다. 1998년에 출간된 본서는 "어떻게 정경적 접근 방식을 복음주의적 입장에서 소화해 낼 수 있는가?"라는 질문에 충분한 해답을 제시하고 있다

먼저 하우스는 본서의 도입부에서 구약신학의 역사를 시대별로 구분한 뒤 그 역사를 총괄적으로 개관한다. 저자의 구약신학 분석은 하젤의 구약신학이 상세히 다루지 못한 말텐스, 카이저, 그리고 페인과 같은 복음주의 신학자들의 작품들도 포함시킨다. 더욱이 하우스는 후기 부록에서 세일헤머(J. Sailhamer), 프루스(Preuss), 자이츠(C. Seitz), 브루그만(W. Brueggmann), 니어림(R. Knierim)과 같은 현대 학자들의 최근 작품들도 일목요연하게 정리한 뒤 복음주의적 관점에서 적절한 평가를 내리고 있다. 지금까지 복음주의 구약신학에 대한 평가작업이 제대로 이

루어지지 못하고 있음을 감안해 볼 때, 저자의 이 같은 작업은 복음주의 구약신학에 대한 올바른 평가를 제시하고 있다. 먼저 하우스는 신앙 공동체가 성서를 정경으로 받아들이고 고백했다는 사실을 강조하면서 정경신학에 입각한 자신의 방법론을 다음과 같이 분명히 밝힌다.

> 본서는 정경을 구약신학의 적절한 출발점으로 주장한 바 있다. 왜냐하면 신앙 공동체가 모세의 시대로부터 현재에 이르기까지 성경의 본문 그 자체를 고백하며 순종해 왔기 때문이다. 성경의 본문은 그 스스로를 기록된 하나님의 말씀으로 선언하며 기자들의 신학적 입장들을 밝혀준다.[26)]

그러나 비록 저자가 정경신학을 자신의 방법론으로 채택하지만 성경의 권위에 대한 그의 입장은 다른 정경 비평학자들의 관점과 차별성을 두고 있다. 후기 부록에서 자이츠(Christopehr R. Seitz)의 접근방식을 소개한 하우스는 그가 성서의 권위를 약화시켰다고 진술한다.

> 첫째, 비록 내가 정경을 신학의 중심으로 강조한 자이츠의 견해를 고맙게 여긴다 할지라도, 나는 성경을 하나님의 말씀과 동등시함을 꺼리는 그의 태도에 공감하지 못한다. 둘째, 이 같이 꺼리는 태도로 말미암아, 나는 자이츠가 본문의 권위 및 통일성에 대한 그의 진술을 손상시키고 있다고 믿는다. 성경의 권위는 성서가 계시된 하나님의 기록된 말씀이라는 점에 달려있다.[27)]

이와 같은 하우스의 성경관은 계시와 본문을 구분하는 차일즈의 입장에도 동의하지 않는다.[28] 이런 관점에서 볼 때, 정경 본문을 영감된 하나님의 계시의 말씀으로 믿는 하우스의 성경관은 다른 정경 비평학자들보다 더 확고한 입장을 나타내고 있으며, 성경의 권위를 강조하는 복음주의적 입장을 잘 드러내 주고 있다. 나아가 하우스는 월터 아이히로트(언약), 프루스(선택), 왈키(하나님 나라)와 같이 단일-주제적 접근 방식을 통해 구약신학을 전개하는 하우스는 자신의 입장을 다음과 같이 변호한다.

> 단일주제를 채택하는 방법에 대해 최근 몇 몇 학자들은 그것을 꺼리고 있지만, 구약신학은 핵심적인 주제들을 필요로 한다. 비록 구약의 유일한 중심 주제(the central theme)를 논하는 것은 필요치 않으나, 어떤 하나의 핵심 주제를 논하는 것은 중요하다. 하나의 주요 주제가 성서와 부합하는 한, 그것은 가치 있는 것이며 신학자들의 해석을 한 데 묶어주는 데 도움을 준다.[29]

특별히 하우스는 유일신 사상을 구약신학의 중심 주제로 정한 뒤, 여호와의 성품과 그의 사역에 집중하면서 성서본문을 분석해 나간다. 그는 성경 신학의 주요 목적이 성경에 나타난 하나님의 성품을 드러내 주는 것이라고 역설한다. 다시 말해, 성경 신학은 "하나님의 사역을 묘사하며 주님에 관한 명백한 진술을 제시함으로써 이런 목적을 수행해야 한다."[30] 그로 인해 이와 같은 성경 신학적 작업이 이루어 질 때, 뚜렷한 삼위 하나님의 모습이 드러나게 된다.

특히 하우스는 최근에 급속히 확산되는 종교다원주의와 혼합주의의 도전을 고려해 볼 때, 성경이 살아계신 유일한 한 분 하나님의 유일성을 강조하고 있음을 재확인하는 작업을 그리 단순하게 취급해서는 안 된다고 지적한다.[31)] 그는 현재 우리가 살아가는 시대가 혼합주의와 종교다원주의 속에서 살았던 옛 선지자들과 바울의 시대와 다를 바 없다고 말하면서 유일신론적 선언의 중요성을 다시 한번 일깨워주고 있다. 이와 같이 유일신 사상에 입각한 성서신학적 작업은 종교다원주의로 몸살 앓고 있는 서구 교회와 한국 교회에 올바른 성경적 지침을 마련해 준다.

나아가 하우스는 본서에서 정경의 통일성에 기초한 상호 본문성(Intertextuality)을 발전시켜 나간다. 그는 구약의 각 본문들을 분석할 때마다 타 본문들과의 연관성을 탐구한다. 구약의 본문들은 독자적으로 존재하는 것이 아니라 서로 상호 영향을 주고받는다. 그러므로 성경 신학은 본문의 상호성을 규명함으로써 정경의 유기적 통일성을 논증할 수 있어야 한다. 더욱이 하우스는 구약 본문들 간의 상호 연관성뿐만 아니라 구약과 신약 간의 상호 본문성도 살펴봄으로써 정경의 상호 본문성의 범위를 구약에만 국한시키지 않고 신약으로까지 확대시킨다. 결국 그는 구약과 신약 전체를 정경으로 인식하며, 구약과 신약 전체의 정경적 통일성에 근거한 본문의 상호성을 전개시켜 나간다. 하우스의 이러한 신학적 작업은 구약과 신약을 정경으로 고백하는 신앙 공동체에게 커다란 유익을 제공해 준다.

또한 하우스는 성경을 "연관되어 있는 정경적 신학적 통일체"(a connected, canonical, theological whole)이기 때문에 율법, 선지서, 성문서로 구성된 구약 정경의 배열방식이 "신학적 반영을 위한 자연스런 윤곽"(a natural outline for theological reflection)을 보여준다고 본다.

즉 여호수아, 사사기, 사무엘 및 열왕기를 역사서로 취급하기보다는 전기 선지서로 읽는다면, 다소 다른 인식을 얻게 된다. 예를 들면, "만약 우리가 룻기를 잠언의 후속 본문으로 읽거나 혹은 사사기의 후속 본문으로 읽는다면, 룻기에 대한 우리의 인식은 각각 달라질 수 있다."[32] 그러므로 어떤 읽기 전략으로 성경을 읽어야 하는가 라는 것은 매우 중요한 문제이다.

끝으로 하우스는 정경적 성경 신학의 목적이 목회의 실천과 결코 분리되어서는 안 된다는 점을 강조한다. 비록 학문적 논문이나 철저한 주석 작업이 필요하지만, 정경적 신학의 목적은 한 분 하나님의 성품을 드러내는 것이기 때문에, 새로운 세대를 향해 살아계신 하나님을 지속적으로 제시해 주어야 한다. 이런 성경 신학적 작업은 설교, 교회 갱신이나 부흥 혹은 선교에 주도적인 역할을 수행해야 한다. "만약 성경 신학이 신학생이나 목회자들의 생각과 일체된다면, 만약 성경 신학이 목회 신학의 중심을 이룬다면, 만약 성경 신학이 예배에 대한 토론에 기초가 된다면, 만약 성경 신학이 삼위일체 논쟁에 기초가 된다면, 교회는 이전에 그랬던 것처럼 다음 세대를 위한 더 나은 위치를 점하게 될 것이다."[33]

2.2. 밴게메렌(Willem A. VanGemeren)

밴게메렌은 현재 미국 트리니티 복음주의 신학교(Trinity Evangelical Divinity School)의 구약 교수로 재직하고 있으며, 대표적인 복음주의 구약신학자로 손꼽힌다. 흥미롭게도 그의 구약 작품들 속에 정경적 해석

에 대한 인식과 그 중요성이 강조되고 있음은 눈여겨 볼만한다.[34] 밴게메렌은 그의 책, 『구원 계시의 발전사』(*The Progress of Redemption*)의 서두[35]에서 자신의 성경 해석 방법론을 구체적으로 제시한다. 여기서 그는 성경 해석의 주요 원리로서 분석과 종합의 접근 방식을 채택한다. 그는 "본문의 다양한 구성요소들(분석)과 그들의 상호관계(종합)에 대한 연구를 통하여 성경의 구조들이 오늘날 우리들에게 힘 있게 나타날 수 있다"[36]고 말한다. 그에 따르면, 먼저 우리는 성경을 해석을 때 본문 비평적인 단계들, 본문의 문화적, 사회 경제학적, 지리적 및 역사적 배경을 연구해야 한다.

하지만 이런 역사-문법적 작업만으로는 본문의 메시지를 충분히 파악했다고 볼 수 없다. 다시 말해, 성경 해석자는 "(성경의) 부분들이 어떻게 서로 어울리며 그 책의 나머지 부분과는 어떻게 연관되는가를 검토한 후에야 연구자는 그 본문의 메시지를 명확하게 파악할 수 있게 된다."[37] 이런 작업을 위해 필수적인 것은 "종합"적 관점이다. 나아가 그는 이 종합적 주석의 세 가지 측면으로서, 문학적 형식, 정경적 위치 및 구속-역사적 중요성을 강조한다. 특히 정경적 위치에 대한 논의는 우리의 관심을 끌게 한다. 그에게 있어서 정경적 위치의 중요성은 정경의 관계에 민감함을 의미한다. 다시 말해 "정경적 관계에 민감하다는 말은 하나님의 백성들이 그 특별한 저작물을 받아들인 시기에 관심을 갖는다는 것을 말한다."[38]

또한 그는 "한 본문을 책 전체와 관련시킴으로써 전체로서의 그 메시지에 대한 보다 종합적인 이해해 도달할 수 있다"고 주장한다. 둘째로 정경적 위치의 중요성은 "하나님의 백성들이 최초로 그 개별적인 책들을 받아들였던 역사적 맥락을 존중함"[39]과 결부되어있다. 다시 말해, 해석자는 성경을 하나님의 말씀으로 받아들였던 "특정한 하나님의 백성들에게 주어졌던 개별적인 책들 즉 개별적인 정경들의 수집물"로 보아야 한다.

나아가 그는 구약본문이 여러 세대의 신앙 공동체로부터 규범적인 지침원리로 작용했던 그 정경적 기능도 인식해야만 한다고 주장한다.[40] 그러므로 밴게메렌은 정경적 해석이란 "구속 과정이 전개되는 모든 시대(포로 전기, 포로기, 포로 후기, 주전, 주후)에서 하나님의 말씀이 그의 백성들에게 어떻게 이해되었는지"[41]를 살피는 작업이라고 말한다. 그러므로 이와 같은 정경적 해석을 취할 때, 20세기의 독자들은 "본문을 그들 자신만을 위하여(실존주의적) 혹은 오직 이스라엘만을 위하여(민족주의적) 기록된 것으로 읽지 않도록"[42] 도움을 받게 된다. 즉, 밴게메렌은 구약 본문은 여러 세대의 신앙 공동체로부터 권위 있는 하나님의 말씀으로서 기능했을 뿐만 아니라 현대에 이르기까지도 여전히 그 정경적 기능을 수행하고 있다고 본다. 그는 이와 같은 구약 본문의 정경적 기능을 설명하기 위해, 호세아의 해석을 그 예로 설명한다.

그에 따르면, 호세아의 메시지는 원래 기원전 750년 북이스라엘을 배경으로 주어졌으나 그 이후에 유다 백성들에게도 하나님의 말씀으로 받아들여졌다. 즉 유다의 경건한 남은 자들이 호세아의 예언을 하나님의 말씀으로 받아들일 때, 호세아서는 모세의 계시뿐만 아니라 신앙과 행위의 규범으로서 위치하게 된다. 이와 같은 영감된 성경으로서의 지위는 보다 확장되어 포로기의 경건한 자들에게도 하나님의 말씀으로 수용된다. 포로기 시절에 경건한 자들은 호세아의 예언을 읽고 연구함으로써 여호와의 사랑의 깊이를 깨닫고 위로를 발견했을 것이며, 어떻게 하나님 한 분에게만 구원을 얻을 수 있는지에 관해 교훈을 받게 된다.

나아가 포로기 후의 백성들은 호세아의 메시지를 읽으면서 새 시대의 회복과 메시아를 도래를 열망했을 것이며, 그로 인해 예수의 오심은 호세아 예언의 정경적 기능을 더욱 확장시킨다. 그러므로 예수 시대의 새 백성들은 "예수의 성육신과 부활과 영화의 새 배경 안에서 호세아의 예언을 읽어야만 한다." 결론적으로 호세아는 하나님의 심판의 엄중성과 함께 그의 사랑의 깊이를 증언하기 때문에, 여러 세대에 걸쳐 권위 있는 하나님의 말씀을 기능하고 있음을 알 수 있다. 이와 같은 정경적 기능은 다음과 같은 도표를 통해 설명될 수 있다.[43]

새 시대의 증인으로서의 호세아

호세아

└→ 이스라엘에서 하나님의 대언자

└→ 성문 형식: 호세아서

└→ 기원전 722년경에 유다에서 기능 수행

└→ 기원전 600년경에 유다에서 기능 수행

└→ 포로기 이스라엘과 유다의 남은 자들 사이에서 기능 수행

└→ 포로 후기에 기능 수행

└→ 신약성경에서 기능 수행

└→ 초대 교회에서 기능 수행

└→ 교회사를 통해 기능 수행

└→ 현대에 기능 수행

그러므로 예언의 메시지는 다양한 역사적 정황 속에서 다양하게 적용될 수 있다. 그러나 하나님의 말씀이 신앙 공동체 안에서 신앙과 행위의 규범인 정경으로서 받아들여지는 과정에서 전통과 새로운 해석과의 긴장이 나타난다. 하지만 새로운 해석은 이런 갈등의 과정을 통해 적응하게 되고 마침내 적응의 단계를 거쳐 다시 전통적인 해석으로서 안정된 단계에 이른다. 이런 관점에서 볼 때, 정경은 전통과 안정, 그리고 새로운 해석의 등장으로 반복되는 순환적 기능을 수행한다. 끝으로 밴게메렌은 하나님의 말씀이 새로운 상황에 반응하며 적응함에 있어 성령의 사역이 필수적임을 지적한다.

> 성령은 각 세대가 그의 계시에 새롭게 반응하도록 요청한다. 그는 하나님의 말씀을 구속의 진전 가운데 각각의 새 상황에 적용하는 바로 힘이 된다. 그는 인간과 해석과 전통을 변화시킨다. 성령이 말씀 안에서 또 말씀을 통하여 역사하는 한, 하나님의 백성 공동체는 안정성과 적응성 사이의 긴장 가운데 산다.[44]

그러므로 구약 본문의 정경적 기능과 성령의 사역은 결코 분리될 수 없다. 구약의 예언이 시대를 거쳐 지속적으로 권위 있는 하나님의 말씀으로 새로운 상황 속에서 들려지고 받아들여지는 것은 바로 성령의 사역으로 가능한 것이다.

2.3. 세일헤머(John H. Sailhamer)

세일헤머는 미국 트리니티 복음주의 신학교(Trinity Evangelical Divinity School)의 구약 교수로 재직한 바 있으며, 현재 남동부 침례 신학교(Southeastern Baptist Theological Seminary)의 구약 교수로 봉직하고 있다. 한국에 번역 출간된 『내러티브로서의 오경』(*The Pentateuch as Narrative*)[45]이라는 작품의 저자로 한국 독자들에게 익숙한 세일헤머는 복음주의 진영 가운데 정경적 해석의 선두주자로 정평이 나있다. 그는 최근에 출간한 구약신학 개론서에서 정경적 해석을 주요 해석학적 방법론으로 채택한다.[46]

세일헤머는 이 작품에서 정경적 구약신학의 해석학적 근거를 위해 네 가지 기본 이슈들을 제시한다. 첫째, 그는 구약신학이 "본문"과 "사건" 중 어디에 관심을 기울여야만 하는가에 집중한다.[47] 세일헤머는 "사건"보다는 "본문"을 중요시해야만 함을 강조한다. 특히 그는 역사 속의 계시에 대해 다룰 때 기록된 본문을 계시의 중심으로 보아야 한다는 점을 강조한다.[48] 그는 이 점에 대해 다음과 같이 말한다.

> 역사 속에서의 하나님의 행동에는 틀림없이 어떤 계시가 있었다. 그렇지만 지금 우리가 하나님의 계시에 접근하는 유일한 길은 성경 본문에서 영감된 저자들의 해석을 통하는 것이다. 이것은 사건들이 중요하지 않기 때문이 아니라, 성경적 사건들의 역사성이 이슈가 아니기 때문이다.[49]

여기서 세일헤머는 구속사 신학을 주창하는 보수주의 신학자들이 기록된 본문의 계시와 역사 속의 계시를 구분하는 혼동을 초래한다고 지적하면서 그 대표적인 예로서 게할더스 보스(G. Vos)의 구속사 신학을 비판한다. 세일헤머는 보스의 접근 방식이 "계시의 기록으로서의 성경과 계시 자체로서의 성경 사이의 구별"을 흐려놓았다고 말한다. 그는 비록 기록된 계시로서의 성경 본문 이전에도 계시의 수단이 있었으나 구전으로서의 계시와 기록된 계시는 반드시 구분되어야만 한다고 본다.

둘째, 세일헤머는 "비평" 방식과 "정경" 방식 가운데 하나를 선택해야만 한다면 "정경" 방식을 선택해야 한다고 주장한다.[50] 세일헤머에 의하면, 자료비평과 양식비평과 같은 전통적인 비평적 해석은 본문 배후의 사건들을 재구성하여 가상적인 자료들을 만들어 내지만, 정경적 해석은 최종 정경 형태로 주어진 본문 그 자체를 연구의 출발점으로 삼기 때문에, 정경적 해석을 선택해야만 한다고 말한다. 그의 논지는 다음과 같이 요약될 수 있다.

> 영감되었으며 따라서 교훈하기에 유익한 것은 현재 우리가 최종적인 정경 양식 속에 가지고 있는 기록된 본문이다. 계시의 자리는 이 본문의 메시지이다. 우리가 본문에 대해 재구성하려 하는 어떤 전 역사(비평)이나 후 역사(전승)도 계시의 근원으로 여겨져서는 안 되며, 따라서 본문 중심의 정경적 구약신학의 초점이 되어서도 안 된다.[51]

셋째, 세일헤머는 구약신학을 "기술적"(descriptive) 방식과 "고백적"(confessional) 방식으로 구분한 뒤, 고백적 입장을 취한다.[52] 비록 그는 기술적 방식의 가치를 부정하지는 않지만, 이 방식이 지향하는 "객관성"의 원리가 상대적임을 지적하면서 무엇보다도 구약신학이 하나님을 이해하고 그 분을 섬기는데 조력자의 역할을 수행해야만 함을 강조한다. 특히 세일헤머는 성경 해석자가 자신의 개인적인 신앙뿐만 아니라 신앙 공동체도 염두에 두면서 성경을 해석해야 한다고 강조한다. 최종적으로 세일헤머는 마이어의 접근 방식을 고백적 성경 해석학의 원리로 제시한다.[53] 끝으로 세일헤머는 구약신학이 통시적 방식과 공시적 방식 중 어느 것을 선택해야 하는가에 대해 논의한다. 그는 구약신학이 통시적으로 배열된 구약의 계시에 초점을 맞추어야 한다고 주장하면서 통시적 해석의 중요성을 피력한다. 그는 "히브리어 성경 형성의 역사적 역동성이 아주 강해서 그 신학에 대한 통시적 접근이 가장 적절한 방법이라고" 믿는다.[54] 나아가 그는 통시적 접근을 할 때 반드시 고려해야할 필수적인 성경의 세 가지 특징으로, 상호본문성(inter-textuality), 정경적 편집(canonical redaction) 그리고 합 본문성(con-textuality)을 강조한다.

여기서 세일헤머는 흥미로운 최종 정경 편집 이론을 제시한다. 그에 따르면, 최종 정경 형태는 최종 정경 형태로 구성한 최종 편집자의 의도를 반영해 준다. 예를 들면, 오경은 창세기 1:1에서 마지막 구절인 신명기 34:12에서 끝나는 것이 아니라 신명기 32:52에서 끝난다. 그렇다면 신명기 32:52 이후의 오경 본문인 신명기 33:1-34:12은 어떻게 이해해야 하는가? 세일헤머는 이 부분이 오경에 추가되어 전체 정경 구성에 중요한 기능을 수행하고 있다고 본다. 다시 말해, 이 부분은 이후에 연결되는 모든 정경 본문들과 연결시켜주는 고리로서의 역할을 한다. 그러므로 신명기 33:1-34:12은 오경을 전기 예언서 및 이후의 모든 정경 본문들과 연결시켜주는 정경적 편집을 반영해주는 본문이라고 말할 수 있다. 결론적으로 세일헤머는 최종정경형태의 중요성과 아울러, 최종 형태 배열의 신학적 의도를 강조함으로써 최종 형태의 정경 편집자의 역할을 직간접적으로 부각시키고 있다.

2.4. 평가

이상으로 우리는 복음주의적 관점에 비추어 현대의 정경적 해석을 수용하고 있는 대표적인 복음주의 성경 신학자들의 해석학적 방법론을 중점적으로 다루어 보았다. 저마다 독특한 특징들을 보여주는 이런 정경적 접근 방식들은 복음주의적 정경 해석의 가능성을 잘 드러내 주고 있다. 그럼에도 불구하고 이들의 해석 방식에 몇 가지 한계들이 노출되고 있음은 아쉬운 일이다. 여기서 필자는 앞서 살펴본 현대 복음주의 구약 정경 해석학자들의 기여와 한계들을 나름대로 평가해 보고자 한다.

먼저 이들의 정경적 해석에 나타난 공헌을 살펴보고자 한다. 첫째, 이들은 정경적 해석의 출발점으로서 구약 성경의 영감을 확고히 붙들고 있다. 주지하다시피, 전통적인 역사 비평학은 성경의 신적 권위에 회의적인 입장을 피력해 왔다. 여기에 반동으로 등장한 정경 비평은 성경의 권위와 그 중요성을 다시 인식하도록 요청한다. 그럼에도 불구하고 현대의 정경 비평학자들은 기록된 본문을 영감된 하나님의 계시로 인정하는 데는 주저한다.[55] 그와는 달리, 복음주의 정경 신학자들은 구약 성경을 기록된 하나님의 계시로 받아들이는데 전혀 주저하지 않는다. 이와 같은 확고한 성경관은 다른 정경 비평학자들과의 차별성을 부각시켜준다.

둘째, 복음주의 구약 정경 신학자들은 구약의 해석이 주어진 최종 정경 본문으로 시작되어야 한다는 점을 강조하고 있다. 이것은 본문 배후의 사건들을 재구성하기 위해 본문을 파편화시켰던 전통적인 역사 비평의 문제점을 인식하고, 주어진 본문 그 자체를 연구의 출발점으로 삼아야 한다는 주요한 해석학적 원리를 올바로 제시하고 있는 것이다.

셋째, 복음주의 정경 해석은 본문의 상호성에 집중함으로써 본문간의 긴밀한 사상적 연관성을 올바로 인식한다. 특히 이런 해석학적 시도는 하우스와 세일헤머의 해석 작업에 두드러진 특징으로 나타나고 있다. 구약과 신약을 하나님의 말씀으로 받아들이는 신앙 공동체에게 있어서, 구약과 신약이 서로 어떤 유기적 관계를 맺고 있는가를 체계적으로 정립하는 작업은 필수적이다. 이런 관점에서 볼 때, 복음주의 정경 신학자들의 상호본문성 해석은 구약과 신약의 상호 연관성을 파악할 수 있는 성경신학적 체계를 정립하는데 큰 도움이 된다.

그럼에도 불구하고 복음주의 구약 정경 해석은 몇 가지 한계를 노출하고 있다. 첫째, 이들은 다소 통시적 접근 방식에 너무 치중한 나머지 편집비평의 전제로부터 벗어나지 못한다. 예를 들면, 하우스는 히브리 정경의 배열 방식에 고착되어 전기 예언서에 해당하는 여호수아-열왕기의 본문을 익명의 역사가의 단일 작품으로 간주한다. 하우스의 다음과 같은 진술은 여호수아-열왕기의 역사에 대한 그의 입장을 분명히 밝혀준다.

> 본서는 익명의 단일 저자가 적절한 자료들을 주의 깊게 편집하여 그 자료들을 여호수아-열왕기로 확장되는 일련의 기사로 구성했다고 추측한다. 이 익명의 저자는 약 주전 550년에이 작업을 끝마쳤다. 이 익명의 저자가 쓴 기사는 땅 – 오경에서 약속의 땅으로 소개된 곳 – 을 상실한 이스라엘의 비극적 운명에 대한 포괄적인 기사이다.[56)]

즉, 하우스는 익명의 역사가가 여호수아-열왕기의 역사를 구성했다고 믿는다. 그러므로 이 역사가는 여호수아-열왕기의 저자가 되기도 한다. 하지만 하우스가 말하는 여호수아-열왕기의 역사가는 하우스 자신이 추론해 낸 가상인물에 불과하다. 좀더 엄격히 말하자면, 하우스 자신이 여호수아-열왕기의 역사를 이 가상의 인물을 통해 재구성하고 있는 것이다. 실제로 여호수아-열왕기의 내용들이 주전 550년에 완성되었는지는 아무도 알 수 없다. 이것은 하우스의 추론일 뿐이다. 이 같은 점을 고려해 볼 때, 하우스는 자신의 추론과 가설에 근거한 불확실한 역사관으로부터 벗어나지 못하고 있다.

세일헤머 역시 이와 같은 우를 범하고 있다. 앞서 언급했다시피, 세일헤머는 오경의 원 내용을 창세기 1:1-신명기 32:52로 간주한 뒤, 그 뒤에 따르는 신명기 33:1-34:12의 내용을 최종 정경 편집자의 편집 작업으로 간주한다. 즉, 세일헤머의 주장에 따르면, 최종 정경 편집자가 신명기 33:1-34:12을 오경과 전기 예언서의 중간에 위치시켜 구약 전체를 히브리 정경 순서(오경, 예언서, 성문서)로 연결시키고자 했다는 것이다. 만약 그렇다면, 오경 전체는 원 오경(창 1:1-신 32:52)의 저자의 의도와 최종 편집자의 의도를 함께 반영해 주는 문헌이 된다. 그는 본문의 의미를 파악하기 위해 저자의 의도를 밝혀내야 한다고 주장했지만, 여기서는 편집자의 의도도 함께 추가시킴으로써 자신의 주장에 모순된 논리를 펼치고 있다. 세일헤머의 주장대로 이 최종 정경 편집자가 자신의 의도를 갖고 이 자료를 사용했다고 볼 때, 오히려 오경 전체는 저자의 의도보다는 최종 정경 편집자의 의도를 반영해 준다고 보아야 할 것이다. 하지만 최종 정경 편집자가 누구였는지, 그리고 그가 그런 의도로 오경 이후의 자료를 추가시켰는지는 쉽게 판단할 수 없는 문제이다. 세일헤머가 말하는 최종 정경 편집자의 의도는 히브리 정경 배열과 순서에 대한 자신의 논리적 추론에서 비롯된 것이다.

또한 밴게메렌은 샌더스의 정경적 입장을 수용한 나머지 정경의 범위를 너무 확대시키고 있다는 인상을 남긴다. 그는 예언의 메시지가 새로운 시대와 정황 속에서 하나님의 권위적인 말씀으로 재해석되어 적응되고 수용되는 그 정경적 기능에 대해 논의한 바 있다. 하지만 세일헤머가 올바르 지적한 바와 같이, 선포된 예언의 말씀(예를 들면 구전형식)과 기록된 최종 본문은 다르게 취급해야 한다. 예를 들면, 구약 백성들이 이전 예언자들의 메시지를 재해석한 것과 신약 저자들이 구약의 예언을 재해석한 것은 동일한 관점으로 볼 수 없다. 다시 말해, 신약 저자들의 재해석은 기록된 본문으로서의 정경형식을 취하기 때문에, 구약의 구전 및 구전의 재해석에 의한 정경기능과는 구별되어야 한다. 물론 밴게메렌이 재해석되는 구전의 정경적 기능과 기록된 본문으로서의 정경기능의 차이점을 부인한다고 볼 수는 없지만, 그의 정경적 기능에 대한 논의는 이 같은 오해를 불러일으킬 소지가 있다.

이상으로 우리는 차일즈로부터 시작된 정경적 구약 해석의 기원과 흐름을 살펴보았으며, 정경적 해석을 수용하는 복음주의 구약신학자들의 주요 방법론을 다루어 보았다. 그러나 복음주의 구약신학의 정경적 입장은 차일즈의 정경적 접근을 부분적으로 긍정하면서도 차일즈의 입장과는 다른 견해를 피력하고 있다. 또한 복음주의 구약신학자들의 입장들이 저마다 독특한 특징을 나타내고 있음도 눈여겨 볼만하다. 다만 복음주의 구약신학자들은 역사비평의 한계를 극복하고 본문의 최종형태를 강조하려 했던 차일즈의 노력에 관심을 기울인다. 사실상 우리는 역사 비평학이 가져다 준 결실을 무시할 수 없으나, 구약 본문의 권위를 무너뜨리는 그 역기능도 간과할 수 없는 실정이다. 특히 이런 상황 속에서 복음주의 성경 신학자들이 정경적 해석의 주요 원리들을 복음주의적 관점으로 수용하여 성경의 권위를 회복시키고 정경 본문의 유기적 연관성을 조명한 것은 매우 고무적인 일이다. 하지만 앞서 지적했듯이, 복음주의 정경 해석에 나타난 몇 가지 아쉬운 점들도 간과해서는 안 될 것이다. 바라기는 복음주의 성경 신학자들이 정경적 해석이 안고 있는 문제점을 극복하면서 보다 발전적인 해석학적 토대를 마련하기 위해 계속해서 노력한다면 복음주의 정경 해석은 앞으로 더욱 풍성한 해석학적 결실을 가져다 줄 것이라 기대한다.

3. 최근 복음주의 구약신학과 신학적 해석

역사 비평과 포스트모던 해석학의 단점들을 목도하던 복음주의 성경신학자들은 역사 비평학과 포스트모던의 문제를 극복하는 하나의 대안으로서 신학적 해석학을 지향하기 시작했다. 물론 신학적 해석학은 역사 비평이나 신문학적 접근을 거부하는 것이 아니라, 그 한계점을 인식하면서 각각의 방법론의 장점들을 긍정적으로 사용한다. 다만, 신학적 해석의 목표는 본문이 증거하는 하나님의 사역과 그 메시지에 집중하는 것이다. 펄듀는 『역사의 붕괴: 구약신학을 재구성하기』[57]이후 그 후속편으로 출간한 그의 저서, 『구약신학을 재구성하기: 역사의 붕괴 그 이후』[58]에서 역사 비평학의 주도적 영향이 상실된 최근의 동향을 자세히 살피면서 다음과 같은 결론에 도달한다.

> 신학은 지식의 한 세트의 일부분이 아닌, 불완전하지만 성취를 위한 수단으로서 하나님을 알고자 노력한다. 이러한 관계는 인류가 살아가는 삶의 자리에서 자신의 정체성을 규정해 주며 삶의 의미를 추구하도록 이끌어 준다.[59]

이처럼 어떤 해석학적 방법을 사용하든지, 구약신학의 목표는 본문에 나타난 하나님의 계획과 그 분의 사역을 올바로 이해하는데 있다. 이와 같은 해석학적 목적을 위해 등장한 것이 바로 신학적 해석이다. 이 신학적 해석은 차일즈의 정경적 접근 방식 직 간접적인 영향을 받았으며, 포울(Stephen Fowl),[60] 왓슨(Francis Watson)[61]과 같은 학자들에 의해 발전되었다. 특히 구약신학 분야에서는 벌츠 외 공역자들(Bruce Birch et. al.)이 출간한 『구약신학 서론』[62]은 구약의 신학적 해석의 한 모델로 제시되고 있다. 벌츠 외 공역자들에 의하면, 구약을 신학적으로 해석한다는 것은 "본문이 하나님의 만남과 교제에 대해 말하고 있다는 사실을 심각하게 취급"[63]함을 의미한다. 즉 구약은 고대 이스라엘의 문학, 역사, 사회를 반영할 뿐만 아니라, 이스라엘의 하나님의 성품과 사역에 관련이 있는 신앙 공동체의 증거들이 기록되고 수집되어 세대를 거쳐 전달된 문헌임을 의미한다.

나아가 케빈 밴후저가 편집한 『구약의 신학적 해석: 책별 개관』[64]은 수많은 복음주의 구약신학자들이 참여한 작품으로서 구약신학 서론의 형식을 취한다. 원래 이 책은 밴후저가 편집한 『성경의 신학 해석 사전』[65]

에 포함된 글들을 선별적으로 발취해서 모은 것이다. 여기서 우리는 밴후저가 편집한 『구약의 신학적 해석』을 중심으로서 복음주의 진영에서 중요하게 취급되는 구약의 신학적 해석을 구체적으로 다루어 볼 것이다. 먼저 밴후저는 본서의 서론에서 신학적 해석이란 무엇인가에 대해 구체적으로 서술한다. 그는 신학적 해석을 다루기에 앞서 신학적 해석이 아닌 것이 무엇인지를 정의한 후, 신학적 해석의 배경과 그 이유를 소개한 다음, 신학적 해석의 입장을 제시한다. 그가 밝히는 신학적 해석이 아닌 입장들은 다음과 같다.

첫째, 밴후저에 의하면 신학적 해석은 성경 본문에 부과시키는 신학적 체계 혹은 고백 형태가 아니다.[66] 그는 소위 비평전 교리신학적 해석의 한계를 다음과 같이 지적한다.

> 비록 소위 비평전 해석들이 성경의 권위를 심각하게 취급하며 교회의 가르침을 위해 성경을 읽고자 했으나, 다음과 같은 세 가지 약점을 노출한다: 이 해석들은 본문을 그 역사적 맥락에서 심각하게 취급하지 못했다. 이 해석들은 본문을 구약의 신학 속에서 통합하거나 신약을 그 전체로서 보는데 실패했다. 이 해석들은 자체의 전제나 관점들을 충분히 인식하거나 비평적이지 못했다.[67]

다시 말해, 밴후저는 신학적 해석이 성경의 교리나 원리를 지지하기 위해 성경 본문을 사용하는 교리신학과는 구별되어야 한다고 주장한다.

둘째, 신학적 해석은 일반 해석학적 이론을 성경본문에 부과시키는 작업과는 다르다. 좀 더 구체적으로 말하면, 신학적 해석은 일반 해석학적 원리처럼 마치 성경이 다른 책들과 같이 읽혀질 수 있다는 해석학적 입장에 반대한다. 물론 어떤 측면에서는 성경을 다른 본문들처럼 연구하고 읽을 수 있다. 그러나 이런 작업을 끝난 후, 해석자는 여전히 그 이상의 해석학적 작업이 남아 있음을 인식해야 한다. 예를 들면, "구약과 신약의 관계와 가은 적절한 신학적 질문들은 일반 해석에서 제시되는 이슈들보다 그 이상의 것을 요구한다."[68] 그러므로 신학적 해석은 이와 같은 일반 해석학적 작업 그 이상의 목적을 염두에 두고 있다.

셋째, 성경의 신학적 해석은 단지 역사적, 문학적 혹은 사회학적 비평의 형태가 아니다. 실제로 이런 비평학을 지나치게 지향할 때 하나님의 역사과 그의 사역을 간과하는 우를 범할 수 있다. 벤후저는 말한다.

> 신학적 해석은 역사적 혹은 문학적 또는 사회정치적 비평으로 제한되어서는 안 된다. 그러나 신학적 해석은 이 이하가 되어서도 안 된다. 왜냐하면 하나님께서 역사 속에서, 본문의 구성 과정에서, 그리고 하나님의 백성의 형성 속에서 계시하시고 구속하셨기 때문이다.[69]

그러므로 신학적 해석은 위의 비평학이 간과했던 하나님의 사역을 고찰하는데 가장 큰 비중을 둔다.

그렇다면 신학적 해석을 제안하는 이유는 무엇인가? 밴후저는 신학적 해석이 무엇인지를 설명하기에 앞서 신학적 해석을 주장하게 되는 배경과 그 이유는 먼저 소개한다. 밴후저에 의하면, 신학적 해석이 강조되기 시작한 배경으로는 두 가지 성경해석학의 위기를 꼽는다.[70] 첫 번째 해석학적 위기는 주해와 신학의 위험한 간격이다. 현대 성경학의 문제는 본문의 역사를 재구성하여 본문을 파편화시킨 것뿐만 아니라, 더 근본적인 문제는 성경 본문을 단지 인간의 역사와 종교적 자료로 취급한 것이다. "성경을 어떤 자연적 현상을 말해주는 증거로서 다루는 것은 '실제로 일어난 것' 을 추론적으로 재구성함으로써 본문이 말하는 바에서 떠나게 만든다. 여기서 역사는 주해를 짓밟게 된다."[71] 그러므로 신학적 관점에서 볼 때, 주해와 신학의 위험한 간격은 "자연"과 "은총"의 간격과 다를 바 없다. 밴후저는 이성에 호소하는 자료비평, 양식비평, 전승사 비평, 편집비평 및 기타 역사 비평적 해석은 성경을 역사적 인간적 본문으로만 취급하려는 경향이 있다고 지적하면서, 성경을 하나님의 말씀으로 읽는 것은 이성과 대항하며 정복하며 혹은 그 허점을 공략하는 "은총"의 영역으로 도약함을 의미한다고 강조한다.

둘째, 밴후저는 두 번째 해석학적 위기로서 주해와 이데올로기의 간격이라고 지적한다. 이러한 위험성은 현대 포스트모던 해석과 연관성을 갖는다. 현대 포스트모던 해석은 본문의 역사적 재구성에 치중했던 역사비평학의 입장과는 달리, 본문을 읽는 독자들의 상황과 관심에 집중한다. 그러므로 포스트모던 해석은 역사 비평학이 추구했던 객관적 중립적 읽기를 거부하며, 해석공동체의 이데올로기의 영향에 관심을 기울인다. 포스트모던 해석은 역사 비평학 역시 하나의 이데올로기의 영향 속에서 나타난 성경 해석이라고 판단한다. 그러나 밴후저는, 이러한 이데올로기적 성경해석은 마치 귀머거리의 음악비평이나, 소경의 미술비평과 다를 바 없다고 비판한다. 결국 역사 비평과 포스트모던 해석의 문제는 성경을 하나님의 말씀으로 신중히 취급하지 않는다는데 있다. 이런 점에서 성경을 하나님의 말씀으로 강조하는 신학적 해석의 중요성이 대두된다. 그렇다면 성경의 신학적 해석이란 무엇인가?

밴후저에 따르면, 신학적 해석은 성경학자들의 독점적인 소유가 될 수 없으며, 신학자들과 하나님의 백성들 모두가 함께 수행해야 할 책임으로 규정된다. 그러므로 성경해석은 반드시 본문의 중심 주체인 하나님을 올바로 이해하는 연구가 되어야 한다. 이런 관점에서 볼 때, 역사적, 문학적 혹은 사회학적 해석만으로는 본문이 무엇을 말하는가를 공정하게 다룰 수 없다. 오히려 성경해석은 하나님의 말씀과 그의 사역에 집중된 신학적 접근이 필요하다. 성경본문이 궁극적으로 하나님의 실제에 관심을 기울이기 때문에, 본문해석은 반드시 이와 같은 신학적 관심에 집중되어야한다. 그러나 신학적 해석은 다양한 접근들의 가능성을 열어놓는다. 어떤 해석자는 성경을 신적 저자의 관점에서 살펴본다. 그는 하나님께서 성경의 형성과 완성의 과정에 간섭하셨음을 인정하면서 성경전체의 의미 파악을 위해 신적 저자의 의도와 목적에 초점을 둔다. 반면에 몇 몇 해석자는 본문의 최종형태에 초점을 둔다. 또 다른 이들은 신학적 읽기를 위해 신앙 공동체의 읽기와 수용의 과정을 중요시한다. 결론적으로 신학적 해석은 저자, 본문 및 공동체의 중요성을 인식하면서 하나님의 의도가 어떻게 본문 자체를 통해 신앙 공동체에 영향을 주는가를 분석하는 신학적 작업이다.

이와 같은 신학적 해석은 몇 가지 장점들을 갖는다. 밴후저가 주장하는 신학적 해석은 목회 현장에 속한 목회자들에게 직접적으로 와 닿지 않는 복잡한 해석학적 이슈들에 집중하기보다는 본문에 담긴 신학적 의도와 목적을 드러내 주기 때문에 전문적인 해석학적 방법론에 익숙지 않은 일반 목회자와 평신들의 성경읽기에 큰 유익을 줄 수 있다. 둘째,

신학적 해석은 개별 성경신학자들의 해석 방법론의 차이에도 불구하고 하나님을 증거하는 본문의 메시지를 찾는 신학적 해석의 넓은 범주 안에서 해석학적 교류를 시도할 수 있는 기회를 제공해 준다. 가령 앞서 소개된 케빈 밴후저가 편집한 『구약의 신학적 해석: 책별 개관』에서 창세기를 집필한 고든 웬함(Gordon J. Wenham)은 주로 문학적 접근을 시도하는 복음주의 구약학자인 반면, 에스더를 집필한 폴 레딧(Paul L. Redditt)은 역사 비평학을 긍정하는 신학자이다. 또한 신명기를 저술한 다니엘 블록(Daniel I. Block)은 미국 침례교 출신의 보수주의 구약학자인 반면, 출애굽기를 맡은 모벌리(R. W. L. Moberly)는 비평학에 수용적인 영국의 성공회 출신의 구약학자이다. 이처럼 다양한 신학적 배경과 차이에도 불구하고, 신학적 해석은 서로 다른 학자들로 하여금 본문에 나타난 하나님에 대한 메시지에 집중하도록 이끌어 준다. 이와 같은 관점에서 볼 때, 신학적 해석은 복음주의 구약신학의 한 축으로 계속해서 자리매김할 것으로 판단된다. 다만 신학적 해석은 여러 해석 방법론들을 함께 공유하고 있기 때문에 해석자가 어떤 방법론을 사용하는가에 따라 다른 신학적 결론에 도달할 수 있는 가능성을 열어 놓는다.

4. 종합적 평가

지금까지 복음주의 구약신학자들의 주요 방법론을 자세히 고찰해 보았다. 흥미롭게도 복음주의 구약신학은 종교사학파나 바르트의 신정통 신학을 수용하지 않지만, 정경적 접근의 가치를 인정한다. 카이저, 밴게메렌, 세일헤머, 하우스 및 밴후저와 같은 복음주의 신학자들이 정경적 접근을 주요 해석학적 전략으로 사용하고 있음은 복음주의 구약신학의 한 특징이라고 말할 수 있다. 그럼에도 불구하고 복음주의 구약신학자들의 정경적 접근은 차일즈의 해석과는 분명한 차이를 보인다. 무엇보다도 성경의 영감과 계시성을 강조하는 복음주의 구약신학자들의 해석은 차일즈의 정경적 접근과는 근본적인 차별성을 나타낸다. 이처럼 복음주의 구약신학은 구약의 영감과 계시의 중요성을 인정하는 입장에서 신학적 일치성을 추구하고 있다. 그럼에도 불구하고 개별 신학자들의 해석학적 관점들은 약간의 차이를 보인다. 가령 하우스는 공시적 관점에서 히브리 정경의 "타나크"의 순서를 강조하는 반면, 세일헤머는 편집비평의 가치를 긍정하면서 공시적 입장보다는 통시적 입장을 선호한다. 이와 같은 신학적 통일성과 다양성은 앞으로도 21세기 복음주의 구약신학의 중요한 특징으로 인식될 것이다.

제3장 21세기 개혁주의 구약신학의 흐름

앞서 살펴본 대로, 20세기 구약신학의 흐름 속에서 복음주의 구약신학자들의 활약은 매우 두드러진다. 무엇보다도 21세기에 접어들면서 복음주의 신학자들 가운데 특별히 개혁주의적 전통에 속한 구약신학자들의 활약이 눈에 띄고 있음은 흥미로운 일이 아닐 수 없다. 앞서 다루었던 밴게메렌(W. VanGemeren)[1]외에도, 로벗슨(O. Palmer Robertson),[2] 클라인(M. G. Kline),[3] 왈키(B. Waltke)[4]와 같은 성경신학자들은 개혁주의 구약신학을 잘 계승해 왔으며,[5] 최근에는 배솔로뮤(Craig G. Bartholomew), 뎀스터(Stephen G. Dempster), 덤브렐(William J. Dumbrell), 롱맨 3세(Tremper Longman III)과 같은 개혁주의 구약신학자들이 성경신학적 관점에 근거한 구약신학을 꾸준히 발전시켜왔다. 이들의 구약신학 방법론은 구약과 신약의 통일성을 견지하며, 구약에서 신약으로의 계시적 점진성에 초점을 두며, 이런 성경의 통일성을 규명해 주는 주요한 신학적 주제들에 관심을 기울인다. 그러므로 여기서 우리는 21세기 개혁주의 구약신학을 주도하는 성경신학자들의 특징과 논점 및 그 평가에 초점을 맞추고자 한다. 비록 개혁주의 구약신학을 주도하는 성경학자들이 큰 활약을 보이고 있지만, 여기서 우리는 2000년 이후에 출간된 대표적인 성경신학 작품들에 초점을 맞출 것이며, 특히 롱맨 3세, 뎀스터, 배솔로뮤, 덤브렐, 왈키, 로벗슨 및 엔즈의 입장을 중점적으로 살펴볼 것이다.

1. 트렘퍼 롱맨 3세(Tremper Longman III) – "예배가운데 거하시는 하나님의 임재"

트렘퍼 롱맨 3세는 웨스터민스터 신학교(Westminster Theolog ical Seminary)를 졸업한 뒤, 미국 예일 대학교(Yale University)에서 구약학 박사학위(고대근동문헌 전공)를 취득했으며, 오래 동안 모교인 웨스터민스터 신학교의 구약 교수로 봉직한 바 있으며, 지금은 웨스트몬트 칼리지(Westmont College)에서 가르치고 있다. 비록 롱맨 3세는 구약해석학, 시편, 전도서 및 아가서와 같은 본문들을 깊이 연구해 왔지만, 구약신학에 대한 관심도 놓치지 않았다. 특히 최근에 출간된 그의 저서,『우리의 처소에 임하는 임마누엘: 이스라엘의 예배 속에서 그리스도를 보는 것』(*Immanuel in Our Place: Seeing Christ in Israel' s Worship*)[6]은 개혁주의 입장에 근거한 구약신학적 입장을 잘 드러내 준다.

본서의 특징으로는 첫째, 전문적인 학술 연구서가 아닌, 일반 성도들이 쉽게 이해할 수 있는 형식을 취하고 있어 읽는 이로 하여금 부담감을 덜어준다. 또한 각 장의 끝부분은 유용한 질문들을 통해 현대적 적용점을 잘 이끌어내고 있다. 무엇보다도 구약의 예배/제사의 신학들을 신약과 연결시키는 롱맨 3세의 접근은 구약과 신약의 통일성을 논증하는 중요한 역할을 수행한다. 둘째, 본서는 구약의 예배/제사의 신학을 크게 네 단락으로 나누어 취급하며, 각각의 단락들은 거룩한 공간(에덴, 제단, 성막, 성전), 거룩한 제사 행위(번제, 화목제, 속건제), 거룩한 사람들(제사장직의 기원, 제사장의 생활방식, 제사장의 섬김) 그리고 거룩한 시간(안식일, 희년 및 속죄일) 들을 다룬다. 셋째, 본서의 각 단락의 마지막 부분은 언제나 그리스도와의 연관성을 규명하는 성경신학적 작업으로 마무리된다. 특히 이 세 번째 특징은 롱맨 3세의 개혁주의 신학을 잘 드러내 준다.

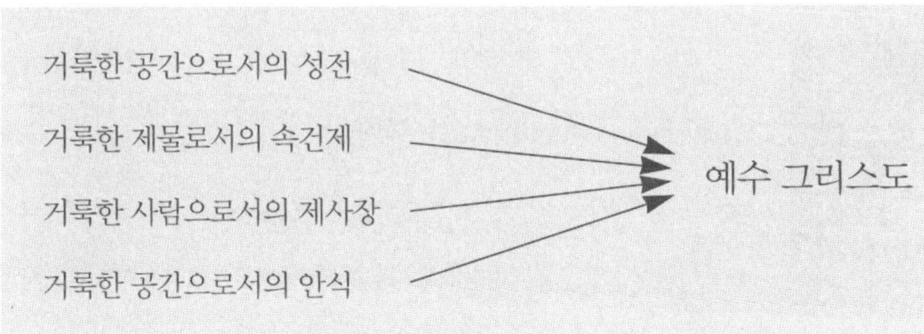

롱맨 3세는 거룩한 공간으로서의 성전, 거룩한 제물로서의 속건제, 거룩한 사람으로서의 제사장, 거룩한 공간으로서의 안식이 궁극적으로 예수 그리스도 안에서 성취되고 있음을 규명함으로써 성경신학적 관점을 통해 구약의 신약적 성취를 확고히 입증하고 있다. 특히 구약 성전의 신학이 예수 그리스도를 통해 성취되어 신약의 교회가 그 성전의 기능을 수행하고 있음을 역설하는 롱맨 3세의 입장은 건물로서의 문자적 이스라엘 성전회복을 고대하는 세대주의자들의 오류를 정확하게 지적하고 있다. 그러나 구약의 안식개념을 신약의 주일로 연결시킬 때 신약 본문들의 증거들을 구체적으로 제시하지 않고 있음은 한계점으로 지적될 수 있다. 또한 제물로서의 속건제를 다룰 때 이사야 53장의 종의 사역과 관련된 속건제의 점진적 발전에 대한 논의를 결여하고 있음은 아쉬운 점으로 남는다. 특히 모형의 점진적 성취의 과정으로서 포로기 후 시대의 본문들이 소홀히 취급되고 있음은 본서의 심각한 약점이 아닐 수 없다(예를 들면, 학개와 스가랴서의 성전 사상).

2. 스티븐 뎀스터(Stephen Dempster)
– "통치와 왕국"

캐나다의 대서양 침례 대학교(Atlantic Baptist University) 종교학부의 구약학 교수로 있는 스티븐 뎀스터는 개혁주의적 노선을 취하는 대표적인 구약신학자로 손꼽힌다. 그는 캐나다 토론토 대학교(the University of Toronto)에서 박사학위를 취득했으며, 그 이전에 미국 웨스트민스터 신학교(M.A.R., Th.M)에서 수학한 바 있다. 최근에 출간된 저서, 『통치와 왕조』(*Dominion and Dynasty: A Theology of the Hebrew Bible*)[7]는 뎀스터의 신학적 입장을 분명히 밝혀주고 있으며, 개혁주의 구약신학의 놀라운 성취를 보여준다.

첫째, 본서는 히브리 성경의 문학적 접근과 신학적 접근의 상호 유기성을 강조한다. 다시 말해, 뎀스터는 히브리 성경 자체가 하나의 통일된 이야기(a united narrative)를 이루며, 그 통일된 이야기 속에 신학적 의도(a theological purpose)가 나타난다고 주장한다. 무엇보다도 뎀스터는 히브리 정경의 구성 순서(canonical order)가 전체 이야기를 이해하는 중요한 열쇠가 된다고 이해한다. 즉 뎀스터의 성경신학은 히브리 정경 순서를 통해 나타나는 하나의 거대한 이야기에 초점을 둔다. 그는 히브리 정경을 크게 "토라와 전기 선지서"와 "후기 선지서와 성문서"로 구분한 뒤, 주요 내러티브 형식으로 된 "창세기-열왕기"를 다룬 뒤, 시적 해석에 속하는 "후기 선지서, 룻기-애가"를 분석하며, 끝으로 다시 내러티브 형식을 취하는 "다니엘-역대기"를 분석한다.

둘째, 뎀스터는 이러한 히브리 정경 순서로 분석할 때, 가장 중요한 주제로서 "통치"(Dominion)와 "왕조"(Dynasty)의 개념을 강조하며, 이 두 개념은 "지형"(Geography)과 "족보"(Genealogy)라는 주제와도 연결된다고 주장한다. "통치"와 "왕조"의 관점에서 볼 때, 창세기에서 시작하여 역대기로 마무리 짓는 히브리 성경은 잃어버린 인류의 통치능력이 다윗 왕조를 통해 다시 시작될 것임을 보여주는 거대한 이야기로 이해될 수 있다. 좀 더 구체적으로 말하자면, 히브리 성경은 비록 타락으로 인해 세상을 다스리는 아담의 통치능력이 상실되었으나 다윗 왕조의 회복을 통해 다시 그 통치가 회복될 것이며, 새로운 하나님 나라를 다스릴 새 다윗의 통치를 고대한다. 또한 지형과 족보의 관점에서 볼 때, 히브리 성경은 하나님의 놀라운 계획과 목적을 보여준다. 이스라엘 백성들이 애굽에서 해방되어 가나안 땅에 거하며 하나님 왕국으로서의 통치를 수행하게 됨은 에덴으로의 회복을 상징해준다. 또한 여인의 후손(창 3:15)으로부터 시작하여 아브라함, 이스라엘 특히 다윗 왕조로 연결되는 한 족보는 장차 하나님의 계획과 목적을 궁극적으로 성취할 새 다윗의 족보를 고대하게 만든다.

다시 말해, 아담-아브라함-다윗으로 연결되는 족보가 새로운 다윗으로 연결되어야만 하며, 신약의 예수는 바로 이 새 다윗으로 이해되어야 한다고 주장한다.

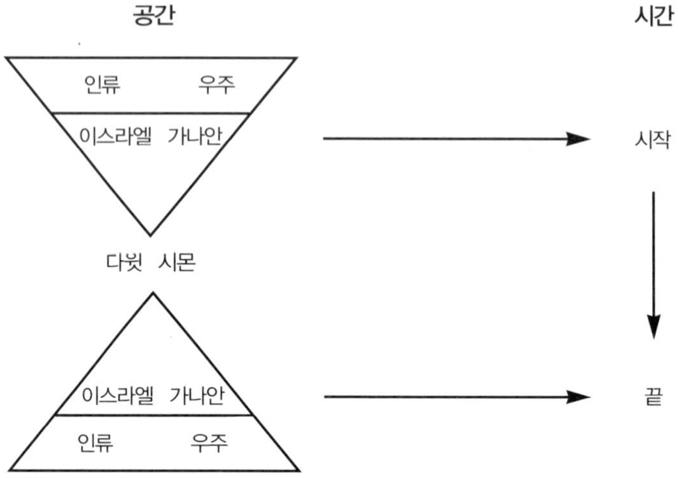

하나님 나라의 확장

여기서 뎀스터는 히브리 성경 이야기의 구조가 모형론적 특징을 이룬다고 이해한다. 즉 그는 아담 → 이스라엘 → 다윗 → 예수로 이어지는 족보와, 에덴 → 가나안 → 시온 → 하나님 나라로 이어지는 공간이 모형론적 특징을 보여주며, 이러한 특징은 구약과 신약을 이어주는 중요한 신학적 연결고리가 된다고 본다. 그러나 "통치"와 "왕조"라는 두 주제에 초점을 둔 덤스터의 접근은 이 주제들이 "종"으로서의 모델과 어떻게 연결될 수 있는지를 구체적으로 밝히지 않으며, 특히 선지서과 시가서에 대한 논의가 충분히 논의되지 않고 있어 아쉬움을 남긴다.

3. 크레이그 배솔로뮤(Craig G. Bartholomew) – "드라마로서의 성경 이야기"

현재 캐나다 온타리오의 리디머 대학교(Redeemer University College)에서 성경신학을 가르치고 있는 배솔로뮤는 남아공 출신으로서 개혁주의적 세계관에 근거한 성경신학의 중요성을 강조해 왔다.[8] 그는 1990년도에 저명한 개혁주의 구약신학자 존 스텍(John Stek) 교수와 "창조 언약"에 관한 지상 논쟁을 펼치며 주목을 받은 바 있으며,[9] 최근에는 안토니 티슬턴(Anthony Thiselton)과 함께 페터노스터(Paternoster)와 존더반 출판사(Zondervan)의 기획물인 "Scripture & Hermeneutics Series"[10]의 주 편집자로 활약하고 있다. 무엇보다도 구약신학에 대한 해석학적 방법론에 관심을 기울여 온 배솔로뮤는 그의 동료 교수 고힌(M. W. Goheen)과 함께 "이야기와 성경신학"[11]이라는 논문과, 보다 쉽고 평이하게 저술한 『성경의 드라마』[12]라는 작품 속에서 구약신학에 대한 자신의 입장을 분명히 드러낸다.

먼저 배솔로뮤는 신약학자 톰 라이트(N. T. Wright)의 내러티브 접근을 주요 방법론을 받아들여 성경을 하나의 통일된 거대 이야기(a Grand Story)로 읽을 것을 제안한다. 그는 구약이 신약과 분리되어 해석되어서는 안 되며, 거대한 성경 이야기의 한 부분으로 이해한다. 여기서 배솔로뮤는 "내러티브"(Narrative) 혹은 "이야기"(story)라는 용어를 사용하는데, 이 용어들은 일반 문학적 용어와는 구별된다. 오히려 배솔로뮤가 사용하는 이 용어들은 성경이 문예적 신학적 역사적 측면을 지니는 통일된 이야기임을 강조하고 있다. 나아가 배솔로뮤는 성경의 거대 이야기를, 네 개의 막들(창조, 타락, 이스라엘, 예수)과 제5막의 첫 장면인 교회 선교의 시작으로 끝맺고 있는 일종의 드라마로 이해한 라이트의 입장을 긍정적으로 수용하여 구약과 신약의 전체를 다음과 같은 6개의 막으로 구성된 드라마로 묘사한다.

성경의 드라마

제1막	하나님께서 그의 나라를 건설하시다(창조)
제2막	왕국에서 발생한 반역(타락)
제3막	그 왕이 이스라엘을 선택하다(구속의 시작)
막간	종말을 고대하는 한 나라의 이야기(중간사 시대)
제4막	그 나라의 도래(구속의 성취)
제5막	그 나라의 소식이 퍼짐(교회의 선교)
제6막	그 왕의 귀환(구속의 완성)

여기서 배솔로뮤는 구약의 이야기를, 창조, 타락, 구속의 시작 그리고 구속의 완성을 향해 지향해 나가는 거대 이야기의 한 부분으로 이해한다. 이처럼 배솔로뮤의 드라마적 접근은 "창조–타락–구속"의 틀을 사용하고 있으며, 이는 배솔로뮤의 성경해석이 전통적인 구속사적 관점을 견지하고 있음을 시사해준다. 또한 하나님이 세우신 왕국이 어떻게 궁극적으로 완성되는가에 초점을 두고 있는 배솔로뮤의 입장은 "하나님 나라"의 주제를 강조하는 개혁주의 성경신학의 특징을 잘 반영해 준다.

그러나 배솔로뮤의 드라마적 접근은 시드니 크레이다누스가 지적했듯이, 구약본문들을 지나치게 "창조-타락-구속"의 틀로서 도식화하려는 인상을 남긴다. 실제로, 배솔로뮤는 그의 책, 『성경의 드라마』의 제3막에서 주로 내러티브로 된 본문들을 중점적으로 다루는 반면, 시가서와 지혜서 부분은 거의 논의하지 않는다. 또한 구속사 가운데 선지서의 위치도 매우 중요한데 선지자들의 메시지를 단 8페이지로 요약한 것은 논지의 전개에 있어서 균형감을 상실하고 있다. 만약 배솔로뮤의 주장처럼 내러티브 본문들뿐만 아니라 내러티브가 아닌 본문들(시가서, 지혜서 및 선지서)도 성경 전체의 "거대 이야기"(a Grand Story)에 포함된다면, 비 내러티브 본문들에 대한 강조도 동일하게 적용되어야 할 것이다. 물론 배솔로뮤는 자신의 드라마적 접근이 내러티브와 다른 장르를 지닌 본문들을 결코 소홀히 취급하지 않는다고 단언하지만, 제3막에 대한 분석은 이러한 오해를 불러일으키기에 충분하다.

4. 윌리엄 덤브렐(William J. Dumbrell) – "히브리 정경의 신학적 접근"

호주 출신의 저명한 성경신학자 덤브렐은 호주 무어신학교, 캐나다 리전트 칼리지, 싱가폴 트리니티 신학교에서 가르친 바 있으며, 그의 저서, 『언약과 창조』[13]는 최고의 작품들만을 엄선하여 출간하는 "The Biblical and Theological Classics Library" 시리즈에 출간되어 그의 학문적 가치를 입증해 준다. 최근에 출간된 저서, 『이스라엘의 신앙: 구약의 신학

적 개요』[14]는 덤브렐의 구약신학적 관점을 더욱 분명히 드러내 준다. 이 책에서 덤브렐은 자신의 해석방식을, 정경 신학적 접근(canonical theological approach)으로 소개한다. 좀 더 구체적으로 말하면, 덤브렐은 이스라엘의 신앙이 오경, 선지서 및 성문서를 통해 드러나는 바, 이러한 순서는 점진적인 신학적 발전을 보여주며, 구약의 개별 책들은 바로 이 점진적인 신학적 발전을 뒷받침해 준다고 본다.

그렇다면 히브리 정경의 점진적 발전의 중심요소는 무엇인가? 덤브렐은 창세기 1-2장의 "창조"와 "통치" 개념이야말로 히브리 정경의 신학을 이해하는 중요한 열쇠로 제시한다. 그는 히브리 정경은 창세기 1-2장에서 시작된 하나님의 창조와 통치의 목적을 아브라함과 이스라엘의 역사 속에서 점진적으로 드러내 준다고 말한다.

예를 들면, 창세기-출애굽은 창조 → 타락 → 아브라함 → 시내산으로 발전해 나가는 하나님의 목적을 보여주며, 레위기는 약속의 땅에서의 통치가 유지되기 위해 필요한 제사와 언약준수를, 민수기는 한 세대의 죽음과 세 세대의 탄생을, 신명기는 약속의 땅에서의 삶을 다루면서 하나님의 목적의 점진적 성취를 보여준다.

전기 선지서(수-왕하)는 약속의 땅에서 정착과 왕권 국가로의 새로운 발전에 초점을 두며, 선지자들의 활동을 부각시킨다. 후기 선지서는 이스라엘의 실패로 인해 새로운 종말론적 사상을 선포하는 바, 새 이스라엘과 새 언약의 시대를 예고한다. 여기서 덤브렐은 이 종말론적 사상의 발전이 신약의 그리스도에게로 연결된다고 주장한다. 이것은 덤브렐이 신약의 그리스도를 히브리 정경 신학의 궁극적 성취로 이해하고 있음을 시사해준다.

끝으로 시편, 오축, 에스라-느미야, 다니엘 그리고 역대기로 구성된 성문서는 히브리 정경의 순서를 마무리 한다. 무엇보다도 성문서와 히브리 정경의 마지막 책인 역대기는 이스라엘의 기원, 흥망성쇠, 그리고 미래의 소망을 고대하며 끝맺는다. 특히 덤브렐에 따르면, 히브리 정경은 새 언약의 기대로 끝맺고 있으며, 이는 새 언약과 새 창조의 시대를 예고하도록 이끌어 준다.

특히 덤브렐의 언약신학의 연속성에 대한 강조는 그의 정경신학적 접근의 두드러진 특징이 된다.[15] 예를 들면, 노아의 언약을 다루는 창세기 6:18의 해석에 있어서, 덤브렐은 노아의 언약이 창조의 언약의 연속선상에서 이해되어야 한다고 주장한다. 일반적으로 학자들은 "언약"이라는 히브리어 "베리트"가 창세기 6장에서 처음으로 언급되기 때문에, 창세기 6장 이전에는 언약이 존재하지 않았으며, 창세기 6장의 언약을 9:8-17의 언약 체결에 대한 예고로 해석한다. 그러나 덤브렐은 언약을 "세우다"는 표현은 "이미 존재하는 것을 확증하다"(to confirm what already exits)를 의미를 지니며, 고대근동조약에서도 이런 의미로 사용되고 있음을 주지시키면서 창세기 6:18의 언약은 이미 체결된 이전 언약의 연속성을 시사해 주며, 이는 창세기 6:18의 언약에 대한 표현은 하나님께서 창세기 1-2장의 나타난 그의 창조 목적을 노아를 통해 계속해서 이루어 나갈 것임을 확증해 준다.

또한 덤브렐은 시내산 언약의 중심 구절인 출애굽기 19:3-6을 해석할 때에도 언약적 연속성 개념을 그대로 적용시킨다. 그는 출애굽기 19:5의 "너희가 내 말을 잘 듣고 내 언약을 지키면"이라는 표현 속에 등장하는 "언약"을 출애굽기 20장에 등장할 율법으로 보지 않고, 이미 앞서 체결된 하나님의 언약을 가리킨다고 주장한다. 그러므로 덤브렐은 창조의 언약 → 노아의 언약 → 아브라함 언약 → 시내산 언약으로의 언약적 연속성을 강조한다. 이처럼 덤브렐의 정경신학적 접근은 "창조", "언약", "하나님 나라", "이스라엘"과 같은 중심 주제들을 통한 하나님의 목적의 점진적 발전을 강조하며, 독자들로 하여금 신약의 성취를 고대하도록 유도하고 있다. 이와 같은 덤브렐의 논지는 다음과 같이 요약될 수 있다.

	구약신학의 기원	신학의 점진적 발전	점진적 발전의 성취 고대
창조의 통치	아담의 통치	다윗의 통치	새 다윗의 통치
언약	창조의 언약	노아, 아브라함, 시내산, 다윗 언약	새 언약
하나님 나라	에덴	가나안(약속의 땅)	새 하나님의 나라
백성	최초의 인류	이스라엘	새 이스라엘

5. 브루스 왈키(Bruce Waltke) – "하나님 나라"

미국 달라스 신학교에서 신학박사와 미국 하버드 대학교에서 철학박사를 취득하고 미국 웨스트민스터 신학교, 캐나다 리젠트 칼리지에서 가르친 후 미국 올랜도 소재의 리폼드 신학교의 교수로 봉직했던 브루스 왈키(Bruce Waltke)[16]는 한때 세대주의 신학에 몸담고 있었으나 정통개혁신학으로 방향을 전환한 저명한 구약신학자 중 한 사람이다. 흥미롭게도

그의 구약신학의 중심에는 언제나 "하나님 나라"의 주제가 심층적으로 다루어진다.[17] 비록 구약에서 "하나님 나라"라는 단어가 전혀 등장하지 않으며 그와 유사한 표현들이 이후에 조금 나타나지만, 이 개념이 구약 전체의 중심을 이루고 있음은 의심의 여지가 없다.

흥미롭게도 구약을 관통하는 "하나님 나라"의 주제는 구약 전체의 역사의 시작이며 그 근간을 이루는 창세기를 통해 이미 드러나고 있다. 그렇다면 창세기에 나타난 "하나님 나라"의 주요 요소는 무엇인가? 왈키는 "하나님 나라"의 주요 요소로서 다음과 같은 네 가지 개념을 강조한다.

- 자손
- 땅
- 하나님의 통치
- 통치자(메시아)

왈키는 "하나님 나라"의 이 네 요소가 아브라함의 소명에서 분명히 제시되고 있다고 말한다. 그의 따르면, 부름 받은 아브라함에게 주어진 하나님의 약속은 아브라함을 통해 "한 민족"을 세워 온 열방의 복의 근원으로 삼겠다는 것이다. 그렇다면 하나님께서 아브라함을 통해 세울 이 "민족" 즉 이스라엘은 무엇으로 구성되는가? 첫째, 민족 이스라엘은 한 공통의 백성을 이룬다. 둘째, 민족 이스라엘은 한 공통의 땅을 소유한다. 셋째, 민족 이스라엘은 한 공통의 법에 순종한다. 넷째, 민족 이스라엘은 한 공통의 통치자에 의해 통치를 받는다. 다시 말해, 왈키는 아브라함의 소명 이야기(12:1-3)는 구약 전체의 한 주제가 되는 "하나님 나라"의 네 요소를 모두 포괄하고 있다고 주장한다. 여기서 왈키는 "하나님 나라"의 네 요소가 어떻게 구약 전체에 작용하고 있는가를 구체적으로 설명한다.

(1) 제1 모티브: 자손

하나님은 인류를 창조하여 선악과 금지 명령에 순종하도록 명령하였다. 그러나 인류는 선악과를 먹어 하나님의 명령에 불순종하고 말았다. 이러한 인류의 타락 이후 창세기 3:15은 두 종류의 자손이 존재할 것임을 약속한다. 여인의 후손과 뱀의 후손의 갈등은 창세기 4장에 등장하는 아벨과 가인의 이야기를 통해 드러난다. 여인의 후손에 해당하는 아벨과 뱀의 후손에 해당하는 가인의 대립구도는 타락 이후에 전개될 두 자손의 갈등을 예시해 준다. 뿐만 아니라 창세기는 바로 이 여인의 후손에 초점을 두고 있다고 해도 과언이 아니다. 이 여인의 후손은 아브라함과 그의 자손들로 연결되며, 궁극적으로 온 열방에게로 확대될 것이다. 이러한 아브라함 언약의 궁극적 성취는 신약에 이르러서야 비로서 이루어진다. 가령, 로마서 16:20에 소개되는 "사탄의 패배"는 교회가 아브라함의 영적 후손으로서 사탄을 물리칠 것임을 약속한다. 흥미롭게도 왈키는 구약의 아브라함의 후손이 육체적인 후손이 아닌, 예수 그리스도를 믿는 교회와 연결시킨다. 이 점에서 왈키의 아브라함 후손 개념은 아브라함의 후손을 육체적인 이스라엘 국가와 연결시키는 세대주의적 입장과는 확연히 구별된다.[18]

(2) 제2 모티브: 땅

하나님께서 창조하실 때 최초의 인류를 위해 에덴을 예배해 두셨다.

인류는 하나님이 마련해 주신 에덴에서 하나님의 창조 목적을 이루어 나갔다. 아담과 하와는 이곳에서 하나님의 창조세계의 만족과 기쁨을 향유하며 하나님의 통치를 맛볼 수 있었다. 그러나 창세기 3장에 등장하는 인류의 타락은 하나님의 통치 공간의 상실을 초래하였다. 이런 관점에서 볼 때, 창세기 12장에 소개되는 아브라함의 언약은 하나님의 백성들을 다스리는 하나님 나라의 새로운 공간 즉 가나안을 약속한다. 이 땅은 하나님이 그의 백성들에게 약속한 하나님 나라의 공간이었기 때문에 애굽으로 갔던 야곱과 그의 가족들은 다시 출애굽하여 약속의 땅으로 반드시 귀환해야만 했다. 그러나 구약의 땅의 약속은 자손의 약속과 마찬가지로 신약에서는 영적으로 성취된다. 즉 하나님 나라의 통치 공간은 더 이상 지형으로서의 가나안에게만 제한되지 않으며, 예수 그리스도를 믿는 교회를 통해 확장되는 초지형적, 초지역적, 초민족적 공간이 된다.[19]

(3) 제3 모티브: 하나님의 통치

이스라엘이 애굽에서 구출되어 하나의 나라로서 구성될 때, 그들에게 하나님의 율법이 주어졌다는 점은 주목해 볼만한다. 그러므로 이스라엘에게 주어진 언약의 계명들은 하나님 나라의 백성들에게 필수적인 하나님의 다스림의 지침을 제공해 주는 것이다. 흥미롭게도 이스라엘이 율법을 부여 받을 때, 처음으로 하나님을 "왕"으로 소개하며(신 33:3-5), 이스라엘이 "제사장 나라"로 간주되고 있음(출 19:6)은 의미심장하다. 모세의 언약은 새롭게 시작되는 하나님 나라의 통치 질서를 보여주며, 이스라엘의 언약적 순종은 이러한 통치를 극대화시킬 것이다. 그러나 이스라엘의 불순종은 결국 하나님 나라 통치 질서의 구현을 불가능하게 만들었으며, 마침내 새로운 통치 질서를 고대하게 만들었다. 예수 그리스도를 믿는 새 이스라엘 즉 교회는 책이나 서판이 아닌, 마음에 기록된 언약의 법을 성령의 인도하심으로 말미암아 순종할 것이며, 결과적으로 예수 그리스도의 새 언약의 법은 모세 언약이 이루지 못한 궁극적 통치 질서를 구현할 것이다.

(4) 제4 모티브: 통치자

하나님 나라의 다스림을 위해 무엇보다도 통치자의 위치는 중요하다. 한 나라의 성공과 실패의 여부는 그 나라를 대표하는 통치자의 손에 달려있다고 해도 무방하다. 이런 점에서 구약은 일관되게 이스라엘을 다스릴 왕에 대한 약속을 전달한다. 이 왕에 대한 약속은 부분적으로 다윗 제국과 다윗의 통치를 통해 성취된다. 그러나 다윗과 그의 후손들의 실패로 말미암아 선지자들은 또 다른 다윗과 같은 통치자 즉 종말의 메시아의 출현을 예고한 바 있다. 때가차매 하나님은 다윗의 후손으로서 궁극적 메시아가 되는 그의 아들 예수 그리스도를 보내셨다. 구약에서 성취되지 못한 하나님 나라의 통치와 실현은 바로 이 메시아의 통치를 통해 궁극적으로 이루어진다.

지금까지 우리는 왈키가 강조하는 구약의 주제 즉 "하나님 나라"의 중요성을 살펴보았다. 안타깝게도 왈키가 종말의 "하나님 나라"를 바라본 선지자들의 메시지를 심층적으로 다루지 못한 것은 아쉬운 감이 있다. 하지만 "하나님 나라"의 주제를 통해 구약과 신약의 연속성을 일관되게 논증하는 왈키의 성경신학적 방법론은 그의 개혁신학적 입장을 더욱 선명하게 드러내 주고 있다.

6. 팔머 로벗슨(O. Palmer Robertson) – "이스라엘의 이해"

대표적인 개혁주의 구약신학자로 분류되는 팔머 로벗슨은 잘 알려진 저서, 『언약의 그리스도』(*The Christ of Covenants*)[20]를 통해 그의 언약신학적 사상을 분명히 전달한 바 있다. 특히 최근에 출간된 그의 작품, 『하나님의 이스라엘: 어제, 오늘 그리고 내일』(*The Israel of God: Yesterday, Today and Tomorrow*)[21]은 세대주의적 이스라엘 이해의 문제점을 심각하게 지적한 뒤 개혁주의적 이스라엘 이해를 정립하고 있다. 무엇보다도 본서는 구약의 "이스라엘"이라는 이름에 함축된 "땅"의 개념과 "백성"의 개념에 대한 성경신학적 이해에 초점을 두며, "이스라엘"과 관련된 구약의 약속들이 어떻게 신약에서 성취되는가를 분명하게 드러낸다. 본서의 결론 부분에서 명확히 제시하다시피, 로벗슨이 본서에서 주장하는 논지는 크게 몇 가지로 요약될 수 있다.

첫째, 로벗슨은 본서에서 "하나님의 백성"을 가리키는 현대의 국가 이스라엘과 교회의 이분법을 완전히 배제시킨다. 세대주의자들에 의하면, 구약의 이스라엘의 개념은 현대 국가 이스라엘의 탄생과 아울러 여전히 문자적으로 적용되어야 한다. 그러나 로벗슨은 이와 같은 세대주의자들의 문자주의적 이스라엘 이해에 정면으로 비판을 가한다. 그는 "현대의 유대 나라는 예수 그리스도의 메시아 나라에 속하지 아니한다. … 이 정부가 예수님의 메시아 나라에 속했다고 주장하는 것은 그 분의 나라가 이 세상 질서에 속하지 아니하였다(요 18;36)는 예수님의 선언을 부인하는 것"이라고 주장한다. 이런 입장에서 볼 때, 로벗슨은 현대 이스라엘의 국가 탄생을 유대인들의 집단적 회심을 나타내는 예언적 전조로 간주하는 것은 타당성이 없다고 말한다.

둘째, 로벗슨은 현대 국가 이스라엘의 수립을, 구약 예언자들의 "이스라엘 회복"의 성취로 해석해서는 안 된다는 점을 분명히 밝힌다. 오히려 로벗슨은 구약에 예언된 "이스라엘의 회복"의 메시지가 신약의 교회를 통해 성취된다고 믿는다. 다시 말해 로벗슨은 구약의 "땅" 개념은 신약의 새 언약적 관점에서 이해되어야 한다고 주장한다. 그러나 세대주의자들은 구약의 땅의 약속을 문자적으로 엄격하게 적용시킨다. 급기야 현대의 국가 이스라엘은 구약의 땅의 약속에 대한 문자적 해석에 근거하여 팔레스타인 난민들의 추방을 위한 성경적 명분으로 삼는다. 이 점에 대해 로벗슨은 다음과 같이 진술한다.

> 유대인 대 학살의 참상 이후 유대인들이 겪은 재난은 분명 충분히 검토되어야 할 것이다. 하지만 20세기에 그 땅에 살고 있던 주민들을 강제로 추방시킨 대 비극 역시 반드시 검토해야 한다. 바울은 분명하게 이방인들로 구성된 에베소 교회에 보내는 편지에서 땅을 기업으로 받는다는 약속을 옛 언약 하에 살던 하나님의 백성들이 예표론적으로 팔레스타인 땅을 소유했던 것을 넘어 이방인의 여러 다양한 상황에 적용한다.[22]

결론적으로 로벗슨은 구약에 나오는 "땅"의 회복의 약속은 그리스도의 재림 때 신자들의 부활을 동반하는 "만물의 회복"으로 절정의 성취를 맞이하는 것으로 해석해야한다고 강조한다.

셋째, 로벗슨은 구약의 제사장직과 예수 그리스도의 제사장 직과의 상관성에 관심을 돌린다. 로벗슨은 옛 언약의 질서에 따라 성전과 제사를 문자적으로 회복시키려는 세대주의자들의 해석에 의문을 제기한다. 그는 구약성전과 제사 제도가 더 이상 신약시대에는 문자적으로 회복되거나 적용될 수 없다고 단호하게 주장한다. 그는 신약에 등장하는 예수 그리스도의 제사장 직과 사역이 구약의 제사장 직 및 성전의 제사적 기능을 모두 성취한다고 이해한다. 그러므로 옛 언약의 질서에 속한 성전과 제사의 문자적 회복을 고대하는 것은 그리스도의 신약적 성취를 완전히 무시하는 태도가 된다. 그는 다음과 같이 주장한다.

> 옛 언약의 질서에 따라 성전과 제사를 회복하려는 것은 예수님의 대제사장 사역을 탈취하는 것이다. 그런 생각은 상상도 할 수가 없는 것이다. 땅위에 있는 어떤 제사장 직분도 하늘에 있는 예수님의 완전한 제사장 직분과 비교할 수 없으며, 다른 제사장들이 드린 제물로서 죄인을 하나님과 화목시킬 수 있다고 주장하는 것은 그리스도의 완전한 제사를 모독하는 것이다.[23)]

이처럼 로벗슨은 구약의 제사와 제사장 직의 문자적 연속성을 불가능하며, 예수 그리스도의 제사장 직이야말로 구약의 제사장 직의 언약적 성취로 보아야 한다고 믿는다. 이와 같은 로벗슨의 입장은 문자적 연속성에 초점을 두는 세대주의적 제사 이해의 문제점을 분명히 인식하고 있다.

넷째, 로벗슨은 로마서 11장에 나타난 이스라엘의 문제를 집중적으로 조명한다. 세대주의자들은 현재 국가 이스라엘의 민족적 회복을 예고하는 본문으로서 로마서 11장을 강조한다. 이 점에 대해 로벗슨은 많은 지면을 할애하면서 세대주의자들의 로마서 11장 해석을 논박한다. 특히 로벗슨은 세대주의자들이 중요시하는 로마서 11:25-26의 주석에 집중한다. 세대주의자들은 미래에 발생할 민족 이스라엘의 집단적 회심을 가리키는 표현으로서 로마서 11:25-26을 강조하지만, 로벗슨은 이 표현을 장차 미래에 있을 이스라엘의 국가적 회심으로 볼 수 없다고 주장한다. 그는 이방인의 충만한 수가 차고 나서 이루어질 "온 이스라엘"의 구원을 설명할 때, 이방인과 유대인을 모두 포괄하는 초민족적 공동체의 구원을 염두에 두고 있다.

하지만 로마서 11장에 사용되는 "이스라엘"이라는 표현이 민족적 이스라엘로 사용되기 때문에, 로벗슨의 주장처럼 "이스라엘"을 영적인 이스라엘로 이해하는 것은 다소 무리가 있다고 판단된다. 다시 말해 혹자는 "온 이스라엘"의 구원은 민족 이스라엘 가운데 구원 받는 유대인들을 가리킬 수도 있다고 믿는다. 여하튼 로벗슨의 주장은 "온 이스라엘"이라는 표현이 구체적으로 유대 민족을 가리키며 이스라엘 민족의 집단적 회심을 예고한다는 세대주의자들의 입장을 정면으로 반박하고 있음은 의심의 여지가 없다.

결론적으로 로벗슨의 주요 논지는 주로 구약의 땅, 제사 및 이스라엘의 구원을 현재에도 문자적으로 해석하여 국가 이스라엘과의 문자적 연속성을 강조하는 세대주의자들의 입장을 반박하며 구약의 문자적 해석이 아닌, 예표론적 연속성을 강조함으로써 개혁주의 구약신학의 중요성을 인식시켜 주고 있다.

7. 피터 엔스(Peter Enns)의 "성육신적 성경관"

피터 엔스는 웨스트민스터 신학교를 졸업한 후 미국 하버드 대학교에서 철학박사를 취득한 후 모교인 웨스트민스터 신학교에서 구약학 교수로 오래 동안 가르쳤다. 최근에 출간된 그의 자극적인 저서, 『영감과 성육신』(*Inspiration and Incarnation: Evangelicals and the Problem of the Old Testament*)[24]는 복음주의 구약학계에 엄청난 파장을 불러 일으켰다. 심지어 그가 가르쳤던 웨스트민스터 신학교는 엔스에게 정직의 징계를 내렸고, 그 결과 엔스는 학교를 떠날 수밖에 없었다. 그럼에도 불구하고 그의 작품은 지금도 복음주의학계로부터 줄곧 관심의 대상이 되고 있다. 특히 휘튼 대학교에서 가르치다가 최근에 웨스트민스터 신학교로 옮긴 그레고리 비일(G. K. Beale)은 엔스의 입장에 대해 비평적 견해를 계속해서 피력해 왔으며,[25] 엔스 역시 그의 비판에 대해 자신의 입장을 당당하게 변호해 왔다. 엔스의 신학에 대한 구체적인 논의는 제2부 1장에서 상세히 다루어질 것이다. 다만 여기서는 그의 신학의 논점만을 소개하고자 한다.

그의 책, 『영감과 성육신』은 총 5개의 장으로 구성되어 있는데, 1장은 저자의 저술목적과 방향을 상술하고 있으며, 2장은 구약과 고대근동 문헌과의 관계성에 집중하며, 제3장은 구약의 다양성에 대한 이슈에 관심을 돌리며, 4장은 신약의 구약 인용 및 해석의 문제를 취급하며, 5장은 본서의 마지막 결론에 해당된다.

여기서 우리는 본서의 2장에 강조된 엔스의 "성육신적 영감론"의 논점을 간략하게 살펴보고자 한다.[26] 엔스는 그의 책, 『영감과 성육신』에서 자신의 저술의 목적을 다음과 같이 진술한다.

> 이 책의 목적은 지난 약 150년 동안 현대 성서학, 특히 구약학에서 논의된 몇 몇 중요한 주제들이 복음주의적 성경관에 미치는 영향을 다루는데 있다. 이는 지금까지 복음주의적 성경관과 현대 성서학 사이에 이루어진 대화가 상당히 미흡하였음을 의미한다.[27]

이처럼 엔스는 본서의 집필을 통해 현대 구약학계의 연구와 복음주의 신앙관과의 상호 대화를 모색하고자 한다. 이러한 목적을 이루기 위해 저자는 먼저 구약성경과 고대 근동 문학과의 관계성에 관심을 집중시킨다. 예를 들면 그는 다음과 같은 질문을 던진다.

> 왜 성경은 많은 부분에서 이스라엘 주변 국가의 문학 작품들과 유사한가? 구약성경은 정말 독특하고 고유한 것인가? 아니면 구약성경도 고대 근동 문학의 하나에 불과한 것인가? 성경이 하나님의 말씀이라면 왜 그렇게도 고대근동 문학과 잘 어울리는가?[28]

엔스는 성경을 이해할 때 자유주의자들과 보수주의자들이 모두 오류를 범한다고 지적한다. 다시 말해, 엔스는 자유주의자들은 성경을 인간의 산물로만 취급하는 경향이 있는 반면, 보수주의자들은 성경의 인간적 측면을 올바로 인식하지 못한다. 특히 엔스는 보수주의자들의 잘못된 성경 이해에 우려를 표한다. 엔스에 따르면, 보수주의자들은 성경을 이해할 때 성경의 인성적 측면을 간과하여 성경을 매우 특별하게 다루고자 한다. 그러나 엔스는 하나님께서 인간들이 알아들을 수 있는 방식으로 말씀하셨음을 잊어서는 안 된다고 말한다. 다시 말해, 엔스는 구약시대에 하나님께서 말씀하실 때 그 당시 고대 근동의 세계관과 언어를 사용하셨다는 것을 명심해야 한다고 주장한다.

이런 이유로 인해 엔스는 구약과 고대 근동과의 연관성의 문제를 집중적으로 다룬다. 특히 그는 고대 근동 문헌에 등장하는 세 가지 중요한 유형들 즉, 창조와 홍수 이야기, 관습과 법, 잠언들 그리고 역사사료들을 분석하면서 구약과 고대 근동 문헌과의 유사성을 밝히고 있다. 그리하여 엔스는 구약이 고대 근동의 배경에서 이해되어야 함을 역설한다. 혹자는 구약과 고대 근동의 "신화"적 세계관은 무관하다고 주장할 수 있다. 그러나 엔스는 구약성경에 대하여 "신화"인가 "사실"인가를 묻는 질문은 적절치 않다고 본다. 왜냐하면 "신화"라는 개념자체는 지극히 현대의 과학적 세계관을 반영해 주고 있기 때문이다. 그래서 그는 "성경이 현대 과학과 부합한다는 것을 증명함으로써 성경을 보호하거나 현대인들에게 성경의 신뢰성을 주장하는 것은 바람직하지 못하다"[29]고 주장한다. 오히려 그는 창세기의 창조 이야기나 홍수 이야기를 대할 때 고대 근동의 세계관의 문맥에 비추어 이해되어야 한다고 주장한다. 그러나 엔즈는 비록 창세기가 고대 근동 신화에 근거하고 있다 하더라도, 그 사실이 전혀 성경의 영감을 약화시키지 않는다고 강변한다. 그는 다음과 같이 말한다.

> 그러나 내가 강조하고 싶은 것은 창세기와 고대 신화와의 연관성은 우리

가 감내해야할 양보조항도 아니고, 우리의 건전한 성경관에 방해가 되는 것도 아니다. 오히려 정반대로창세기가 당시의 문화에 뿌리내리고 있다는 사실은 하나님이 그분의 백성에게 말씀하신다는 것이 어떤 의미인가를 잘 보여준다.[30)]

결론적으로 엔스에 의하면, 구약은 고대 근동의 문화와 세계관에 근거하여 전달된 하나님의 말씀이다. 그러므로 엔스는 고대 근동의 배경에서 벗어나서 구약을 읽어서는 안 된다고 강조한다. 왜냐하면 하나님의 말씀이 고대 근동의 문화와 세계관을 통해 전달된 것은 일종의 성육신적 측면을 지니기 때문이다. 여기서 엔스는 고대 근동의 문화와 세계관을 배제시키는 것은 마치 예수의 인성적 측면을 거부하는 것과 마찬가지라도 주장한다.

나아가 엔스는 창세기와 같은 본문이 고대 근동 신화의 세계관을 반영하고 있다고 주장한다. 예를 들면 그는 다음과 같이 진술한다.

그러나 여기서 중요한 것은 고대 문서 본문상의 상관관계가 아니라 개념적 상관관계이다. 『에누마 엘리쉬』와의 많은 상이점에도 불구하고 창세기의 처음 부분은 고대 이스라엘 민족이 고대 메소포타미아의 이웃 민족들과 공유했던 세계관을 바탕으로 쓰여졌다.[31)]

그러나 성경의 세계관이 고대 근동의 세계관을 반영하고 있다는 엔스의 주장은 다소 논쟁의 여지를 남긴다. 비록 성경 저자들이 고대 근동의 표현들과 언어들을 공유한다 하더라도, 고대 근동의 언어차용이 반드시 고대 근동 신화의 세계관을 반영하는 것은 아니다. 물론 엔스는 창세기와 고대 근동의 상이성도 인정하며 이 두 본문을 동일하게 취급해서는 안 된다는 점을 분명히 인식하고 있다. 그러나 언어의 유사성을 세계관의 유사성과 동일시하는 엔스의 입장은 큰 아쉬운 점을 남긴다. 비록 성경의 저자들이 고대 근동의 표현들을 부분적으로 공유한다 하더라도, 우리는 성경의 저자들이 이런 방식을 통해 다신론적 세계관에 젖어든 고대 근동의 세계관을 유일신론적 세계관으로 변혁시켰음을 주지할 필요가 있다.[32)]

8. 종합적 결론 및 평가

지금까지 우리는 21세기 개혁주의 구약신학을 주도하는 대표적인 성경신학자들의 주요 작품들을 통해 그들의 구약신학적 입장과 관점들을 살펴보았다. 끝으로 우리는 위의 학자들의 구약신학적 방법론에서 발견되는 중요한 개혁주의 신학적 요소들을 다음과 같이 정리해 보고자 한다.

8.1. 구약과 신약의 통일성 지향

위의 개혁주의 구약신학자들의 작품들은 구약을 신약과의 연속선상에서 이해하며, 계시의 점진성을 관찰하며, 구약의 신약적 성취를 확신하고 있다. 이러한 구약과 신약의 연속성, 혹은 통일성에 대한 관점은 분명 개혁주의 신학의 중요한 특징이 된다. 최근 한국에서는 도올 김용

옥과 같은 이가 구약의 폐기론 혹은 구약과 신약의 단절을 주장하여 기독교계에 파장을 일으킨 바 있다.

더욱이 최근 들어 구약학계에도 구약을 신약과 연결시켜 해석하는 입장에 대한 강한 반발이 제기되기 시작했다.[33] 유대인 출신의 성경학자 레벤슨(J. D. Levenson)은 "왜 유대인들은 성경신학에 관심이 없는가?"라는 글을 통해 구약을 신약과 연결시키는 성경신학적 작업에 대한 불편한 심기를 드러낸다.[34] 또한 독일의 구약학자 렌토르프는 "구약"이라는 말보다는 "이스라엘 성경"이라는 표현을 선호하는데, 그 이유는 "구약"이라는 표현이 지나친 기독교적 중심의 이데올로기를 반영하고 있기 때문이라고 본다.[35] 그러나 위의 학자들은 구약과 신약의 연속성에 회의를 갖는 학자들과는 달리, 구약과 신약의 연속성을 성경신학적으로 규명함으로써 구약과 신약의 통일성을 결코 의심하지 않는다. 그들의 이 같은 입장은 그들로 하여금 개혁주의 구약신학자로서의 위치를 확고하게 만들어준다.

8.2. 전통적인 성경신학적 방법론의 영향

보스(G. Vos)로 대변되는 성경신학적 해석은 구약에서 신약으로 이어지는 계시의 구속사적 점진성을 강조한다. 이러한 보스의 성경신학적 관점은 클라우니(E. P. Clowney)와 개핀(R. Gaffin)과 같은 미국 웨스트민스터 신학교에 몸담았던 개혁주의 성경신학자들에 의해 계속 발전되었으며, 최근에는 덤브렐과 골즈워디(G. Goldsworthy)와 같은 호주의 무어 신학교 교수들, 그리고 캐나다의 뎀스터와 스코비(Charles H.

H. Scobie), 미국의 롱맨, 하우스 및 비일(G. K. Beale)과 같은 학자들을 통해 더욱 강화되고 있다.

최근 IVP 출판사가 기획하고 카슨(D. A. Carson)이 편집하는 성경신학의 새 연구물인 *NSBT*(*New Studies in Biblical Theology*)시리즈는 이런 성경신학적 입장을 잘 반영해 준다. 롱맨 3세와 뎀스터의 접근은 그들이 보스의 사상을 계승하는 웨스트민스터 신학교의 전통을 이어받고 있음을 시사해주며, 배솔로뮤와 덤브렐의 접근은 구속사적 성경신학을 강조하는 남아공의 화란 개혁파와 호주 무어 신학교의 전통을 대변해 준다.

흥미롭게도 롱맨, 배솔로뮤 그리고 덤브렐은 서로 다른 신학적 배경을 갖고 있으면서도 서로가 함께 공유할 수 있는 개혁주의 전통을 따르고 있다. 비록 그들이 미국, 남아공 및 호주에서 신학훈련을 받았지만 현재 만개하는 그들의 학문적 결실은 모두가 개혁주의 신학을 따르고 있는 것이다. 이것은 21세기 개혁주의 구약신학의 내용들이 어떤 한 국가나 교파 혹은 지역에 제한 받지 않고 전 세계적으로 확장되고 있으며, 이는 21세기 개혁주의 구약신학이 획일화된 형태가 아닌, 동일한 전통을 견지하는 통일성 속에서도 각각의 독특한 입장들을 반영해주는 다양성을 시사해 준다. 비록 그들이 자라난 나라와 사용하는 언어 및 속해있는 교파가 다르다 할지라도, 동일하게 구약과 신약의 통일성을 강조하는 이들의 관점은 성경신학적 전통에 선 그들의 개혁주의 신학적 배경과 무관하지 않음을 알 수 있다.

8.3. 모형론에 대한 인식

위의 네 학자들은 구약과 신약의 연속성을 규명하는 작업으로서 모형론의 중요성을 인식하고 있으며, 특히 뎀스터의 접근은 구약과 신약의 모형론적 발전을 매우 강조한다. 실제로 칼빈과 같은 개혁주의 신학자들은 구약과 신약을 연결시키는 모형론의 필요성을 주장한 바 있으며, 최근에도 모형론적 해석이 계속 견지되고 있다. 골즈워디는 구약과 신약의 관계를 설명하는 주요 논의들이 다음과 같은 일곱 가지 주제 혹은 개념들로 요약될 수 있다고 본다.

(1) 구원사와 종말론적 완성

(2) 모형과 대형

(3) 약속과 성취

(4) 문자적 의미와 완전한 의미

(5) 옛 언약과 새 언약

(6) 율법과 복음

(7) 이스라엘과 교회[36)]

페린(Nicholas Perrin)은 구약과 신약의 관계에 대한 연구의 주요 이슈들을 다음과 같이 분류한다.

(1) 약속–성취

(2) 모형론

(3) 유사성

(4) 상호 본문성[37]

비록 학자들마다 서로 다른 분류방식들을 제시하지만 대부분 모형론(Typology)이 구약과 신약의 연관성을 입증하는 주요 열쇠가 된다는 점을 긍정한다.[38]

더욱이 구약의 역사적 특성, 사건의 반복 그리고 신학적 연관성에 초점을 두는 모형론은 역사적 맥락을 무시하고 자의적 적용으로 치닫는 알레고리 해석과는 차별성을 보여주었고,[39] 한편으로는 구약 본문의 역사적 재구성에만 초점을 두는 전통적인 역사 비평적 해석의 한계점[40] 을 넘어 구약과 신약의 통일성을 추구하는 성경 신학적 해석에 큰 영향을 끼친 바 있다. 비록 위의 네 학자들 중 뎀스터가 성경 구조의 특징으로서 모형론을 특별히 강조하지만, 다른 세 학자들의 접근이 모형론에 대한 인식을 공유하고 있음은 의심의 여지가 없다.

8.4. 정경신학과 내러티브적 접근의 공시적 해석

끝으로 위의 네 학자들은 성경의 통일성 특히 구약의 통일성을 강조한다. 특히 이들은 구약의 통일성을 입증하는 유용한 해석학적 도구로서 정경적 접근[41]과 문예적 접근(특히 내러티브 접근)을 사용한다. 물론 이들은 비평학자들의 입장에서 이런 방법론을 사용하지는 않는다. 다시 말해, 뎀스터와 덤브렐은 구약 본문이 하나님의 영감으로 기록된 말씀임을 분명히 믿으며, 구약 저자들의 권위와 구약 본문의 역사성에 대해서는 확고한 입장을 갖는다. 단지 뎀스터와 덤브렐은 구약 히브리 정경의 배열에 따른 정경의 신학이 하나님의 구속사적 계획을 드러내 주는 좋은 길잡이가 된다고 믿으며, 이러한 그들의 정경 신학은 예수께서 말씀하신 구약(눅 24:27)의 순서를 참조하고 있음을 시사해준다.[42)]

또한 뎀스터와 배솔로뮤의 내러티브적 접근은 본문의 거대 구조 및 본문의 상호 유기적 관계를 규명하며, 본문의 통일성을 입증하는 공시적 해석학적 장치로 사용된다.[43)] 이런 관점에서 볼 때, 정경 신학과 내러티브 접근은 21세기 개혁주의 구약신학자들에게 공시적 구조를 통한 본문의 통일성을 규명하는 유용한 해석학적 도구로 계속해서 사용되리라 예상된다.

제4장 21세기 개혁주의 구약신학과 정경적 해석

제1부에서 살펴보았듯이, 21세기 개혁주의 구약신학은 다양한 해석학적 방법론을 사용하고 있다. 이러한 흐름은 21세기 복음주의 구약신학의 흐름을 반영한다. 즉, 21세기 개혁주의 구약신학의 특징은 정경적 접근, 내러티브 접근 및 상호 본문적 해석이 주요 해석학적 전략으로 활용되고 있다는 점이다. 이와 같은 해석학적 동향은 20세기 개혁주의 구약신학과는 상당한 차이를 보여준다. 21세기 개혁주의 구약신학은 구약의 권위와 역사성에 대한 믿음은 과거처럼 결코 변하지 않았지만, 새로운 해석학적 조류를 분별하며, 그 가운데 본문의 의미를 파악하는데 유익한 해석학적 도구들을 적극적으로 사용하고 있음은 눈여겨볼만하다. 무엇보다도 21세기 개혁주의 구약신학은 현대 구약신학의 주요 해석 방법론 가운데 하나인 정경적 접근과 내러티브 해석을 주요 해석학적 전략으로 사용한다. 이런 점에서 21세기 개혁주의 구약신학의 주요 해석학적 방법론으로 자리매김하는 정경적 접근과 내러티브 해석의 원리와 그 가치를 살펴보는 것은 매우 중요한 일이다.

그러므로 제4장은 21세기 개혁주의 구약신학의 주요 해석학적 방법론으로 사용되는 정경적 접근과 아울러, 개혁주의 진영 속에서 벌어지는 언약신학 논쟁을 중점적으로 다루며, 그에 대한 성경신학적 평가도 함께 제시할 것이다.

1. 21세기 정경적 구약해석: 이사야서 연구를 중심으로

제1부에서 다루었듯이, 현대 구약학계는 숱한 해석학적 패러다임의 전환을 맞이하며 다양한 방법론들의 출현을 목도해 왔다. 역사 비평학으로 대변되는 저자 중심적 접근에서 본문 중심적 접근과 독자 중심적 접근으로 전환되는 해석학적 관심의 이동은 현대 구약 해석학계의 동향을 잘 나타내 준다. 물론 이러한 해석학적인 흐름이 해석학적 주도권의 이동을 의미하지는 않는다. 다시 말해, 저자 중심적 접근, 본문 중심적 접근, 그리고 독자 중심적 접근은 각각의 독특한 해석학적인 위치를 점하며 지속적인 영향력을 나타내고 있다. 그러므로 어느 특정 방법론의 독점적 경향보다는 다양한 방법론들이 상호 공존하는 현대 구약학계의 동향은 20세기 중반까지 주도적이었던 역사 비평학의 막강한 영향력을 감안해 볼 때, 흥미로운 일이 아닐 수 없다.

특히 키텔(Kittel)의『신약 신학사전』(*Theological Dictionary of the New Testament*)에 대한 제임스 바의 공격 이후[1] 점차 힘을 상실했던 성경신학의 위기에 맞서 새로운 해석학적 패러다임의 전환을 주창했던 차일즈의 정경적 접근은 지금도 주요 해석학적 방법론으로 자리매김하고 있다.[2] 특히 최근 들어 그의 정경적 접근방식은 이사야서에 대한 연구에 본격적으로 적용되었다.[3] 그는 2001년에 이사야서 주석[4]을 집필했으며, 2004년에는 이사야서의 해석사를 다룬『기독교 정경으로서의 이사야 이해를 위한 고투』[5]라는 책을 저술하여 이사야서의 해석에 대한 본인의 정경적 입장을 더욱 분명히 피력하였다.

반면에 사회학적 해석에 초점을 두었던 브루그만(Walter Brueggemann)은 정경적 해석을 부분적으로 수용하여 새로운 해석학적 관점을 발전시켰으며, 1998년에 저술된 두 권의 이사야서 주석은 이러한 해석학적 전환을 잘 반영해 준다.[6] 나아가 그는 2003년에 출판한 구약 서론서에서 포스트모던의 정신을 수용한 이사야서 해석을 소개하며 차일즈와는 차별화된 정경적 해석을 표방한다.[7]

이처럼 현대 이사야서의 정경적 해석은 매우 다양한 방식으로 전개되기 때문에 서로의 특징과 차이점을 인식하지 못한 독자들에게 때로는 혼란을 불러일으키기도 한다. 본 장은 차일즈(Brevard S. Childs)와 브루그만(Walter Brueggemann)의 주요 해석학적 방법론의 논점과 특징 그리고 해석학적 평가를 제시함으로써 독자들로 하여금 현대 이사야서의 정경적 해석의 흐름을 올바로 이해하도록 도모할 것이다.

1.1. 차일즈(Brevard S. Childs)의 정경적 해석

과거 차일즈(Brevard S. Childs)의 이사야서의 정경적 해석은 주로 그의 대표적인 저작, 『정경으로서의 구약 서론』[8]과 "예언 문헌의 정경 구성"[9]이라는 논문에서 간략적으로 피력된 바 있다. 그는 과거 역사 비평 학자들의 해석이 성서를 정경으로 받아들인 교회의 신앙 고백적 차원을 거의 고려하지 않았다고 지적하면서 본문의 최종 형태를 연구의 대상으로 삼아야만 함을 강력하게 촉구한다. 차일즈(Brevard S. Childs)

는 최종 정경 형태의 정경적 맥락의 중요성을 다음과 같이 진술한다.

> 실제의 신학적 반영은 정경적 본문의 구조 속에 세워졌다. 현대의 해석은 정경적 구성을 무시함으로 말미암아 큰 난관에 봉착하였다. 원래의 역사적 배경을 회복시키려는 기존의 역사 비평적 방법론은 정경적 형태를 구성하는 그 요소들을 종종 개의치 않는다. 본문을 과거 역사에 집중시켜서 탈정경화시킬 때 해석자가 그 본문을 현대의 종교적 맥락 속에 적용하는데 어려움을 겪고 있는 것은 그리 놀라운 일이 아니다.[11]

그리하여 차일즈(Brevard S. Childs)는 본문의 최종 정경 형태와 그 정경적 맥락이 성경 해석의 출발점이 된다고 말한다. 왜냐하면 다양한 본문의 자료들은 비록 역사적 기원을 달리 하더라도 정경의 과정을 통해 원래의 역사적 맥락에서 벗어나 최종 정경의 맥락 속에 위치하기 때문이다. 즉 서로 다른 역사적 기원을 지닌 본문의 자료들은 새로운 신학적 맥락에 위치함으로써 하나님을 증거하는 신학적 문헌이 된다.

이와 같은 차일즈의 정경적 접근은 그의 이사야서 해석에 분명히 제시된다. 그는 소위 제2 이사야의 새로운 신학적 맥락을 관찰하면서 그의 정경적 해석을 전개해 나간다. 그에 따르면, 아모스나 예레미야와는 달리, 제2 이사야의 원 역사적 맥락은 자료를 전달하던 자들이 무시했기 때문에 제2 이사야의 본문에는 거의 나타나지 않는다. 즉, 제2 이사야의 신학적 맥락이 역사적 맥락을 흐리게 만들었기 때문이다. 예를 들면, 고레스 왕의 기사는 역사 속의 한 인물에 대한 구체적인 이름이 제시되기 때문에, 어떤 학 역사적 상황을 반영해 준다. 그러나 고레스와 관련된 역사적 사건들에 대한 언급은 거의 나타나지 않는다. 그것은 고레스 왕과 관련된 역사적 맥락이 극히 최소화되었음을 의미하며, 제2 이사야에 나타난 고레스는 '하나님의 손에 있는 도구'라는 메시지를 더욱 강하게 전달한다. 그러므로 제2 이사야는 고레스 왕을 역사적 실존 인물로 강조하기 보다는 오히려 하나님의 도구로서 일종의 신학적 반영체로 부각시키고 있다. 결국 원래의 역사적 맥락은 신학적 맥락 안에서 최소화되거나 상실되어 버리며, 제2 이사야는 8세기 선지자의 맥락에 위치함으로써 미래를 향한 종말론적 메시지로 이해된다. 그러므로 제2 이사야의 새로운 맥락은 포로기 이스라엘의 필요를 채워주는 메시지로 이해될 수 없고, 전 역사를 향한 하나님의 구속 계획과 연관된다.

이러한 그의 이사야서 해석은 최근에 출간된 이사야서 주석을 통해 더욱 분명히 전달된다. 이 주석서에서 차일즈는 자신의 정경적 접근이 이사야서의 편집비평적 해석과 문학비평적 해석의 문제에 도전하며 그 한계들을 극복하고자 한다고 진술한다. 그는 이사야서의 편집비평적 접근에 대한 문제를 다음과 같이 지적한다.

> 그렇지만 나의 의견으로는 편집의 층들의 연속 과정을 통해, 이 책[이사야서]의 통일성을 발견하는 것은 매우 불충분하다. … 7세기, 6세기, 5세기의 편집 과정의 개관하는 비평적 분석을 지향하는 것은 최종적으로 주어진 형태로서 이스라엘에게 주어진 하나님의 방식을 일관되게 증거하는 이 책의 정경적 권위를 인식하는데 실패한다.[12]

또한 그는 공시적 해석을 지향하는 문학적 접근에 대한 그의 부정적인 입장을 다음과 같이 표명한다.

> 기본적으로, 포스트모던의 문학적 분석에 대한 나의 심한 거부감은 신학적 이유 때문이다. 비록 내가 문학적 기법으로부터 많은 것을 배웠지만, 성서의 본질과 기능에 대한 나의 신학적 이유에 있어서 차별성을 부여한다. 나는 성서 본문이 문학적 매개체(a literary vehicle)로 인식하지만, 본문 스스로 본문의 의미를 내포하고 있는 것(self-contained)은 아니다.[13]

이처럼 차일즈는 편집비평과 공시적 해석의 한계를 극복하며 본문의 통일성을 규명하는 최상의 방법으로서 본문의 신학적 통일성을 강조하는 정경적 접근의 필요성을 역설한다. 그의 정경적 접근의 논지는 36-39장 그리고 65-66장의 역할과 기능에 대한 해설에서 명확히 드러난다. 먼저 그는 이사야서 전체 구조 가운데 중요한 위치를 점하는 36-39장을 분석할 때, 자신의 정경적 관점을 제시한다. 그는 36-39장의 다양한 자료들과 구성과정에 대한 여러 가설들과 이론들을 소개한 뒤,[14] 최근 들어 이사야서 전체의 참 목적에 대한 학문적 관심의 방향에 주목한다.

예를 들면 자이츠(Seitz)는 이사야서의 방향이 시온의 최종적 운명에 대한 관심을 중심으로 제1 이사야에서 제2 이사야로 발전해 나간다고 이해한다. 다시 말해, 제2, 제3 이사야는 제1 이사야와 관련되지만 제1이사야보다 훨씬 더 확대 발전된 형태의 자료들로 이해될 수 있다. 그러므로 36-39장은 제1 이사야에 속하며, 제2 이사야는 제1이사야의 자료에 근거하여 재해석된 자료가 된다. 혹은 스위니(Sweeney)는 이사야서 편집의 세 과정이 7세기의 요시아 시대, 6세기의 바벨론 시대, 5세기의 에스라 느헤미야 시대를 거쳐 이루어 졌다고 보기 때문에, 36-39장의 최종 편집 시기를 주전 5세기로 이해한다.

그러나 차일즈는 36-39장의 편집 과정에 대해 다른 입장을 제시한다. 그에 따르면, 전체 이사야서 안에서 36-39장의 주요 기능은 먼저 제1 이사야의 약속을 확증해 주며, 제1 이사야와 제2 이사야를 연결시켜주는 것이다. 그 다음 36-39장은 제3 이사야의 시기에 1장과 65-66장과 연결되어 새로운 형태로 구성된다. 즉 36-39장은 제3 이사야와의 결합을 통해 종말론적인 시온의 미래적 구원을 예고해 주고 있으며, 이러한 정경적 맥락 안에서 바벨론의 구원은 하나님의 궁극적 목적 안에 있는 하나의 실례(an illustration)로서 작용할 뿐이다.[15] 결론적으로 말하자면, 차일즈는 36-39장이 주전 587년 이후에 제1 이사야와 제2 이사야를 연결시켜 제1 이사야의 예언을 확증해 주는 1차적인 기능을 수행했지만, 제3 이사야와의 결합을 통해 하나님의 궁극적인 종말론적 구원을 예고하는 최종적인 정경적 기능을 수행하게 된다고 말하고 있다.

나아가 차일즈는 이사야서의 결론부에 해당하는 65-66장의 정경적 기능에 대해서도 많은 관심을 기울인다. 그는 역사적(Zimmerli), 심리적(Begrich) 혹은 사회학적(Hanson) 관점에서 제3 이사야의 포로기 후 시대의 배경을 재구성하는 시도에 대해 회의적인 입장을 표명하며 제3 이사야의 신학적 메시지에 집중해야만 함을 역설한다.[16] 그는 이스라엘의 구원의 메시지가 제2 이사야의 희망적 약속의 관점에 근거하여 제3 이사야에 의해 확장된다고 이해하며, 제3 이사야에 나오는 성산으로서의 시온 이미지가 제1 이사야에 등장하는 열방의 순례 이미지를 사용하여 이사야서를 하나의 통일체로 묶어주고 있다고 주장한다.

특별히 차일즈는 36-39장의 기능과 마찬가지로, 제3 이사야는 제2 이사야와 결합되어 종말의 새 하늘과 새 땅에서 이루어질 이스라엘의 궁극적 구원을 바라보고 있으며, 이런 전체적 구도 속에서 제2 이사야에 등장하는 바벨론의 구원은 종국적 구원계획의 한 실례로서 이해된다고 주장한다. 예를 들면 65-66장에 강조되는 종말론적 구원의 그림들은 이사야서 전체의 종말론적 구원을 결합시켜주는 역할을 수행한다. 그는 다음과 같이 진술한다.

> 이스라엘의 구원의 희망을 이해함에 있어 가장 중요한 변화는 바벨론으로부터의 구원 – 제2 이사야의 한 주요한 특징 – 이 이제는 전체 이사야서 안에서 단지 하나님의 백성들을 향한 그의 종말론적 구원의 한 실례로서 이해되었다는 것이다. 반면에 제3이사야는 이스라엘의 최종적인 구원을, 새 하늘과 새 땅의 종말론적 그림으로 묘사하였다(65:17ff; 66:22ff).[17]

예를 들면, 차일즈는 65:25에 인용된 제1 이사야의 메시아 도래 사상이 이와 같은 종말론적 해석의 필수적인 부분으로 작용한다고 해석한다. 즉, 이 메시아적 이미지는 제1 이사야의 종말론적인 희망이 전 이사야서의 목적을 나타내는 하나의 필수적인 요소임을 알려주는 기능을 수행한다. 결론적으로 차일즈는 "메시아가 다스리는 변화된 시온의 이미지에 대한 이전 예언들이 제3 이사야의 묵시적 환상과 거리가 있다고 주장하는 태도는 신앙 공동체를 위한 권위적인 성경의 창조적 기능을 간과하는 우를 범하는 것"이라는 단호한 입장을 피력한다.

그러나 이와 같은 차일즈의 정경적 해석은 몇 가지 의문점을 불러

일으킨다. 차일즈는 이사야서의 여러 자료들과 그 역사적 맥락들이 최종 정경 편집자의 의도에 귀속되어 하나님을 증거하는 통일된 신학 문헌으로 작용한다고 이해한다. 흥미롭게도 그는 최종 정경 형태의 구성을 최종 편집자의 손길을 통해 이루어졌음을 암시하고 있다. 이 점에 대해 멀루진은 차일즈의 이사야서 해석의 특징을 다음과 같이 평가한다.

> 상호 본문적 관계성에 대한 공시적 해석을 비교적 강조하는 차일즈의 입장을 고려해 볼 때, (종종 거부되지만) 편집-역사의 제안들에 대한 논의들은 매우 두드러진다.[18]

만약 차일즈의 주장대로 이사야서의 최종 형태가 최종 정경 편집자의 편집적 작업에 의해 이루어졌다면, 이 편집자의 편집적 의도와 그 의도에 영향을 주었던 요소들을 설명하는 일은 필수적인 과정이 아닌가? 그러나 차일즈가 현대의 문학적 해석이 역사적 문제에 있어서 불가지론적 자세를 취한다고 비판하면서도 최종 편집자의 의도와 그 배경 혹은 최종 편집 시기의 이슈에 대한 토론을 무의미하게 여기고 있음[19]은 다소 논지의 모순을 불러일으킨다.

더욱이 차일즈의 정경적 접근은 독단적인 규범적 해석으로 비춰질 수 있다. 실제로 36-39장과 65-66장의 기능은 정경적 해석과 아울러 양식사적, 편집 비평적 혹은 문학적 관점을 통해 다양하게 설명되어 왔다. 비록 차일즈는 이 두 본문의 정경적 기능을 통해 정경적 해석의 필연성을 역설하지만, 자칫 자신의 개인적인 해석학적 입장을 규범화시킬 수 있는 위험성을 안고 있다.

만약 차일즈의 주장처럼, "정경적 본문이야말로 권위적일 뿐, 정경의 과정이나 해석자의 자기 이해는 권위적일 수 없다"[20]면, 차일즈의 정경적 해석 역시 차일즈라는 한 해석자의 주관적 편견에서 얼마나 자유로울 수 있겠는가?[21] 브루그만의 지적대로, "차일즈의 주석은 신학적 해석이 온전하며 순전하다고 추론하지만, 모든 해석자들과 마찬가지로 차일즈도 자신의 무수한 경험의 세계로부터 깊이 영향을 받고 있음"[22]은 의심의 여지가 없다. 그의 주석은 규범적인 목소리가 아닌 다양한 해석학적 목소리들 가운데 하나의 영향력 있는 목소리(a voice)로 존재할 뿐이다.

1.2. 브루그만(Walter Brueggemann)의 정경적 해석

브루그만은 20세기 중반까지 주로 사회학적 해석을 주도하는 대표적인 구약학자로 인식되었으나, 20세기 후반부터 그의 해석학적 방법론은 정경적 접근과 포스트모던 정신을 수용하는 과감한 변화를 보여주고 있다. 특히 그의 이사야서 분석은 자신의 독특한 정경적 해석 방법론을 뚜렷이 부각시키고 있다. 먼저 브루그만은 이사야서의 해석사를 전통적 혹은 비평 전 시대, 비평 시대 그리고 정경적 해석 시대로 구분한 뒤, 최근에 대두되는 이사야서의 정경적 해석에 더 큰 관심을 표명한다. 그는 이사야서 해석에 큰 영향을 주고 있는 정경적 해석에 대해 다음과 같이 평가한다.

> 학자들의 관심과 에너지가 최근 들어 공통된 비평적 판단으로부터 정경적 방향으로 더욱 더 이동하고 있음은 놀라운 일이 아니다. 이사야서의

> 정경적 연구는 계속해서 이 책[이사야서]이 문학적 복합체임을 인식하고 있다. … 정경적 접근은 전통적 접근으로의 회귀가 아니다. 이 새로운 관점은 그 복잡한 본문의 최종형태를, 신학에 근거하여 그 책을 구성한 자들의 하나의 온전한 진술로 이해하려 한다.[23]

브루그만은 이사야서의 정경적 구성을 보여주는 두 가지 특징들에 관심을 기울인다. 첫째, 그는 이사야서를 정경적 통일체로 보아야 할 근거로서 "이전 일"(former things)와 "새 일"(new things)이라는 주제를 강조한다. "이전 일"과 "새 일"에 대한 언급은 이사야서 전반부에 위치한 9:1과 후반부에 위치한 65:16-17에 동시에 등장하고 있으며, 이는 이 주제가 이사야서 전체에 결부되어 있음을 의미한다. 즉, 정경적 관점에서 볼 때, "이전 것"은 예루살렘을 멸망시킨 여호와의 혹독한 심판을 가리키는 반면, "이후의 일"(latter things)은 바벨론 유수 이후에 이루어질 여호와의 회복에 대한 약속을 의미한다. 그러므로 이사야서는 1-39장에 나오는 여호와의 심판을 뜻하는 "이전의 일들"과 40-66장의 약속을 가리키는 "이후의 일들"로 서로 연결되어 있는 정경적 문헌으로 구성된 책이다.[24]

둘째, 브루그만은 6:1-10의 소명 기사와 40:1-11의 위로 선포가 이사야서의 정경적 구성을 보여주는 뚜렷한 문학적 표지(a literary-canonical marker)가 된다고 주장한다. 6:1-10은 강팍한 이스라엘을 향한 "여호와의 심판"이라는 1-39장의 중심 주제를 반영해 주는 반면, 40:1-11은 40-66장을 지배하는 용서의 복된 소식(the gospel of forgiveness)을 선포한다. 그러므로 이 두 단락은 이사야서 전체 퍼져 있는 심판과 약속이라는 큰 주제를 대변해 주며, 이사야서의 정경적 구성을 입증해 주는 문학적 장치로 작용한다. 그는 여호와의 심판과 회복의 약속이라는 두 주제의 정경적 기능에 대해 다음과 같이 진술한다.

> 이사야서의 비평적 연구는 여러 상황들 속에서 여러 손길에 의해 만들어진 구체적인 본문들의 자세한 것들에 집중한다. 그렇지만 그와 같은 비평적 연구는 조각내고 파편화시키는 이사야서의 이해를 제공한다. 그런 이유 때문에 이사야서의 주요하고도 필수적인 해석학적 이슈는 이사야서의 부분들이 전체의 의도와 결부되는 그 연관성에 집중한다. 이사야서의 부분들은 일련의 위기에 처한 이스라엘의 공동체를 보여준다. 전체는 여호와의 통치의 관점에서 모든 부분들을 일관되게 결합시킨다. 이것을 모두 함께 취급하게 되면, 39:5-8과 40:1-11 사이의 갭은 여호와의 심판과 여호와의 자비 사이의 방향축이 된다.[25)]

나아가 브루그만은 이사야서와 신약과의 관계성과 관련하여 7:14; 40:3-5 그리고 52:13-53:12이 갖는 정경적 기능에 대해 관심을 집중한다. 원래 7:14에 등장하는 한 여인의 아들의 출생은 아하스를 향한 징조의 메시지로 주어진다. 그러나 이후의 70인경은 이 여인의 히브리어 "알마"를 처녀로 번역하며, 마태복음의 저자는 예수의 출생을 묘사할 때 70인경의 번역을 취한다. 여기서 브루그만은 구약에서 신약으로 이동할 때, 8세기 선지자가 의도하지 않았던 제2의 의미(the second meaning)가 부여되었다고 주장한다.

이 본문이 제2의 의미를 가질 수 있다고 보는 것은 중요하지만, 이 제2의 의미를 아하스 왕의 위기에 주어진 제1의 의미로부터 구별시키는 것은 특별히 중요하다. 이 "이중 의미"를 존중함에 있어, 역사적 의미를 무시하는 "교리적 독법"[제2의 의미]을 받아들이거나 혹은 그 반대로 "교리적 독법"을 부정하는 "역사적 독법"[제1의 의미]를 받아들이는 것는 불필요하다. 이 본문은 이 두 독법을 제시할 만큼 충분한 깊이를 지니며, 우리들로 하여금 이 두 독법을 받아들이는데 충분히 생각하고 비평하도록 이끌고 있다.[26]

40:3-5 역시 심판의 종식과 바벨론 유수로부터의 해방을 알리는 소식을 전하는 본문이지만 신약의 저자들(마 3:3; 막 1:3; 눅 3:4-6)는 예수의 도래를 알리는 세례 요한을 묘사하기 위해 이 본문을 사용한다. 즉, 40:3-5은 바벨론으로부터 해방되어 새롭게 회복될 이스라엘의 구원을 선포하는 바, 신약의 복음서는 하나님의 백성들을 포로의 상태로부터 해방시킬 하나님의 통치가 예수 그리스도를 통해 이루어질 것임을 선언하고 있다. 그러므로 이사야의 고백처럼 이제 모든 육체는 예수 그리스도를 통해 여호와의 영광을 보게 될 것이다. "종의 노래"로 유명한 52:13-53:12은 이스라엘을 고난 받아 구원을 이룰 자로 묘사한다.

여기서 브루그만은 이스라엘의 구원과 회복의 사명을 받은 이 종의 정체를, "온전히 순종하는 신실한 이스라엘"로 간주한다.[27] 그러나 이 종의 정체는 모호하여 또 다른 해석을 가능하게 만든다. 다시 말해, 사도행전은 이 본문을 예수 그리스도의 복음과 연결시킨다(행 8:32-33). 이제 53장의 의미는 역사적 차원을 넘어서고 있으며, 그 고난의 종은 예수 그리스도에게 적용되고 있다. 이처럼 7:14; 40:3-5 그리고 52:13-53:12는 모두 역사적 맥락 속에서 특정한 의미를 지니고 있으나, 신약과의 정경적 연관성에서 볼 때 신약의 교회가 받아들인 새로운 해석으로 재창출된다.

그에 의하면, 이 같은 신앙 공동체에 의한 재해석의 창조는 항속적인 해석의 과정 속에서 이루어진다. 이 해석의 과정은 언제나 새로운 상황 속에서 새로운 의미를 창조하는 원동력이 된다. 그러나 이 해석의 과정은 이사야 전승의 원 의도로부터 완전히 벗어날 수 없다. 즉 이스라엘의 심판과 구원에 초점을 두었던 이사야의 전승은 계속되는 해석의 과정 속에서 다양한 형태로 해석되지만, 여호와의 심판과 구원이 역사적 실재에 지속적으로 영향을 미친다는 근본적인 신념은 여전히 변함없다.

이런 관점에서 볼 때, 브루그만은 정경적 과정의 연속성을 선호했던 샌더스(J. A. Sanders)의 입장을 취한다. 브루그만에 의하면, 이사야 전승의 중심 주제인 이스라엘을 향한 여호와의 심판과 구원의 메시지는 대대로 이어지는 후대의 공동체에 의해, 그리고 공동체의 정황에 맞도록 언제나 새롭게 해석된다. 이 점에 대해 브루그만은 다음과 같이 주장한다.

> 본문의 최종 형태의 형성은 해석의 과정을 종결짓지 않았다. 오히려, 교회와 회당의 영속적인 작업은 본문을 계속해서 해석하는 일이다. 그리하여 이 작업은 현대의 삶에도 적실성을 지닌다. 물론 정경을 탄생시킨 해석의 과정과 정경으로부터 유래하는 해석의 과정은 중요한 차이를 지닌다. 그럼에도 불구하고 지속적인 해석 작업을 통해 신실한 교회는 그 시대와 장소에서 본문 창조자들 가운데 작용했던 동일한 해석의 과정들을 그 시대와 장소에서 계속해서 수행한다. 즉 분명히 본문은 다시 읽혀지는 각 시대의 해석을 수용한다.[28]

브루그만은 비록 정경의 형성이 전승의 과정 속에서 회당이나 교회를 위한 "경전"(Scripture)을 우리에게 주었던 하나의 시점이 된다 할지라도, 전승의 해석과정을 종결시키지 않았다고 주장한다. 그러므로 그는 "본문을 고착된 우상으로 전락시킬 수 있는 유일한 길은 최종적인 해석이 이미 주어졌다고 상상하는 것이며, 이러한 상상 행위는 이 본문 속에 살아 있는 생명력 있는 하나님에 대한 깊은 불순종의 행위"[29]라고 역설한다. 이 시점에서 우리는 브루그만의 정경적 해석이 최종 정경 형태의 신학적 해석에 고착된 차일즈의 접근과는 달리 본문의 재해석의 과정에 더 큰 의미를 부여하고 있음을 발견할 수 있다.

그럼에도 불구하고 이사야서에 대한 브루그만의 정경적 해석은 논쟁의 여지를 남겨둔다. 앞서 지적했다시피, 지속적으로 진행되는 정경의 해석과정을 강조하는 브루그만의 입장은 어느 특정 해석의 독점에 반기를 들며 다양한 해석들의 가능성을 열어놓고 있지만, 자칫 해석의 무질서를 초래할 위험성을 내포하고 있다. 다시 말해 모든 해석들이 주관적이라는 브루그만의 입장은 본문의 의미가 비결정적(indeterminate)이라는 포스트모던의 경향을 대변해 준다. 만약 본문의 의미가 비결정적이며 주관적이라면, 개별 독자들의 해석은 각각의 정당성을 확보할 수 있으나, 임의적이고 자의적인 해석을 통제하는 일은 불가능할 수밖에 없다. 그러므로 성경 해석가는 의미의 비결정성을 수용하기보다는 의미의 결정성에 근거하여 본문 자체의 의도와 의미를 파악하는 데 주력해야 할 것이다. 나아가 본문의 의미가 현대의 상황 속에서 어떻게 이해될 수 있는지 보다 구체적인 해석학적 대안들을 제시할 수 있어야 할 것이다.

지금까지 우리는 최근에 출간된 차일즈와 브루그만의 정경적 해석의 논점들을 살펴보았다. 끝으로 필자는 이 두 학자들의 방법론으로부터 우리가 얻을 수 있는 해석학적 교훈과 아울러 그 문제점을 살펴보며 이 단락을 마무리하고자 한다. 첫째, 이사야서와 같은 구약본문이 정경으로서 교회의 최종 권위를 지니며, 본문의 해석이 교회를 위한 신학적 관점을 견지해야 한다는 차일즈의 입장은 성경을 하나님의 말씀으로 믿고 고백하는 신앙 공동체의 독자들에게 신학적 해석의 중요성을 일깨워 준다. 그러나 브루그만의 지적처럼 차일즈의 정경적 접근은 엄격한 규범적 해석으로 비춰질 수 있는 한계점을 안고 있다.

둘째, 이사야서의 본문들이 각 세대마다 새로운 관점으로 재해석되어야 하며, 각각의 재해석들이 정경의 해석과정에 속한다는 브루그만의 주장은 세대를 초월하여 들려지는 하나님의 말씀의 능력을 강조한다. 또한 그의 해석은 우리로 하여금 다른 독자들의 해석을 존중하며 그들의 주장에 귀를 기울일 수 있는 열린 해석학적 태도를 갖도록 인도하고 있다. 그럼에도 불구하고 브루그만의 정경적 해석이 철저하게 포스트모던 정신을 반영하고 있기 때문에 해석학적 상대주의의 위험성을 내포하고 있음은 의심의 여지가 없다.

2. 21세기 개혁주의 정경적 해석: 롱맨의 정경적 해석을 중심으로

지금까지 우리는 정경적 접근을 시도하는 대표적인 학자들이 이사야서를 어떻게 해석하는지를 주목해 왔다. 여기서 우리는 개혁주의 구약학자들이 지향하는 정경적 해석에 관심을 기울일 것이다. 최근에 출간된 *Scripture & Hermeneutics Series*는 성경신학적 방법론을 강조하는 출판물로서 많은 성경신학자들의 관심을 불러 일으켰으며, 특히 개혁주의 성경신학자들의 작품들을 소개하고 있다. 이 시리즈의 편집자 가운데 한 사람인 배솔로뮤(Craig Bartholomew)는 남아공 출신의 개혁주의 전통의 성경신학자로서 성경신학적 해석을 발전시키는데 심혈을 기울여 왔으며, 이 시리즈는 이와 같은 노력의 결과물이라고 해도 과언이 아니다. 특히 이 시리즈의 제7권[30]은 "정경적 해석"을 특집으로 다루면서 정경적 해석이 21세기 성경신학의 중요한 해석학적 방법론임을 인식하고 있다. 이 시리즈에는 안토니 티즐턴(Anthony C. Thiselton), 차일즈(B. S. Childs), 자이츠(Christopher R. Seitz), 고든 웬함(Gordon Wenham) 그리고 고든 맥콘빌(Gordon McConville)과 같은 저명한 구약신학자들의 논문들이 기고되었으며, 특히 뎀스터와 롱맨 3세와 같은 개혁주의 구약신학자들의 글들도 소개되었다. 여기서 우리는 지혜서의 정경적 접근을 소개하는 롱맨 3세의 해석을 살펴볼 것이다.

구약의 대표적인 지혜서에 속하는 잠언, 전도서 및 욥기는 분명한 신학적 차이를 나타내며, 그 강조점도 다르게 묘사된다. 이런 이유로 인해 혹자는 이 세 본문들의 신학적 연관성에 대해서는 잘 알지 못한다. 그러나 이 세 본문들이 신학적 연관성을 지닌 정경적 본문들로 읽게 될 때, 우리는 정경적 관점의 풍성함을 발견할 수 있다.[31]

롱맨에 따르면, 잠언, 전도서 및 욥기는 서로 다른 신학적 강조점을 제시한다. 예를 들면, 잠언은 언약의 순종과 불순종에 따른 의인의 성공과 악인의 멸망을 강조하는 신명기적 신학을 강하게 반영하고 있다. 실제로 사무엘–열왕기의 역사는 선지자의 목소리에 귀를 기울이지 않고 언약을 깨뜨린 불순종의 백성들의 실패와 그 멸망에 초점을 둔다. 그러므로 이러한 언약적 불순종에 따른 저주의 측면은 잠언의 메시지를 통해 한층 강화된다. 그러나 인간의 실패가 모두 죄로부터 기인한다는 입장은 항상 절대적인가? 이 질문에 대해 다른 관점을 제시하는 본문들도 있다. 이 본문들이 바로 전도서와 욥기이다. 어쩌면 잠언, 전도서 및 욥기는 서로 상충되는 듯이 보인다. 롱맨은 다음과 같이 말한다.

> 잠언, 전도서 및 욥기로 좁게 제한되는 구약의 지혜 본문들은 처음 읽을 때에 지혜 본문들 서로 간에 그리고 구약의 다른 본문들 간에 낯설게 연결된다. 잠언의 긍정적 관점('주님께서 의인들을 굶주리게 내버려 두지 않을 것이다' [10:3])은 적절한 보상에 대한 전도서의 회의주의('지혜자라고 식물을 얻는 것이 아니며 명철자라고 재물을 얻는 것이 아니며 기능자라고 은총을 입는 것이 아니니' [9:11])와 의롭지만 고난 받는 욥의 상황과는 상충되는 것처럼 보인다.

그렇다면 우리는 서로 다른 관점을 제시하는 이 세 본문들을 어떻게 연관성 속에서 읽을 수 있는가? 롱맨은 잠언을 읽을 때 반드시 전도서와 욥기의 관점을 배제해서는 안 된다고 지적한다. 다시 말해, 롱맨은 독자들이 서로 다른 관점을 제시하는 잠언, 전도서 및 욥기를 함께 고려하며 읽을 때 한 쪽으로만 치우칠 수 있는 편향된 시각을 교정할 수 있다고 제안한다. 이런 이유로 인해 롱맨은 먼저 지혜서의 한 본문인 전도서의 주요 이슈에 관심을 기울인다.

롱맨에 의하면, 전도서는 잠언에서 강하게 강조되었던 의인과 악인의 흥망성쇠가 삶의 현실에서 그대로 적용되지 않음을 지적한다. 전도자는 8:9-15에서 악인이 부요함을 누리며, 심지어 심판조차 경험하지 못함을 말한다. 전도자는 악인이 심판받고 의인이 인정받는 세계를 기대했지만 오히려 정반대로 전개되는 삶의 구조에 회의를 느끼며 좌절을 경험한다. 그 결과는 그는 '헛되고 헛되다'는 탄식을 계속해서 전달한다. 그러나 전도자는 결코 실망치 않는다. 그 이유는 전도서의 마지막을 장식하는 12:13-14의 표현 속에 잘 나타난다. 즉 전도자는 비록 현실의 삶 속에서는 적절한 보응의 법칙이 적용되지 않지만, 미래에 하나님께서 가장 합당한 심판으로 판단을 행하실 것임을 확신한다. 이처럼 전도서는 악인이 번영하는 현실의 문제를 인식하면서 순종하는 의인과 불순종하는 악인의 성공과 멸망을 강조하는 신명기적 신학이 항상 보편적으로 적용되지 않음을 일깨워준다.

둘째, 롱맨은 욥기의 중심 이슈로 관심을 돌린다. 롱맨은 전도서가 잠언과 다른 견해를 제시함으로써 신명기적 신학의 편향적 시각을 교정해 주는 역할을 하듯이, 욥기 역시 이와 같은 기능을 수행한다고 지적한다.[33] 욥기는 시작부터 "흠 없고 정직한" 한 사람을 등장시킨다. "흠 없고 정직하다"라는 히브리어 "탐"과 "야사르"는 사실상 잠언에서 경건한 자들을 가리킬 때 사용된 단어들이다. 그러므로 욥기에 등장하는 욥은 잠언 1:7에서 강조되는 지혜자의 모델이 된다. 욥기에서 욥의 친구들과 욥과의 대화는 의인과 악인의 성공과 멸망을 강조하는 보응신학의 문제점을 그대로 드러낸다. 욥의 고난이 죄로부터 온 것이라는 친구들의 평가는 보응신학의 극단적 입장을 반영해 준다. 그러므로 고난 받는 의로운 욥의 이야기는 의인의 성공과 악인의 멸망을 절대화시키는 보응 신학의 문제점을 부각시켜 준다. 이러한 관점에서 볼 때, 잠언의 메시지를 보응신학으로 제한시키는 것은 매우 위험하다. 오히려 독자는 잠언, 전도서 및 욥기로 구성된 정경으로서의 지혜서를 함께 읽을 때 한 쪽으로 치우친 편향된 시각에서 벗어날 수 있다.

끝으로 롱맨은 지혜서와 신약과의 정경적 연관성에 초점을 둔다. 비록 구약을 신약과 연관시켜 해석하는 입장을 거부하는 학자들도 있지만, 롱맨은 구약을 신약과 연결시켜야 해석해야 한다는 입장을 분명히 밝힌다. 그러므로 그는 구약의 지혜서 또한 신약의 관점에서 해석될 수 있다고 본다. 실제로 누가복음 24:25-26은 구약 전체가 예수 그리스도를 지향하고 있음을 밝히고 있는 바, 롱맨은 구약이 신약의 그리스도의 관점에서 해석되어야 한다고 주장한다.

그렇다면 지혜서는 어떻게 그리스도의 관점에서 읽혀질 수 있는가? 롱맨은 이 질문에 답하기 위해 보다 구체적인 설명을 제시한다. 그에 의하면, 신약에 등장하는 예수 그리스도는 하나님의 지혜의 구현으로 나타난다. 예수는 어린시절부터 지혜와 함께 성장했으며, 사람들은 그의 지혜를 보고 모두가 놀랄 수 밖에 없었다(눅 2:46-47). 나아가 예수가 사역을 시작할 때, 백성들은 그를 지혜의 교사로서 인식하며 그의 지혜에 탄복하였다. 가령 마가복음 1:21-22에서 예수는 가버나움으로 가셔서 안식일날 회당에서 가르침을 전달했는데, 백성들은 그의 가르침과 권위를 앞에 감탄을 금할 수 없었으며, 마가복음 6:2에서 예수의 가르침을 받은 나사렛의 사람들은 그의 지혜가 어디서부터 왔는지 궁금해 하였다. 이처럼 신약의 저자들은 분명 예수를 위대한 지혜자로 묘사한다.

특히 누가복음 11:31은 지혜자로서의 예수의 이미지를 더욱 부각시킨다. 이 본문에서 예수는 솔로몬보다 더 위대한 지혜자로 강조된다. 다시 말해, 본문은 만약 솔로몬을 위대한 지혜의 교사로 인정한다면, 솔로몬보다 더 위대한 지혜자로 오신 예수의 가르침을 인정하지 않는 것은 매우 어리석인 태도임을 지적하고 있다. 나아가 바울은 예수를 하나님의 지혜의 성육신으로 간주하기도 하며, 예수 그 자체를 하나님의 지혜로 규정한다. 예를 들면 고린도전서 1:30에서 바울은 하나님께서 예수를 지혜로 삼으셨음을 강조하며, 골로새서 2:34에서 그리스도 안에서 지혜와 지식의 모든 보배들이 숨겨져 있다고 증언한다. 이런 관점에서 볼 때, 구약의 지혜서에 계시된 지혜의 본질은 신약의 그리스도 안에서 온전히 나타난다. 그러므로 롱맨에 의하면, 구약의 지혜는 신약의 그리스도와 연결됨이 분명하다. 구약에서 지혜여인과 우매여인의 메타포가 여호와인가 바알인가의 선택을 촉구하고 있다면, 신약에서는 지혜이신 그리스도를 따를 것인가 따르지 않을 것인가의 문제로 연결될 수 있다. 구약의 우상들이 여호와와 이스라엘의 관계를 깨뜨리기 위해 유혹하듯이, 현대의 우상들 역시 교회와 예수 그리스도와의 관계를 무너뜨리기 위해 유혹해 온다. 그러므로 롱맨은 참 지혜자는 현대판 우상에 해당하는 권력, 돈, 힘 혹은 그 외의 여러 요소들을 버리고, 그리스도의 길을 따라 그리스도의 복음을 위해 살아가는 자들이라고 규정한다. 결론적으로 롱맨의 신약적 지혜 이해에 근거해 볼 때, 예수 그리스도와의 결속과 복음적 삶은 구약의 지혜의 정신을 구체화시키는 실질적인 방식이 된다.

지금까지 우리는 롱맨의 정경적 해석을 살펴보았다. 눈여겨 볼 점은 롱맨의 정경적 입장이 차일즈나 브루그만의 해석과 근본적으로 다른 중요한 특징이 있는데, 그것은 롱맨의 관점이 역사 비평학의 여지를 남겨두지 않으며, 본문 자체의 중요성에 관심을 기울이며, 나아가 구약과 신약의 연관성을 더욱 곤고히 다지고 있다는 점이다.

3. 개혁주의 구약 정경 해석의 특징

3.1. 계시로서의 구약정경

지금까지 살펴본 최근의 정경적 구약신학은 차일즈와 브루그만의 이사야서 연구를 통해 잘 드러나고 있다. 여기서 우리는 최근의 정경적 구약신학과 개혁주의 정경 구약신학과의 차이에 관심을 기울일 것이다. 실제로 21세기 개혁주의 구약신학의 한 특징은 정경적 해석을 수용하고 있다는 점이다. 그러나 개혁주의 정경신학은 차일즈로 대변되는 정경적 접근과는 분명한 차이를 나타낸다. 그렇다면 차일즈의 정경해석과 개혁주의 정경신학과의 근본적인 차이는 무엇인가? 그것은 다름 아닌 정경에 대한 이해에 있다. 그럼 여기서 제1부에서 다루었던 차일즈의 정경 이해를 간략하게 살펴보고자 한다.

첫째, 차일즈에게 있어서 정경이란 하나님의 말씀을 전하는 "증거"이다. 그래서 차일즈는 정경을 말할 때 항상 "증거(witness)"라는 말을 선호한다. 다시 말해, 차일즈는 하나님의 말씀이 "정경"을 통해 전달된다고 믿는다. 차일즈가 그토록 역사비평학을 비판한 것도 바로 여기에 있다. 차일즈가 볼 때, 역사 비평학은 성경을 단지 인간의 문서로 받아들여 인간의 작품으로만 해석했다.

그러나 차일즈는 성경을 그렇게 취급해서는 안 된다는 점을 강력하게 주장하기 위해 "정경"의 "증거"로서의 역할을 부각시킨다. 차일즈는 구약이 "정경"으로서 하나님의 말씀을 중개할 수 있는 "증거자"이기 때문에 반드시 거룩한 본문으로 대해야 한다고 주장한다. 이 점에 있어서 차일즈의 정경 이해는 분명 바르트의 성경관을 따르고 있음이 확실하다.

바르트에 따르면, 성경은 하나님의 계시의 증언이며, 독자가 성경을 읽을 때 하나님의 계시와 만나게 된다. 그에게 있어서 성경은 유일하게 하나님의 말씀을 만나는 계시의 매개체이다. 이런 점에서 바르트는 성경을 인간의 문서로 치부하는 역사 비평학에 대해 강한 불만을 제기하였다. 다시 말해 바르트는 교회가 오직 성경의 본문을 통해서만 하나님의 말씀을 알 수 있다고 주장한다.[34] 이 점에 대해 펄듀는 다음과 같이 평가한다.

> 그[바르트]의 교회 교의학에 자주 제시된 그의 성경 해석의 일관된 특징은 성경이 하나님의 말씀을 전하는 증거자로서 역할을 수행한다는 확신이다. 그는 성경을 성경비평이 재구성한 역사적 본문으로 보지 않고 거룩한 정경으로 해석한다. 예수 그리스도 안에 완전히 실현되는 이 하나님의 말씀은 선포되는 인간의 언어를 통한 성경을 통해 이야기한다. 심지어 하나님의 말씀은 인간의 언어와 혼동이 되어서는 안 되는데 그 이유는 하나님이 인간에 의해 이해되지 않기 때문이다. 교회는 이 본문을 통해서만 하나님의 말씀을 알 수 있다.[35]

이처럼 바르트는 성경과 계시를 동일시하지 않으며, 성경을 계시를 증거하는 매개체로 간주한다. 이와 같은 바르트의 성경 이해는 앞서 살펴보았던 차일즈의 정경관에서 반영되고 있다. 차일즈는 정경을 권위적인 문서로 취급하지만 그 정경을 계시의 말씀 그 자체로 여기지 않는다. 오히려 성경을, 하나님의 계시를 증거하는 본문으로 받아들인다.

그러나 개혁주의 정경신학자들은 이와 같은 차일즈의 정경관을 받아들이지 않는다. 개혁주의 정경 구약신학은 구약을 계시의 전달 매개체로 취급하지 않으며, 오히려 구약을 하나님의 계시의 말씀으로 인정한다. 다시 말해, 구약은 계시의 증언이 아니라 계시 그 자체이다. 왈키는 이와 같은 개혁주의 정경관을 다음과 같이 피력한다.

> 성경은 하나님으로부터 왔다. 하나님은 거짓되거나 잘못 인도하지 않는다. 그러므로 성경은 신앙과 실천에 있어서 권위적이며 무오한 계시이다. … 성경은 하나님의 영감된 말씀으로서 그 자체로 권위적이며 청중을 향해 반응을 요구하며 상호작용을 한다.[36)]

그러므로 개혁주의 정경 구약신학은 구약을 계시의 매개체로 보는 차일즈의 정경적 접근과는 달리, 구약을 기록된 하나님의 계시의 말씀 그 자체로 여기며 성경의 권위를 존중한다.

3.2. 영감된 하나님의 말씀으로서의 구약정경

둘째, 차일즈는 구약 본문의 권위를 말할 때 영감을 강조하지 않는다. 차일즈에게 있어서 정경의 권위는 최종적인 정경의 "형태"에 있는 것이지 본문 그 자체에 있는 것이 아니다. 다시 말하면, 차일즈는 최종적으로 구성된 정경 형태가 규범적 권위를 갖는다고 본다. 이런 이유로 인해 차일즈는 구약을 읽을 때 최종형태로 주어진 본문 그 자체에 역점을 둘 것을 강조한다.

그러나 만약 그렇게 되면 원 저자들의 의도와 그들에게 주어진 신적인 영감은 완전히 무시되고 만다. 그러므로 최종형태 이전의 계시나 영감의 권위는 완전히 사라지고 만다. 그러나 구약의 의미를 파악할 때, 저자의 의도를 알아가는 과정은 결코 배제될 수 없다. 만약 차일즈의 주장처럼 최종형태만이 절대적인 규범성을 지닌다면 최종형태를 구성한 편집자는 누구이며, 그 편집자의 배경과 의도는 발견할 수 있는가? 차일즈의 정경비평은 마치 최종 편집자의 역할을 강조하는 편집비평의 한 단면을 보여주며, 편집비평의 한계성을 그대로 짊어지고 있다.

이와는 달리, 개혁주의 정경 구약신학은 원 저자의 의도를 무시하지 않으면서 최종 형태의 중요성도 함께 고려한다. 다시 말해, 개혁주의 정경 구약신학은 저자의 의도와 아울러 최종 형태의 구성을 존중하며, 최종 형태 구성의 배후에 신적 저자이신 하나님의 손길을 염두에 둔다. 이 점에 대해 김정우 교수는 왈키의 정경적 접근에 근거하여 다음과 같이 진술한다.

> 차일즈는 유대적인 성경의 권위가 주후 100년 경에 이루어졌다고 강조하며, 샌더스(J. Sanders)와 클레멘츠(R. Clements)는 정경이 원래의 역사적 의의를 상실하는 방식으로 점진적으로 발전해 갔다고 한다. 그러나 원 저자의 의도는 정경 형성 과정 중에 전혀 손상되지 않았으며 오히려 깊어

지고 명확해졌다. 정경은 초기 단계와 성장 단계에 있어서도 최종적인 문학적 맥락에서와 마찬가지로 정확하고, 권위가 있으며 또한 영감되었다. … 달리 말하자면 최종적 본문의 의미는 정경의 성장 과정에 의해 변화가 오긴 했지만 왜곡된 것이 아니라, 오히려 원저자의 의도가 정경의 지속적인 발전 속에서 상실되기 보다 더욱 깊어지고 온전해 졌고, 형성과정과 완성에서 동일하게 권위 있게 영감 되었다고 믿는다. 그가 볼 때, 위에 있는 네 가지 단계 속에는 유기적 통일성이 있으며, 한 본문의 의도는 정경의 범위가 확장되어 가면서 더욱 명료해 졌다고 본다.[37]

그러므로 개혁주의 정경 구약신학은 구약의 저자로서 신적 저자와 인간 저자 모두를 중요시 여긴다. 또한 구약의 초기 단계와 최종 단계는 계시의 점진성으로 연결되며, 구약의 모든 계시의 발전과정은 다양한 인간 저자들을 통해 나타나는 한 분 하나님의 신적 의도를 보여준다. 그러므로 신적 저자와 인간 저자의 두 측면은 구약의 다양성과 아울러 통일성을 강조하며, 궁극적으로 구약의 영감과 계시성을 전제하고 있다. 이 점에 있어서 개혁주의 구약 정경 신학은 구약의 최종 정경 형태의 권위만을 주장하는 차일즈의 정경적 접근과 확연히 구별된다.

3.3. 반 역사적 재구성

셋째, 차일즈의 정경적 접근은 역사 비평학의 역사적 재구성을 수용하지만, 개혁주의 정경 구약신학은 역사비평학의 역사적 재구성을 수용하지 않는다. 제1부에서 다루었듯이, 차일즈의 정경적 해석은 문서설, 전승사 및 편집 비평의 주요 해석학적 원리를 충실히 따른다. 차일즈는 오경의 문서들을 모두 인정하고 있으며 이사야서의 문서설도 적극적으로 사용한다. 그래서 그의 오경 연구에는 J, E, D, P 문서가 그대로 사용되고 있으며, 이사야서 주석에도 제1, 제2, 제3 이사야가 적극 활용되고 있다.

그러므로 차일즈는 오경 혹은 이사야서가 다양한 자료들에 의해 편집된 문서임을 인정하고 있을 뿐만 아니라 본문의 후대성도 받아들인다. 다만 그에게 중요한 것은 최종 정경 편집자가 신학적 의도를 가지고 최종적으로 구성한 그 "최종형태"에 있다. 그러므로 차일즈의 방법론은 지극히 역사 비평학의 기초 위에 서 있으며, 역사 비평학을 떠나서는 존재할 수 없다. 비록 차일즈가 역사 비평학의 비신학적 작업에 반기를 들며 본문의 최종형태와 그 정경적 맥락의 중요성을 강조했지만, 역사 비평학의 기본적인 해석학적 원리를 모두 수용하고 있음은 의심의 여지가 없다.

이 점에 있어서 개혁주의 정경 구약신학은 역사 비평학의 기초 위에 서 있는 차일즈의 정경적 접근과는 근본적인 차이를 나타낸다. 개혁주의 정경 구약신학은 역사 비평학의 역사적 재구성을 필요치 않으며, 본문 그 자체의 권위를 그대로 인정한다. 역사 비평학의 주요 해석학적 목표는 성경 본문의 역사성을 인정하지 않고, 그 성경 본문의 원 역사를 재구성하는데 있다. 그러나 개혁주의 정경 구약신학은 최종 정경형태의 가치를 인정하며 구약 본문의 역사성을 강조함과 동시에 "재구성된 역사"보다는 구약 본문 그 자체의 권위를 중요시 한다. 개혁주의 정경신학자 월키는 다음과 같이 진술한다.

사건을 증거하는 본문들로부터 사건을 분리시키는 것은 불가능하다. 신학자는 본문 그 자체를 통하지 않고는 사건들에게로 다가갈 수 없다. 고고학은 한 특정한 역사적 시간의 사회적 관습을 이해할 수 있는 어떤 관점을 제공해 줄 수 있다. 그러나 이 분의 학문적 노력에도 불구하고, 성경은 여전히 중심이며 역사 속에 일하시는 하나님의 사역을 전하는 유일한 증거이며 더욱이 사건들의 유일한 권위적 해석자이다.[38]

결론적으로 개혁주의 정경 구약신학은 차일즈의 정경적 접근과는 달리, 구약을 기록된 계시로서의 하나님의 말씀으로 확신하며, 최종 형태뿐만 아니라 원 저자의 의도도 중요시 여기며, 역사비평의 역사적 재구성을 수용하기보다는 구약의 역사성을 신뢰함과 아울러 역사를 통해 일하는 하나님의 구원 사역을 보여주는 구약 본문 그 자체에 더 많은 관심을 기울인다.

3.4. 구약정경의 신학적 통일성

앞서 설명했듯이, 최근 개혁주의 구약신학은 정경적 접근을 적극적으로 활용한다. 그렇다면 최근에 각광받는 정경적 해석의 특징은 무엇인가? 첫째, 정경적 해석은 히브리 정경의 배열을 중요하게 취급한다. 이러한 특징은 복음주의 혹은 개혁주의 구약신학 연구에 두드러진다. 예를 들면 복음주의 구약신학자 하우스(Paul R. House)와 개혁주의 구약신학자 뎀스터(Stephen Dempster)는 히브리 전통의 정경순서에 따라 구약을 읽는 것이 중요하다는 점을 역설한다. 실제로 구약을 세 부분으로 나누는 "타나크"(토라[오경], 느비임[선지서], 크투빔[성문서]의 첫 글자를 축약한 말)의 전통은 오랜 역사를 지닌다. "타나크" 전통에 대한 논쟁은 기원전 2세기까지 거슬러 올라간다.[39] 그 당시 유대인들과 사마리아 출신 간의 정경 논쟁이 뜨거웠다. 사마리아 출신들은 오경만을 정경으로 고집하였으나, 정통 유대인들은 오경 외에도 다른 두 정경 묶음, 즉 "느비임"과 "크투빔"도 그들의 정경으로 받아들였다.

이처럼 구약을 세 부분으로 나누는 전통은 유대 정경 역사에 중요한 부분이 되었다. 누가복음 24:44은 예수도 이와 같은 "타나크" 전통을 존중하고 있음을 시사해준다. 마태복음 23:29-36은 구약 전체를 창세기에서 역대기까지로 정하고 있으며, 이는 마태의 구약 정경 이해가 유대인들의 "타나크" 전통을 반영하고 있음을 암시해준다. 물론 신약의 저자들이 모두 "타나크"의 전통에 따라 구약을 해석했다고 볼 수는 없다. 그러나 신약에서 "타나크"의 전통이 중요시되었음은 의심의 여지가 없다. 이런 점에서 렌토르프는 기독교회가 구약을 유대인의 정경으로서 취급하는데 실패했다고 지적한다. 또한 그는 예수의 구약이해가 이러한 "타나크"의 전통을 따르고 있음을 주지할 필요가 있다고 주장한다.[40]

흥미롭게도 뎀스터는 이러한 "타나크"의 배열은 우연의 결과물이 아니라 하나의 분명한 구조적 패턴을 제공해 준다고 주장한다.[41] 다시 말해 이 구조적 패턴은 "시작", "중간" 그리고 "마지막" 이라는 주요 세 부분으로 구성되며, 정경의 신학적 통일성을 반영해 준다. 그러므로 창세기와 역대기는 "시작"과 "마지막"에 해당되며, "중간"부분은 내러티브, 시, 예언 및 기타 여러 장르의 책들로 구성된다. 그렇다면 "시작"과 "마지막" 그리고 "중간"에 해당하는 부분들의 구조적 특징을 살펴보는 것은 "타나크"의 배열의 정경적 의도를 파악하는데 도움이 된다. 특별히 뎀스터는 "타나크"의 시작과 끝에 해당하는 창세기와 역대기의 문학적 구조적 특징에 큰 관심을 기울인다.[42]

앞서 언급했듯이 창세기와 역대기는 매우 다르다. 예를 들면 창세기는 기원을 다룬다. 즉 세상과 인간과 죄와 죽음과 문명과 이스라엘 민족의 기원에 초점을 둔다. 반면에 역대기는 주로 이스라엘 민족을 다루고 있는 바, 특히 다윗과 예루살렘과 성전에 초점을 둔다. 역대기는 남유다의 흥망성쇠를 보여주며, 바벨론의 유다 침략, 이스라엘의 바벨론 유수, 유대인들의 귀환 및 성전 건축을 허락하는 고레스의 귀환칙령으로 마무리된다.

이와 같은 차이점에도 불구하고, 창세기와 역대기는 놀라운 유사성을 갖고 있다. 무엇보다도 창세기와 역대기는 구약에서 족보 목록을 제시하는 유일한 책이다. 창세기는 적어도 10개의 족보 형식을 보여준다. 이와 유사하게도 역대기 역시 족보의 목록을 제시하는데 전반부의 여러 장들이 이러한 족보의 목록을 집중적으로 소개한다. 그렇다면 창세기와 역대기가 이런 족보의 목록에 집중하는 이유는 무엇인가? 뎀스터는 창세기와 역대기에 집중적으로 나타나는 이 족보 목록이 중요한 신학적 의도를 반영해 준다고 믿는다.

그는 "어떤 맥락에서 족보의 한 핵심 목적은 역사를 한 특정한 목표로 이동시키는 한 신적인 목적을 보여주는 것이다. 큰 앵글 렌즈로 정경을 볼 때, 큰 그림을 보는 것은 더 쉬워진다"[43]고 주장하면서 히브리 성경의 "시작"과 "끝"에 해당하는 창세기와 역대기의 정경적 위치와 그 의도를 강조한다. 그렇다면 "시작"과 "끝"에 담긴 정경적 기능과 그 신학적 목적은 무엇인가? 뎀스터는 창세기와 역대기가 "땅에서의 통치"와 "왕조"라는 두 신학적 측면을 강하게 반영하고 있다고 확신한다. 다시 말해 뎀스터는 창세기와 역대기에 등장하는 족보가 단지 다윗왕조의 족보만을 소개하는데 그 목적이 있지 않다고 본다. 오히려 창세기와 역대기에 등장하는 이 족보는 "땅"을 통해 등장할 "왕조"의 출현과 그 "통치"와 깊은 연관성을 지닌다.

먼저 창세기는 "땅"의 중요성을 일깨워준다. 창세기는 인류에게 주어진 통치의 사명으로 시작한다. 하나님이 창조하신 에덴은 인류의 통치의 중심지가 되었다. 인류의 타락과 바벨탑 사건은 위기를 초래하지만 아브라함과 가나안 땅의 출현은 하나님의 목적을 더욱 선명하게 드러내 준다. 창세기의 마지막부분은 아브라함 자손들이 애굽으로 내려간 이야기를 소개한다. 비록 요셉은 애굽에 있지만 자신이 다시 약속의 땅으로 인도함을 받을 것이라는 확신을 제시한다. 이처럼 창세기는 "에덴"과 "가나안"이라는 "땅"의 중요성과 아울러, 이 "땅"의 무대를 통해 나타나는 "통치"의 개념을 강조한다.

역대기 또한 "땅"의 중요성에 초점을 둔다. 특히 역대기는 이 "땅"에 있는 예루살렘과 성전에 관심을 쏟는다. 예를 들면, 역대기의 많은 부분은 다윗과 솔로몬 통치 아래 있는 예루살렘과 그 성전에 집중한다. 그런데 역대기에 나타나는 최악의 비극은 성전 파괴와 바벨론 유수이다. 그러나 역대기의 마지막은 창세기와 같이 추방된 상태를 소개하면서 끝나지 않는다. 오히려 역대기는 바벨론에 사로잡힌 유대인들이 다시 약속의 땅으로 돌아갈 것이며 무너진 성전을 다시 건축할 것이라는 회복의 희망을 제시한다. 흥미롭게도 구약 정경의 시작과 끝으로서 기능하는 창세기와 역대기는 모두 다 "약속의 땅"으로의 귀환을 고대하는 희망으로 마무리된다. 특히 성전 건축과 이스라엘의 회복을 강조하는 역대기는 다윗왕조의 재건과 하나님 나라의 통치의 회복에 초점을 둔다. 이것은 구약 정경 전체가 "땅"이라는 무대를 통해 등장할 "왕조"의 출현과 그 "통치"라는 두 가지 중요한 주제에 집중하고 있음을 시사해 준다. 다시 말해 창세기와 역대기를 끝나는 구약 정경은 아담으로부터 시작된 통치가 다윗 왕조를 통해 성취될 것임을 보여준다.

한편 뎀스터는 "타나크"의 중간에 위치하는 후기 선지서와 성문서의 정경적 기능에도 관심을 기울인다.[44] 창세기 이후 출애굽부터 시작되어 역대기 이전의 책들까지 이어지는 일련의 과정은 이스라엘의 구속, 가나안 정착, 제국으로의 번영, 타락과 바벨론에 의한 멸망을 보여준다. 흥미롭게도 창세기에서 열왕기로 이어지는 일련의 내러티브의 연속성은 시적인 책들에 의해 멈추는데, 이는 중요한 정경적 기능을 보여준다. 즉 예레미야로 시작되는 시적 표현의 작품들은 내러티브로 묘사된 이스라엘 역사에 대한 일종의 해석을 제공해 준다. 예를 들면, 예레미야는 이스라엘의 멸망의 원인을 적나라하게 지적하면서도 멸망이 끝이 아니며, 70년이 지난 후 이루어질 회복의 시기를 예고한다. 또한 다니엘 역시 70이레의 예언을 통해 새 시대의 도래와 회복을 고대한다. 그러므로 "타나크"의 중간에 위치하는 후기 선지서와 성문서는 이스라엘 과거의 역사를 평가하고 새 시대의 도래를 향한 희망을 던져준다.

그러므로 "타나크"의 결론에 해당하는 역대기는 예레미야와 다니엘이 고대했던 바로 그와 같은 새 시대의 도래와 임박성을 제시하면서 "타나크"를 마무리짓는다. 결론적으로, 창세기로 시작하여 역대기로 끝나는

“타나크”의 정경적 배열은 “아담의 왕적 통치”라는 주제로 시작하여 “새 아담의 새 통치”에 대한 소망으로 마무리된다. 그러므로 “타나크”의 정경적 배열은 아담에서 시작되어 다윗을 거쳐 새 다윗 혹은 새 아담을 통해 성취될 “통치”와 “왕조”라는 두 가지의 큰 신학적 주제를 선명하게 드러내 준다.

특히 이와 같은 “타나크”의 배열과 구조는 구약의 통일성을 반영해 준다. 다시 말해, 비록 구약은 서로 다른 여러 개의 책들로 구성되어 있으나, “타나크”의 구조는 다른 어려 본문들을 하나의 통일된 책으로 인식시켜 준다. 뎀스터에 의하면, 이러한 통일성의 근거는 다양한 언어적 사상적 “메아리”(echoes)를 통해 드러난다.[45] 예를 들면 “타나크”의 세 단락의 첫 부분은 동시적으로 “하나님의 말씀”을 강조한다. 오경의 첫 시작은 창조 시에 중요하게 작용하는 “하나님의 말씀”의 사역에 집중한다(창 1:3-5).

이 같은 하나님의 말씀의 결과로 나타난 에덴의 축복은 창세기 2:4-25에 잘 드러난다. 또한 선지서의 첫 시작을 알리는 여호수아서도 새로운 이스라엘 지도자를 향해 날마다 토라의 말씀을 읽고 묵상할 것을 촉구하며, 이 같은 토라에 대한 순종은 새로운 에덴의 결실로 인도해 줄 것이다(수 1:8-9). 끝으로 마지막 단락인 성문의 첫 시작은 시편으로서 날마다 토라의 묵상을 권고하며 깊은 곳으로부터 물줄기를 공급받는 에덴의 풍성한 기쁨을 약속한다(시 1:2-3). 요약하자면 “타나크”의 주요 세 단락들은 “하나님의 말씀”의 중요성을 부각시키며, 이러한 정경적 패턴은 이 주요 세 단락을 하나의 통일된 “토라”로 읽어야 함을 시사해 준다. 끝으로 이와 같은 구약의 정경적 통일성의 개념은 앞서 강조했던 구약의 계시성과 영감성 및 반 역사적 재구성의 요소와 아울러, 21세기 개혁주의 구약신학의 중요한 특징으로 자리매김할 것으로 예상된다.

제5장 21세기 개혁주의 구약신학과 언약신학

- 폴 윌리암슨(Paul Williamson)의 언약이해에 대한 비평적 고찰

1. 서론: 구약신학의 한 이슈 - 창조의 언약

성경신학의 중심 주제 가운데 하나인 "언약"은 구약신학의 주요 이슈로 인식되어 왔으며, 복음주의 성경신학자들(특히 개혁주의 성경신학자들)은 구약신학을 연구함에 있어 언약신학의 위치를 언제나 강조해왔다.[1] 예를 들면, 게할더스 보스(G. Vos)는 계시의 구속사적 점진성을 강조하는 전통적인 개혁주의적 관점에 근거하여 언약신학을 강조한 바 있으며, 팔머 로벗슨(O. Palmer Robertson), 머리딧 클라인(M. G. Kline), 윌리엄 덤브렐(William J. Dumbrell), 토마스 맥코미스키(Thomas E. McComiskey)와 같은 학자들은 성경신학적 입장에 서서 언약신학을 더욱 발전시켜왔다. 특히 로벗슨은 언약을 "주권적으로 집행되는 피로 맺은 약정"으로 정의한 뒤, 이러한 관점에서 구약과 신약의 언약적 연속성을 강조한다.[2] 클라인은 언약을 "법적재가아래있는 관계"로 규정하면서 언약의 구조에 대한 심층적 분석을 위해 고대근동의 종주권 조약에 관심을 기울인다. 그러나 클라인은 전통적 개혁주의 노선이 취하는 "행위 언약"과 "은혜 언약"의 구조 속에서 언약신학을 연구한다.[3] 덤브렐은 구약의 언약을 이해함에 있어 창조언약의 중요성을 매우 강조하며, 노아, 아브라함 및 시내산 언약은 기존에 존재했던 이전 언약과 분리해서 이해될 수 없다고 주장하면서 언약의 연속성과 통일성을 부각시킨다.[4] 맥코미스키는 구속의 언약을 이중적 구조의 틀속에서 보는데 아브라함과 그의 후손과 맺어진 약속의 언약이 집행적 언약들을 통해 설명될 수 있다고 주장한다.[5] 최근에는 스콧 하프만(Scott J. Hafemann)이 언약을 관계적 측면에서 살피며, 특히 언약의 삼중구조를 "하나님이 베푸는 무조건적 역사하심들"(God' s Unconditional Acts of Provision), "언약의 조항들 혹은 '조건들' "(The Covenant Stipulations or 'Conditions') 그리고 "언약의 약속들 혹은 저주들" (The Covenant Promises or Curses)로 소개한 뒤, 이 삼중구조를 통해 성경의 언약관계를 설명한다.[6]

더욱이 오랫동안 논의되어 온 창조언약에 대한 성경신학자들의 논쟁은 조직신학[7] 분과뿐만 아니라 성경신학 특히 구약신학 분과에서도 매우 뜨거운 이슈가 되어왔다. 특히 칼빈 신학교의 구약 교수로 봉직했던 존 스텍(John Stek)은 1994년의 논문, "지나치게 부과되는 개혁신학의 언약"("Covenant' Overload in Reformed Theology")[8]에서 전통적 개혁주의 언약신학의 해석에 대해 문제를 제기하였다. 스텍은 본 논문에서 전통적인 개혁주의 언약신학자들, 특히 스파이크맨, 로벗슨, 덤브렐, 멕코미스키와 같은 학자들의 언약신학을 면밀히 분석한 뒤, 이들의 입장 가운데 창조언약에 대한 견해를 비판하기 위해 많은 지면을 할애한다. 그는 위의 학자들이 주장하는 창조언약이해와는 다른 자신의 결론적 입장을 다음과 같이 피력한다.

> 성경의 언약들은 하나님과 피조물의 관계의 근본원리에 속하지 않는다. 언약은 창조에 기초를 두지 않는다. 언약은 창조의 목적이 아니다. 언약은 하나님과 그의 형상을 담지한 피조물과의 존재적 간격을 이어주지 않는다. 오히려 언약은 확신을 제공하며, 믿음을 붙돋으며, 헌신을 강화시킨다. … 성경의 언약들은 하나님의 나라가 충만히 도래할 때까지 매우 긴급한 상황 속에서 인간의 연약함을 도와주었다.[9]

이처럼 스텍에게 있어서 언약은 죄 때문에 필요한 것이며, 죄가 없었던 창조 세계에서는 필요 없는 요소이다. 그러므로 스텍은 개혁주의자들이 타락 이후에 필요한 언약개념을 타락 이전의 창조에 지나치게 부과시키는 우를 범하고 있다고 지적한다.

이와 같은 스텍의 입장에 대해 남아공 출신의 크레기 배솔로뮤(Craig G. Bartholomew)는 심각한 우려를 표하면서 창조 언약의 유효성을 증명하며 스텍의 논지를 비판한다.[10] 배솔로뮤는 스텍의 주장처럼 구약의 언약들이 반드시 위기의 상황에서 주어진 것은 아니라고 반박한다(예를 들면 요나단과 다윗의 언약[삼상 18장]). 또한 배솔로뮤는 스텍과는 달리 언약이 하나님과 이스라엘의 관계를 나타내주는 메타포로서 기능한다고 주장한다. 예를 들어, 그는 창세기 6:18의 노아언약에 대한 해석을 다음과 같이 제시한다.

> 하나님께서 창세기 6:18에서 "내가 너와 언약을 세울 것이다"라고 노아

에게 말씀하실 때, [스텍의 주장처럼] 그는 특별한 의식의 때에 맹세를 통해 자신을 노아와 결속시킬 것이라는 의미 그 이상을 말하고 있다. 오히려 그는 노아와 그의 자손들이 홍수 심판에서 벗어나 자신의 창조 목적을 계속 이루어 갈 것임을 노아에게 말하고 있는 것이다. 이로써 언약은 하나님과 노아와의 관계와 이 관계를 통한 하나님의 목적을 나타내 보여준다.[11]

그러므로 배솔로뮤는 언약이 하나님-이스라엘의 관계를 세워주는 요소로서 이해될 수 있으며, 덤브렐의 입장에 서서 창세기 1-2장을 언약적으로 해석할 수 있다고 주장한다. 이와 같은 스텍과 배솔로뮤의 창조언약 논쟁은 우리들로 하여금 창조언약에 대한 지속적인 연구의 필요성을 인식시켜준다. 더욱이 최근에 윌리암슨(Paul R. Williamson)의 창조언약에 대한 강한 문제제기는 우리들에게 창조언약의 이슈에 대한 중요성을 다시한번 환기시켜준다.[12] 그는 많은 지면을 할애하면서 전통적인 창조언약 이해가 해석학적 오류에서 벗어나지 못할 뿐만 아니라 결코 성경적 지지를 받을 수 없음을 강력하게 논증한다. 특히 그는 언약성경신학자들의 창조언약적 입장에 대해 부정적인 견해를 피력할 뿐만 아니라 때로는 신랄하게 비판하기도 한다. 이런 상황 속에서 필자는 창조언약에 대한 윌리암슨의 문제제기에 대해 성경신학적 응답이 필요함을 느끼게 되었다. 본 장의 목적은 창세기 1-2장에 언약이 존재하지 않는다는 윌리암슨의 논점을 살펴보며, 창세기 1-2장의 언약과 관련하여 해석학적 이슈가 되는 주요 본문들을 검토한 뒤, 창세기 1-2장 속에 언약이 존재할 수 있다는 가능성을 고찰함으로써 그 가능성을 부정하는 윌리암슨의 언약이해에 대한 비판적 평가를 제시하는데 있다.

2. 창조언약에 대한 폴 윌리암슨의 문제제기

2.1. 창세기 6:18의 "헤킴"(הקים)은 창조언약과의 영속성을 나타내는가?

폴 윌리암슨이 제기하는 창조언약에 대한 문제는 크게 세 가지로 분류될 수 있다. 첫째 그는 구약신학에 있어서 언약의 통일성을 논증하며 특히 창조언약의 위치와 중요성을 누구보다도 강조했던 덤브렐의 해석에 의문을 던지며 그의 논지에 반론을 제시한다. 덤브렐은 구약에 등장하는 언약들은 관계를 다시 세우기보다는 이미 존재하고 있던 관계에 합법적인 보증을 부여한다고 믿는다.[13] 특히 그는 창세기 6:18에서 언약체결을 뜻하는 일반적인 동사인 "카라트"(כרת) 대신에 "쿰"(קום)의 히필형 "헤킴"(הקים)이라는 동사가 사용되고 있음에 주목하면서 "헤킴"의 용법의 의미를 설명한다. 그는 "세우다"로 번역될 수 있는 "헤킴"동사가 빈번히 "유지시키다"는 의미를 전달하는 바, 이전 언약과의 영속성을 나타내 준다고 주장한다. 그러므로 덤브렐에 의하면 창세기 6:18의 "헤킴"은 하나님께서 노아에게 이전의 언약을 계속 유지할 것임을 보여준다. 그는 다음과 같이 말한다.

> 하나님과 노아와의 관계가 창세기 6:18 사건보다 앞서 존재했을 것이라는 암시는 그 구절의 어법에 의해 한층 강화된다. 언약체결을 뜻하는 일반적 표현은 언약을 "자르다"라는 표현이다. 사실상 구약의 언약체결 시 언약의 법적 효력은 이 언약을 자름으로 시작된다(Dumbrell, 1984: 24-25; "언약을 자르다"라는 관용어는 분명히 성경 이전 시대에 언약체결

시 행해졌던 저주의식의 한 형태로부터 기원한다). 그렇지만 창세기 6:17-18과 9:8-17을 살펴볼 때, 언약은 "자르는 것"이 아니라 "세우는 것"이다(문자적으로 "서게 하다"). "언약을 세우다"라는 어구가 등장하는 구절들 가운데 이 어구는 언약의 시작이 아니라 이전 언약과의 영속성을 가리킨다(창 17:7, 9, 21; 출 6:4; 레 26:9; 신 8:18; 왕하 23:3; 렘 34:18). 우리는 창세기 6:18(그리고 창 9:9, 11, 17)의 "나의 언약을 세우라"는 어구가 전 언약관계와의 유지를 뜻하고 있음을 짐작할 수 있다.[14]

이와 같이 덤브렐은 구약에서 "베리트"(בְּרִית)가 처음으로 등장하는 창세기 6:18은 이전의 언약, 좀더 구체적으로 말하면 창조의 언약을 전제하고 있으며, 이는 홍수 전 이미 있었던 이전 언약의 형식에 따른 보증이 노아에게 주어진 것이라고 해석한다. 그러나 윌리암슨은 "헤킴"을 이전 언약의 확증으로 해석하는 덤브렐의 입장에 의문을 던진다. 그는 "헤킴"동사가 덤브렐의 주장처럼 "확증하다" 혹은 "유지하다"는 뜻만을 전달하지 않으며, 다양한 뉘앙스를 갖고 주장한다. 그는 "헤킴"의 다양한 용법을 다음과 같이 제시한다.

(1) 맹세나 약속들; 예고된 사건들과 신적인 계획들; 법적인 규정들과 같은 이미 존재했던 것을 "유지하는 것" 혹은 "확증하는 것" 또는 "성취하는 것".

(2) 어떤 사람 혹은 사물의 이전 상태로의 회복.

(3) 어떤 새로운 것을 마련하는 것.

(4) 언약 관계의 갱신 혹은 세움.

(5) 한 이름, 지파 혹은 왕조의 영속성.

(6) 한 사람, 민족 혹은 집단을 세워 일으키는 것.

(7) 물리적 상징적인 일으킴.[15]

이처럼 윌리암슨은 "헤킴"의 용법이 다양하며 다양한 의미를 전달하기 때문에 "헤킴"의 의미는 주어진 맥락에 따라 결정된다고 주장한다. 그러므로 윌리암슨은 "헤킴"을 무조건 "확증하다", "보증하다"라는 의미로 축소시켜 해석하는 덤브렐의 논지가 타당하지 않다고 반박한다. 윌리암슨의 주장에 의하면, 덤브렐은 "헤킴"의 다양한 용법을 올바로 살펴보지 않은 체, "헤킴"이 "이미 존재하는 언약"을 가리킨다는 빠른 결정을 내림으로써 "헤킴"에 대한 정확한 이해에 도달하지 못했다고 비판한다. 그는 "헤킴"이 새로운 언약 체결을 위해 사용되는 다양한 용례들을 소개한 뒤, 이 동사가 반드시 이전 언약의 확증 혹은 이전 언약과의 영속성을 의미하지는 않는다고 결론을 내린다.

2.2. 호세아 6:7은 "아담언약"을 지지하는가?

윌리암슨이 제기하는 두 번째 문제는 호세아 6:7의 해석과 관련이 있다. 그는 "아담언약"을 주장하는 학자들(특히 로벗슨)이 그 근거구절로 제시하는 호세아 6:7의 해석에 대해 의문을 제기한다. "아담언약"의 존재를 강조하는 학자들은 호세아 6:7에 등장하는 "케아담"(כְּאָדָם)이라는 표현이 "아담처럼"으로 번역되기 때문에 최초의 인류 아담을 의미한다고 주장한다. 그러므로 이들에 의하면, 호세아 6:7은 아담이 언약을 깨뜨렸듯이 이스라엘이 하나님의 언약을 파괴했음을 뜻한다. 이런 입장은 로벗슨에 의해 분명히 피력된다. 로벗슨은 다음과 같이 말한다.

> 보다 전통적인 해석은 "아담처럼"이란 구절을 최초의 인간의 범죄에 대한 명백한 언급으로 보고 있다. 이 해석이 가장 그럴듯하며, 난점이 제일 적다. 아담이 창조에 의해 이룩된 계약을 어긴 것처럼 이스라엘도 시내산에서 제정된 계약을 어긴 것이다.[16]

그러나 윌리암슨은 이런 해석이 과연 주석적으로 타당한지 의문을 던진다. 그는 호세아 6:7의 "케아담"이 반드시 "아담처럼"으로 해석되지는 않는다고 이해한다. 그는 대다수의 구약학자들이 "케아담"(כְּאָדָם)을 "베아담"(בְּאָדָם)으로 수정해서 해석하고 있음에 주목하면서 전자를 후자로 변경시키는 것이 본문의 문맥상 더 타당하다고 본다. 왜냐하면 곧 이어 등장하는 "샴"(שָׁם)이라는 단어가 구체적인 장소를 가리키기 때문이다. 그러므로 윌리암슨은 호세아 6:7의 "아담"이 구체적인 인물을 가리키는 것이 아니라 특정한 지역을 뜻한다고 주장한다.[17] 나아가 윌리암슨은 "샴"에 대한 로벗슨의 해석에 대해서도 문제를 제기한다. 로벗슨에 의하면, "샴"은 과거 이스라엘이 범죄한 직접적인 장소를 가리키기보다는 당대 이스라엘의 우상숭배 장소에 대한 극적인 모습을 표현한 것이라고 해석한다.[18] 그러나 윌리암슨이 로벗슨이 호세아 6:7을 아담 언약의 지지구절로 삼기 위해 "샴"의 의미를 지나치게 자의적으로 해석한다고 평가한다. 오히려 그는 "샴"의 의미를 그대로 살려 "케아담"을 "베아담"으로 이해하는 것이 가장 타당하다고 결론 짓는다. 그러므로 윌리암슨은 호세아 6:7을 아담언약의 증거구절로 사용하는 것은 주해적으로 전혀 지지를 받을 수 없다고 단언한다.

2.3. 예레미야 33:20-26에 등장하는 "낮과 밤의 언약"은 창조언약을 가리키는가?

윌리암슨은 언약 성경신학자들이 창조언약의 증거 구절로 사용하는 예레미야 31:35ff; 33:20-21; 33:25-26의 해석에 대해서도 의문을 제기한다. 로벗슨과 같은 성경신학자들은 창조언약을 증거하는 본문들가운데 하나로서 예레미야 31: 35ff; 33:20-21; 33:25-26을 강조한다. 그의 따르면, 이 본문들 속에 나타나는 "낮과 밤의 언약"이라는 표현은 분명 창세기 1:14을 가리키기 때문에 창조언약의 존재를 분명히 드러내준다.[19] 특히 로벗슨은 예레미야 31:35이, 33:20-21과 33:25-26이 창조의 언약을 뜻하는지 아니면 노아의 언약을 의미하는지를 결정해주는 중요한 열쇠가 된다고 본다. 좀 더 구체적으로 말하면, 로벗슨은 예레미야 31:35에서 노아언약에는 나타나지 않는 해와 달이 언급될 뿐만 아니라 별에 대한 묘사도 등장하기 때문에, 예레미야 33:20-21과 33:25-26의 낮과 밤의 약정은 노아언약이 아니라 창조의 언약을 가리키고 있음이 분명하다고 주장한다. 그러나 윌리암슨은 예레미야 33:20-26에 등장하는 "낮과 밤의 언약"은 다윗언약의 영속성의 관점에서 이해해야하기 때문에, 하나님께서 영원한 언약으로 세운 노아언약을 의미하는 것이 분명하다고 주장한다. 그러므로 그는 예레미야 33:20-26을 창조언약의 존재를 증명하는 구절로 해석하는 것은 예레미야 33:20-26의 문맥을 전혀 고려하지 않은 채 "증거를 찾기 위한 읽기"(a proof reading)로 비춰질 수 있다고 진단한다.

3. 윌리암슨의 언약이해

이처럼 윌리암슨은 언약성경신학자들이 창조언약의 증거구절로 제시하는 본문들을 분석하고 점검한 뒤, 이런 본문들이 결코 창조언약의 존재를 입증하지 않으며, 창조언약의 존재를 증거하는 본문들은 없다고 강조한다. 그리하여 그는 언약신학자들의 주장과는 달리 창조언약은 존재하지 않았으며, 언약이란 개념은 노아언약으로부터 시작된다고 단언한다. 윌리암슨에 의하면, 언약이란 관계를 세우는 것이 아니라, 세워진 관계를 보증하거나 형식화시켜준다. 그러므로 성경에 나오는 언약과 관계의 순서는, 관계가 세워지고 언약이 주어지는 것이지, 언약이 세워지고 관계가 주어지는 것이 아니다. 그는 이 같은 자신의 언약이해를 보다 구체적으로 설명한다. 윌리암슨에 따르면, 창세기 12장에서 하나님은 아브라함과 관계를 맺지만, 이 관계는 창세기 15장에 이르러서야 비로서 언약을 통해 형식화된다. 또한 이스라엘과 관계 속에 있었던 하나님은 시내산에서 형식화된 언약을 체결하신다. 다윗과 관계 속에 계셨던 하나님은 사무엘하 2:7에서 언약을 통해 그 관계를 보증하신다. 창세기 6장에 등장하는 언약도 하나님과 노아간의 관계를 보증해 준다. 그리하여 그는 언약에 대해 다음과 같은 결론에 도달한다.

> 타락 이전에 하나님과 피조물 혹은 하나님과 인간 사이에 관계가 존재했는

가 존재하지 않았는가는 의문의 여지가 없다. 분명 그런 관계는 존재했었다. 그렇지만 이런 관계를 "언약관계" 라고 부르는 것은 전적으로 또다른 문제이다. 이런 관계를 '언약관계' 로 부를 수 있다고 증거하는 명백한 성경 본문은 없다. 앞서 말했듯이, 언약이 주로 관계를 보증하거나 형식화하는 방편이었음은 그리 놀라운 일이 아니다. 언약은 관계를 세우지 않았다.[30]

4. 윌리암슨의 문제제기에 대한 비판적 고찰

4.1. 창세기 6:18의 "헤킴"은 영속성을 의미할 수 없는가?

지금까지 우리는 창조언약에 대한 윌리암슨의 비판적 논증들을 살펴보았다. 창조언약에 대한 윌리암슨의 문제제기는 스텍과 배솔로뮤의 언약논쟁 이후에 또다시 뜨거운 논쟁을 불러일으키고있다. 이런 상황 속에서 필자는 창조언약에 대한 비편적 견해를 피력하는 윌리암슨의 문제제기를 심도있게 검토할 것이다. 먼저 필자는 창세기 6:18의 "헤킴"의 용법에 대한 윌리암슨의 입장에 대해 살펴보고자 한다. 앞서 설명한대로, 윌리암슨은 "헤킴"의 용법을 지나치게 축소시킨 덤브렐의 견해에 반대하며, "헤킴"을 새로운 언약수립의 관점에서 해석해야 한다고 주장한다. 윌리암슨의 주장대로, 덤브렐은 "헤킴"의 다양한 용법을 검토하지 않은 체 창조언약의 존재를 증명하기 위해 창세기 6:18의 "헤킴"을 곧바로 이전 언약의 확증을 의미하는 단어로 결론내린다. 그러므로 창세기 6:18의 "헤킴"에 대한 덤브렐의 분석이 매우 제한적이라는 윌리암슨의 비판은 타당성을 지닌다. 복음주의 구약학자 케네스 매튜스(Kenneth

A. Mathews) 도 창세기 6:18의 "헤킴"에 대한 용법에 대해 설명할 때 덤브렐의 "헤킴" 이해를 반대하며 윌리암슨과 동일한 입장을 피력한다.

> "언약" 혹은 "맹세"라는 표현은 창조와 에덴 내러티브에 발견되지 않는다. 그러므로 6:18을 이전 언약의 확증보다는 9장의 새 언약의 형식적 시작을 예고하는 것으로 해석하는 것이 가장 바람직하다.[21]

비록 윌리암슨과 같이 창세기 6:18의 "헤킴"을 9장의 새 언약 수립과 관련하여 해석하는 학자들이 많지만, 창세기 6:18의 "헤킴"의 용법을 이전 언약 혹은 관계의 영속성의 관점에서 해석하는 학자들도 있다. 예를 들면, 고든 웬함(Gordon Wenham)은 "자르다"는 뜻의 "카라트"와는 달리 "헤킴"이라는 단어가 이전의 약속 혹은 맹세를 확증할 때 사용된다는 점에 주목하면서 이 단어를 "확증하다"로 해석하기를 제안한다. 그러므로 웬함은 "헤킴"이라는 표현이 이전의 말(신 9:5), 이전의 약속(삼하 7:25), 이전의 위협(렘 30:24), 이전의 맹세(창 26:3), 이전의 "맹약"(민 30:14)을 가리킬 때 사용되고 있음에 주목하면서 창세기 6:18의 "헤킴"을 이전 언약을 나타내는 말로 해석한다. 즉 그는 창세기 6:18은 "노아가 이미 하나님과 언약를 맺고 있었음을 보여준다. 그는 단지 완벽하게 의로운 자가 아니다. 그와 하나님 사이에 언약이 존재한다."[22]고 주장한다. 이런 관점에서 볼 때, 창세기 6:18의 "헤킴"은 반드시 새 언약의 수립의 관점에서 이해될 필요는 없으며, 이전의 언약관계를 나타내주는 표현으로 해석될 수도 있다. 비록 이전 언약의 영속성을 강조하려는 덤브렐의 논증이 "헤킴"의 다양한 용법의 가능성을 배제한 체, 이 단어를 "확증하다"의 의미로 너무 성급하게 단정한 것은 아쉬운 면이 있지만, 그의 입장도 가능한 해석이 될 수도 있다.

바인펠드(Weinfeld)는 "헤킴"의 용법을 크게 두 개로 구분하여, "세우다"(to establish)와 "성취하다"(to fufill)로 해석한다.[23] 그러나 그는 "헤킴"에 대해 "성취하다"의 의미에 더 큰 무게를 둔다. 반면에 맥콘빌(Gordon J. McConville)은 덤브렐의 입장을 긍정하면서 6:18의 "헤킴"이 이미 존재하는 것을 "다시 세운다"는 의미를 갖는다고 주장한다.[24] 그러므로 이런 관점에서 볼 때, 6:18의 언약을 이전 언약과의 연속성의 관점에서 보는 덤브렐의 입장은 여전히 가능한 해석이라고 평가할 수 있으며, 이런 해석의 가능성을 완전히 배제하는 윌리암슨의 논증 역시 윌리암슨 자신이 지나치게 편향적이라고 비판했던 덤브렐의 약점을 그대로 보여주고 있다.

4.2. 호세아 6:7의 "케아담"은 "베아담"으로 수정되어야 하는가?

윌리암슨의 지적대로, 호세아 6:7은 많은 학자들의 논의의 대상이 되어왔다. 특히 이 구절은 아담언약을 선호하는 학자들이 그 증거구절로 많이 사용되었기 때문에, 중요한 본문으로 인식되어왔다. 앞서 살펴보았듯이, 로벗슨과 같은 학자들은 이 구절이 아담언약을 분명히 지지하고 있다고 단언한다. 그러나 여러 호세아 전공자들은 이 구절이 수정되어야 한다는데 대체로 의견의 일치를 보인다.[25] 그들은 "샴"이라는 장소를 가리키는 단어가 등장하기 때문에 "케아담"이 "베아담"으로 수정되어야 한다고 주장한다. 이러한 입장은 NRSV에 잘 반영되고 있다.

וְ הֵמָּה כְּאָדָם עָבְרוּ בְרִית שָׁם בָּגְדוּ בִי (MT)

But at Adam they transgressed the covenant; there they dealt faithlessly with me.

(NRSV)

여기서 NRSV는 일반적인 "케아담"이 아닌, "베아담" 즉 "아담에서"로 번역한다. 즉, 이 역본은 "샴"의 의미를 살리기 위해 본문을 수정한 것이다. 이런 해석을 시도하변, 이 본문을 아담언약을 증거하는 구절로 해석하는 자들에게는 어려움을 안겨다 준다. 실제로 윌리암슨은 이 구절을 해석할 때, "케아담"을 "베아담"으로 수정하는 것이 타당하며, 그러기에 이 구절을 아담언약을 위한 증거 본문으로 사용해서는 안 된다고 주장한다. 그러나 어떤 이들은 이 구절에 등장하는 "샴"을 반드시 어떤 특정 지역을 가리키는 표현으로 볼 필요는 없다고 강조한다. 예를 들면, 맥코미스키는 "저희가 거기서 두려워하고 두려워하였으니 하나님이 의인의 세대에 계심이로다"라는 시편 14:5의 표현에 등장하는 "거기서"라는 단어에 주목하면서 이 표현이 심판대에 대한 막연한 언급이나 또는 하나님의 심판에 직면한 악인의 범죄 상태에 대한 언급으로 볼 수 있다고 해석한다. 또한 만약 호세아가 이스라엘의 범죄를 묘사하기 위해 아담이라는 도시를 선택했다면, 상대적으로 덜 알려진 이 도시를 선택한 이유는 무엇이며 이 곳에서의 범죄가 무엇인지를 규명하기란 쉽지 않다.[26] 예를 들면 존 데이(J. Day)는 아담에서의 범죄를 베가의 쿠테다로 해석한다(왕하 15:25). 반면 마빈 스위니(Marvin A. Sweeney)는 아담이라는 지명이 요단강 도하 사건에 등장하기 때문에 이는 이스라엘을 가나안 까지 인도하여 이스라엘과 맺은 언약을 성취하신 여호와의 인도하심과 깊은 연관성이 있으며, 이 장소에서의 범죄는 바로 이와 같은 여호와께 언약을 깨뜨렸음을 나타내 준다고 해석한다.

한편 듀언 가렛(Duane Garrett)은 다소 절충적인 입장을 제시한다. 그는 "케아담"을 "베아담"으로 수정하는 입장에 동조하지만 "아담"이라는 단어가 첫 인류 아담을 연상시키기 때문에, 장소의 의미와 이름의 의미가 모두 내포되어 있다고 해석한다. 다시 말해 가렛은 최초의 인류 아담의 범죄를 연상시키기 위해 의도적으로 아담이라는 도시의 이름을 사용하고 있다고 주장한다.

여기서 "베아담"에 대한 필자의 해석은 "케아담"을 최초의 인류 아담에게 적용시키는 로벗슨의 입장과 "케아담"을 "베아담"으로 수정하여 도시 아담에 적용시키는 윌리암슨의 접근과는 다르다. 필자는 "케아담"을 "베아담"으로 수정하는 윌리암슨의 입장에 동의하지 않으며, 오히려 수정하지 않고 그대로 번역하는 것이 타당하다고 생각한다. 그럼에도 불구하고 필자는 호세아 6:7의 아담을 한 특정한 인물 즉 "첫 인류 아담"과 동일시하는 로벗슨의 견해보다는 "케아담"을 "사람들처럼"으로 해석하는 덤브렐의 해석이 보다 더 적절해 보인다. 이 견해는 아담을 한 특정인물로 보지 않고 "사람들처럼"(like mankind)이란 의미로 번역하는 칼빈의 입장을 견지한다. 또한 이 단어를 "ws anqropos"로 번역하는 70인경의 입장도 이와 일맥상통한다. 예를 들면 NKJV의 번역("But like men they transgressed the covenant; There they dealt treacherously with Me")은 이런 입장을 지지해준다.[27] 그러므로 필자는 호세아 6:7의 "케아담"을 "베아담"으로 수정해야 한다는 윌리암슨의 주장에는 부정적인 입장이지만, “아담”을 반드시 최초의 인류 아담으로 해석해야만 한다는 로벗슨의 주장은 다소 지나친 감이 있다고 본다. 그러므로 호세아 6:7을, 아담언약의 존재를 입증해 주는 결정적인 단서로 취급하는 입장은 다소 설득력을 상실할 수 있다.

4.3. 예레미야 33:20-26의 “낮과 밤의 언약”과 다윗언약의 불변성

앞서 살펴본대로, 윌리암슨은 예레미야 33:20-26에 등장하는 “낮과 밤의 약정”을 근거로 창조언약의 존재를 증명하려는 로벗슨의 해석에 대하여 문제를 제기한다. 윌리암슨은 예레미야 33:20-26에 등장하는 “낮과 밤의 언약”을 창 1:5과 연결시키는 로벗슨의 해석이 예레미야 33:20-26과 영원한 노아 언약과의 연관성을 간과하고 있다고 지적한다. 윌리암슨은 예레미야 33:20-26의 “낮과 밤의 언약”이 창세기 1:5보다는 오히려 노아언약과 관련된 창세기 8:22을 가리킨다고 강조한다. 이 점에 있어서 필자는 로벗슨의 해석보다는 윌리암슨의 입장에 동의한다. 실제로 예레미야 33:20-26의 맥락은 다윗언약의 영원성을 부각시킨다. 다시말해, 예레미야 33:20-26은 낮과 밤이 계속해서 영속성을 지니듯이, 다윗언약 역시 결코 깨뜨려질 수 없다는 예레미야의 언약적 확신을 나타내준다. 잭 런드봄(Jack R. Lundbom)의 주장처럼, “다윗언약(삼하 7:12-16)의 영속성은 시편 89:20-38(영역본 19-37절)에 소개되듯이 여호와와의 창조언약을 근거로 주장되고 있다.”[28] 여기서 시편 89:37-38에 등장하는 “낮”과 “밤”은 분명 창세기 8:22의 노아언약을 상기시켜준다.

이처럼 예레미야 33:20-26은 더 이상 홍수의 심판이 없을 것이라는 여호와의 언약이 영원하듯이, 다윗을 향한 언약도 결코 취소될 수 없음을 강조하고 있다. 맥코미스키도 예레미야 33:20-26은 "낮과 밤의 연속적인 운영을 보장하는 자연질서와 맺으신 하나님의 계약을 언급하고 있다. 이 구절들은 시간의 경과가 방해받을 수 없는 것처럼, 다윗에게 제시된 약속도 파기될 수 없다고 주장한다"고 설명하면서, 이 구절들이 창조언약의 존재를 증거한다기보다는 오히려 언약의 영원성을 강조한다고 본다. 그러므로 이 구절을 창조언약의 존재를 증거하는 결정적 본문으로 취급하는 해석은 적절치 않다고 이해한다.[29] 필자 역시 예레미야 33:20-26을 타락 전 창조언약의 존재를 증거하는 본문으로 강조하는 로벗슨의 입장은 다소 설득력이 떨어진다고 생각한다. 오히려 본 구절의 핵심은 "창조언약의 존재에 대한 증거"보다는 "다윗언약(과 레위언약)의 영원성에 대한 강조"에 있다. 예레미야 33:20과 22-25에 대해 설명하는 제럴드 커온(Gerald L. Keown), 파멜라 스캘리스(Pamela J. Scalise), 토마스 스마더스(Thomas G. Smothers)는 이러한 강조점을 다음과 같이 분명히 밝힌다.

> 다윗의 통치와 레위 제사장 직의 영원한 특성이 여기서 표현되는 바, 하나님의 약속(창 8:22)으로 보장되는 낮과 밤의 일정한 주기의 영구성과 비교된다. … 일정한 주기를 보장해 주는 낮과 밤에 대한 주님의 언약(20절; 창 8:22)은 모든 피조물을 다스리는 하나님의 계명들이라는 보다 넓은 개념들과 연합된다. 이런 논지는 20-21절과 같다. 창조주로서 주님은 하늘과 땅을 통치하는 질서를 세우셨다. 그러므로 주님은 결코 야곱의 자손들을 거절하거나 혹은 다윗의 자손들 가운데 그들의 통치자를 선택하기를 거부하지 않을 것이다.[30]

이런 관점에서 볼 때, 예레미야 33:20-26의 "낮과 밤의 언약"은 창세기 1장보다는 영원한 언약을 소개하는 창세기 9장의 노아언약과 관련이 있다고 볼 수 있다. 그러므로 예레미야 33:20-26을 창조언약의 증거 본문으로 삼는 로벗슨의 입장을 비판한 윌리암슨의 논증은 타당성을 지니고 있음을 확인할 수 있다.

4.4. 창세기 1-2장 속에 언약이 있음을 지지하는 구약 본문들은 존재하지 않는가?

윌리암슨은 창조언약을 지지하는 성경신학자들의 논증에 빠짐없이 등장하는 호세아 6:7과 예레미야 33:20-26에 대한 분석을 통해 이 본문들이 전혀 창조언약을 지지하지 않는다고 결론 내린 뒤, 창세기 1-2장 속에 언약을 직접적으로 증거하는 본문들은 없다고 단언한다. 또한 창세기 1-2장에는 "언약"이라는 용어가 등장하지 않기 때문에, 창조언약 혹은 아담언약이라는 표현은 적절치 않다고 주장한다. 그럼에도 불구하고 윌리암슨은 다윗언약은 예외적인 사례에 해당한다고 설명한다. 왜냐하면 여호와와 다윗과 맺은 언약을 묘사하는 본문(삼하 7장)에는 "언약"이라는 용어가 등장하기 않기 때문이다. 이 점에 대해 윌리암슨은 다윗언약이라는 표현이 타 본문들(예를 들면 삼하 23:5; 시 89:3, 28, 34; 132:12) 속에서 분명히 언급되고 있기 때문에 다윗언약이라는 표현은 타당하다고 주장한다. 그러나 그는 창세기 1-2장의 창조언약을 분명히 가리키는 타 본문들이 존재하지 않기 때문에 창조언약이라는 용어를 사용하는 것은 바람직하지 않을 뿐만 아니라, 창조언약 자체가 존재하지 않는다고 역설한다.[31] 그러나 과연 창세기 1-2장에는 언약이 존재하지 않는 것일까? 그리고 창세기 1-2장의 언약을 증거하는 본문은 없는 것일까?

필자는 창세기 1-2장의 언약을 증거하는 본문이 없기 때문에 창세기 1-2장에는 언약이 존재하지 않는다는 윌리암슨의 주장에 대해 부정적인 입장을 갖는다. 왜냐하면 필자는 창세기 1-2장에도 언약사상이 존재했다는 증거들이 다른 본문들 속에 제시되고 있다고 믿기 때문이다. 특히 필자는 결혼을 언약으로 묘사하는 말라기 2:14의 표현이 창세기 1-2장에도 언약사상이 존재했음을 증거한다고 믿는다.[32] 예를 들면 고든 휴겐버거(Gordon Paul Hugenberger)는 결혼을 언약으로 묘사하는 말라기의 표현[33]이 창세기 2-3장에 묘사된 아담과 하와의 결혼에 기초하고 있다고 주장한다.

> "언약"이라는 정확한 용어가 창 세기2-3장에 사용되지 않고 있다는 점은 인정할 수 있다. 그러나 이러한 점이 아담과 하와의 결혼을 언약으로 보는 것을 가로막지 못한다. 왜냐하면 말라기는 분명 현대 언어학자들이 칭하는 "말의 오류"(word-thing fallacy)에 의해 방해받지 않았기 때문이다.[34]

휴겐버거에 의하면, 비록 창세기 2-3장에는 "언약"(베리트)이라는 분명한 용어가 사용되지 않는다 하더라도, 말라기 2:14은 결혼을 "언약"으로 묘사하기 때문에 이는 창세기 2-3장에 등장하는 아담과 하와의 결혼관계를 언약으로 볼 수 있음을 의미한다고 주장한다.[35] 대체로 학자들은 언약을 정의할 때 저마다 다른 입장들을 피력한다. 멘덴홀

(Mendenhall)은 언약을 “맹세로 결속된 준엄한 약속”(“a solemn promise made binding by an oath”)으로, 맥카티(D. J. McCarthy)는 언약을 “맹세에 근거한 연합”(“a union based on an oath”)으로, 클라인(M. G. Kline)은 언약을, “재가된 인증의 방식으로 특별한 관계를 지속하거나 행동 조항을 따르고자 서약한 것”(“a sanction-sealed commitment to maintain a particular relationship or follow a stipulated course of action”)으로 정의한다.[36]

반면에 휴겐버거는 결혼을 언약으로 볼 수 있는 근거를 제시하기 위해 “언약”이라는 용어의 의미를 철저하게 분석한 뒤, 언약을 “신적 재가 아래 세워진, 타고난 관계와는 대조되는, 선택된 의무관계”(“an elected, as opposed to natural, relationship of obligation established under divine sanction”)로 규정한다. 특히 휴겐버거는 이 언약에는 다음과 같은 네 가지 필수 요소들이 있다고 이해한다: (1) 관계(a relationship) (2) 비 혈연성(with a non-relative) (3) 의무수반(which invovles obligations) (4) 맹세수립(and is established through an oath). 비록 제이콥 밀그롬(Jacob Milgrom) 과 모세 그린버그(Moshe Greenberg)와 같은 학자들은 결혼이 비준의 맹세(a ratifying oath)를 결여하기 때문에 “언약”으로 간주될 수 없다고 주장하지만, 휴겐버거는 결혼이 “언약”으로 간주될 수 있다고 반박한다. 다시 말해 밀그롬과 그린버그는 결혼에 (1) (2) (3)의 요소는 있지만 (4)의 요소는 없기 때문에 결혼을 언약으로 보기 어렵다고 주장하지만 휴겐버거는 맹세(oaths)를 너무 엄격하게 구두저주형식(verbal self-maledictory formulae)으로 제한해서는 안되며, 행동들도 하나의 언약을 비준할 수 있다고 주장한다.

그러므로 휴겐버거는 맹세를 말로 언급하지 않는다고 해서 맹세라는 요소가 반드시 결여된 것이라고 볼 수 없다고 논증한다. 그러므로 결혼을 "언약"으로 묘사하는 말라기 2:14의 표현은 창세기 2장의 결혼이 언약적임을 입증해줄 뿐만 아니라 창세기 1-2장에는 언약이 존재하지 않는다는 윌리암슨의 논지가 성립될 수 없음을 일깨워준다. 흥미롭게도 윌리암슨의 언약 논쟁속에 휴겐버거가 강조하는 말라기 2:14에 대한 논의가 결여되어 있음은 창세기 1-2장속에 언약이 존재하지 않는다는 그의 논지의 한계를 엿보여준다.[37]

나아가 필자는 호세아 2:18(MT 2:20)에 묘사된 짐승들과의 언약 체결이 창조언약의 존재를 간접적으로 시사해주는 것이라 믿는다.[38] 본 구절의 개역성경과 맛소라 본문은 아래와 같다.

> 그 날에는 내가 저희를 위하여 들짐승과 공중의 새와 땅의 곤충으로 더불어 언약을 세우며 또 이 땅에서 활과 칼을 꺾어 전쟁을 없이 하고 저희로 평안히 눕게 하리라

> וְכָרַתִּי לָהֶם בְרִית בַּיּוֹם הַהוּא עִם-חַיַּת הַשָּׂדֶה וְעִם-עוֹף
> הַשָּׁמַיִם וְרֶמֶשׂ הָאֲדָמָה וְקֶשֶׁת וְחֶרֶב וּמִלְחָמָה אֶשְׁבּוֹר מִן-הָאָרֶץ וְהִשְׁכַּבְתִּים לָבֶטַח

여호와와 이스라엘의 관계 회복에 초점을 둔 호세아 2:16-23(MT 2:18-25)에 포함된 본 구절은 여호와와의 관계 회복을 창조 이미지와 연결시킨다. 진 터커(Gene Tucker)와 같은 학자들은 이 구절을 종말의 회복의 때와 연결시키지 않는다.[39] 그러나 본 구절은 터커의 주장처럼, 단

지 심판 이전의 상태로의 회귀보다는 미래적인 종말론적 회복을 함축하고 있다. 호세아 2:18은 구조적으로 볼 때, 여호와와 이스라엘의 결혼 이미지(2:16-17; 2:19-20) 사이에 끼여있다. 그러므로 2:16-20의 구조는 A. 결혼 이미지(2:16-17) B. 창조 이미지(2:18) A′. 결혼 이미지(2:19-20)로 구성되어 있으며, 이것은 결혼 이미지로 묘사된 여호와와 이스라엘의 관계 회복이 온 창조의 회복과 결부되어 있음을 시사해준다.

특히 "바욤하후"(בַּיּוֹם הַהוּא)가 등장하는 본 구절은 종말의 때를 암시하고 있으며, 온 피조세계의 종말론적 회복을 바라보게 한다. 더욱이 본 구절은 온 피조세계의 종말론적 회복의 때를, 여호와께서 동물들과 언약을 맺는 시대로 묘사한다. 특히 본 구절에 묘사된 동물들의 순서가 창세기 1:30의 순서와 유비를 이루고 있음은 여호와와 동물들과의 언약이 창세기 1장에 나타난 온 피조세계의 창조질서의 회복을 가리키고 있음을 반영해준다. 더글라스 스튜어트(Douglas Stuart)는 다음과 같이 진술한다.

> "그 날에"(בַּיּוֹם הַהוּא)라는 용어는 묘사된 사건들이 종말론적임을 다시 강조한다. "언약을 세우다"라는 것은 대게 국제적 동맹 언약적 관점에서 이해된다. 그리고 이 용법은 10:4과 12:1에 등장한다. 그러나 여기서 이 언약은 다른 민족들과 맺어지지 않고 창조계와 맺어진다. 2:4-17의 위협이 더 이상 새 시대에 적용되지 않을 것이다. . . .이 언약은 하나님의 백성과 맺어지지 않고, 오히려 하나님의 백성들을 위해서 평화의 목적으로 온 피조 생물들에게 부여된다. … 이 생물들의 세 그룹은 창 1장의 창조기사의 정확한 순서에 속한다(창 1:30).[40]

실로 호세아 2:20에 묘사된 여호와와 동물들과의 언약은 동물들의 배열 순서에 있어 노아 언약을 소개하는 창세기 9:8-17[41]보다는 오히려 창세기 1:30을 연상시킨다. 또한 이 동물들과의 언약은 열방과의 전쟁 종식과 평화의 시대와 연결된다. 그러므로 호세아 2:20에 묘사된 동물들과의 언약과 새 시대의 평화는 새 창조의 시대를 알려주는 이사야 11:6-8을 연상시킨다. 창조언약의 중요성을 인식한 맥콘빌(Gordon McConville)은 "호세아 2:18[20]은 주목되어야만 한다. 이 구절에서 하나님은 이스라엘과 온 땅 사이에 언약을 맺으신다. 이 구절에서 언약의 개념은 하나님과 인류의 조화로운 관계수립에 적용된다"고 진술하면서 호세아 2:20이 창조언약을 암시해 준다고 주장한다.[42] 이처럼 호세아가 "동물들과의 언약"을 이스라엘이 회복될 새 시대의 중요한 특징으로 묘사하고 있음을 감안해 볼 때, 필자는 호세아 2:20이 창세기 1장을 언약적으로 이해할 수 있는 간접적 시사를 제시해 주고 있다고 이해한다.

V. 결론

지금까지 필자는 전통적인 창조언약에 대해 비판적 입장을 견지한 윌리암슨의 문제제기를 살펴보았으며, 윌리암슨의 논의의 핵심들을 중점적으로 다루었다. 또한 필자는 윌리암슨의 주장이 대체로 설득력이 부족함을 지적하였다. 실로 윌리암슨은 창조언약을 지지하는 성경신학자들의 본문분석의 타당성을 고찰하며, 그 문제점을 지적한다. 그리고 그는 자신의 본문주석의 결과에 따라 창세기 1-2장에는 언약이 존재하지 않는다고 결론내린다. 그러나 창세기 1-2장 속에 언약이 존재하지 않는다는 윌리암슨의 논증을 구체적으로 살펴본 필자는 창세기 1-2장에 언약이 존재하지 않는다는 윌리암슨의 주장이 명확한 성경신학적 근거를 제시하지 못했다고 판단한다. 비록 창조언약을 지지하는 성경신학자들의 논증방식에 다소 아쉬움들이 발견되지만 창세기 1-2장 속에 언약이 존재한다는 성경적 근거는 부정될 수 없다. 필자는 창세기 6:18의 "헤킴"의 용법, 말라기 2:14의 결혼 언약 그리고 호세아 2:20의 동물 언약이 창세기 1-2장 속에 언약이 존재한다는 점을 직, 간접적으로 증거하고 있다고 믿는다. 물론 필자의 견해에 동의하지 않는 학자들은 필자의 견해에 반론을 제기할 수 있을 것이다. 필자는 이런 반론을 기대하며, 적극적으로 환영하는 바이다. 다만 필자는 언약신학의 성경신학적 기초를 세워나가기 위해 이 문제에 대한 지속적인 논의가 필요하며, 본 연구가 이러한 논의의 필요성을 일깨워주는 하나의 자극제가 될 수 있기를 바라마지 않는다.

주(註)

1장 구약신학의 어제와 오늘

1) W. Watke, *Biblische Theologie. Die Religion des AT* (Berlin, 1835).

2) Ben C. Ollenburger, Elmer A. Martens, Gerhard F. Hasel (eds.), *The Flowering of Old Testament Theology*, 강성열 역, 『20세기 구약신학의 주요 인물들』(서울: 크리스찬 다이제스트, 2000), 20-30.

3) Robert C. Dentan, *Preface to Old Testament Theology*, 박문재 역, 『구약신학 입문』(서울: 크리스찬 다이제스트, 1992), 31.

4) J. C. F. Steudel, *Vorlesungen uebr die Theologie des AT*, ed. G. H. Oehler (Berlin, 1840).

5) H. A. C. Hävernic, *Vorlesungen ueber die Theologie des AT*, ed. E. Hahn (Erlangen, 1848).

6) G. F. Oehler, *Theologie des AT*, 2 vols. (Tübingen, 1873, 1874).

7) E. W. Hengsternberg, *Christologie des AT* (Berlin, 1829-1835).

8) Gerhard F. Hasel, *Old Testament Theology: Basic Issues in the Current Debates*, 김정우 역, 『구약신학: 현대 논쟁의 기본 이슈들』(서울: 엠마오, 1991), 35.

9) Paul R. House, *Old Testament Theology*, 장세훈 역, 『구약신학』(서울: 기독교문서선교회, 2001), 42.

10) Ben C. Ollenburger, Elmer A. Martens, Gerhard F. Hasel (eds.), 『20세기 구약신학의 주요 인물들』, 32-33.

11) Julius Wellhausen, *Prolegomena zur Geschichte Israels* (Berlin: G. Reimer, 1878).

12) Ben C. Ollenburger, Elmer A. Martens, Gerhard F. Hasel (eds.), 『20세기 구약신학의 주요 인물들』, 33-34.

13) Walter Eichrodt, *Theology of the Old Testament*, trans. J. A. Baker, 2 vols. OTL (Philadelphia: Westminster Press, 1961-1967), 1:30-31.

14) Ben C. Ollenburger, Elmer A. Martens, Gerhard F. Hasel (eds.), *The Flowering of Old Testament Theology*, 박문재 역, 『20세기 구약신학의 주요 인물들』(서울: 크리스챤다이제스트, 2000), 35에서 인용.

15) J. J. Scullion, "Gunkel, Johannes Heinrich Hermann(1862-1932)," in *Dictionary of Biblical Interpretation: A-J*, (eds.) John H. Hayes (Nashville: Abingdon Press, 1999), 472.

16) 일반적으로 1950-60년대의 구약신학은 소위 "성경신학운동"이라 불린다. 그러나 보스(G. Vos)의 전통에 있는 개혁주의적 입장도 "성경신학"이라고 부르기 때문에, 필자는 전자와 후자를 구별하기 위해 전자가 바르트의 영향을 반영하기 때문에 전자를 "신정통적 성경신학"이라고 부른다.

17) 또한 이러한 성향은 선지서 연구에도 영향을 미친다. 특히 이사야서는 독일 신학자 둠(Duhm)에 의해 제1이사야, 제2 이사야, 제3 이사야로 분리되었다. 이사야서의 연구사를 살펴보려면, 장세훈, 『한 권으로 읽는 이사야서』(서울: 이레서원, 2004)을 보라.

18) 대체로 바르트의 영향력은 제1차 세계 대전의 어두운 상황 속에서 1919년에 출간된 그의 로마서 주석으로부터 시작된다. Karl Barth, *The Epistle to the Romans*, trans. Edwin C. Hoskyns (New York: Oxford University, 1933).

19) Walther Eichrodt, *Theology of the Old Testament*, 2 vols., Old Testament Library (Philadelphia: Westminster, 1961, 1967).

20) Ben C. Ollenburger, Elmer A. Martens, Gerhard F. Hasel (eds.), 『20세기 구약신학의 주요 인물들』, 108에서 인용.

21) Brevard S. Childs, "Eichrodt, Walter (1890-1978)," in *Dictionary of Biblical Interpretation* (ed.) John H. Hayes (Nashville: Abingdon Press, 1999), 326.

22) Robert C. Dentan, *Preface to Old Testament Theology*, 60.

23) George E. Mendenhall, *Law and Covenant in Israel and the Ancient Near*

East (Pittsburgh: Biblical Colloquium, 1954); Klaus Baltzer, *The Covenant Formulary in Old Testament, Jewish, and Early Christian Writings* (Philadelphia: Fortress, 1971).

24) Gehard von Rad, *Old Testament Theology*, 2 vols. (San Francisco: Harper and Brothers, 1962, 1965).

25) Ben C. Ollenburger, Elmer A. Martens, Gerhard F. Hasel (eds.), *The Flowering of Old Testament Theology*, 박문재 역, 『20세기 구약신학의 주요 인물들』 (서울: 크리스찬다이제스트, 2000), 166에서 인용.

26) Ben C. Ollenburger, Elmer A. Martens, Gerhard F. Hasel (eds.), 『20세기 구약신학의 주요 인물들』, 179-80에서 인용.

27) Robert C. Dentan, *Preface to Old Testament Theology*, 71.

28) William Foxwell Albright, *From Stone Age to Christianity: Monotheism and the Historical Process* (Baltimore: Johns Hopkins University Press, 1946).

29) John Bright, *A History of Israel* (Philadelphia: Westminster, 1956). 이 책은 이후에 판을 거듭하며 많은 독자들에게 사랑받는 대표적인 이스라엘 역사 연구서가 되었다.

30) George Ernest Wright, *Biblical Archaeology* (Philadelphia: Westminster, 1957).

31) George Ernest Wright, *God Who Acts: Biblical Theology as Recital*, SBT 8 (London: SCM, 1952).

32) George Ernest Wright, *The Old Testament Against Its Environment*, Studies in Biblical Theology 2 (London: SCM, 1950).

33) George Ernest Wright, *God who Acts: Biblical Theology as Recital*, 38.

34) Edward J. Young, *The Study of Old Testament Theology Today* (London: James Clarke, 1958), 26.

35) R. K. Harrison. *Introduction to the Old Testament: With a Comprehensive Review of Old Testament Studies and a Special Supplement on the Apocrypha* (Grand Rapids: Eerdmans, 1969), vii.

36) Walter A. Elwell & J. D. Weaver (eds.), *Bible Interpreters of the 20th Century*, 장세훈 역, 『20세기 복음주의 성경신학자들』(서울: 이레서원, 2001), 512-13.

37) Reo G. Perdue, *Reconstructing Old Testament Theology: After the Collapse of History* (Minneapolis: Fortress Press, 2005), 47-48.

38) James Barr, *The Semantics of Biblical Language* (Oxford: Oxford University, 1961).

39) James Barr, *The Concept of Biblical Theology: An Old Testament Perspective* (London: SCM, 2003).

40) Gerhard F. Hasel, 『구약신학: 현대 논쟁의 기본 이슈들』, 120-21.

41) James Barr, *History and Ideology in the Old Testament: Biblical Studies at the End of a Millennium* (Oxford: Oxford University Press, 2000)을 보라.

42) Brevard S. Childs, *Biblical Theology in Crisis* (Philadelphia: Westminster, 1970). 정경 비평이라는 용어는 사실상 James Sanders에 의해 주창되었으며, Childs는 자신의 방법론을 정경 비평이 아닌, 정경적 접근이라고 칭한다. 이 점에서 Childs는 자신의 방법론이 역사 비평학의 새로운 목소리로 이해되기를 원치 않는다.

43) Brevard S. Childs, "The Canonical Shape of the Prophetic Literature," in *Interpreting the Prophets* (eds.) James Luther Mays & Paul J. Achtemeier (Philadelphia: Fortress Press, 1987), 41-42.

44) Ibid.

45) Ibid.

46) Ibid., 43-44.

47) Brevard S. Childs, *Introduction to the Old Testament as Scripture* (London: SCM Press, 1980), 김갑동 역, 『구약 정경 개론』(서울: 대한기독교출판사, 1987), 295-321. Childs의 이사야서 해석의 논점과 평가를 살펴보려면, John N. Oswalt, *The Book of Isaiah: Chapters 40-66*, NICOT (Grand Rapids: Eerdmans, 1998), 3-4; Marvin A. Sweeney, "The Book of Isaiah in Recent

Research," *CR:BS* 1 (1993): 143; Craig A. Evans, "On the Unity and Parallel Structure of Isaiah," in *VT* 38 (1998): 129-32; Walter Brueggemann, "Unity and Dynamic in the Isaiah Tradition," in *Old Testament Theology: Essays on Structure, Theme, and Text* (Minneapolis: Fortress Press, 1992), 252-54; H. G. M. Williamson, *The Book Called Isaiah: Deutero-Isaiah's Role in Composition and Redaction* (Oxford: Clarendon Press, 1994), 16-17.

48) Brevard S. Childs, "The Canonical Shape of the Prophetic Literature", 47.

49) Benjamin Jowett, "On the Interpretation of Scripture," in *The Interpretation of Scripture and Other Essays* (London: George Routledge & Sons, n.d.), 31.

50) 이런 입장에 대한 Childs와 Barr의 토론을 살펴보려면, Paul R. Noble, "The Sensus Literalis: Jowett, Childs, and Barr," *Journal of Theological Studies* (1993): 3-9을 보라.

51) Childs의 정경적 해석의 영향력에 관해서는 Christopher Seitz & Kathryn Green-McCreight (ed.) *Theological Exegesis: Essays in Honor of Brevard S. Childs* (Grand Rapids: Eerdmans, 1999)을 보라.

52) James Barr, *The Concept of Biblical Theology: An Old Testament Perspective* (London: SCM Press, 1999), 412.

53) John Barton, "Canon and Old Testament Interpretation," in *In Search of True Wisdom: Essays in Old Testament Interpretation in Honour of Ronald E. Clements*, (ed.) Edward Ball (Sheffield: Sheffield Academic Press, 1999), 47.

54) Ibid.

55) John J. Collins, *Encounters with Biblical Theology* (Minneapolis: Fortress Press, 2005), 15-16.

56) Walter Brueggemann, *The Theology of The Old Testament: Testimony, Dispute, Advocacy* (Minneapolis: Fortress Press, 1997), 류호준 & 류호영 역, 『구약신학』(서울: 기독교문서선교회, 2003), 1142-43.

57) Walter Brueggemann, "Critic's Coner-Against the Stream: Brevard Childs's

Biblical Theology," *Theology Today* (1993): 281-82.

58) John Barton, "Canon and Old Testament Interpretation," 46.

59) Richard J. Coggins, "New Ways with Old Texts: How Does One Write a Commentary on Isaiah?" in *The Expository Times*, 9 (1996), 365.

60) Christopher R. Seitz, "The Canonical Approach and Theological Interpretation," 60.

61) 그의 대표적인 저술로는 *Old Testament Theology: A Fresh Approach* (Louisville: John Knox Press, 1979), 김찬국 역, 『구약신학』 (서울: 기독교서회, 1989); *Deuteronomy* (Sheffield: Sheffield Academic Press, 1989); *Old Testament Prophecy: From Oracles to Canon* (Louisville: Westminster John Knox Press, 1996); Ezekiel, *Westminster Bible Companion* (Louisville: Westminster John Knox Press, 1996) 외 여러 작품들이 있다.

62) *In Search of True Wisdom: Essays in Old Testament Interpretation in Honor of Ronald E. Clements*, (ed.) Edward Ball (Sheffield: Sheffield Academic Press, 1999).

63) R. E. Clements, *Old Testament Theology: A Fresh Approach* (Louisville: John Knox Press, 1979), 김찬국 역, 『구약신학』 (서울: 기독교서회, 1989), 18.

64) Ibid., 20.

65) Ibid., 21.

66) Ibid., 22.

67) Ibid., 23.

68) Ibid., 26.

69) 이에 대한 충분한 논의로는 Rolf Rendtorff, *The Problem of the Process of Transmission in the Pentateuch*, JSOTSup 89 (Sheffield: Sheffield Academic Press, 1990)을 보라.

70) 구체적인 토론으로는 Rolf Rendtorff, "Jews and Christians: Seeing and the Prophets Differently," *Bible Review*, vol. XIX (2003): 24-31을 보라.

71) Rolf Rendtorff, *The Covenant Formula: An Exegetical and Theological Investigation* (Edinburgh: T & T Clark, 1995), 9.

72) Rolf Rendtorff, *Canon and Theology*, OBT (Minneapolis: Fortress Press, 1993), 13.

73) Ibid., 27.

74) Ibid., 29.

75) Ibid., 170-189.

76) Ibid., 186-87.

77) Rolf Rendtorff, "How to Read the Book of the Twelve as a Theological Unity," in *Reading and Hearing the Book of the Twelve*, (eds.) James D. Nogalski & Marvin A. Sweeney (Atlanta: Society of Biblical Literature, 2000), 75-87.

78) Ibid., 76-77.

79) 렌토르프, 『구약정경신학』, 하경택 역 (서울: 새물결플러스, 2009).

80) 영문판은 1권과 2권을 모두 포함하여 다음과 같이 하나의 번역본으로 출판되었다. *The Canonical Hebrew Bible: A Theology of the Testament* (Leiden: Deo, 2005).

81) James Muilenburg, "Form Criticism and Beyond," *Journal of Biblical Literature* 88 (1969), 1-18.

82) 예를 들면, 그녀의 방법론을 잘 드러내 주는 대표적인 저작 *Rhetorical Criticism: Context, Method, and the Book of Jonah, Guides to Biblical Scholarship* (Minneapolis: Fortress, 1994)을 참조하라.

83) Phyllis Trible, *God and the Rhetoric of Sexuality* (Philadelphia: Fortress Press, 1978).

84) Ben C. Ollenburger, Elmer A. Martens, Gerhard F. Hasel (eds.), *The Flowering of Old Testament Theology*, 박문재 역, 『20세기 구약신학의 주요 인물들』 (서울: 크리스챤다이제스트, 2000), 662-63.

85) Ibid., 667.

86) Rolf Rendtorff, "Toward a Common Jewish-Christian Reading of the Hebrew Bible," in *Canon and Theology* (Minneapolis: Fortress Press, 1993), 31-45.

87) David J. A. Clines, "Possibilities and Priorities of Biblical Interpretation," in *On the Way to the Postmodern: Old Testament Essays, 1967-1998*, Vol 1 (Sheffield: Sheffield Academic Press, 1998), 66.

88) Iain W. Provan, "Ideologies, Literary and Critical: Reflections on Recent Writing on the History of Israel," *JBL* 114/4 (1995) 585-606을 보라.

89) Thomas L. Thompson, "A Neo-Albrightean School in History and Biblical Scholarship?," *JBL* 114/4 (1995) 683-705.

90) Philip R. Davies, "Method and Madness: Some Remarks on Doing History with the Bible," *JBL* 114/4 (1995) 699-705.

91) 프로반(Iain Provan)과 톰슨(Thomas Thompson) 및 데이비스(Philip Davies)의 성경의 이데올로기 논쟁에 대한 적절한 평가를 살펴보려면, James Barr, *History and Ideology in the Old Testament: Biblical Studies at the End of a Millennium* (Oxford: Oxford University Press, 2000), 66-81; The Bible and Culture Collective, "Ideological Criticism," in *The Postmodern Bible* (New Heaven: Yale University, 1995), 277-9을 보라.

92) Tinna Pippin, "Ideology, Ideological Criticism, and the Bible," *CR:BS* 4 (1996), 52; The Bible and Culture Collective, "Ideological Criticism," 272-308.

93) David J. A. Clines, "Possibilities and Priorities of Biblical Interpretation," 65-66. Clines의 이데올로기적 접근을 구체적으로 살펴보려면 그의 책, *Interested Parties: The Ideology of Writers and Readers of the Hebrew Bible* (JSOTSup, 205; GCT, 1; Sheffield: Sheffield Academic Press, 1995)를 참고하라.

94) Tinna Pippin, "Ideology, Ideological Criticism, and the Bible," 51.

95) David M. Gunn & Danna Nolan Fewell, *Narrative in the Hebrew Bible* (Oxford: Oxford University Press, 1993), 191-2.

96) Robert Carroll, "Madonna of Silences: Clio and the Bible," in *Can a "History of Israel" be Written?*, (ed.) L. L. Grabbe (Sheffield: Shffield Academic Press, 1997), 95-6.

97) 최근 이스라엘 역사에 대한 이데올로기적 접근의 동향을 살펴보려면, Richard J. Coggins, "Disputed Questions in Biblical Studies: 1. History and Story in the Old Testament," *The Expository Times* 112 (2001): 257-60을 보라. 또한 James Barr, *History and Ideology in the Old Testament*, 59-101도 참고하라.

98) G. A. Yee, "Ideological Criticism," *Dictionary of Biblical Interpretation: A-J,* ed. John H. Hayes (Nashville, Abingdon Press, 1999), 536.

99) David M. Gunn & Danna Nolan Fewell, *Narrative in the Hebrew Bible: The Oxford Bible Series* (Oxford: Oxford University Press, 1993), 193-4.

100) G. A. Yee, "Ideological Criticism," 535-6.

101) Tina Pippin, " 'And I Will Strike Her Childern Dead' : Death and the Deconstruction of Social Location", in *Reading From This Place*, Vol I, eds. Fernando F. Segovia & Mary Ann Tolbert (Minneapolis: Fortress Press, 1995), 192-93. 또한 G. A. Yee, "The Author/Text/Reader and Power," in *Reading From This Place*, Vol I, eds. Fernando F. Segovia & Mary Ann Tolbert (Minneapolis: Fortress Press, 1995), 115-18을 참고하라.

102) N. K. Gottwald, "Social Class and Ideology in Isaiah 40-55: An Eagletonian Reading," *Semeia* 59 (1992): 52-3.

103) Ibid., 53.

104) Ibid., 53.

105) David J. A. Clines, *What Does Eve Do to Help?* (Sheffield: Sheffield Academic Press, 1990).

106) 예를 들면 그의 책, *Interested Parties: The Ideology of Writers and Readers of the Hebrew Bible* (Sheffield: Sheffield Academic Press, 1995)을 보라.

107) David J. A. Clines, *On the Way to the Postmodern: Old Testament Essays,*

1967-1998. Vol. 1 & 2, JSOTSup 292 & 293 (Sheffield: Sheffield Academic Press, 1998).

108) 브루그만의 초창기 해석방법론을 살펴보려면 그의 책, *Old Testament Theology: Essays on Structure, Theme and Text* (ed.) Patrick D. Miller Jr. (Minneapolis: Fortress Press, 1992)을 보라.

109) Walter Brueggemann, *Theology of the Old Testament: Testimony, Dispute, Advocacy* (Minneapolis: Fortress Press, 1997), 류호준 & 류호영 역, 『구약신학』 (서울: 기독교문서선교회, 2003); idem, "Biblical Theology Appropriately Postmodern," in *Jews, Christians, and the Theology of the Hebrew Scriptures*, (eds.) Alice Ogen Bellis & Joel S. Kaminsky (Atlanta: Society of Biblical Literature, 2000).

110) 20세기 후반의 포스트모던 해석의 영향력에 관해서는 Perdue, *Reconstructing Old Testament Theology: After the Collapse of History* (Minneapolis: Fotress Press, 2005)를 보라.

2장 복음주의 구약신학의 흐름

1) Ben C. Ollenburger, Elmer A. Martens, Gerhard F. Hasel (eds.), *The Flowering of Old Testament Theology*, 박문재 역, 『20세기 구약신학의 주요 인물들』, 329.

2) Walter A. Elwell & J. D. Weaver (eds.), *Bible Interpreters of the 20th Century*, 장세훈 역, 『20세기 복음주의 성경 신학자들』 (서울: 이레서원, 2001), 607.

3) *Toward an Old Testament Theology* (Grand Rapids: Zondervan, 1978), 최종진 역, 『구약성경신학』 (서울: 생명의 말씀사, 1998); *Toward an Evangelical Theology: Biblical Exegesis for Preaching and Teaching* (Grand Rapids: Baker, 1981); *Toward Old Testament Ethics* (Grand Rapids: Zondervan,

1983); *Toward Rediscovering the Old Testament* (Grand Rapids: Zondervan, 1987); *The Messiah in the Old Testament* (Grand Rapids: Zondervan, 1995), 류근상 역, 『구약 성경 신학-구약에서의 메시아』 (파주: 크리스찬출판사, 2001); *Mission in the Old Testament: Israel as a Light to the Nations* (Grand Rapids: Baker, 2000), 임윤택 역, 『구약성경과 선교-이방의 빛 이스라엘』 (서울: 기독교문서선교회, 2005).

4) Walter C. Kaiser Jr., *Toward an Old Testament Theology*, 4.

5) Ibid., 12.

6) Ibid., 33.

7) Ernst Wilhelm Hengsternberg, *Christology of the Old Testament* (Grand Rapids: Kregel, 1970), ix-x.

8) Paul R. House, *Old Testament Theology*, 장세훈 역, 『구약신학』 (서울: 기독교문서선교회, 2001), 72-73.

9) *God's Design: A Focus on Old Testament Theology* (Grand Rapids: Baker, 1981), 김지찬 역, 『구약에 나타난 하나님의 계획과 목적』 (서울: 생명의 말씀사, 1990).

10) Ben C. Ollenburger, Elmer A. Martens, Gerhard F. Hasel (eds.), 『20세기 구약신학의 주요 인물들』, 429.

11) Ibid., 441.

12) Paul R. House, 『구약신학』, 79.

13) *Toward an Old Testament Theology* (Grand Rapids: Zondervan, 1978), 최종진 역, 『구약 성경 신학』 (서울: 생명의 말씀사, 1998).

14) *God's Design: A Focus on Old Testament Theology* (Grand Rapids: Baker, 1981), 김지찬 역, 『구약에 나타난 하나님의 계획과 목적』 (서울: 생명의 말씀사, 1990).

15) *Old Testament Theology* (Downers Grove: IVP, 1998), 장세훈 역, 『구약신학』 (서울: 기독교문서선교회, 2001).

16) *Introduction to Old Testament Theology: A Canonical Approach* (Grand Rapids: Zondervan, 1995), 김진섭 역, 『구약신학개론-정경적 접근』 (서울: 솔로몬, 2003).

17) Elmer Martens, "Old Testament Theology Since Walter C. Kaiser, Jr.," *JETS* 50/4 (December 2007): 677.

18) Brevard S. Childs, *Biblical Theology in Crisis* (Philadelphia: Westminster Press, 1970).

19) Childs의 정경적 해석이 드러나고 있는 그의 대표적인 작품으로는 *Introduction to the Old Testament as Scripture* (Philadelphia: Fortress, 1979); *Old Testament Theology in a Canonical Context* (Philadelphia: Fortress, 1986); *Biblical Theology of the Old and New Testaments* (Minneapolis: Augsburg-Fortress, 1993)을 참고하라. 최근에 출간된 그의 이사야서 주석, *Isaiah* (OTL; Louisville: John Knox Westminster Press, 2000)은 아쉽게도 편집비평에 많이 의존하고 있다는 인상을 남기고 있다. Childs의 생애와 사상을 살펴보려면, Roy A. Harrisville & Walter Sundberg, *The Bible in Modern Culture: Baruch Spinoza to Brevard Childs* (Grand Rapids: Eerdmans, 2002), 304-328을 보라.

20) Childs는 정경의 최종 형태(the final canonical form)를 강조하는 반면, Sanders는 최종 정경 형태가 될 때까지의 "정경 과정"(process)과 그 과정에 영향을 입힌 요소들에 관심을 기울인다. 이 두 학자들의 입장 차이를 살펴보려면 Philip R. Davies, *Scribes and Schools* (Louisville: Westminster John Knox Press, 1998), 48-53; Bernhard W. Anderson, *Understanding the Old Testament*, 4th edition (New Jersey: Prentice-Hall, 1986), 강성열 & 노항규 역, 『구약 성서 이해』 (서울: 크리스챤다이제스트, 1994), 766을 보라.

21) Christopher R. Seitz의 정경적 해석을 살펴보려면 그의 책, *Zion's Final Destiny: The Development of the Book of Isaiah* (Minneapolis: Fortress Press, 1991); *Isaiah 1-39, Interpretation* (Louisville: Westminster/John Knox

Press, 1993); *Word without End: The Old Testament as Abiding Theological Witness* (Grand Rapids: Eerdmans, 1998)을 보라.

22) Clements의 정경적 해석이 제시된 대표적인 작품으로는 그의 책, *Old Testament Theology: A Fresh Approach* (Atlanta: John Konx Press, 1978)을 참조하라. Clements는 정경의 개념이 구약신학의 기술에 중심적인 역할을 수행한다는 점을 다음과 같이 지적한다: "'정경'과 '신학'이라는 개념 사이에는 진정한 연관성이 존재한다. 왜냐하면 성경 문헌이 거룩한 성경의 정경으로서 위치한다는 점은 이 문헌이 여전히 권위적인 하나님의 말씀을 담고 있는 본문으로 믿도록 구별시켜주기 때문이다." (그의 책, *Old Testament Theology: A Fresh Approach*, 15.)

23) Rendtorff의 정경적 접근을 살펴보려면 그의 책, *Canon and Theology*, OBT (Minneapolis: Fortress Press, 1993)을 보라.

24) 이들의 신학적 해석에 관해서는 Bruce Birch et al., *A Theological Introduction to the Old Testament* (Nashville: Abingdon, 1999)을 보라.

25) Paul R. House, *Old Testament Theology* (Downers Grove: Inter Varsity Press, 1998), 장세훈 역, 『구약신학』 (서울: 기독교문서선교회, 2001).

26) Ibid., 971.

27) Ibid., 1001.

28) Ibid., 84.

29) Ibid., 99.

30) Paul R. House, "Biblical Theology and the Wholeness of Scripture," in *Biblical Theology: Retrospect & Prospect*, (ed.) Scott J. Hafemann (Downers Grove: InterVarsity Press, 2002), 269.

31) Ibid.

32) Ibid., 269.

33) Ibid., 278.

34) 예를 들면, Willem A. VanGemern, *The Progress of Redemption* (Grand

Rapids: Zondervan Publishing House, 1988), 안병호 & 김의원 역, 『구원 계시의 발전사 I. II』 (서울: 성경읽기사, 1993); idem, *Interpreting the Prophetic Word* (Grand Rapids: Zondervan Publishing House, 1990), 이명철 & 김의원 역, 『예언서 연구』 (서울: 엠마오, 1993).

35) Willem A. VanGemern, *The Progress of Redemption* (Grand Rapids: Zondervan Publishing House, 1988), 안병호 & 김의원 역, 『구원 계시의 발전사 I. II』 (서울: 성경읽기사, 1993), 13-42.

36) Ibid., 29-31.

37) Ibid., 31.

38) Ibid., 32.

39) Ibid.

40) 여기서 밴게메렌은 James A. Sanders의 정경 비평을 반영하고 있다. James A. Sanders의 *Torah and Canon* (Philadelphia: Fortress Press, 1972), ix-xx을 보라.

41) Willem A. VanGemern, *Interpreting the Prophetic Word* (Grand Rapids: Zondervan Publishing House, 1990), 이명철 & 김의원 역, 『예언서 연구』 (서울: 엠마오, 1993), 135-36.

42) Ibid., 135.

43) Ibid., 138.

44) Ibid., 143.

45) John H. Sailhamer, *The Pentateuch as Narrative: A Biblical-Theological Commentary* (Grand Rapids: Zondervan, 1992).

46) John H. Sailhamer, *Introduction to Old Testament Theology: A Canonical Approach* (Grand Rapids: Zondervan, 1995), 김진섭 역, 『구약신학 개론: 정경적 접근』 (서울: 솔로몬, 2003).

47) Ibid., 59-150.

48) Ibid., 337-379.

49) Ibid., 337.

50) Ibid., 379-383.

51) Ibid., 382.

52) Ibid., 383-405.

53) 마이어의 성경 해석의 원리는, 1) 기도 2) 상호작용 3) 대화 4) 교정 5) 실천으로 구성된다. Ibid., 401-402을 보라.

54) Ibid., 405.

55) 이 점에 대해서는 앞서 살펴본 폴 하우스의 논의를 참조하라.

56) Paul R. House, *Old Testament Theology* (Downers Grove: Inter Varsity Press, 1998), 장세훈 역, 『구약신학』(서울: 기독교문서선교회, 2001), 351.

57) Leo Perdue, *The Collapse of History: Reconstructing Old Testament Theology*, OBT (Minneapolis: Fortress Press, 1994).

58) Leo Perdue, *Reconstructing Old Testament Theology: After the Collapse of History*, OBT (Minneapolis: Fortrss Press, 2005).

59) Ibid., 352.

60) Stephen E. Fowl, *Engaging Scripture: A Model for Theological Interpretation* (Oxford: Basil Blackwell, 1998); idem (ed.), *The Theological Interpretation of Scripture: Classic and Contemporary Reading* (Oxford. Basil Blackwell, 1997).

61) Francis Watson, *Text, Church and World: Biblical Interpretation in Theological Perspective* (Grand Rapids: Eerdmans, 1994); idem, *Text and Truth: Redefining Biblical Theology* (Grand Rapids: Eerdmans, 1997).

62) Bruce Birch et al., *A Theological Introduction to the Old Testament* (Nashville: Abingdon, 1999).

63) Ibid., 17.

64) *Theological Interpretation of the Old Testament: A Book-by-Book Survey*, ed. Kevin J. Vanhoozer (Grand Rapids: Baker Academic, 2008).

65) *Dictionary for Theological Interpretation of the Bible*, ed. Kevin J.

Vanhoozer (Grand Rapids: Baker Academic, 2005)

66) *Theological Interpretation of the Old Testament: A Book-by-Book Survey*, 16.

67) Ibid., 16.

68) Ibid., 17.

69) Ibid., 17.

70) Ibid., 17.

71) Ibid., 18.

제3장 21세기 개혁주의 구약신학의 흐름

1) *The Progress of Redemption: The Story of Salvation from Creation to the New Jerusalem* (Grand Rapids: Baker, 1998), 안병호 & 김의원 역, 『구원계시의 발전사 I, II』 (서울: ESP, 2002).

2) *The Christ of the Covenants* (Philipsburg: P&R, 1980), 김의원 역, 『계약신학과 그리스도』 (서울: 기독교문서선교회, 1983).

3) *The Structure of Biblical Authority* (Grand Rapids: Eerdmans, 1975), 노춘희 역, 『성경권위의 구조』 (서울: 새순출판사, 1994).

4) *An Old Testament Theology: An Exegetical, Canonical and Thematic Approach* (Grand Rapids: Zondervan, 2007).

5) 한국에서도 개혁주의 관점에 근거한 구약신학 작품들이 출간된 바 있다. 예를 들면, 정규남, 『구약신학의 맥』 (서울: 두란노, 1996); 손석태, 『여호와 이스라엘의 남편』 (서울: 솔로몬, 1997)와 같은 책을 보라.

6) 이 책은 『우리 안에 거하시는 하나님』, 권대영 역, (서울: 기독교문서선교회, 2003)으로 번역 출간되었다.

7) *Dominion and Dynasty: A Theology of the Hebrew Bible*, NSBT (Downers Grove: IVP, 2003).

8) 그는 남아공 포체스트룸 대학교(M.A.), 영국의 옥스퍼드 대학교(M.A.)에서 공부했으며, 브리스톨 대학교에서 영국의 저명한 복음주의 구약신학자 고든 웬함(Gordon Wenham)의 지도 아래 전도서 연구로 박사학위를 취득했다.

9) John H. Stek, "'Covenant' Overload in Reformed Theology," *CTJ* 29 (1994):12-41; Craig G. Bartholomew, "Covenant and Creation: Covenant Overload or Covenant Deconstruction," *CTJ* 30 (1995): 11-33.

10) 이 기획물은 현재 5번째 시리즈를 출간했는데, 각각의 제목은 다음과 같다: *Renewing Biblical Interpretation, After Pentecost, A Royal Priesthood?, 'Behind' the Text, Out of Egypt.*

11) Craig G. Bartholomew & Michael W. Goheen, "Story and Biblical Theology," in *Out of Egypt: Biblical Theology and Biblical Interpretation*, (eds.) Craig G. Bartholomew et al. (Grand Rapids: Zonvervan, 2004), 144-71.

12) *The Drama of Scripture: Finding Our Place in the Biblical Story* (Grand Rapids: Baker, 2004), 김명희 역, 『성경은 드라마다』 (서울: IVP, 2009)

13) William J. Dumbrell, *Covenant and Creation: A Theology of Old Testament Covenants* (Exeter: Paternoster, 1984). 이 책과 함께 읽혀지는 그의 저서로는 *The End of Beginning*, 장세훈 역, 『새 언약과 새 창조』 (서울: 기독교문서선교회, 2004); *The Search for Order: Biblical Eschatology in Focus*, 장세훈 역, 『언약신학과 종말론』 (서울: 기독교문서선교회, 2000)을 보라.

14) William J. Dumbrell, *The Faith of Israel: A Theological Survey of the Old Testament* (Grand Rapids: Baker, 2002).

15) 언약의 연속성에 대한 구체적인 논의는 그의 책, 『언약과 창조』, 『새 언약과 새 창조』, 『언약신학과 종말론』에서도 강조되고 있다.

16) 그는 2010년에 유신론적 진화론의 이슈로 인해 리폼드 신학교를 떠나게 되었다.

17) Bruce K. Waltke, *An Old Testament Theology: An Exegetical, Canonical and Thematic Approach* (Grand Rapids: Zondervan, 2007), 143-69; idem, "The Irruption of the Kingdom of God," *CTR* n.s. 2/1 (Fall 2004): 3-13.

18) Bruce Waltke, "The Irruption of the Kingdom of God," 7.

19) Ibid., 9-10.

20) *The Christ of the Covenants* (Philipsburg: P&R, 1980), 김의원 역,『계약신학과 그리스도』(서울: 기독교문서선교회, 1983).

21) O. Palmer Robertson, *The Israel of God: Yesterday, Today and Tomorrow* (P & R Publishing: New Jersey, 2000), 오광만 역,『하나님의 이스라엘』(서울: 그리심, 2002).

22) Ibid., 37.

23) Ibid., 101.

24) Peter Enns, *Inspiration and Incarnation: Evangelicals and the Problem of the Old Testament* (Grand Rapids: Baker, 2005), 김구원 역.『성육신의 관점에서 본 성경 영감설』(서울: 기독교문서선교회, 2006).

25) Peter Enns에 대한 G. K. Beale의 비평에 대해서는 그의 논문 "Myth, History, and Inspiration: A Review Article of Inspiration and Incarnation by Peter Enns," *JETS* 49/2 (June 2006): 287-312과 "Did Jesus and the Apostles Preach the Right Doctrine from the Wrong Texts?: Revisiting the Debate Seventeen Years Later in the Light of Peter Enns' Book, Inspiration and Incarnation," *Themelios*, Vol. 32.1 (2006): 18-43를 보라.

26) 이 부분에 대한 보다 상세한 토론은 제3부에서 소개될 것이다.

27) Peter Enns, *Inspiration and Incarnation: Evangelicals and the Problem of the Old Testament*, 김구원 역,『성육신의 관점에서 본 성경 영감설』, 17.

28) Ibid., 21.

29) Ibid., 76.

30) Ibid., 77.

31) Ibid., 75-76.

32) 엔스의 입장에 대해서는 제3부에서 보다 구체적으로 논의될 것이다.

33) 예를 들면, "구약"과 "히브리 정경"의 용어 사용에 대한 논의로는, John J. Collins and

Roger Brooks (eds.), *Hebrew Bible or Old Testament? Studying the Bible in Judaism and Christianity* (Notre Dame: University of Notre Dame, 1990)을 참고하라.

34) Jon D. Levenson, *The Hebrew Bible, The Old Testament, and Historical Criticism* (Louisville: Westminster, 1993), 특히 제2장의 내용을 참조하라(33-61).

35) Rolf Rendtroff, "A Christian Approach," in *Jews, Christians, and the Theology of the Hebrew Scriptures*, (ed.) Christopher R. Matthews (Atlanta: Society of Biblical Literature, 2000), 137-151.

36) T. Desmond Alexander & Brian S. Rosner (eds.) *New Dictionary of Biblical Theology* (Leicester: Inter-Varisty Press, 2000), IVP 역, 『IVP 성경신학사전』 (서울: IVP, 2004), 145-47.

37) Nicholas Perrin, "Dialogic Conceptions of Language and the Problem of Biblical Unity," in *Biblical Theology: Retrospect & Prospect* (Downers Grove: IVP, 2002), 212-23.

38) 학자들이 설명하는 모형론에 대한 개념 정의들은 다소 차이점이 있지만, 아래와 같은 베이커(David L. Baker)의 입장은 보다 폭넓은 지지를 받고 있다.

- 하나의 모형(a type)은 하나의 성경적 사건, 인물 혹은 제도로서 다른 사건들, 인물들 혹은 제도들의 한 모범(anexample) 혹은 한 패턴(pattern)으로서 가능한다.
- 모형론(typology)은 모형들과, 모형론들 간의 역사적 신학적 일치성(correspondence)에 대한 연구이다.
- 모형론의 근거(basis)는 선택 받은 백성들의 역사에 나타난 하나님의 일관된 사역(God's consistent activity)에 있다.

모형론의 정의에 대해서는 David L. Baker, "Typology and the Christian Use of the Old Testament" in *The Right Doctrine from the Wrong Texts: Essays on the Use of the Old Testament in the New*, (ed.) G. K. Beale (Grand Rapids: Baker Books, 1994), 313-30; G. P. Hugenberger, "Introductory Notes on Typology" in *The Right Doctrine from the Wrong Texts: Essays on the Use of the Old Testament in the New*, 331-41을 보라. 또한 모형론적 해석의 역사에 관해서는 John E. Alsup, "Typology," *ABD*, Vol. 6 (New York: Doubleday, 1992), 682-85을 보라. Baker의 정의와 유사한 Goppelt의 정의는 다음과 같다: (1) 구약의 모형과 신약의 대형 사이에는 뚜렷한 성경적 패턴 혹은 일치가 존재한다 (2) 구약의 모형과 신약의 대형은 역사적 실제 즉 사람, 행동, 제도에 근거해야만 하며, 본문속에 발견되는 숨겨진 의미에 근거하지 않는다 (3) 구약의 모형으로부터 더 큰 신약의 대형으로의 점진적 발전 혹은 진보가 있어야 한다. L. Goppelt, *Typos: The Typological Interpretation of the Old Testament in the New* (Grand Rapids: Eerdmans, 1982), 17-18을 보라.

39) 알레고리와 모형론의 차이점에 대해서는 R. T. France, *Jesus & the Old Testament* (Downer Grove: Inter-Varsity Press, 1971), 38-43을 보라.

40) 예를 들면, 폰 라트(von Rad)는 하나의 모형(a type)을 후대의 해석자가 인식한 성경의 한 사건으로만 이해한다. 또한 고울더(Goulder)는 하나의 모형을 단순히 후대 저자들이 그들의 메시지를 전할 때 사용하는 한 사람, 혹은 한 제도를 뜻한다고 본다. 이에 대한 설명으로는 G. P. Hugenberger, "Introductory Notes on Typology" in *The Right Doctrine from the Wrong Texts: Essays on the Use of the Old Testament in the New*, 337을 보라.

41) 특히 정경적 접근은 뎀스터와 덤브렐의 분석에서 주요 해석학적 방법론으로 사용된다.

42) 이러한 히브리 정경의 순서에 따른 구약 분석은 개혁주의 신학자들의 작품 속에서도 발견된다. 예를 들면, Edward J. Young이나 한국의 정규남 박사도 이런 순서를 따른다.

43) Bruce Waltke는 이 두 방법론의 조화를 시도하고 있다. 그의 책, *An Old Testament Theology*을 보라.

제4장 21세기 개혁주의 구약신학의 흐름

1) James Barr, *The Semantics of Biblical Language* (London: OUP, 1961).

2) 차일즈의 정경적 해석은 그의 예일 대학교 동료였던 Christopher R. Seitz, 영국의 Ronald E. Clements와 같은 학자들에 의해 계속 주창되었다. 다음의 책들을 참조하라. Ronald E. Clements, *Old Testament Theology: A Fresh Approach* (Atlanta: John Knox Press, 1978); Christopher R. Seitz, *Word Without End* (Grand Rapids: Eerdmans, 1998). 또한 독일의 구약학자 Rolf Rendtroff도 차일즈와 동일한 방식은 아니지만 정경적 해석을 강조하고 있다. 그의 책, *Canon and Theology* (Minneapolis: Fortress Press, 1994); *The Canonical Hebrew Bible: A Theology of the Old Testament*, tr. David E. Orton (Leiden: Deo Publishing, 2005)을 보라. Manfred Oeming은 F.L. Hossfeld, K. Koenen, N. Lohfink, O. H. Steck 그리고 E. Zenger와 같은 학자들이 정경적 해석에 직간접적으로 영향을 받고 있다고 평가한다. 그의 책, *Contemporary Biblical Hermeneutics: An Introduction*, tr. Joachim Vette (Burlington: Ashgate, 2006), 66을 보라.

3) 이사야서의 성경적 접근에 대한 분석과 평가에 대해서는 필자의 졸고, 『한 권으로 읽는 이사야서』 (서울: 이레서원, 2004), 49-62을 보라.

4) Brevard S. Childs, *Isaiah*, OTL (Louisville: Westminster John Knox Press, 2001).

5) Brevard S. Childs, *The Struggle to Understand Isaiah as Christian Scripture* (Grand Rapids: Eerdmans, 2004).

6) Walter Brueggemann, *Isaiah 1-39, Isaiah 40-66* (Louisville: Westminster John Knox Press, 1998).

7) Walter Brueggemann, *An Introduction to the Old Testament* (Louisville: Westminster John Knox Press, 2003), 156-75.

8) 차일즈, 『구약 정경 개론』 김갑동 역 (서울: 대한기독교출판사, 1987), 295-321. 원제는 Brevard S. Childs, *Introduction to the Old Testament as Scripture* (London: SCM Press, 1980).

9) Brevard S. Childs, "The Canonical Shape of the Prophetic Literature," in *Interpreting the Prophets* (eds.) James Luther Mays & Paul J. Achtemeier (Philadelphia: Fortress Press, 1987), 41-49.

10) Ibid., 41-41.

11) Ibid., 43-44.

12) Brevard S. Childs, *Isaiah*, 4.

13) Ibid., 4.

14) 예를 들면, 차일즈는 36-39장이 제1 이사야와 제2 이사야의 자료들이 완결된 이후 이 두 자료들을 연결시키는 고리로서 후대에 첨가된 것인지, 아니면 윌리암슨(H. G. M. Williamson)의 논지처럼 제2 이사야를 모든 자료의 최종 편집자로 간주하든지 간에, 다양한 의견들이 제시되어 왔음을 밝히고 있다. Brevard S. Childs, *Isaiah*, 266.

15) Ibid., 266.

16) Ibid., 545.

17) Ibid., 545.

18) Roy F. Melugin, "Isaiah: A Commentary," I*nterpretation* (2002), 426.

19) 예를 들면, 차일즈는 36-39장의 최종 편집 시기에 대해 다음과 같은 불가지론적 입장과 유사한 견해를 피력한다: "36-39장이 본문 구성에 언제 들어왔는지를 정확하게 결정하는 편집적 이슈는 해석의 과제에 있어서 해석학적으로 볼 때 일차적 중요성을 갖지 않는다.". Brevard S. Childs, *saiah*, 266.

20) Ibid., 4.

21) 차일즈의 독단적 해석의 문제에 대해서는 A. Joseph Everson, "Isaiah: A Commentary," *Book Reviews*, *JBL* (2002), 352-53을 보라.

22) Walter Brueggemann, "Canon fire," *Christian Century*, 33 (2001): 26.

23) Walter Brueggemann, *Isaiah 1-39*, 4.

24) Ibid., 4; idem, *An Introduction to the Old Testament*, 162.

25) Walter Brueggemann, *An Introduction to the Old Testament*, 172-173.

26) Ibid., 174.

27) Ibid., 169.

28) Ibid., 394-395.

29) Ibid., 13.

30) Canon and Biblical Interpretation, *Scripture and Hermeneutics Series* Vol 7., (eds.) Craig Bartholomew et al. (Grand Rapids: Zondervan, 2006).

31) Tremper Longman III, "Reading Wisdom Canonically," in *Canon and Biblical Interpretation*, 352-71.

32) Ibid., 352.

33) Ibid., 363.

34) Leo Perdue, *Reconstructing Old Testament Theology*, 40.

35) Ibid.

36) Bruce Waltke, *An Old Testament Theology*, 41.

37) 김정우, "개혁주의 정경적 성경 해석학에 대한 제안," 『신학지남』, 통권 제300호 (2009), 97-98.

38) Ibid., 43.

39) R. T. Beckwith, "Canon of the Bible," *Dictionary of Biblical Interpretation*, 161-64.

40) Rolf Rendtorff, *Canon and Theology*, 55-56.

41) Stephen G. Dempster, *Dominion and Dynasty*, 46.

42) Ibid., 46-47.

43) Ibid., 47-48.

44) Stephen G. Dempster, "Geography and Genealogy, Dominion and Dynasty: A Theology of the Hebrew Bible," in *Biblical Theology: Retrospect & Prospect* (ed.) Scott J. Hafemann (Downers Grove: InterVarsity Press, 2002), 74-82.

45) Stephen G. Dempster, *Dominion and Dynasty*, 32-33.

1) 물론 언약에 대한 강조는 비평주의 학자들에게도 중요한 이슈가 되었다. 바젤의 칼 바르트의 동료였던 W. Eichrodt는 G. E. Mendenhall의 양식사적 언약 이해를 수용하면서 구약의 언약사상을 후대의 개념으로 돌리는 벨하우젠의 입장에 반대하고 초기 이스라엘 종교의 독특성을 보여주는 열쇠로서 언약을 강조하였으며, 이 언약을 구약신학의 중심개념으로 중요하게 취급하였다. 그러나 Lothar Perlitt와 Ernst Kutsch와 같은 독일 신학자들은 멘델홀과 아이히로트의 견해를 반박하며 언약의 신명기적 특성을 강조한 벨하우젠의 입장을 지지해 왔으며, 영국의 E. W. Nicholson도 이들의 견해를 긍정하였다. 이처럼 양 쪽의 팽팽한 대립 속에 보다 독자적인 입장들이 등장하는데 최근에 F. M. Cross는 언약을 "혈족"의 관점에서 논의하며, Gordon P. Hugenberger는 결혼을 언약으로 다루는 구약 본문들을 분석하면서 결혼과 언약과의 연관성을 논증한다. 최근의 언약에 관한 연구 동향을 살펴보려면, Scott Hahn, "Covenant in the Old and New Testaments: Some Current Research(1994-2004)," *CBR* 3.2 (2005): 263-92를 보라.
2) O. Palmer Robertson, *The Christ of the Covenants* (Grand Rapids: Baker, 1980), 김의원 역,『계약신학과 그리스도』(서울: 기독교문서선교회, 1983).
3) M. G. Kline, *Kingdom Prologue: Genesis Foundations for a Covenantal Worldview* (Overland Park: Two Age Press, 2000). 클라인 박사는 2007년 4월 13일 금요일 밤 우리의 곁을 떠나 주님의 품에 안겼다. 고인에 대한 추모의 글을 보려면, www.upper-register.com을 보라.
4) William J. Dumbrell, *Covenant and Creation: A Theology of Old Testament Covenants* (Nashville: Thomas Nelson, 1984), 최우성 역,『언약과 창조』(서울: 크리스챤서적, 1999); idem, *The End of the Beginning: Revelation 21-22 and the Old Testament* (Grand Rapids; Baker, 1986), 장세훈 역,『새 언약과 새 창조』(서울: 기독교문서선교회, 2003); idem, *The Search for Order: Biblical Eschatology in Focus* (Grand Rapids: Baker, 1994) 장세훈 역,『언약신학과 종말

론』(서울: 기독교문서선교회, 2000).

5) Thomas Edward McComiskey, *The Covenants of Promise: A Theology of the Old Testament Covenants* (Grand Rapids: Baker, 1985), 김의원 역, 『계약신학과 약속』(서울: 기독교문서선교회, 1987).

6) Scott J. Hafemann, "The Covenant Relationship," in *Central Themes in Biblical Theology: Mapping Unity in Diversity*, (eds.) Scott J. Hafemann & Paul R. House (Nottingham: Apollos, 2007), 20-65.

7) 조직신학 분과에서는 "행위언약"에 대한 논쟁이 계속되어 왔다. 이 "행위언약"과 관련된16세기 중반의 "언약신학"(federal theology)개념은 이후에 웨스트민스터 고백서에 중요한 영향을 미친다. 이 입장을 지지하는 자들로는 찰스 핫지(Charles Hodge), 루이스 벌코프(Louise Berkhof), 헤르만 바빙크(Herman Barvinck) 그리고 최근에는 칼빈과 언약신학과의 연속성을 강조하는 피터 릴백(Peter A. Lillback)과 같은 개혁주의 신학자들을 손꼽을 수 있으며, 한국에서는 주로 보수적 개혁주의 신학자들이 이 노선을 취한다. 반대로 이 견해를 비판하는 자들로는 알베르터스 피터스(Albertus Pieters), 칼 바르트(Karl Barth), 제임스 토랜스(James B. Torrence)와 같은 학자들이 있으며, 한국의 김영한 박사 역시 "행위언약"에 비판적 입장을 피력한다(그의 책, 『개혁신학이란 무엇인가』[서울: IVP, 1994]의 세4상 7번의 "행위언약 개념 비판"을 참조하라). 한편 잔 머리(John Murray)는 전통적 개혁주의 입장을 취하지만 "행위언약"이라는 용어가 부적절하다고 지적하면서 대신에 "The Adamic administration" 이라는 표현을 선호한다(그의 "The Adamic Administration," in *Collected Writings of John Murray 4 vols*, vol. 2 [Edinburgh and Carlisle, Pa.: Banner of Truth, 1977], 49-50을 보라).

8) John H. Stek, "Covenant Overload in Reformed Theology," *CTJ* 29 (1994): 12-41.

9) Ibid., 40.

10) Craig G. Bartholomew, "Covenant and Creation: Covenant Overload or Covenantal Deconstruction," *CTJ* 30 (1995): 11-33.

11) Ibid., 26.

12) 그는 영국의 복음주의 구약학자 T. D. Alexander의 지도아래 박사학위를 취득했으며, 그의 논문은 영국 쉐필드 출판사의 JSOTSup 315에서 Abraham, *Israel and the Nations: The Patriarchal Promise and Its Covenantal Development in Genesis*라는 제목으로 2000년에 출간되었다. 이 학위 논문외에도 언약에 관한 그의 대표적인 연구로는 Paul Williamson, "Covenant" in *Dictionary of the Old Testament: Pentateuch*, (eds.) T. D. Alexander & David W. Baker (Downers Grove: IVP, 2003), 139-55; idem, "Covenant: The Beginning of a Biblical Idea," *Reformed Theological Review*, Vol. 65:1 (2006): 1-14; idem, *Sealed with and Oath: Covenant in God' s Unfolding Purpose*, NSBT 23 (Downers Grove: IVP, 2007)을 보라. 이처럼 그의 작품들은 복음주의 학계에 많은 영향력을 미치고 있다.

13) William J. Dumbrell, *The Search for Order*, 42.

14) Ibid., 42-43.

15) Paul R. Williamson, *Abraham, Israel and the Nations*, 197-98.

16) O. Palmer Robertson, *The Christ of the Covenants*, 30-31.

17) Paul R. Williamson, *Sealed with an Oath*, 55-56.

18) O. Palmer Robertson, *The Christ of the Covenants*, 30.

19) Ibid, 27-29.

20) Paul R. Williamson, *Sealed with an Oath*, 75.

21) Kenneth A. Matthews, *Genesis 4:27-11:26*, NAC (Nashville: B&H Press, 1996). 367.

22) Gordon Wenham, *Genesis 1-15*, WBC (Waco: Word Books, 1987), 175.

23) M. Weinfeld, "B e rith," *TDOT* 2, 260. 그는 이 두 의미중 헤킴이라는 단어가 "성취하다"의 의미를 더 강하게 반영한다고 주장한다.

24) Gordon J. McConville, "בְּרִית", *Dictionary of Old Testament Theology & Exegesis*, Vol. 1, 748-49.

25) 다양한 학자들의 견해에 대해서는 Duane A. Garrett, *Hosea, Joel*, NAC (Nashville: B&P Press, 1997), 162-63을 보라.

26) 이들의 주장을 보다 구체적으로 살펴보려면 J. Day, "Pre-Deuteronomic Allusions to the Covenant in Hosea and Psalm LXXVIII," *VT* 36 (1986), 1-12; Marvin A. Sweeney, *The Twelve Prophets*, Vol. 1, Berit Olam (Collegeville: The Liturgical Press, 2000), 74-75; Duane A. Garrett, *Hosea, Joel*, 162-63을 보라.

27) NIV는 "아담"을 최초의 인류 아담으로 번역하지만, 다른 입장들도 함께 소개한다 ("Like Adam, [7 Or As at Adam; or Like men] they have broken the covenant -- they were unfaithful to me there").

28) Jack R. Lundbom, *Jeremiah 21-36*, The Anchor Bible (Doubleday: The Anchor Bible, 2004), 544.

29) Thomas Edward McComiskey, *The Covenants of Promise*, 243.

30) Gerald L. Keown, Pamela J. Scalis and Thomas G. Smothers, *Jeremiah 26-52*, WBC 27(Dallas: Word Books, 1995). 175.

31) Paul R. Williamson, *Dictionary of Old Testament: Pentateuch*, 141.

32) 이러한 논증을 탁월하게 전개한 Gordon Paul Hugenberger, *Marriage as a Covenant: A Study of Biblical Law and Ethics Governing Marriage Devoloped from the Perspective of Malachi* (Leiden: E.J. Brill, 1994)를 보라.

33) Hugenberger는 말 2:14의 결혼을 실제적인 결혼이 아닌 상징으로 보는 다양한 견해들 가운데 5가지의 주장들을 소개한 뒤 그 이론들을 철저하게 반박한다. Ibid., 25-47를 참조하라.

34) Ibid., 157.

35) 그의 구체적인 설명으로는 Ibid., 156-57; 278-79를 보라.

36) Ibid., 11-12, 176.

37) 그는 말 2:14을 논의하는 휴겐버거의 입장을 소개만할 뿐 그의 논지에 대한 부당성을 전혀 반박하지 않는다.

38) 호 2:18(2:20)의 영역본들은 아래와 같다.

<NIV>

In that day I will make a covenant for them with the beasts of the field and the birds of the air and the creatures that move along the ground. Bow and sword and battle I will abolish from the land, so that all may lie down in safety.

<NKJ>

In that day I will make a covenant for them with the beasts of the field, with the birds of the air, and with the creeping things of the ground. Bow and sword of battle I will shatter from the earth, to make them lie down safely.

39) Gene M. Tucker, "The Peaceble Kingdom and a Covenant with the Wild Animals," in *God Who Creates: Essays in Honor of W. Sibley Towner*, (eds.) William P. Brown and S. Dean McBridge (Grand Rapids: Eerdmans, 2000), 215-25를 보라.

40) Douglas Stuart, *Hosea-Jonah*, WBC 31 (Waco: Word Books, 1987), 58.

41) 호 2:18을 창 9:8-17과 연관시켜 해석하는 입장에 대해서는 G. I. Davies, *Hosea*, NCBC (Grand Rapids: Eerdmans, 1992), 84를 보라.

42) Gordon J. McConville, "בְּרִית" *Dictionary of Old Testament Theology & Exegesis*, Vol. 1, 749.

제2부
21세기 개혁주의 구약신학의 이슈들

개혁주의 구약신학은 21세기에 접어들면서 다양한 도전의 목소리에 직면하고 있다. 어떤 그룹은 구약의 역사성을 거부하며, 구약 이스라엘의 존재 자체에 회의를 갖기도 하며, 혹자는 지난 20세기에 줄곧 제기되었던 이슈를 다시 강조하면서 구약의 계시가 고대근동의 세계관에 기초하고 있다고 도전한다. 또한 구약의 토라의 이해와 신약의 율법과의 연관성은 바울의 이신칭의 교리를 해석하는 근거로서 작용하는 바, 최근 들어 기존의 이신칭의 교리를 흔드는 새로운 토라 이해를 주장하는 일군의 학자들이 영향력을 끼치고 있다. 한편, 개혁주의 진영 내에서도 구약에 대한 해석은 다양하게 나타나고 있는데, 특히 전대의 개혁신학자들과 후대의 개혁신학자들과의 통일성과 아울러, 서로의 다양성은 눈여겨 볼만 하다. 더욱이 급진적인 독자비평의 주관적인 해석이 영향을 떨치고 있는 포스트모던 시대의 상황 속에서 본문 자체의 목소리에 귀를 기울이고자 했던 칼빈의 해석학적 몸부림은 여전히 21세기 개혁주의 구약신학의 기초가 되어야 한다. 이처럼 제2부에서는 21세기 개혁주의 구약신학이 직면한 다양한 이슈들을 중점적으로 살피며, 그에 대한 평가를 제시할 것이다.

제6장 역사적 이야기인가? 신화적 이야기인가?

– 신화논쟁의 맥락에서 본 피터 엔스의 신학에 대한 해석학적 고찰 –

1. 들어가는 말

앞서 논의되었다시피, 미국 웨스트민스터 신학교(Westminster Theological Seminary) 이사회는 2008년 3월 26일 오랫동안 구약학 교수로 몸담아왔던 피터 엔스(Peter Enns)의 정직(Suspension)을 결정하였다. 이런 안타까운 일은 엔스 교수가 웨스트민스터 신학교의 종신교수로 승진된 지 2년 만에 발생한 것이다. 이사장 잭 화이트(Jack White)는 엔스의 정직이 전적으로 신학적 문제 때문에 결정된 것이라고 천명하였다. 좀 더 구체적으로 말하자면, 화이트는 엔스의 책, 『영감과 성육신』(*Inspiration and Incarnation: Evangelicals and the Problem of the Old Testament*)[1]이 신학교 교수회의 신학적 불일치를 불러일으킨다고 지적하면서 엔스의 정직 이유를 밝힌 바 있다.[2]

그러나 엔스의 정직이 결정되기 몇 년 전부터 엔스에 대한 신학적 이슈는 웨스트민스터 교수회 안과 밖에서 이미 토론되어 왔다. 엔스의 책, 『영감과 성육신』의 출간 이후(2005년)엔스 교수의 신학에 반대하는 입장들이 있었지만, 본격적인 논쟁은 2년 전부터 본격화되었다.[3] 결국 2007년 12월 6일, 웨스트민스터 교수회는 엔스의 신학적 입장에 대한 찬반 표결을 실시했으며, 찬성 12표, 반대 8표의 결과를 얻어 엔스 교수의 신학 문제가 일단락되는 듯 했다.[4] 그러나 엔스의 신학적 입장에 반대하는 교수들은 그 뜻을 굽히지 않고 계속해서 문제를 제기했으며, 특히 릴벡 총장은 엔스 교수와 관련된 신학적 논쟁을 담은 200면 분량의 보고서를 이사회에 제출하였으며, 이사회는 이 보고서를 토대로 표결에 부쳐 정직 찬성 18표, 반대 9표로 엔스의 정직을 결정하였다. 릴벡 총장은 4월 1일 특별 채플 시간에 엔스 교수의 책이 웨스트민스터신앙고백서 제1장을 위반했다고 지적하면서 이런 결정의 정당성을 강조하였다. 그 후 웨스트민스터 동문들은 엔스 교수의 정직에 대한 뜨거운 논쟁에 휩쓸렸으며, 이 사건에 대한 다양한 견해들이 "Save Our Seminary"라는 웹사이트에서 토론되었으며, 최근까지도 그 논쟁의 열기는 식지 않고 있다.[5]

이러한 복잡한 상황을 고려해 볼 때, 엔스의 입장을 구체적으로 고찰해 보는 일은 필수적인 일이 아닐 수 없다. 엔스는 그의 책, 『영감과 성육신』에서 크게 세 가지 해석학적 이슈를 다룬다. 첫째, 그는 구약성경과 고대근동 문학과의 연관성을 고찰한다. 둘째, 그는 구약성경의 신학적 다양성의 문제에 초점을 둔다. 마지막으로 그는 신약성경의 구약 인용방식에 대해 집중적으로 논의한다. 실제로 엔스가 그의 책에서 논의하는 이 세 가지 논점은 성경신학자들에게 매우 방대하고도 중요한 해석학적 주제가 아닐 수 없다. 특히 엔스의 첫 번째 관심사인 구약과 고대근동문학의 연관성 문제는 구약의 역사성 논쟁과 맞물려 있다. 그러므로 본 논문은 고대근동과 구약의 역사성에 대한 다양한 견해들을 살펴본 뒤, 엔스의 책, 『영감과 성육신』 제2부에 다루어진 "구약과 고대근동문학"의 문제를 집중적으로 조명하며, 특히 그의 입장에 나타난 신학적 문제점들을 고찰해 볼 것이다.

2. 구약과 고대근동신화 논쟁의 어제와 오늘

엔스가 그의 책에 중요하게 취급한 첫 번째 논제인 "구약과 고대근동문학"의 연관성은 이미 구약학계에서 매우 폭넓게 논의되어 왔다. 여기서 필자는 구약과 고대근동문학과의 관계를 다루는 여러 학자들의 입장들을 크게 세 가지 접근, 즉 종교사학파적 접근, 중도적인 비평주의적 접근 그리고 복음주의적 접근으로 구분하고자 한다. 일반적으로 종교사학파적 접근은 철저한 역사적 재구성 작업에 근거하여 고대근동의 신화적 관점에서 구약의 이야기를 해석하고자 시도하며, 결국 구약보다는 고대근동문학의 기원적 우선성을 강조한다. 결과적으로 이 접근은 구약 본문의 역사성을 대체로 부정하는 결론에 도달한다. 중도적인 비평주의적 접근은 주로 종교사학파적 접근의 극단적인 태도에 대해 비판적인 입장을 가지고 구약의 신학적 독특성을 인정하면서도 종교사적 입장을 완전히 부정하지 않고 구약의 역사적 재구성을 인정하는 이중적 자세를 취한다.

다시 말해, 이 접근은 비평주의적 입장을 수용하면서도 연구의 관심사를 "종교사"에서 "신학"으로 전환시킨다. 이 접근은 종교사학파보다는 구약의 역사성을 긍정하는 입장이지만 구약본문의 신화적 요소를 부정하지 않기 때문에 모든 구약 본문의 역사성을 인정하지는 않는다. 끝으로 복음주의적 접근은 구약의 영감과 무오성에 근거하여 (혹은 이런 입장을 분명하게 밝히지 않는다 하더라도) 구약과 고대근동문학의 유사성을 인정하면서도 둘 간의 근본적인 차이를 강조하면서 비평주의의 역사적 재구성을 수용하지 않는다. 이 접근은 모든 구약 본문을 기록된 계시로 믿으며, 그 역사성을 모두 긍정하는 입장을 취한다. 여기서 이 세 입장의 핵심적인 관점들을 잠시 살펴보도록 하자.

먼저 구약과 고대근동문학과의 연관성에 대한 연구는 종교사학파의 등장과 깊은 연관성을 지닌다. 율리우스 벨하우젠(Julius Wellausen)의 출현과 함께 전성기를 맞이한 종교사 연구는 급기야 오경을 네 개의 문서들로 나누었다. 이런 종교사 연구는 더욱 영향을 떨치며 마침내 일군의 종교사학파의 출현을 가능케 하였다. 이 종교사학파의 선두주자는 단연코 헤르만 궁켈(Hermann Gunkel)이었다. 무엇보다도 헤르만 궁켈의 양식사 비평은 구약 이해를 위한 고대근동문학의 중요성을 고조시켰다.[6] 그는 이스라엘 종교사를 기술할 때, 고대근동문학 특히 메소포타미아 문학과 구약과의 연관성에 초점을 두었다. 더욱이 궁켈은 창세기의 창조 기사에 미친 바벨론 신화, "에누마 엘리쉬"(Enuma Elish)의 영향을 부각시켰다.[7] 그는 이 신화 속에 묘사된 말둑과 티아맛과의 전투가 고대근동에 중심 개념으로 자리 잡고 있었으며, 이와 같은 무질서와의 전투 모티브가 시편과 선지서 이해에 중요한 배경을 마련해 준다고 믿었으며, 창세기 1장 역시 이 전투 모티브의 관점에서 해석될 수 있음을 인정한다.[8]

이후 많은 구약학자들이 궁켈의 입장에 근거하여 창세기를 고대근동문학의 맥락 속에서 해석해왔으며, 창세기 본문 특히 창세기 1-11장은 역사적 사건에 근거한 역사적 문헌이 아닌, 고대근동 세계관을 반영하는 신화적 문헌으로 간주되어왔다.[9] 가령 피셔(L. R. Fisher)와 클리포드(R. Clifford)같은 학자는 창세기의 창조기사를 바벨론 신화가 아닌, 우가릿 신화의 관점에서 해석하여, 바알과 얌과의 전투 모티브를 창세기의 창조의 원래적 맥락으로 강조한다.[10]

그러나 종교사학파적 접근은 1910년대에 이르러 바르트(Karl Barth)의 신학에 영향을 받은 구약신학자들로부터 심각한 도전을 받게 된다. 아이히로트(Walter Eichrodt),[11] 폰 라트(Gerhard von Rad)[12] 그리고 라이트(G. E. Wright)[13]의 작품들은 구약의 관심사를 "종교사"에서 "신학"으로 전환시킨다. 물론 이들의 접근은 "종교사"적 관점을 포기한 것이 아니다. 다만 그들은 구약을 연구할 때 "종교사"적 접근만을 고집하는 태도에 대해 한계성을 느낀 후, "종교사" 이해와 더불어 "신학적" 관심도 필요함을 절감하게 된 것이다. 바르트의 바젤 대학교 동료였던 아이히로트는 신학적 이슈를 강조하지 못했던 종교사 연구의 문제점을 인식한 후 구약의 신학적 측면을 매우 강조하였다. 그는 구약의 신학적 중심으로서 역사에 개입한 하나님 나라의 도래에 관심을 기울이며, 특히 구약 전체를 교차하는 중심개념(a cross section of the Old Testament)으로서 "언약"의 중요성을 피력한다.

나아가 폰 라트는 구약의 역사를 다룰 때, 역사가에 의해 재구성된 역사와 아울러, 신앙고백의 역사를 반영하는 "구속사"의 개념을 도입한다. 여기서 폰 라트는 "재구성된 역사"와 "신학"을 결합시킨다. 다시 말해, 폰 라트는 구약의 역사는 역사 속에 나타난 하나님의 사역에 대한 신학적 증거의 역사라고 본다. 폰 라트에게 있어 중요한 것은 창세기 1장의 창조기사가 고대근동문학의 세계관과는 달리 창조주 하나님에 대한 신앙고백적 표현으로 이해된다는 점이다. 여기서 우리는 역사적 재구성보다는 신학의 우선성을 강조하는 폰 라트의 입장을 발견할 수 있다. 그러나 폰 라트에게 있어서, 구약에 기록된 사건들이 실제 발생했는지의 여부는 중요치 않다. 그에게 중요한 것은 구약에 묘사된 역사적 표현들이 역사 속에서 경험되었던 신앙 고백의 역사라는 점이다. 그런 점에서 창 1장에 등장하는 창조기사가 실제의 역사인지 아닌지는 중요치 않다. 라이트 역시 구약학의 관심을 "종교사"에서 "신학"으로 옮긴 후, "신학"과 함께 "고고학"의 중요성을 강조하였다. 이러한 흐름은 올브라이트의 영향에 기인한 것인데, 이러한 경향은 계속해서 존 브라이트(J. Bright)와 크로스(F. M. Cross)와 같은 올브라이트의 제자들을 통해 지속된다.

또한 바르트의 영향을 반영해 주는 또 다른 구약해석의 입장은 차일즈(B. S. Childs)로 대변되는 정경적 접근이다. 차일즈는 아이히로트, 폰 라트 및 라이트로 대변되는 성경신학운동이 역사비평학의 심각성을 올바로 인식하지 못해 결국 실패로 돌아갔다고 단언한 후, 정경적 해석의 필요성을 역설한다.[14] 다시 말해, 차일즈는 역사비평학이나 성경신학운동 모두가 주어진 본문을 최종정경형태로 읽지 못했다고 비판한다. 그에 의하면, 교회가 구약본문을 정경으로 받아들였다는 의미는 구약의 전승이나 재구성된 자료들을 정경으로 받아들였다는 것이 아니라, 그 본문의 최종형태만을 권위적인 본문으로 인정한다는 뜻이다. 그러므로 차일즈는 최종형태로 주어진 본문을 전체로 읽을 것을 제안한다.

그렇다면 최종형태로 읽는다는 것은 무엇을 의미하는가? 차일즈는 본문의 최종형태 안에 신적인 의도가 반영되어 있다고 믿으며, 결국 본문의 신학적 해석의 필요성을 강조한다. 차일즈에 의하면, 비록 고대근동세계관이 구약 본문에 직간접적으로 영향을 주었지만, 본문의 최종형태는 고대근동문학의 의도를 반영하는 것이 아니라, 최종형태의 신학적 의도를 반영하는 것이다. 여기서 차일즈 역시 구약에 묘사된 사건들의 역사적 실제성에 대해서는 관심이 없다. 오히려 그의 관심사는 본문을 최종형태로 읽으면서 그 신학적 의도를 파악하는데 있다. 여기서 우리는, 제1부에서 지적했다시피, 역사비평학의 역사적 재구성을 전제함으로 인해 역사비평학의 한계로부터 벗어나지 못하는 차일즈의 문제점을 발견할 수 있다. 나아가 차일즈는 구약을 계시의 매개체로 이해할 뿐, 기록된 계시로 받아들이지 않기 때문에 복음주의적 성경관과는 차이를 나타낸다.

끝으로 전통적인 복음주의적 입장은 구약성경을 고대근동문학과 비교할 때, 상호간의 언어적 유사성을 인정하면서도 구약 세계관의 독특성을 간과하지 않으며, 특히 비평학의 역사적 재구성에 근거한 역사적 접근보다는 구약의 계시적 측면에 초점을 두며, 구약의 역사성을 긍정하는 태도를 취한다. 영국에서는 와이즈먼(Donald J. Wiseman), 키친(K. A. Kitchen), 밀라드(Alan Millard), 웬함(Gordon Wenham)과 같은 복음주의 구약학자들[15]이 구약과 고대근동의 유사성에 유념하면서도 그 둘 간의 근본적인 차이들을 세밀하게 분석해 왔다. 북미에서는 영(Edward J. Young), 해리슨(R. K. Harrison), 패인(John Barton Payne)과 같은 복음주의 구약학자들이 이러한 복음주의적 접근의 토대를 마련해 주었으며, 최근에는 카이저(Walter Kaiser Jr.),[16] 오스월트(John N. Oswalt),[17] 히스(Richard Hess),[18] 롱(Philip Long),[19] 프로반(Iain W. Provan),[20] 블록(Daniel Block),[21] 브로일스(Craig C. Broyles),[22] 호프마이어(James K. Hoffmeier)[23]와 같은 학자들이 구약과 고대근동문학과의 관계성 연구에서 구약의 독특성과 그 역사성을 강조하는 학문적 입장을 꾸준히 확립시키고 있다.[24] 이들은 구약과 고대근동문학 간의 유사성 속에서도 구약 사상의 독특성에 관심을 기울인다.

특히 이들은 구약 본문이 고대근동문학의 표현들을 사용하는 것은 오히려 고대근동문학의 비교를 통해 오히려 고대근동 세계관을 비판하고 구약의 독특성을 부각시키기 위해서라고 주장한다.[25] 나아가 어떤 이들은 구약의 저자들이 고대근동문학의 표현과 개념들을 사용하되, 고대근동의 다신론적 세계관을 유일신론적 세계관으로 변혁시켰다고 설명한다.

예를 들면, 히스(R. S. Hess)는 구약과 고대근동의 대표적인 유사성의 사례로서 "창세기 6-9장과 메소포타미아 문헌의 홍수 사건의 유사성", "신명기와 여호수아 24장에 나타난 언약구조와 히타이트 종주권 조약" 그리고 "솔로몬 성전과 앗시리아 성전 구조의 유사성"을 제시한다. 여기서 히스는 구약의 저자들이 고대근동문학의 표현들과 유사한 형식들을 취하지만, 오히려 이런 유사성 속에서도 그 차이점이 더욱 드러난다고 주장한다. 다시 말해, 히스는 구약의 저자들이 이런 유사한 형식들을 취하지만 실상은 저자의 의도에 따라 고대근동 세계관을 변혁시켜 고대근동 세계관과는 구별되는 히브리적 세계관을 전달한다고 강조한다.[26]

한편, 카이저와 오스월트는 온건한 비평주의적 입장이 비평학의 역사적 재구성을 수용하여 구약본문의 역사성을 온전히 인정하지 않는 태도에 불편함을 느낀다. 나아가 그들은 신화적 비역사성과 구약본문의 역사성을 대조시키면서 구약의 역사성과 아울러, 구약의 계시적 측면을 강하게 역설한다.

하지만 최근 들어 복음주의 진영 속에서 구약의 역사성 특히 창세기의 역사성과 관련된 신학적 논쟁이 뜨겁게 불붙기 시작했다. 예를 들면, 『영감과 성육신』을 저술한 엔스 외에도 최근에 『창세기 1장의 잃어버린 세계』(*The Lost World of Genesis One*)[27]를 저술한 존 월튼(John Walton)은 그의 견해에 반대하는 번 포이쓰레스(Vern Poythress)[28]와 심각한 토론을 펼치고 있다. 또한 미국의 리폼드 신학교(Reformed Theological Seminary)의 구약학 교수였던 브루스 왈키(Bruce Waltke)는 2009년에 웹사이트, "BioLogos Interview"에서 행했던 인터뷰 내용 때문에 2010년 4월 6일자로 교수직을 사임하게 된다.[29] 이처럼 복음주의 진영 안에서 대두되는 구약의 역사성(특히 창세기 1-11장의 역사성)에 대한 논쟁은 매우 첨예한 이슈로 큰 관심의 대상이 되고 있다. 그러므로 엔스의 책에 대한 논쟁 역시 이러한 맥락과 무관하지 않다. 그렇다면 과연 엔스의 신학적 관점은 자신의 주장처럼 복음주의적 입장 특히 개혁신학적 입장을 충실히 반영하고 있는가?[30] 아니면 그 입장에서 멀어진 것인가? 이 질문에 답하기에 앞서 우리는 먼저 엔스의 주장에 나타난 그의 논점을 살펴볼 필요가 있다.

3. 『영감과 성육신』의 제2장에 제시된 엔스의 논점들

3.1. 복음주의[31]에 대한 문제제기

엔스는 자신의 책, 『영감과 성육신』에서 자신이 이 책을 쓰게 된 동기 가운데 하나로서 복음주의자들의 문제점을 제시한다. 그가 분석한 복음주의의 문제 가운데 하나는 고대근동문학에 대한 연구의 결과물들이 복음적인 신앙에 어떤 도전을 주는지를 깊이 생각하지 못했다는 점이다. 그는 자신의 책, 『영감과 성육신』의 첫 시작에서 자신의 저술목적을 설명하면서 이와 같은 복음주의의 문제점을 심각하게 제기한다. 그는 성경을 하나님의 말씀이요 인간의 말로서 동일하게 강조해야 함을 역설한다. 그는 자유주의자들과 보수주의자들이 지나치게 한쪽 측면만을 강조하는 우를 범하고 있다고 판단한다. 그리하여 엔스는 구약을 한낱 또 하나의 고대근동문학으로 치부하는 자유주의적 입장과, 구약의 인간적 측면을 간과하고 그 독특성만을 추구하는 보수주의적 입장과는 달리, 또 다른 새로운 대안적 접근이 필요함을 역설한다. 그는 다음과 같이 진술한다.

> 성경이 고대근동의 배경 속에서 형성되었다는 사실은 많은 독자들에게 받아들이기 어려운 것일 수 있다. 그래서 어떤 사람들은 성경이 고대근동문학의 하나에 불과하다고 결론짓는다. 다른 한편, 보수적인 입장의 어떤 사람들은 성경에 있는 인간적 특징들의 중요성을 평가 절하하면서, 성경만의 독특한 점을 찾으려고 한다. 그러나 이 책이 지향하는 바는 앞의 두

입장과는다른 것이다.[32]

여기서 엔스는 자유주의자들의 문제보다도 오히려 복음주의자들의 입장에 대해 보다 심각한 문제를 제기한다. 그는 구약성경이 인간의 언어이며 고대근동문학의 맥락 속에서 기록되었음을 복음주의자들이 올바로 인식하지 못한다고 단언한다. 엔스의 견해에 따르면, 이러한 복음주의자들의 태도는 예수의 신성만을 강조한 나머지 예수의 인성을 무시한 가현설에 비교된다. 그리하여 엔스는 구약성경의 인성적 측면을 간과하는 경향을 "성경의 가현설"로 표현한다. 그는 말하기를,

> 그러나 막상 이 책에서 제기될 문제들과 맞부딪히게 되면, "가현설적 성경관"이 그 고개를 들 것이다. 성경의 인간적 특징은 성경 전체에 걸쳐 나타난다. 그래서 그것이 예외라기보다는 성경 본질 속에 철저히 통합되어 있는 것이다. 이러한 인간적 특징들을 무시하거나 적당히 둘러내려는 것은 바치 흐르는 물을 거꾸로 역류시키는 것 같이 힘들고 부자연스러운 일이다. 오히려 성경의 인간적 특징들을 있는 그대로 인정하고, 거기에서 배우는 것이 훨씬 자연스럽다.[33]

엔스는 예수의 신성과 인성의 어느 한쪽으로 치우치는 것이 문제가 되는 것처럼, 성경의 신성적 측면과 인성적 측면을 모두 함께 고려하는 태도가 필요하다고 지적한다. 여기서 엔스는 대체로 복음주의자들이 성경의 인성적 측면을 심각하게 취급하지 못했다고 진단한 후, 구약의 인성적 측면에 대한 인식의 중요성을 역설한다. 특히 엔스는 구약의 인

성적 측면이, 고대근동 세계관과 결부되어 있음을 확신한다. 다시 말해, 엔스에 의하면, 구약이 고대근동의 배경 속에 위치하고 있음을 정확하게 깨닫는 것이야말로 구약의 인성적 측면을 정당하게 취급하는 것이 된다.

3.2. 고대근동세계관의 맥락 속에 위치하는 구약

엔스는 구약을 고대근동의 배경에 비추어 해석하지 못하고 구약의 독특성만을 강조하는 복음주의적 해석이 구약의 영감의 성격을 올바로 깨닫지 못한 것이라고 주장한다. 엔스는 구약이 고대근동세계관을 수용하고 있다는 점이 결코 구약의 영감개념과 상치되지 않는다고 믿는다. 엔스에 의하면, 예수가 하나님이지만 인간의 몸을 입고 오셨듯이, 구약의 말씀은 하나님의 말씀이지만 고대근동의 문화와 세계관의 옷으로 표현된 것이다. 그는 이 같은 논지를 강화시키기 위해, 고대근동의 여러 문헌들과 구약본문들 간의 유사성에 초점을 둔다.

엔스는 창세기 1장의 창조이야기와 창세기 6-9장의 홍수이야기를, 메소포타미아 문헌들인 『에누마 엘리쉬』, 『아트라하시스』 그리고 『길가메쉬』와 비교하면서 그 유사성을 정밀하게 분석한다. 또한 그는 구약의 족장들의 이야기의 배경으로서 "누지"문서를 소개하며, 출애굽기에 나타난 계명들과 "함무라비 법전"을 비교분석한다. 나아가 그는 "신명기와 힛타이트 조약", "다윗과 텔단 비문", "히스기야와 실로암 터널 비문", "오므리와 메샤 비문", "잠언과 아메네포프"간의 연관성을 부각시킨다.[34] 엔스는 자유주의자들과 보수주의자들이 이와 같은 유사성을 다룰 때, 잘못된 오류에 빠진다고 지적한다.

엔스에 따르면, 자유주의자들은 이런 유사성에 근거하여 구약 본문을 인간의 말로만 인정할 뿐 하나님의 영감된 말씀으로 받아들이지 않는 반면에 보수주의자들은 고대근동문헌을 연구할 때 자신의 성경관을 지지하는 자료들만 취사선택하는 불공정한 태도를 취한다. 엔스는 구약과 고대근동문헌 간의 차이점에도 불구하고 그 둘 사이에 발견되는 유사성이야말로 구약이 고대근동문학의 문화와 세계관의 영향 아래 있었으며, 이는 구약의 인성적 측면을 나타낸다고 주장한다. 예를 들면 엔스는 창세기의 천지창조와 『에누마 엘리쉬』를 비교하면서 다음과 같이 평가한다.

> 이러한 창세기와 『에누마 엘리쉬』 사이의 차이점에도 불구하고 창세기의 고대근동적 배경과 관련된 문제는 여전히 남아 있다. 두 이야기가 아무리 다르다 할지라도, 우주의 기원을 설명하는 방식이 유사하다는 사실은 의심할 여지가 없다. 즉, 창세기와 『에누마 엘리쉬』는 같은 세계관(우주의 기원을 인간 존재를 초월하는 영역에서 찾는 것)에서 쓰여졌다. 창세기 저자가 『에누마 엘리쉬』를 알았든지 몰랐든지 간에, 그는 『에누마 엘리쉬』의 저자와 비슷한 세계관 속에서 작업한 것이다. 사실 창세기와『에누마 엘리쉬』사이의 유사성만을 강조하는 것은 신중하지 못한 태도이다. 그러나 이에 못지 않게 그 둘의 차이점만을 강조하는 것도 지혜로운 입장은 아니다. 그 둘 사이에는 간과할 수 없는 분명한 공통점이 있다. 창세기의 천지창조 이야기는 고대근동의 문맥 안에서 이해되어야 한다. 『에누마 엘리쉬』와 같은 이야기를 통해 우리는 창세기의 고대근동적 문맥을 조

금이나마 이해하게 되는 것이다.[35]

특히 엔스는 전통적인 복음주의자들의 성경관에 대해 불만을 토로한다. 그는 보수주의자들이 성경의 오류를 인정하지 않는 전통적인 성경관 때문에, 그들이 성경의 고대근동적 맥락의 중요성을 인식하는데 실패하고 있다고 지적한다. 그는 다음과 같이 진술한다.

> 보수주의자들의 대응에도 문제가 있었다. 그들은 자유주의자들이 했던 가정을 자신들도 암묵적으로 받아들였다. 즉 성경이 하나님의 말씀이고, 하나님은 성경에서 거짓말하거나 실수로 잘못 말씀하시지 않으셨다면, 성경은 모든 세부사항에 있어서까지 역사적으로 정확해야 한다는 것, 그리고 하나님의 계시로 기록된 말씀인 성경은 그 배경에 있어서 독특해야 한다는 가정이다. 복음주의자들은 이런 가정들을 근본적인 차원에서 검토하기보다는 오히려 그것들을 받아들였다. 이 때문에 복음주의자들은 현대 성서학적 연구에 대해 종종 격렬하게 반응한 것이다.[36]

결론적으로 엔스는 창세기를 정당하게 취급하는 것은 창세기 자체가 고대근동문학의 맥락 속에 먼저 위치하고 있음을 깨달아야 한다고 역설한다. 엔스는 창세기와 고대근동문학이 동일한 세계관을 공유하고 있음을 먼저 인정하지 않고는 결코 창세기를 바르게 해석할 수 없다고 믿는다. 이런 점에서 엔스는 전통적 복음주의자들의 고대근동연구가 사실상 거의 실패한 것으로 분석한다.

3.3. 신화에 대한 오해

엔스는 복음주의자들의 고대근동연구의 문제점으로서 신화에 대한 잘못된 이해를 지적한다. 엔스는 고대근동문학을 연구하는 복음주의자들의 오류가운데 하나로서 "신화=비역사성", "성경=역사성"이라는 이분법적 도식을 예로 든다. 엔스는 복음주의자들이 신화를 비역사적인 것으로 보는 반면, 구약을 역사적인 문헌으로 취급하여, 양자 간의 택일을 강요한다고 주장한다. 그러나 엔스는 이와 같은 양자택일의 구도가 합당하지 않으며, 구약의 맥락을 올바로 취급하지 않는 것이라고 단언한다. 엔스에 의하면, 자유주의자들의 오류는 창세기가 신화이기 때문에 하나님의 영감으로 기록된 책이 될 수 없다고 보는 것이며, 보수주의자들의 오류는 창세기가 하나님의 영감으로 기록된 책이기 때문에 신화일 수가 없다고 단정하는 것이다.

특히 엔스는 보수주의자들이 고대근동신화의 세계관을 지나치게 현대적 개념으로 이해한 나머지 고대근동신화의 참된 의미를 오해하고 있다고 주장한다. 그는 고대근동의 신화를 정의할 때, 현대의 과학적 사고에 의한 판단을 중지하고, 보다 신중한 자세로 접근함이 필요하다고 역설한다. 엔스는 고대근동신화를, 고대인들이 품을 수 있는 질문에 대한 대답으로 이해한다. 좀 더 구체적으로 말하자면, 신화란 인간과 우주의 기원 그리고 우주세계와 관련된 고대인들의 질문에 대한 구체적인 대답으로서 기능한다. 그러므로 엔스는 신화적 세계관은 과학적인 사고가 등장하기 이전의 세계관을 반영한다. 그러므로 엔스는 창세기를 신화라고 말해서는 안 된다고 주장하는 것은 현대의 과학적 개념에 의한 판단이라고 말한다. 오히려 그는 신화에 대한 올바른 정의를 내릴 때, 비로소 창세기가 신화의 성격을 갖는다는 사실을 깨달을 수 있다고 확신한다.

가령 엔스는 창세기가 훨씬 더 오래된 고대근동의 세계관의 반영하고 있다고 주장한다. 물론 엔스는 창세기와 고대근동문학 사이의 차별성을 인정한다. 또한 그는 복음주의자들의 주장대로 창세기와 고대근동문학과의 직접적 유사성이나 의존성을 긍정하지 않는다. 더욱이 그는 창세기의 저자가 유일신론적 사상을 전달함으로써 다신론적 세계관을 반영하는 고대근동문학의 개념으로부터 차별성을 부각시킨다고 믿으며, 이러한 창세기의 세계관이 매우 급진적이며 변혁적인 기능을 보여준다고 인정한다. 그러나 엔스는 이러한 상이점에도 불구하고 창세기와 고대근동문학과의 개념적 유사성을 인정해야 한다고 말한다.

> 어떤 학자들은 실제로 창세기와 『에누마 엘리쉬』사이에 상이점이 너무 많이 어떤 직접적인 관계로 상정할 수 없다고 주장하기도 하는데, 사실 상당히 설득력이 있는 주장이다. 비록 홍수 이야기와 관련해서는 성경과 바벨론 자료 사이에 어느 정도의 상관관계를 상정할 수 있는 유사성이 인정되지만, 그들의 주장이 원론적으로 옳다고 여겨질 수 있다. 그러나 여기서 중요한 것은 고대 문서 본문상의 상관관계가 아니라 개념적 상관관계이다. 『에누마 엘리쉬』와의 많은 상이점에도 불구하고 창세기의 처음 부분은 고대 이스라엘 민족이 고대 메소포타미아의 이웃 민족들과 공유했던 세계관을 바탕으로 쓰여졌다.[37]

결론적으로 엔스는 창세기의 저자가 고대근동세계관을 바탕으로 창세기를 저술했다고 확신하며, 창세기의 원래 맥락이 현대과학이 아니라, 고대신화임을 의심해서는 안 된다고 주장한다.

3.4. 신화와 계시의 상관성

끝으로 엔스는 창세기가 이와 같은 고대 근동신화에 근거하여 기록되었다는 점이 결코 성경의 계시개념을 약화시키지 않는다고 주장한다. 그는 예수께서 이 세상 속에서 성육신하신 것처럼, 하나님의 말씀도 이 세상의 문화와 세계관의 옷을 입고 표현되었음을 잊어서는 안 된다고 강조한다. 엔스는 하나님께서 고대시대의 백성들에게 그들이 이해하고 납득할 수 있는 방식으로 말씀하시기 위해, 그 당시의 문화를 수용하셔서 계시하셨다고 역설한다. 이런 관점에서 엔스는 성경의 계시적 개념을 지나치게 비신화적 특징과 연결시키는 복음주의자들에 대해 불편한 심기를 드러낸다.

대체로 복음주의자들은 구약이 계시의 말씀이기 때문에 결코 고대근동신화와는 동일시 될 수 없다고 강조한다. 하지만 엔스는 구약이 신화적 배경을 갖는다고 해서 계시의 측면이 부정될 필요는 없다고 단언한다. 오히려 엔스는 고대신화적 사고방식을 수용하신 하나님의 계시전달방식을 인정하지 않는 것이야말로 성경관을 약화시키는 태도라고 강한 어조로 비판한다.

사실, 그리스도 안에서 이루신 하나님의 성육신을 통해 본다면, 하나님의 말씀은 주변과의 단절이 아니라 그와는 정반대이다. 하나님은 고대의 사고방식을 기껑이 수용할 준비가 되셨는데 만약 우리가 그것을 곤란하게 여긴다면 우리는 성경을 하나님의 말씀으로 믿지 못하는 것이다. 우리가 만약 성경의 문화적 배경이 우리를 불편하게 한다고 해서 그것을 무시하거나 적당히 둘러댄다면, 우리는 성경을 제대로 이해하지 못할 것이다.[38]

특히 엔스는 구약의 계시가 고대근동신화의 관점에서 전달되었다는 자신의 견해를 뒷받침하기 위해 다양한 고대근동의 문헌들, 특히 "누지 문서," "히타이트 조약", 『함무라비 법전』, 『아메네모페의 교훈』을 중요한 근거로 제시한다. 가령, 엔스는 "누지 문서"는 아브라함의 시대의 문화를, "히타이트 종주권 조약"은 십계명의 특징을, 『함무라비 법전』은 세부적인 율법의 조항들을 이해할 수 있는 맥락을 제시해 준다고 본다. 또한 엔스에 의하면,『아메네모페의 교훈』은 잠언의 지혜들이 어느 날 갑자기 생겨난 것이 아니라, 그 당시 고대근동시대에 널리 알려졌던 지혜들과 깊은 연관성을 갖는다. 다시 말해, 엔스는 구약과 고대근동문학 간의 상이성을 부정하지 않지만, 이 같은 상이성 때문에 둘 간의 유사성과 그 함의를 무시하는 것은 하나님의 계시 전달 방식을 올바로 깨닫지 못하는 것이다.

여기서 우리는 전통적인 복음주의자들과 엔스의 입장이 크게 상치됨을 발견할 수 있다. 다시 말해, 구약 계시의 독특성을 강조하기 위해 구약의 신화성이 부정되어야 한다는 복음주의자들의 입장과 계시의 인성적 측면을 강조하기 위해 구약의 신화성이 인정되어야 한다는 엔스의 입장은 결코 타협의 여지를 남겨놓지 않는다.

4. 엔스의 입장에 대한 질문들

4.1. 고대근동세계관은 기원적 우선성을 갖는가?

창세기와 고대근동문학 중 어느 것이 기원적 우선성을 갖느냐에 대한 엔스의 입장은 명백하다. 엔스는 창세기의 이야기가 기록되기 전에 구전의 형태로 존재했으며, 이와 같은 구전문학은 당시 고대인들의 세계관을 반영하였다고 주장한다. 다시 말해, 엔스는 고대 이스라엘인들이 고대근동 이야기들에 영향을 받으면서 구전의 형태로 그들의 이야기를 후대에 전달했으며, 결국 글자로 기록되었다고 생각한다. 그러므로 엔스는 고대근동문학의 이야기가 창세기의 이야기에 영향을 주었기 때문에 훨씬 더 기원적 우선성을 갖는다고 진술한다. 엔스는 객관적인 증거자료에 근거해 볼 때 구약의 문헌들이 적어도 B. C. 1000년 이후에 문자로 기록되었다고 추정하면서 창세기와 고대근동문학의 유사성은 창세기가 고대근동문학의 세계관을 수용함으로 인해 생겨난 것이라고 믿는다.

그러나 과연 성문화의 역사를 세계관의 역사와 동일하게 취급할 수 있는지는 의문이다. 좀 더 구체적으로 말해, 창세기가 대체로 고대근동문학보다 늦게 기록되었다고해서, 창세기의 이야기가 고대근동세계관에 기초하고 있다고 주장할만한 객관적 증거가 있는가?

물론 엔스는 창세기를, 고대근동문학의 모방작품으로 보았던 자유주의자들의 입장에 동의하지 않는다. 엔스는 창세기의 목적과 고대근동문학의 목적이 서로 다르다는 점을 분명히 인정한다. 그럼에도 불구하고 엔스는 우주의 기원을 설명하는 방식에 있어서 창세기의 저자가 고대근동세계관을 받아들이고 있음을 시사한다. 다시 말해, 엔스는 서로의 차이를 인정하면서도 서로의 유사성에 초점을 둔다. 그는 이 유사성이 창세기와 고대근동문학이 동일한 세계관을 공유하고 있음을 보여주는 증거라고 믿는다.[39]

하지만 최근에 성경 고고학자들은 창세기의 노아 홍수 이야기와 메소포타미아 문헌의 홍수 이야기를 비교하면서 어느 한 쪽이 다른 한 쪽의 이야기를 (그대로 베낀 것은 아니라 할지라도) 직접적으로 빌려왔다고 생각했던 기존의 입장과는 다른 가능성을 피력해 왔다. 예를 들면, 엔스도 인정하다시피 히스는 창세기의 이야기와 메소포타미아 문헌의 이야기가 동일한 기원을 갖고 있을 수 있다고 추론한다.[40] 다시 말해, 히스는 창세기의 저자와 메소포타미아 문헌의 저자가 홍수 이야기에 대해 동일한 기원을 공유했을 가능성이 있다고 지적한다.

나아가 히스는 비록 이들이 동일한 기원을 공유하고 있지만, 그 기원을 각각 다른 관점에서 사용했다고 추론한다. 즉, 메소포타미아 문헌의 저자는 홍수사건을, 인간들이 만들어내는 소음을 줄이기 위한 방안으로 해석하지만, 창세기의 저자는 이 사건을, 세상에 관영한 인류의 죄악에 대한 하나님의 심판으로 강조한다.[41]

좀 더 구체적으로 말하자면, 창세기의 이야기는 홍수의 원인을 인간의 소음 혹은 인구증가로 해석하는 메소포타미아 문헌들과는 달리, 죄악의 심각성, 죄악에 대한 하나님의 심판, 그리고 노아와 그의 식구를 통해 나타나는 구원의 은혜를 반영하고 있다.

한편 웬함은 창세기의 저자가 홍수 이야기를 기술할 때, 고대근동

문학의 홍수 이야기를 잘 몰랐을 수도 있다고 주장한다.[42] 웬함은 창세기의 이야기와 메소포타미아 문헌들 사이에 유사성보다는 차이점이 너무 많이 존재하기 때문에 창세기의 저자가 메소포타미아 문헌들을 미리 알고 있었다고 말하기 힘들다고 결론짓는다. 그는 다음과 같이 주장한다.

> 그리 중요하지 않은 것들까지 하면 둘 사이엔 꽤 많은 차이점이 존재한다. 예를 들면, 길가메시 호수 기사에서 아트라하시스(우트-나피시팀)는 7층으로 된 큐브를 방주로 지은 반면에 노아의 방주는 초대형 유조선에 더 가깝다. 길가메시 신화에서는 온 세상을 파괴하는 홍수 기간이 7일인데 반해, 창세기에는 40일간 지속된다. 창세기와 다른 버전들(versions) 간에도 이 같은 다른 차이점들이 많이 존재한다. 이는 사실상 창세기의 저자가 우리가 가진 다른 버전들에 포함하고 있는 다른 본문들을 몰랐다는 것을 분명히 보여주고 있다. 그보다는 고대 세계에서는 이런 이야기들이 구전이나 문서의 형태로 다른 버전들로 유통되었으며, 그 결과 당시 사람들은 대부분 아트라하시스나 『길가메쉬 서사시』를 읽거나 들어 본 적이 없는데도 홍수 이야기는 이미 알고 있었을 것이다.[43]

이처럼 창세기와 메소포타미아 문헌의 유사성은 다양한 방식으로 설명될 수 있다. 그러므로 창세기와 고대근동문학과의 유사성에 대해 연구할 때, 이 이슈에 대한 다양한 입장들을 학문적으로 검토하고 평가하는 일은 필수적인 일이다. 그러나 이와 같은 다양한 견해에 대한 학문적 논의 없이 창세기와 고대근동문학과의 유사성을, 고대근동세계관의 기원적 우선성을 지지하는 절대적 근거로 성급하게 결론짓는 엔스의 주장은 다소 편협되고 일방적인 학문적 태도라는 인상을 남긴다.

4.2. 언어/표현 형식의 유사성인가 세계관적 유사성인가?

앞서 살펴보았듯이, 창세기의 저자와 고대근동문학의 저자들은 홍수 이야기에 대해 유사한 표현 방식과 함께, 서로 다른 해석과 관점도 제시하고 있다. 분명 이 둘 사이에는 표현의 유사성과 아울러 관점과 해석의 차이점이 존재한다. 그렇다면 유사성과 상이성이 함축하는 함의점은 무엇인가? 엔스는 비록 상이성이 나타난다 하더라도 유사성이 분명하기 때문에, 이 둘 사이에는 동일한 세계관이 공유되고 있다고 믿는다. 하지만 과연 엔스의 주장처럼 언어 표현의 유사성이 세계관의 유사성을 의미하는 것인가? 필자는 이와 같은 엔스의 주장에 동의할 수 없다. 필자가 보기에 비록 창세기와 메소포타미아 문헌들은 유사한 표현들을 사용하지만, 각각의 표현방식은 서로 다른 세계관을 반영하고 있다.

엔스의 주장대로 창세기의 저자나 메소포타미아 문헌의 저자들은 유사한 창조 이야기를 소개한다. 여기서 엔스는 이와 같은 동일한 특징들이 동일한 세계관을 반영한다고 주장한다. 하지만 두 작품은 유사한 이야기를 전혀 다르게 해석하고 접근한다. 뿐만 아니라 고대근동세계관과 구약 세계관의 또 다른 근본적인 차이는 바로 신관에 있다. 예를 들면, 고대근동문학은 다신론적 세계관을 반영하지만, 창세기는 유일하신 하나님에 초점을 둔다. 말씀으로 세상을 창조하는 유일하신 여호와 하나님에 대한 창세기 1장의 선언은 처음부터 다신론적인 고대근동세계관과의 차별성을 부각시킨다. 또한 태양과 달을 신으로 숭배하는 고대

근동세계관과는 달리, 창세기 1장은 태양과 달을 하나님의 피조물로 묘사한다.

무엇보다도 고대근동세계관과 구약의 세계관의 근본적인 차이는 인간의 가치에 대한 평가에 있으며, 이와 같은 세계관의 차이는 홍수 이야기를 통해 잘 드러난다. 가령, 홍수의 원인에 대한 관점의 차이는 매우 두드러진다. 메소포타미아 문헌들은 홍수의 원인으로서 인구증가나 인류의 소음을 말하지만, 창세기는 인류의 죄를 지적한다. 인류의 타락과 죄의 문제를 지적한 창세기의 관점은 홍수 이야기의 핵심 이슈를 전달한다. 이러한 관점은 인간 창조의 중요성과 아울러 창조주의 계획에 따라 순응해야 하는 인간의 책임성을 강조하고 있다. 여기서 우리는 인간의 가치와 관련하여 고대근동세계관과 히브리 세계관의 근본적인 차이를 발견한다.

좀 더 구체적으로 말하자면, 『아트라하시스』에서 인간은 신들의 불만을 잠재우고 신들에게 양식을 공급하기 위한 방안으로서 창조된다. 하지만 창세기는 인간을 하나님의 형상으로 창조하여 하나님의 대리자로서의 지위를 갖는다. 웬함의 진술처럼, 창세기에는 "인간이 하나님께 양식을 공급하는 것이 아니라, 하나님이 인간에게 양식을 공급하는 분"[44] 임을 강조한다.

또한 바벨론의 세계관에 의하면, 인간의 문제는 "다산"(多産)이다. 인구의 증가는 신들의 심기를 불편하게 만들었다. 신들은 홍수를 보내기 전에 역병과 기근과 가뭄을 통해 인구증가를 막아보려 했다. 하지만 창세기는 전혀 다른 세계관을 제시한다. 하나님은 창조 때부터 인간에게 복을 주시면서 "생육하고 번성하고 충만하라"고 명령하신다(창 1:26-

28). 창세기 6장에서 하나님이 인류를 홍수로 심판하는 목적은 창세기 1장에 나타난 하나님의 목적을 이루지 못하는 인류의 죄악 때문이다. 홍수가 끝난 후 창세기 9:1에서 하나님은 동일하게 노아를 향해 창세기 1장에 제시된 "생육하고 번성하고 충만하라"는 명령을 또 다시 전달한다. 이것은 하나님께서 자신의 창조 목적을, 자신의 형상으로 창조한 인류를 통해 이루고자 하심을 보여준다.

결론적으로 창세기의 이야기에 전달되는 독특한 관점은 창세기의 저자가 그 당시 만연되어 있는 고대근동세계관을 수용했다기보다는 오히려 고대근동의 다신론적 세계관을 유일신론적 세계관으로 변혁시켰음을 시사해준다. 예를 들면 브로일스는 신명기와 힛타이트 종주권 조약의 유사성, 여호와의 전투와 고대근동문학의 전투와의 유사성 및 구약성전과 고대근동신전의 유사성을 고찰한 뒤, 이와 같은 다양한 형식적 유사성 속에서도 구약의 변혁적 특성을 강조한다. 브로일스의 주장처럼, 구약은 종종 고대근동문학의 언어형식이나 이미지를 사용한다. 하지만 이와 같은 언어표현은 오히려 여호와의 유일성과 그 분의 신적인 권능을 강조하기 위해서이다.[45] 그러므로 언어 표현 혹은 그 형식적 유사성을 세계관의 유사성으로 간주하는 엔스의 견해는 설득력을 상실한다.

4.3. 신화적 이야기인가 역사적 이야기인가?

앞서 살펴본 대로, 엔스는 자신의 책, 『영감과 성육신』에서 신화에 대한 정의를 다시 수립해야만함을 역설한다.[46] 그는 신화를 설명할 때,

근대 과학 이전 시대의 정의를 요청한다. 그는 신화를, 인간과 우주의 기원 및 그 궁극적 의미에 대한 질문을 다루는 고대인들의 대답 방식으로 정의한다. 예를 들면, 고대인들은 고대근동문학을 통해 자신들이 누구이며, 어디에서 왔으며, 이 만물들은 어떻게 생겨났는지에 대한 대답을 제시하고자 했다. 그러므로 엔스는 고대근동세계관이 과학적인 사고가 생겨나기 이전의 세계 인식을 반영하기 때문에, 고대근동세계관을 반영하는 창세기를 고대근동문학과 같이 신화라고 부르는 것은 당연하다고 주장한다. 나아가 엔스는 신화의 비역사성에 대한 문제제기가 현대과학 시대의 관점으로부터 기인한다고 말한다. 그러므로 엔스는 신화로 간주되는 창세기의 역사성에 대한 논쟁 자체가 무의미하다고 생각한다.

하지만 필자는 이와 같은 엔스의 견해에 동의할 수 없다. 엔스는 예수가 육신의 몸을 입으셨듯이 구약의 계시가 고대근동시대의 문화의 옷을 입고 나타났다고 주장한다. 그러나 여기서 엔스가 간과한 것은 무엇인가? 그것은 신약의 저자들이 예수의 성육신을 취급할 때, 결코 역사와 분리시키지 않는다는 점이다. 사실상 예수의 성육신은 역사 속으로 오신 하나님의 말씀으로서의 그 중요성을 보여준다(요 1:12). 또한 역사 속으로 오신 하나님의 말씀으로서의 예수의 성육신은 구약 시대에 역사 속에서 계시로 증거되었던 그 약속의 성취로 이해된다(히 1:1-2).

나아가 현대과학시대보다 훨씬 이전인 신약시대에도 예수의 부활의 역사성의 문제는 심각한 이슈로 대두되었다(고전 15:12-19). 비록 예수는 엔스가 강조하듯이 인간의 몸으로 오셨지만, 그는 구약 시대의 역사 속에서 여러 모양으로 증거되었던 약속에 따라 역사 속에서 탄생하시고, 역사의 한 인물로서 사역하셨고, 역사의 현장에서 부활하시고 승

천하시며, 다시 역사의 현장에서 그의 재림의 모습을 알려주실 것이다. 그러므로 구약시대이든 신약시대이든 하나님의 말씀은 역사와 분리될 수 없다. 밀러는 다음과 같이 말한다.

> 간단히 말해, 성경 기자들은 역사에 매우 민감했으며, 성경 자체를 형식이나 내용에 있어서 광범위한 역사로 간주했던 것이다. 물론 성경은 역사를 위해 기록된 역사가 아니며, 오늘날의 역사서에서 읽을 수 있는 종류의 역사도 아니다. 혹자는 성경저자들이 역사가라기보다는 당대의 신학자에 가깝다고 주장할 수도 있을 것이다. 그럼에도 불구하고, 성경 저자들이 전달하고자 하던 신학적인 메시지들은 역사에 대한 그들의 인식과 철저히 얽혀 있기 때문에, 그 메시지를 역사와 분리하기가 매우 어렵다.[47)]

필자는, 구약계시의 역사적 특성을 간과한 엔스의 입장과는 달리, 창세기의 이야기는 하나님의 계시이며, 이 계시는 분명히 역사적 사건들과 그 사건들을 해석하고 증거하는 역사적인 저자들의 말(word)을 통해 전달되었다고 믿는다. 롱은 "하나님의 계시가 역사적 사건들과 이 사건들을 우리에게 중개하는 해석된 말 속에서 위치해야 한다"[48)]고 진술하면서 구약의 역사적 성격을 강조한다. 브로일스 역시 구약의 신적 측면과 인간적 측면을 고찰하면서 이 두 측면이 모두 역사적 성격을 갖는다고 역설한다. 그는 다음과 같이 진술한다.

> 하나님은 그 자신을 말(문헌)과 사건(역사)을 통해 계시하셨다. 계시는 역사적 사건들과 역사적인 사람들 및 그들의 문화라는 매개체(the medium)

를 통해 온다. 이 이중적 매개체의 유익은 하나님께서 우리에게 단지 개념들 혹은 신비적 체험들뿐만 아니라 우리의 신앙의 역사적 기초를 마련해 주신다는 것이다.[49]

물론 창세기와 같은 구약 본문은 단지 역사적인 사건들을 기록하는 역사책만은 아니다. 오히려 창세기의 저자는 과거의 역사들에 대한 신학적 진술과 해석을 제시하고 있다. 뿐만 아니라 창세기의 저자는 자신의 문학적 기법을 충분히 활용하여 본문의 심미성을 극대화하고 있다.[50] 이런 점에서 창세기와 같은 구약의 본문들을 단지 하나의 역사기록의 책으로만 간주하는 것은 바람직하지 않다. 그럼에도 불구하고, 우리는 구약의 신학적 문학적 이야기들이 역사적 이야기임을 결코 간과해서는 안 된다.[51]

나아가 성육신에 비교하여 구약의 영감을 설명하는 엔스의 시도는 비록 구약의 인성적 측면을 강조하려는 의도를 반영하는 것이지만 안타깝게도 구약의 인성적 측면을 지나치게 강조한 나머지 구약의 신적 측면을 부각시키지 못하는 아쉬움을 남기고 있다. 앞서 살펴본 대로, 엔스는 구약의 인성적 측면을 강조하기 위해 고대근동세계관의 맥락과 그 유사성에 관심을 기울인다. 그러나 엔스는 그의 책에서 구약의 계시가 어떤 점에서 신적인 측면을 갖는지를 구체적으로 설명하지 않는다. 물론 그는 때때로 구약과 고대근동문학의 차이점을 인정하며, 구약의 독특성을 언급한다. 그러나 엔스는 구약이 고대근동문학과 동일한 신화적 세계관을 공유한다는 전제아래서 이러한 차이점을 다루어야 한다고 주장한다. 만약 그렇다면 구약의 신적인 측면은 어떻게 이해될 수 있는가? 안타깝게도 엔스의 책은 이 질문에 대해 구체적인 대답을 제시하지 못한다. 필자가 보기에, 성육신의 관점에서 구약의 인성적 측면을 강조하는 엔스의 논리는 도리어 구약의 신적인 측면을 약화시키는 결과를 초래할 수 있다. 물론 성육신 개념에 근거하여 구약의 영감을 설명하고자 하는 엔스의 시도 자체는 분명 잘못이 아니다. 그러나 엔스의 주장 가운데 가장 아쉬운 면은 엔스가 예수의 인성에 근거하여 구약의 인성적 측면에만 초점을 맞춘 나머지 예수의 신성에 근거하여 구약의 신적 측면은 충분히 설명하지 못하고 있다는 점이다. 결론적으로 필자의 판단으로는, 엔스가 구약의 인성적 측면과 아울러 구약의 신적 측면도 설득력 있게 설명했다면 그의 신학에 대한 비판과 오해는 지금처럼 그리 심각하지는 않았을 것이다.

5. 결론적 평가

지금까지 우리는 엔스의 책, 『영감과 성육신』의 제2장에 논의된 구약과 신화의 연관성에 대해 집중적으로 살펴보았다. 엔스는 예수의 성육신의 개념을 구약의 영감이해에 적용시켜, 구약의 인성적 측면을 자신의 신학적 논리로 설명한다. 다시 말해 그는 예수가 인간의 몸을 입으셨듯이, 구약도 고대근동의 신화적 세계관의 옷을 입고 있으며, 구약을 고대근동의 신화적 세계관의 맥락 속에서 이해할 때에 비로소 구약의 인성적 측면을 올바로 깨달을 수 있다고 역설한다. 나아가 엔스는 이와 같은 자신의 입장이 성경의 신성과 인성을 강조하는 워필드와 바빙크의 성경관을 따르는 개혁신학에 근거하고 있다고 강조한다.[52] 하지만 아쉽게도 엔스는 그의 책, 『영감과 성육신』에서 그의 의도와는 달리, 구약계시의 독특성, 구약계시의 역사성, 구약계시의 신적 특성을 중요하게 취급하지 않는다. 그로 인해 성육신 개념에 근거한 그의 구약 영감이해는 다소 오해를 불러일으킬 여지를 남겨둔다.

물론 엔스는 구약의 영감을 확신하며, 구약을 정확무오한 하나님의 말씀으로 고백한다. 이 점에 있어서 웨스트민스터 신학교 교수회의 12명이 그의 신학을 지지한 것은 충분히 이해할만하다. 하지만 나머지 8명의 교수들은 엔스의 신학에 대해 반대하며 그 심각성에 의문을 지속적으로 제기하기에 이른다. 결국 엔스의 신학적 입장으로 인해 웨스트민스터 신학교 교수회는 신학적 분열이라는 아픔을 경험하게 된다. 여기서 필자는 엔스 교수가 자신이 속한 공동체를 위해 보다 신중한 학문적 태도를 취하지 못했다고 판단한다. 좀 더 구체적으로 말하자면, 필자는 비록 자신의 학문적 견해가 옳다고 판단하더라도, 그 견해가 자신이 속한 공동체의 신학적 일치감을 해치고 분열을 초래할 수 있다면, 오히려 공동체의 하나 됨을 위해 자신의 주장을 철회 혹은 유보할 수 있는 해석학적 결단이 필요하다고 생각한다. 그러므로 필자는 엔스 교수가 자신의 해석학적 한계성을 먼저 인식하고 자신과 입장을 달리하는 교수들의 의견에 귀를 기울이며, 나아가 자신이 속한 공동체의 연합과 일치를 먼저 고려하는 신학을 추구했더라면 하는 아쉬움을 갖는다.

한편, 전체 교수회의 토론을 거쳐 과반수의 지지를 얻은 엔스 교수에 대해 8명의 교수들은 계속해서 엔스 교수의 신학에 문제를 제기하였고, 총장은 엔스 교수에 대한 신학보고서를 이사회에 제출하여 이사회로 하여금 엔스 교수의 정직을 결정하도록 영향을 끼쳤다. 소수가 아닌 다수의 동료들이 엔스 교수의 입장을 지지하는 상황 속에서 교수회의 신학적 결론을 무시하고 이사회를 통해 문제해결을 시도한 것은 결코 최선책이라고 말할 수는 없을 것이다. 필자는 비록 시간이 걸리더라도 서로의 신학적 차이의 간격을 좁히기 위해 인내로서 권고하고 설득하는 지속적인 노력이 반대파 교수들에게 더욱 필요하지 않았을까 생각해 본다. 끝으로 필자는 엔스 교수의 신학에 대한 논쟁으로 몸살을 겪은 웨스트민스터 신학교가 이 논쟁의 상처를 속히 극복하고 21세기 개혁신학을 계속해서 선도해 나갈 수 있기를 바라마지 않는다.

제7장 포스트모던 역사관의 도전과 21세기 개혁신학

– 화이트램의 이스라엘 역사관에 대한 비판적 고찰 –

1. 들어가는 말

오랫동안 한국과 일본은 식민지 역사에 대한 왜곡의 문제로 심한 몸살을 앓고 있다. 역사에 대한 편파적 기술 혹은 왜곡의 문제는 한국과 일본이 속해있는 동아시아뿐만 아니라 근동아시아 특히 이스라엘–팔레스타인 간의 영토분쟁에도 중요한 이슈가 되어왔다. 대략 1980년부터 소위 개정주의자들(revisionists)로 명명되는 일군의 학파들이 고대 이스라엘 역사에 대한 급진적인 이론들을 제기하면서 구약성경해석학계는 대혼전을 겪게 되었다.[1] 그들은 포스트모던 사고에 발맞추어 기존의 고대 이스라엘 역사관을 해체시키고 새로운 고대 이스라엘 역사 이해를 시도해왔다.[2] 특히 키스 화이트램(Keith W. Whitelam)은 지금까지 연구되어온 모든 고대 이스라엘 역사관이 현 국가 이스라엘의 정체성을 정당화시키기 위해 고안된 발명품에 지나지 않는다고 서슴없이 주장한다. 그는 후기 청동기와 제1 철기 시대에 출현했던 초기 이스라엘 부족 국가와 그 이후의 다윗–솔로몬 제국의 실재를 거부하며 이 모든 고대 역사 기술을, 현대 유럽 중심의 오리엔탈리즘의 발현으로 해석한다. 나아가 그는 이런 유럽 중심의 고대 이스라엘 역사관이 팔레스타인의 역사를 침묵시켰다고 주장하며, 팔레스타인의 역사 복원의 필연성을 주창한다. 특히 구약 역사의 가능성을 모조리 제거하는 화이트램의 포스트모던적 해체주의 역사관은 구약 역사에 뿌리를 둔 현대 기독교의 정체성에 심각한 위협을 가하고 있다. 본 장은 화이트램의 사상적 배경이 되는 개정주의자들의 안젠다를 간략하게 살펴본 뒤, 화이트램의 해체주의적 해석 방법론을 분석할 뿐만 아니라, 그의 이론으로부터 얻을 수 있는 통찰력과 아울러 그 한계점을 진단할 것이다.

2. 개정주의자들의 아젠다

대략 1980년대부터 렘키(N. P. Lemche), 톰슨(T. L. Thompson), 데이비스(P. R. Davies) 및 화이트램(K. W. Whitelam)과 같은 일군의 학자들은 전통적인 고대 이스라엘 역사관을 해체시키고 새로운 역사 이해를 주창하기 시작했다. 그들은 기존의 전통적인 고대 이스라엘 역사관들이 합리성 혹은 객관성의 신화에 빠져있다고 진단한 뒤, 기존의 역사적 탐구를 부정하는 해체주의적 입장을 주요 해석학적 전략으로 사용한다. 데버(W. G. Dever)가 지적하다시피, 그들의 주요 해석학적 아젠다는 다음과 같이 요약될 수 있다.[3] 첫째, 이들은 히브리 성서의 모든 본문들은 페르시아 시대 혹은 헬레니즘 시대에 만들어졌으며 아마도 그 시기를 주전 1-2세기로 추정한다. 그들은 이 본문들이 비역사적이며, "성경의 이스라엘" 혹은 "고대 이스라엘"을 재구성하는 작업은 아무런 의미가 없다고 주장한다. 소위 고대 이스라엘은 현대 유대인들 혹은 기독교인들의 문학적 창조물에 불과하다. 둘째, 성경 본문들이 비역사적인 문헌들이기 때문에 성경 연구는 역사적 탐구를 배제시켜야 하며, 단지 본문을 허구적인 이야기들로 취급해야만 한다. 셋째, 그러므로 이스라엘의 역사 기술은 반드시 거부되어야 한다. 오히려 협소한 이스라엘의 역사보다는 보다 광범위한 "팔레스타인 역사"를 기술해야 한다.

이와 같은 해체주의적 역사관의 선두주자는 단연코 필립 데이비스(P. R. Davies)를 손꼽을 수 있다. 데이비스는 그의 논쟁적인 책, 『고대 이스라엘을 찾아서』(*In Search of 'Ancient Israel'*)에서 매우 급진적인 고대 이스라엘 역사관을 제시하였다. 데이비스는 세 가지 종류의 이스라엘이 있다고 말한다. 즉 "역사적 이스라엘"(historical Israel), "성경적 이스라엘(biblical Israel)", 그리고 "고대 이스라엘(ancient Israel)"이 그것이다. "역사적 이스라엘"은 고대 근동의 비문, 특히 메르넵타 돌기둥(the Merneptah Stela)에 언급된 그 이스라엘을 가리키는 말로서 대략 주전 900-700년 경 팔레스타인 북부와 중앙에 자리잡고 있었던 소부족 국가를 일컫는다. "성경적 이스라엘"은 후기 페르시아-헬레니즘 시대의 하스모니안 유대교가 자신의 정체성을 정당화시키기 위해 이데올로기적 관점으로 창조한 구약에 그려진 그 이스라엘을 가리킨다. 여기서 데이비스는 헬레니즘 시대의 유대교가 자신들의 정체성을 확립하고 땅의 통치를 정당화시키기 위해 구약의 이스라엘 역사를 창안해 내었다고 강조한다.[4] "고대 이스라엘"은 역사적 이스라엘과 성경적 이스라엘을 근거로 학자들이 재구성해 낸 이스라엘을 뜻하는 말이다.[5] 그러므로 데이비스는 히브리 성경의 이스라엘은 고고학적 인 역사

적 증거를 결여한 후기 문학적 창조물에 지나지 않는다고 단언한다.[6]

소위 코펜하겐학파로 불리는 렘키와 톰슨도 기존의 구약 역사의 재구성 작업에 회의를 던진다. 렘키도 데이비스와 같이 성경의 역사적 해석의 목적은 이스라엘의 정체성과 그 집단성(ethnicity)을 창조하기 위한 목적으로 이루어졌다고 진단한다. 렘키에 따르면, 성경은 두 가지 근본적인 신화를 담고 있는데, 하나는 출애굽의 신화이고 다른 하나는 바벨론 유수의 신화이다. 그는 후대의 유대인들이 "율법 종교"(a law religion)를 만들어내어 스스로를 "하나님의 백성"이라는 선민으로 규정하였으며,[7] 구약 본문들은 후대 기자들의 신학적 창안물에 불과하다고 본다. 톰슨 역시 이와 유사한 의견을 피력한다. 그는 성경 본문이 역사적인 종교를 반영하지 않는다고 단언한다. 예를 들면, 톰슨은 사울과 다윗에 대한 성경의 이야기들이 아더 왕의 이야기보다 사실적이지 못하다고 말한다. 그리하여 톰슨은 성경 본문들이 전승에 대한 철학적 주석을 반영한 것에 불과하며, 역사적 작품이 아닌, 신학적 작품일 뿐이라고 결론짓는다.[8] 그러므로 "이스라엘"이라는 개념도 페르시아 유대인들의 문학적 신학적 창조물로 이해될 수밖에 없다.

마지막으로 개정주의자들 가운데 매우 영향력 있는 학자로 부상하고 있는 영국의 신학자 화이트램은 몇 몇 논문들[9]과 그의 자극적인 책, 『고대 이스라엘의 발명』(*The Invention of Ancient Israel*)[10]에서 보다 급진적인 역사관을 피력함으로 말미암아 성경학계에 큰 파장을 불러일으키고 있다. 그는 기존의 개정주의자들의 논의들이 모두 이스라엘의 역사에 치중한 나머지 팔레스타인의 역사를 침묵시키고 있다고 비판하면서 팔레스타인의 역사 복원에 관심을 기울여야 한다고 강변한다. 그는 기존의 고대 이스라엘 연구에 스며있는 이데올로기적 요소들을 파헤치며, 나아가 어떻게 그런 요소들이 팔레스타인의 역사를 침묵시켰는지를 세밀하게 분석한다. 여기서 우리는 화이트램의 역사관과 그 논점을 보다 구체적으로 논의해 볼 것이다.

3. 정치적 행위로서의 역사 기술

화이트램은 그의 책, 『고대 이스라엘의 발명』에서 역사를 기술하는 작업은 일종의 정치적 행위이며, 이스라엘의 역사 기술도 예외는 아니라고 말한다.[11] 초기 이스라엘 역사를 기술함에 있어서 여러 가지 성경 외 자료들과 고고학적 증거들을 해석하고 분석할 때 많은 논의와 논쟁들이 벌어진다. 대다수의 성경신학자들은 자신들의 역사적 탐구가 객관성에 기초하며 그들의 고고학적 연구들이 사실적인 역사 기술의 토대를 이룬다고 강변한다. 그러나 표면적으로 드러난 이 역사 기술의 연구와 논의의 내면에는 잘 드러나지 않는 정치적 요인들이 도사리고 있음을 부인할 수 없다. 결국 과거의 역사 기술은 현대의 정치적 요인들에 의해 결정됨으로 인해 결국 편파적인 해석을 초래할 수밖에 없다. 그러나 화이트램은 객관성이라는 미명하에 이루어진 역사 기술의 내면에 숨겨진 정치적 함의들이 제대로 평가되지 못한 것을 지적한다.

> 성서학문과, 성서학문을 유도해내고 또 필연적으로 성서학문의 꼴을 형성시킨 정치적 맥락의 연결고리들을 밝혀내는 일은 쉽지 않다. 그것은 대게 겉으로 분명하게 드러나기보다는 잠복해 있기 때문이다. 필시 많은 사

> 람들은 그것을 부인할 것이며, 그들은 그러한 분석을 정치적인 동기를 가진적으로, 또는 역사학에서의 해체나 수정주의 같은 일시적 유행현상 정도로, 또는 성서 연구의 객관성에 대한 폭력적인 공격으로 비난할 것이다.… 성서연구와 정치학 사이의 상호관계가 점점 드러난다면 팔레스타인 지역의 역사를 독점해 온 – 과거애 대한 사상을 형성하는 데 일조했던 – 세력들을 더 잘 이해할 수 있을 것이다.[12]

예를 들면, 화이트램은 성경 학자들이 객관적이라고 신뢰하는 성경 자료 혹은 전승의 신빙성에 의문을 던진다. 일반적으로 학자들은, 전승은 "모종의 역사적인 핵심과 역사적 기억"을 필연적으로 보존하고 있기 때문에, 이 전승으로부터 원래의 정보를 뽑아낼 수 있다고 본다. 그래서 고대 이스라엘의 역사를 연구하는 학자들은 성경의 전승이 역사적 연구의 토대와 기본 사료를 제공해 준다고 믿어왔다. 그러므로 전승의 층들로 이루어진 구약성경은 폰 라트의 주장처럼 "하나의 역사책"으로 인식되어 왔다. 그 이유는 성서 기자들 혹은 편집자들의 역사 기술이 역사에 토대를 둔 전승 자료에 기초하기 때문이다. 그러나 화이트램은 역사가들이 말하는 전승은 실재하지 않으며, 단지 "전승의 개연성"에 호소할 밖에 없다고 주장한다.[13] 역사가들은 과거를 재구성할 때 가능한 한 고대 이스라엘의 실제 정황에 근거하여 역사를 기술한다고 주장하지만, 사실상 그들의 역사적 재구성은 그들이 창조해 낸 역사일 뿐이다.

여기서 화이트램은 전승을 사용하여 객관적 역사를 기술하는 성경 역사가의 이미지는 다름 아닌 계몽주의적 합리주의의 이데올로기에 사로잡힌 현대 성경 역사가의 이미지를 역투사시킨 것이라고 주장한다.

예를 들면 노트는 신명기의 기록된 역사가 꾸며낸 제작물이 아니며, 믿을 만한 자료들 즉 전승에 기초한 객관적인 진술이라고 주장한다. 그러므로 이 신명기의 역사가는 자료를 비교하고 정리하여 나름대로의 객관적인 역사를 기술한 자이다. 그렇다면 이들이 사용한 전승을 밝혀내고 그 역사가의 작업을 분석하는 현대의 역사가들 또한 개관적인 역사 기술을 하는 자들로 간주될 수 있을 것이다. 그러나 화이트램은 전승의 층에 따라 본문을 파편화시킨 역사적 재구성의 방법론은 고대 역사가의 역사 이해가 아닌, 근대에 등장한 계몽주의 정신의 산물에 불과하다고 단언한다.

여기서 화이트램은 현대 성경 역사가의 계몽주의적 정신이 사사기 연구에 잘 반영되고 있다고 본다. 현대의 역사가들은 후대에 추가된 덜 진정한 전승들로부터 원래의 진정한 역사에 속하는 전승층을 찾기 위해 본문의 파편화를 초래하고 말았다. 그러나 최근의 사사기 연구는 여러 모티브의 네트워크로 이루어진 본문의 통일성을 확증해주며, 역사적 재구성에 따라 분리되어 읽혀질 수 없음을 인식하기에 이르렀다. 이것은 사사기의 과거 역사 기술이 얼마나 현대 역사가의 정신을 반영하고 있는지를 보여주는 단적인 실례가 된다. 나아가 화이트램은 과거의 역사 기술은 현대의 정치적 이데올로기의 영향으로부터 벗어날 수 없으며, 결국 편파적인 역사 기술을 할 수 밖에 없다고 단언한다. 그는 다음과 같이 주장한다.

고대의 텍스트든 근대의 텍스트든 우리가 편파적인 텍스트들을 가지고 계속 작업을 하고 있다는 것, 그리고 과거에 대한 고대의 설명과 근대의 설명에 담긴 정치학을 인식하는 것이 중요하다는 것을 인정하는 것은 역사조사연구의 방향을 설정하는 데 중요한 함의를 갖는다.… 역사가는 편파적인 텍스트를 가지고 작업할 수밖에 없지만, 텍스트 뒤에 숨어 있는 의문들과, 과거를 주장하고 형성시키는 데 결정적인 관건이 되었던 의문들을 드러내려고 노력해야 한다.[14]

그러므로 화이트램은 현대의 독자들은 현대의 역사가들이 그리는 과거의 상과, 그런 과거를 주장하고 형성시키는 배후의 정치적 요소들을 올바로 분별해 내야 한다고 강변한다. 그는 고대 역사 기술에 숨겨진 정치적 이데올로기들이 결국 팔레스타인의 역사를 제거하도록 만들었다고 진단한다. 그렇다면 팔레스타인의 역사는 어떻게 부정되어왔는가?

4. 팔레스타인의 역사 부정하기

먼저 화이트램은 고대 이스라엘 역사 기술에 있어서 팔레스타인이라는 공간과 팔레스타인의 시간이 철저하게 무시되어 왔다고 지적한다.[15] 현재 팔레스타인의 역사가 부정되고 있는 것은 팔레스타인이라는 공간 자체가 인정되지 않기 때문이다. 대다수 "팔레스타인"이란 용어는 고대 이스라엘의 역사 무대 혹은 선민이 물려받은 "성지"라는 말로 대체될 뿐 팔레스타인 사람들의 역사 무대로는 결코 인식되지 않는다. 그러므로 많은 성경 역사가들은 팔레스타인이라는 공간은 곧 이스라엘의 역사 무대이며, 나아가 서양 유럽의 역사 무대일 뿐, 팔레스타인 자체의 공간이 될 수 없음을 직간접적으로 시사해왔다.

예를 들면, 스미스와 같은 학자는 팔레스타인을, 유일신 신앙에 근거한 유럽 문명의 중심으로 보는 반면, 팔레스타인의 토착문화와 문명은 가치절하시킨다. 스미스는 이스라엘이 팔레스타인을 장악한 것은 이스라엘 문화가 가나안의 토착문화보다 우월했기 때문이라고 말한다. 여기서 화이트램은 스미스가 이스라엘의 문화를 가나안의 토착문화보다 우월하다고 간주하고는 이스라엘의 팔레스타인 통치를 정당화시키고 있는 것은 유럽 중심의 역사관에서 비롯된 것이라고 지적한다. 그는 다음과 같이 지적한다.

> 가나안 땅에 대한 묘사는 유럽 문명에 있어서 그 땅의 중요성, 그리고 유럽 문명의 일신교 신앙이 기원한 곳이고 하는 관점에서 제시되고 있다. 유럽 열강은 자기 문명의 원뿌리를 제공한 그 땅을 보호하기 위해서 돌아온 것이다.[16]

나아가 화이트램은 이스라엘 역사 연구에 대한 매우 지대한 영향을 미친 노트의 역사관을 비판한다. 노트에 따르면, "팔레스타인"이라고 부르는 땅은 그 자체로는 어떤 고유한 가치를 지니고 있지 않지만, 이스라엘의 역사 무대라는 점에서 진정한 가치를 지닌다. 노트는 이스라엘이 팔레스타인을 다스리기 전에는 주체적인 거민이 없는 비어있는 땅으로 이해하였다. 이 땅은 오로지 이스라엘이 그 무대에 등장한다는 약속이 실현되는 순간, 사람이 사는 의미 있는 장소가 된다. 그 땅은 원래 척박하고 농경에 부적절한 곳이었으나, 이스라엘의 각별한 노력에 의해 수확의 결실이 이루어졌다고 본다. 그러므로 팔레스타인은 원래 주인

없는 비어있는 땅이었으나 이스라엘에 의해 비로소 삶의 터전이 되었다고 본다.

여기서 화이트램은 "이스라엘만이 그 땅에 꽃을 피울 수 있다는 말은 유대인이 그 곳으로 이주하여 근대국가를 수립하는 것을 정당화시키려는 시온주의자들이 주장하는 말 중의 하나"라고 반박한다. 팔레스타인이 이스라엘의 역사 무대로 인식되는 한, 팔레스타인의 공간은 사라지며, 팔레스타인 거주자들의 역사는 관심으로부터 배제된다.[17]

나아가 화이트램은 존 브라이트의 대표적인 저작, 『이스라엘의 역사』(*A History of Israel*)에도 팔레스타인의 공간이 부정되고 있음을 지적한다. 브라이트는 팔레스타인이라는 용어를 수차례 사용하지만 이 곳에 거하던 자들을 팔레스타인 사람들이라고 간주하지 않는다. 비록 그 공간은 팔레스타인이라고 불릴 수는 있으나, 그 주민들은 아모리, 가나안, 이스라엘로만 소개될 뿐이다. 그러므로 팔레스타인 사람들의 공간은 부정되고 있는 것이다. 반면 밀러와 헤이스는 팔레스타인의 산악지대를 역사의 중앙무대로 인식하며, 이 곳이 다양한 민족들에 의해서 공유되었다고 인정한다. 그들은 이 지역이 이스라엘인과 유대인만의 지역이 아니라 다양한 고대 팔레스타인의 거주자들이 살았던 곳으로 이해한다. 그러나 그들은 팔레스타인의 거주자들은 대부분 이름 없는 자들이며, 그들이 이스라엘 사람들이 되면서 비로소 하나의 정체성을 갖게 되었다고 단언한다.

여기서 화이트램은 이와 같은 고대 팔레스타인의 공간 부정하기의 시도가 근대의 국가 이스라엘의 창설을 정당화시켜주기 위함이라고 단언한다. 실제로 기존의 고대 이스라엘 연구는 "팔레스타인"은 거주자가 없었거나 있었다고 해도 주인을 기다리는 땅에 불과하다는 결론에 도달할 뿐이었다. 19세기 말 시온주의 운동의 슬로건, "민족 없는 땅을 땅 없는 민족에게"에서 나타나듯이, 이러한 신학적 결론은 근대 이스라엘 국가 창설을 정당화시키는데 중요한 신학적 기반으로 자리 잡게 되었다. 그리하여 화이트램은 다음과 같이 도전한다.

> 근대국가의 창설이 얼마나 강력히 성서학문을 지배해왔는지, 성서학문이 국민국가를 고대 안으로 역투사하여 고대와 근대 모두를 정당화하고 합법화하는데 도움이 되는 결정적인 연속성을 제공해 줄 정도였다. 그 결과 성서학문은 팔레스타인 역사의 연속성이나 정통성을 깡그리 부정하게 되었다. … 과거를 다루는 학문 속에서, 그리고 작금의 현실 속에서 팔레스타인은 '이스라엘 땅'이 되었고, 이스라엘의 역사만이 유일하게 정통성 있는 연구주제가 되고 있다. 그 밖의 모든 것들은 고대 이스라엘 역사의 배경을 제공하고 또 그것의 이해를 돕기 위해 포섭되고 있는 것이다. 이는 고대 이스라엘의 역사가 현재의 국가와 연속성이 있으며, 유럽 문명의 뿌리를 제공하고 유럽 문명에 자극을 주기 때문이다.[18]

나아가 화이트램은 고대 이스라엘 연구들이 팔레스타인의 공간뿐만 아니라 팔레스타인의 역사 즉 그 자체의 시간조차 부정하고 있다고 말한다. 예를 들면, 성경 학자들은 팔레스타인의 역사를 주로 중립적인 도식으로 설명하기 위해 청동기 시대, 후기 청동기 시대, 철기시대와 같은 용어들을 사용한다. 그러나 이런 용어들은 곧장 이스라엘의 역사와 동일시되고 만다. 청동기 시대는 족장시대가 되고, 후기 청동기 시대는 출애굽과 정복 또는 정착의 시대가 되며, 철기시대는 다윗 왕정의 출현과 발전을 보여주는 시대로 이해될 뿐이다. 그 이후의 역사는 페르시아 시대, 헬레니즘 시대라는 용어를 사용하지만 이 용어들은 각각 포로시대 또는 제2성전의 시대와 동일시되고 만다.

그러므로 화이트램에 의하면, 팔레스타인의 역사에 속하는 시간은 모두 부정되고 있으며, 이런 시간의 부정은 팔레스타인의 과거 시간이 오로지 이스라엘의 역사를 위해서만 존재한다는 점을 시사해준다. 이와 같은 팔레스타인의 역사 부정하기는 유럽 중심의 제국주의적 관점과 후대의 시온주의적 신학에서 비롯된 것이다. 여기서 화이트램은 이런 유럽 중심의 이데올로기와 시온주의 신학이이 팔레스타인의 시간과 공간을 침묵시키기 위해 어떻게 고대 이스라엘의 역사를 발명해 내었는지를 집중적으로 논의한다.

5. 고대 이스라엘 발명하기

화이트램은 고대 이스라엘 역사가들이 주장하는 이스라엘 국가의 기원에 대한 다양한 이론들(이주설, 정복설, 농민 반란설)을 면밀한 분석한 뒤, 이런 이론들 가운데 숨겨져 있는 정치적 이데올로기를 파헤치기 시작한다.[19] 먼저 그는 팔레스타인 이주/침투설에 대한 논의에 관심을 집중시킨다. 알트와 노트에 의해 주창되었던 이스라엘의 팔레스타인 평화 이주 혹은 침투설[20]은 아직도 중요한 가설로 지지받고 있으며, 여전히 큰 영향을 미치고 있다.[21] 그러나 화이트램은 이런 가설이 1920년대 시온주의자들의 팔레스타인의 이주를 토대로 한 역사 이해에 지나지 않는다고 단언한다. 알트(A. Alt)와 같은 학자들은 이스라엘이 팔레스타인으로 이주할 때, 그 당시의 팔레스타인은 인구가 희박하고 정치 조직이 잘 갖추어지지 못한 도시국가체제로 존재했었다고 전제한다. 정치적으로 잘 조직화된 이스라엘인들의 팔레스타인 침투는 결국 도시국가 체계의 몰락을 초래하였고, 자연스레 팔레스타인은 보다 조직화된 이스라엘 국가의 영역이 되었다고 본다. 다시 말해, 알트는 팔레스타인의 저등한 정치구조는 발전적인 가능성이 없었고, 결국 정치 구조적 발전은 보다 월등한 구조체제를 지닌 외부의 세력에 의해 좌우될 수밖에 없었다고 단언한다.

여기서 화이트램은 팔레스타인 토착 주민들이 혁신적인 형태의 정치조직을 발전시킬 능력이 없다는 알트의 주장이 얼마나 주관적인 편견에 사로잡혀 있는지를 지적한다. 그렇다면 왜 알트는 팔레스타인 구조의 비효율성을 강조하면서 이스라엘의 침투와 이주를 정당화시키고 있는 것인가? 화이트램은 이스라엘의 팔레스타인 이주 혹은 침투를 정당화시키는 알트의 논리는 1920년대 시온주의자들의 팔레스타인 이주와 매우 밀접한 정치적 관련성이 있다고 분석한다. 그는 평화 이주/침투설의 배후에 숨겨진 정치적 이데올로기를 다음과 같이 진단한다.

> 그것(평화 이주설)은 1920년대 팔레스타인에서 벌어진 사건들에 대한 인식과 판박이처럼 닮은 상상의 과거이다. 1920년대에는 팔레스타인에 시온주의자들의 이주가 점점 증가하고 있었고, 점점 많은 거주지가 설립되고 있었으며, 성장하고 있는 시온주의 '국민의식'과 어떤 통일된 국민조직을 만들어낼 역량이 없는 것으로 생각되었던 토착 팔레스타인인/아랍

인의 비효율적이고 통합되지 않은 집단들 사이의 대비가 강조되고 있었다. 알트 자신의 현재를 반영하는 이 상상의 과거는 그 이후에도 계속해서 성서 연구의 담론에 심대하고 교모하게 영향력을 행사했다.[22]

또한 화이트램은 팔레스타인 정복설에 대해서도 예리한 비판을 가한다. 그는 올브라이트(W. F. Albright), 어니스트 라이트(E. G. Wright), 존 브라이트(J. Bright)로 이어지는 정복설 배후에 팔레스타인을 저등하게 여기는 친 이스라엘적 성향이 배여 있다고 진단한다.[23] 팔레스타인 정복설에 따르면, 이스라엘의 팔레스타인 정복은 필연적인 과정이었다. 그 당시 팔레스타인의 종교들은 비도덕적으로 타락했으며, 팔레스타인의 토착민들은 이스라엘 보다는 훨씬 열등한 비윤리적인 집단이었다. 그러므로 팔레스타인의 토착민들은 보다 우월한 이스라엘이라는 집단에 의해 대체될 수밖에 없었다. 화이트램은 이런 정복설의 주장이 "우월한 민족이 열등한 민족을 대체할 권리가 있다"는 논리에 근거하고 있으며, 이런 논리가 현대 이스라엘 국가의 출현과 맞물려 있다고 진단한다.[24] 특히 이스라엘의 팔레스타인 정복이 궁극적으로 연안의 좁은 지대에 거주할 수밖에 없었던 팔레스타인 거민들을 거대한 교역집단으로 만들어 주었다는 정복설의 논리에 대해, 화이트램은 이런 주장이 근대 시온주의자들의 이데올로기를 반영해 주고 있다고 말한다. 시온주의자들은 유대인의 팔레스타인 이주로 말미암아 그 지역으로부터 기술적, 의료적, 문화적 혜택을 누리게 되었다고 강변한다. 그러나 화이트램은 이런 관점이 식민화를 정당화는 제국주의적 인식을 반영해 준다고 말한다.

나아가 화이트램은 정복설을 지지하는 학자들이 현대 이스라엘 국가의 팔레스타인 주민 학살에 대해 침묵했던 근본적인 원인을 규명해 나간다. 나찌의 유대인 학살을 정면으로 반대했던 올브라이트는 왜 20세기 팔레스타인 주민들의 학살에 대해서는 침묵했던 것일까? 화이트램은 그의 침묵이 정복설의 제국주의적 이데올로기에서 비롯된다고 본다. 즉 팔레스타인 토착민의 제거작업을 신의 뜻으로 여기는 정복설의 관점에서 볼 때, 하나님의 백성들이 그들의 땅을 차지하기 위해 토착주민들을 제거하는 것은 신학적인 정당성을 지닌다. 결과적으로 현대 팔레스타인 사람들의 권리는 신학적 정당성을 상실하며, 그들의 목소리는 부정되고 만다.

화이트램은 이스라엘의 기원을 설명하는 세 번째 대안으로 눈길을 돌린다. 올브라이트의 제자였던 멘델홀(G. Mendenhall)과 갓월드(N. Gottwald)와 같은 학자들은 이스라엘의 기원을 팔레스타인 내부의 농민봉기 사건과 연결시킨다.[25] 그러나 화이트램은 비록 멘덴홀의 혁명적 가설이 기존의 이론과 차별화되지만 일신론적 공동체와 다신교적 공동체의 대립구도를 통해 고대 이스라엘과 고대 팔레스타인을 더욱 철저하게 구별시키는 결과를 초래했다고 비판한다. 가나안 사회로부터 억압받던 하층계급들이 이집트의 노예를 해방시켜 준 이스라엘의 야웨 종교에 매력을 갖게 됨으로써 결국 가나안의 혁명을 이룩했다는 갓월드의 이론 역시 팔레스타인의 체제를 저등한 단계로 취급하고 있다. 즉 이 혁명은 야웨 신앙에 근거한 민주적인 이스라엘의 체제가 결국 다신교적 신앙에 근거한 비민주적인 팔레스타인의 체제를 대체한 사건으로 이해된다. 여기서 갓월드 역시 기존의 이론들과 같이 팔레스타인의 토착체계를 과소평가하고 있음을 발견할 수 있다. 화이트램은 이와 같은 혁명설이 20세기 이스라엘 건국의 정치 이데올로기를 반영하고 있다고 주장한다.

> 바로 이 지점에서 이스라엘의 과거가 발명되는데, 이것은 이스라엘의 민주적인(평등주의적인) 이상과 그 주변의 비민주적인(중앙집권적이고 계층화된) 아랍 국가들을 대립시킨 현재의 이스라엘 근대국가를 이데올로기적으로 투영한 것이다. 후기 청동기시대-철기시대 이행기에 있어서 이스라엘의 기원에 대한 그의 이해는 근대국가의 건설에 선행하는 시온주의 운동의 개념들과 대단히 유사하다는 것을 보여준다.[36]

이처럼 화이트램은 이스라엘의 기원을 설명하는 과거의 이론들이 사실상 20세기 이스라엘의 출현을 정당화시키는 정치 이데올로기의 산물이라고 단호하게 못 박는다.

6. 이스라엘 국가 창조하기

화이트램은 초기 이스라엘 역사뿐만 아니라 다윗-솔로몬 왕국의 역사 기술에 대해서도 동일한 관점에서 예리한 비판을 가한다. 그는 알트, 노트, 브라이트 및 보다 급진적인 소긴, 알스트룀과 같은 이들의 역사 기술이 고대 이스라엘의 차별성과 우월성을 직간접적으로 반영하고 있다고 불만을 토로한다. 오히려 화이트램은 다윗 제국의 역사성에 대한 의문을 제기하며, 그 근거를 구체적으로 제시한다. 첫째, 화이트램은 이스라엘의 왕정 시대를 입증해 줄만한 고고학적 증거가 거의 없기 때문에, 다윗 제국의 역사성은 신빙성을 결여한다고 주장한다.[27] 한 걸음 더 나아가 화이트램은 고고학적 증거들이 도리어 다윗 제국의 역사성에 더욱 의문을 가중시킨다고 말한다.

예를 들어, 화이트램의 입장에서 볼 때, 다윗-솔로몬이 그토록 부강한 제국을 다스렸다면 분명 그 지역의 유물 속에 그런 흔적들이 분명히 남아 있어야 하는데, 그런 흔적들이 전혀 발견되지 않고 있음은 주목해 볼만하다. 또한 성경 본문은 솔로몬이 파라오의 딸과 결혼했다고 기록하고 있으나, 이집트의 기록에는 이런 특기할 만한 사건이 전혀 언급되어 있지 않다는 사실도 그냥 지나쳐 버릴 수 없다. 그리고 다른 고대 근동 지역의 텍스트에도 다윗-솔로몬 왕국에 대한 기록이 없다는 점도 납득하기 힘든 일이다. 특히 최근 텔단에서 아람어가 새겨진 돌기둥에서 "다윗의 집"이라는 글이 발견되어 다윗 왕국의 역사성을 입증하는 결정적인 증거로 인식되었다. 그러나 화이트램은 이 표현 하나만을 가지고 성경에 묘사된 엄청난 다윗 제국의 실체를 인정한다는 것은 무모한 자세라고 비판한다. 그는 이 표현에 분할표시가 없는 점을 감안하여 이 문구를 지명으로 보는 데이비스의 해석도 하나의 가능성으로 열어둘 수 있음에도 불구하고 그 문구를 무조건 다윗 제국의 실체를 입증하는 단서로만 해석하려는 레이니와 같은 이들의 입장에 대해 강한 거부감을 표시한다. 그는 이런 편협한 태도를 다음과 같이 지적한다.

> 비로 이 대목에서 성서연구의 담론은 과거에 대한 다른 대안적인 주장들(데이비스의 해석)을 침묵시키기 위해 총력을 기울이고 있다. 그러므로 이제 그 담론이 문제 삼는 것은 비문에 대한 데이비스의 해석이 적절하고

> 정직한가가 아니라, 성서에서 영감을 얻은 과거의 구성에 의문을 제기하는 것 자체의 적절성과 정직성이다. … 그 비문의 실제 의미는 레이니 같은 '권위자'에 의해서만 결정될 수 있다.[28)]

둘째 화이트램은 다윗 왕국의 역사적 허구성을 입증하기 위해 케네디의 경제발전 이론을 고대 팔레스타인의 역사에 적용시킨다. 케네디는 고대 강대국의 특징인 군사력이 반드시 경제력의 뒷받침이 필요했으며, 결국 제국의 흥망성쇠는 항상 경제적 자원에 의해 결정되었다고 본다. 그렇다면 팔레스타인 지역도 예외는 아니다. 케네디는 만약 팔레스타인이 농업지약적 지역이었다면, 농업자원과 노동력이 가장 풍부한 지역이 강대국의 유리한 조건을 가지고 있었을 것이고 추론한다. 그렇다면 팔레스타인은 강을 끼고 있으며 우수한 농업 경제 체제와 많은 인구를 구축하고 있는 이집트나 메소포타미아 같은 강대국과는 결코 경쟁상대가 될 수 없는 것이다. 다시 말해 케네디는 팔레스타인은 고대세계의 중요 강국들과 경쟁할만한 경제기반과 대규모의 인구를 결여하고 있었다고 결론짓는다. 이런 경제발전 이론에 근거하여 화이트램은 농업생산과 인구가 세계적 강국의 결정적인 요인으로 작용하던 시기에 팔레스타인 지역에서 다윗 제국과 같은 당대의 초강대국이 출현하는 것은 가능성이 희박하다고 단언한다.

이상으로 화이트램은 고고학적 증거의 결여와 케네디의 경제발전 이론이 다윗 제국의 역사적 신빙성을 흔들고 있으며, 오히려 성경의 다윗 제국이 신기루에 불과함을 입증해 준다고 말한다. 그렇다면 왜 과거에 대한 새로운 대안적 해석들은 성경연구에 주요 담론으로 받아들여

지지 않고 거부되고 있는가? 화이트램은 이런 새로운 역사 이해를 거부하는 성경 연구에는 현대 이스라엘의 정치 이데올로기적 함의가 숨겨져 있다고 주장한다.

> 성서연구는 어떤 대안적 주장도 부정해 온 과거의 구성에 기여함으로써 이 제국주의의 행위에 참여해 왔다. 이런 식의 과거 이해는 팔레스타인의 과거와 팔레스타인의 땅에 대한 팔레스타인인의 주장을 거부하고 근대 이스라엘의 주장을 뒷받침하고 지지함으로써 결과적으로 심대한 정치적 함의를 갖게 되었다. 성서연구의 지배적인 담론은 과거와 현재를 하나로 묶는 일련의 주장을 끊임없이 반복하면서 이러한 강탈행위에 연루되어 왔다.[29]

7. 새로운 고고학적 연구의 한계들과 제안

끝으로 화이트램은 최근에 커다란 발전을 이룬 고고학적 연구들을 면밀히 검토한다. 그러나 최근의 고고학적 연구들의 결과에 대해 화이트램은 여전히 불만을 토로한다. 그는 고고학적 유물을 해석하기에 앞서 이미 고고학자의 선이해가 작용하고 있음을 지적한다. 예를 들면 고고학적 증거를 가장 완벽하게 검토하고 해석한다고 정평이 나 있는 핑컬스타인(Israel Finkelstein)의 경우도 이런 한계점으로부터 벗어나지 못한다고 본다. 핑컬스타인은 이스라엘의 정체성이 장기간에 걸친, 복잡한 과정을 거치며 형성되었고, 그 과정은 왕정이 시작될때까지도 완료되지 않았다는 의견을 피력함으로써 기존의 해석에 새로운 대안적 입장을 제시하였다.

그러나 화이트램은 실로라는 지역을 "초부족적인 성소"로 규정한 핑컬스타인의 해석에 대해 의의를 제기한다. 핑컬스타인은 실로에서 행해진 발굴작업에 대한 견해를 다음과 같이 말한다.

> 이 결정화(이스라엘의 정체성을 결정하는 것)의 중요한 중간단계는 사사시대에 이루어진 초부족적인 성소의 설립과 관련되어 있다. 그 중에서 가장 중요한 성지는 실로에 있었는데, 당시 실로의 특별한 역할은 다들 동의하듯이 역사 저작인 사무엘상에 설명되어 있다.[30]

여기서 핑컬스타인은 실로의 발굴작업이 성경에 나오는 실로의 역할을 그대로 입증해 준다고 주장한다. 그러나 화이트램은 핑컬스타인이 발굴한 고고학적 증거가 그 어디에도 실로가 "초부족 성소"였다거나 또는 이스라엘의 정체성을 결정하는 중요한 역할을 했다는 핑컬스타인의 견해를 뒷받침해 주지 않는다고 반박한다. 다시 말해 실로에서 발견된 계단식 구조물을 "성소 자체의 물리적 특징에 대한 암시"로 단정하는 핑컬스타인의 해석에 대해, 화이트램은 실로를 성소의 위치로 보는 그의 해석학적 선이해의 결과로 단정 짓는다. 즉 화이트램은 고고학적 증거가 지극히 희박함에도 불구하고 이 계단식 구조물을 단순한 성소가 아닌, "초부족적 성소"로 간주하는 것은 사무엘서에 나타난 성소의 위상을 먼저 수용하고 있음을 보여준다고 말한다. 그렇다면 핑컬스타인의 고고학적 작업은 단지 성경의 내용으로부터 형성된 그의 해석학적 전제를 입증하기 위해 고고학적 자료들을 사용하고 있음을 시사해 주는 것이다.

또한 화이트램은 가장 논쟁이 되는 고고학적 유물 가운데 하나인 "메르넵타 비문"에 대한 논의에 긴 지면을 할애한다. 후기 청동기 시대(대략 주전 12-11세기)에 속하는 것으로 추정되는 "메르넵타 돌기둥"(the Merneptah stele)은 이집트의 왕 파라오의 치적을 선전하는 표현을 기록하고 있다. 특히 이 비문에는 "이스라엘은 황폐케되고 그의 후손은 이제 더 이상 존재치 않는다"(Israel is laid waste; His seed is no more)라는 표현이 나타난다. 여기서 "이스라엘"이라는 명칭은 이스라엘의 기원을 설명하는 중요한 증거물로 이해되어왔다.[31] 많은 학자들은 이 비문에 나타나는 여러 집단들이 남-북의 지리적 배열에 따라 기록되었다고 단정한 뒤, 이스라엘이 북부에 위치하고 있었음을 증명해 준다고 주장한다. 나아가 학자들은 이 이스라엘이라는 집단이 고지대의 산악에 거주하던 자들이었다고 결론을 내린다. 그러나 화이트램은 이 비문이 이스라엘이라는 어떤 역사적인 한 집단을 가리키고 있음은 인정하지만 이 집단의 위치를 정확하게 추적하는 것은 불가능하다고 본다.

> 그 텍스트(메르넵다 비문)에 설령 어떤 형식을 갖춘 문학적인 구조가 있다고 하더라도, 언급된 작은 유적지들에서 드러난 지리적 배열을 반영하고 있다고 확신하기는 어렵다. … 그럼에도 불구하고 메르넵타 돌기둥에 대한 해석은 고대 이스라엘의 고고학을 특징짓는 가정들의 뒤얽힌 네트워크의 한 부분을 형성하고 있다. 다시 말하면 이스라엘은 후기 청동기 시대-철기 시대 이해기에 팔레스타인 고지대에 일어난 취락의 이동과 관련이 있으며, 메르넵타의 이스라엘은 산악지대에 있어야 한다는 것이다.[32]

그는 이 비문이 이스라엘이라는 집단을 가리키고 있으나 그 집단의 사회조직이나 지리적 범위에 대해서는 아무런 정보를 제공해 주지 않는다고 말한다. 그러므로 화이트램은 이 비문의 이스라엘이 성경에 묘사된 초기 이스라엘의 존재를 증명하는 단서로 취급될 수 없다는 입장을 강력히 피력한다. 오히려 화이트램은 학자들이 성경의 이스라엘의 모습을 정당화시키기 위해 이 비문을 사용하고 있다고 주장한다. 다시 말해 파라오가 무찔렀다고 주장하는 많은 대상들 가운데 하나인 이스라엘이 팔레스타인의 한 집단이 아니라, 팔레스타인 역사 전체를 지배하는 이스라엘로 해석되었다는 것이다. 이것은 바로 이스라엘 중심의 해석학적 전재가 비문의 해석에 주도적인 요소로 자리 잡고 있음을 보여준다. 여기서 그는 고고학적 유물들을 성경의 이스라엘을 입증하기 위한 방편으로 삼아왔던 기존의 편파적인 고고학적 연구에서 탈피하여 보다 광범위하고 다차원적인 역사 연구의 필요성을 촉구한다.

끝으로 그는 완벽한 과거 역사 기술을 위해 보다 많은 고고학적 연구결과들을 기다려야 하며, 특히 팔레스타인 고지대에 집중된 고고학적 탐구에서 벗어나 저지대와 연안지역에 대한 보다 포괄적인 조사들이 수행되어야 함을 제안한다. 둘째, 그는 조급하게 고고학적 증거들을 성경의 전승에 결부시키는 태도를 지양해한다고 제안한다. 예를 들면, 고고학적 발굴을 통해 어떤 파괴지역을 발견했을 때 그 지역을 성경에 언급된 어떤 전투와 곧바로 동일시하거나, 또는 한 유적지의 요새를 이스라엘 왕들의 건설 계획과 직접 결부시키는 것은 신중한 태도가 아니라고 지적한다. 셋째, 그는 이스라엘과 유다의 역사가 팔레스타인 역사의 주체가 되어서는 안 되며, 고대 팔레스타인 역사의 한 부분으로 취급할 것을 제안한다.

8. 화이트램의 역사관에 대한 평가

지금까지 우리는 고대 이스라엘 역사에 대한 화이트램의 해체주의적 혹은 후기 식민지주의적 역사관(postcolonial view)을 간략하게 살펴보았다. 이제 필자는 그의 역사관에 대한 긍정적인 면과 아울러, 그 한계점을 나름대로 제시해보고자 한다. 먼저 화이트램의 역사관으로부터 얻을 수 있는 긍정적인 관점은, 해석자로 하여금 해석에 영향을 미치는 자신의 주관적 판단과 편견을 경계하도록 이끌어 주고 있다는 점이다. 고대 이스라엘의 역사를 기술하는 자들의 배후에 친이스라엘적 성향(Pro-semitism)이 있다는 화이트램의 지적에 대해 우리는 귀담아 들을 필요가 있다.

실제로 유대인들이 나찌의 핍박으로 무참하게 학살당할 때 많은 성경 신학자들은 유대인의 학살에 분개하며 그 부당성을 강력하게 지적한 바 있다. 그러나 그들은 막강한 군사력을 자랑하는 이스라엘로부터 무참히 살해당했던 그리고 지금도 고통 받고 있는 팔레스타인 난민들의 핍박과 죽음에 대해서는 상대적으로 침묵하고 있는 것 같다. 다시 말해, 국가 이스라엘의 팔레스타인 정복이 신학적으로 정당하다는 논리에 지배당하고 있지는 않은가? 지금도 많은 성경 신학자들, 특히 세대주의자들은 구약 선지자들이 선포한 종말의 회복의 예언이 현재 국가 이스라엘의 출현을 통해 성취되고 있다고 믿는다.[33] 현재의 국가 이스라엘의 건립이 구약 예언의 성취라면, 팔레스타인 난민의 축출은 신학적으로 정당화될 수도 있다(즉 야웨의 뜻이라는)는 논리가 성립된다.

그러나 필자가 속한 개혁주의 교회의 입장에서 볼 때, 구약의 본문들을 근거로 하여 이스라엘의 팔레스타인 정복과 그 땅의 권리를 신학적으로 정당화시키는 것은 지극히 친이스라엘적 해석에 지나지 않는다. 구약의 본문은 현재의 국가 이스라엘의 출현과 팔레스타인 정복과는 아무런 상관이 없으며, 친이스라엘적 이데올로기를 정당화시켜주는 증거 본문이 될 수 없다. 오히려 개혁주의적 관점에서 볼 때, 구약에 예언된 종말론적 예언은 예수 그리스도를 통해 성취된다고 볼 수 있다. 하나님 나라의 도래와 교회의 출현이야말로 새 이스라엘의 시대를 가능케 한다. 이사야가 앗수르, 애굽 및 이스라엘이 하나가 되어 동일한 하나님의 백성으로 인정되는 종말의 새 시대를 바라보았듯이,[34] 그리스도를 통해 나타날 새 이스라엘의 공동체에는 민족 이스라엘이든 팔레스타인이든 누구나 그리스도 안에서 하나가 된다. 그러므로 현재의 팔레스타인 지역에 특별한 신학적 의미를 부여하여 그 곳을 "성지"(the Holy Land)라고 하거나 현재의 이스라엘에 신학적 차별성을 부여하여 그들을 "성민"(the Holy People)이라고 지칭하는 것은 도리어 그리스도의 구속과 성취를 부정하는 꼴이 된다.

나아가 화이트램은 기존의 역사 기술에 나타난 편파적인 텍스트 사용을 지적함으로써 학자들로 하여금 보다 객관적인 자료 사용의 중요성을 더욱 일깨워주고 있다. 다시 말해 부분적인 고고학적 자료를 가지고 지나친 확대해석을 시도하는 부분별한 태도에 대해 다시 한번 경종을 울리고 있다. 또한 그는 역사비평가들의 역사적 재구성의 한계를 날카롭게 비판함으로써 종종 역사 비평학자들이 범하는 해석학적 독단에 빠지지 않도록 경고하고 있다. 즉 역사적 재구성을 객관화시켜 다른 해석학적 대안들이나 독법들의 가능성을 배제하는 제국주의적 태도를 지양하도록 이끌어준다. 이와 같은 긍정적인 관점들에도 불구하고 화이트램의 역사관은 보다 심각한 문제점들을 노출하고 있다.

첫째, 기존의 고대 이스라엘 역사 기술이 정치 이데올로기의 영향 아래 있기 때문에, 친이스라엘적 이데올로기로부터 벗어난 새로운 팔레스타인 역사를 기술해야 한다는 화이트램의 역사관은 스스로의 논리적 모순에 빠지고 만다. 다시 말해 "중심"과 "주변"이라는 이분법적 도식을 만들어 "중심"(centre)에서 "주변"(peripheries)으로의 전환을 강조하는 그의 후기식민주의적 사관은 또다시 새로운 "중심"을 만들어 낼 수 있다는 점이다. 지금까지 성경 연구의 관심이 중심이 되었던 "이스라엘 역사"로부터 주변으로 소외되었던 "팔레스타인의 역사"로 옮겨져야 한다는 그의 주장은 결국 "팔레스타인 역사"라는 중심지향적 패턴으로 다시 치우칠 수밖에 없다는 점이다.[35)]

둘째, 고고학적 자료의 부분성(partiality)으로 인해 성경에 기록된 고대 이스라엘의 존재를 부정하는 화이트램의 논리는 수긍하기 어렵다. 물론 부분적인 고고학적 자료들을 가지고 역사를 완전히 재구성하는 것을 불가능한 일이다. 그러나 그와 같은 부분적인 고고학적 자료들은 과거의 역사에 대한 흔적을 보여준다. 예를 들면 메르넵타 비문은 이스라엘이라는 역사적 집단의 실재를 입증해준다. 물론 보다 구체적인 자료와 정보를 확보하기에 앞서 이 비문의 이스라엘을 성급하게 성경의 이스라엘과 동일시할 수는 없지만, 마찬가지로 이 비문의 이스라엘이 성경의 이스라엘이 아니라고 단정적으로 부정해서도 안 된다. 그러나 화이트램은 이런 논증단계를 거치지 않은 채 비문의 이스라엘이 성경의 이스라엘이 될 수 없다는 성급한 결론에 도달한다. 결국 그는 역사가들이 고고학적 자료들을 성급하게 사용한다고 비판하고서는 정작 자신은 이 비문의 이스라엘이 성경에 묘사된 이스라엘이 아니라는 충분한 정보를 확보하고 그 이유를 입증하지 못한 체 단정적인 결론을 내림으로써 자기모순에 빠지고 있다.

더욱이 화이트램은 기존의 친 유대교 중심의 역사 기술이 역사가의 이데올로기에 의해 왜곡되었기 때문에 새로운 팔레스타인의 역사 기술을 주창한 바 있다. 그러나 화이트램의 주장대로 모든 역사적 기술이 이데올로기로부터 자유롭지 못하다면, 화이트램이 주창하는 팔레스타인의 역사 기술 역시 반 유대교적 이데올로기로부터 벗어나지 못할 것이다.[36] 또한 화이트램은 히브리 성경의 기록에 대해서는 부정적이지만, 고고학적 자료들은 보다 긍정적인 입장을 표명한다. 모든 텍스트에 이데올로기적 영향이 나타난다는 그의 입장에 근거해 볼 때, 고고학적 자료들 역시 이데올로기적 차원으로부터 자유롭지 못하다. 그렇다면 고고학적 자료들의 신빙성은 어떻게 확보될 수 있는가? 그는 이 문제에 대해 침묵하면서도 성경의 기록보다는 고고학적 자료들을 더 신뢰하는 편파적인 태도로 일관한다.

끝으로 성경의 기록을, 역사성을 결여한 이데올로기의 산물로 간주하는 화이트램의 급진적인 역사관은 기독교의 정체성을 무너뜨리는 심각한 도전이 아닐 수 없다. 특히 구약의 유일신론을 페르시아 시대에 생겨난 유대교의 이데올로기적 산물로 보는 화이트램과 같은 개정주의자들의 역사관은 유일신론에 근거한 기독교의 신앙적 뿌리와 유산을 모두 부정하고 해체시킨다. 더욱이 기독교의 진리를 상대화시키는 종교다원주의 시대에 개정주의자들의 해체주의적 역사관은 더욱 그 위력을 발휘할 것이라 예상된다. 그러므로 우리는 이런 포스트모던적 해체주의자들의 도전에 효과적으로 대응할 수 있는 개혁신학의 학문적 결실을 이루어가야 할 것이다. 부디 21세기 개혁신학이 이와 같은 포스트모던 역사관의 도전에 맞서 구약의 역사성을 논증하며 구약의 신학적 의미를 더욱 확고히 다지는 노력을 경주해 나갈 수 있기를 고대해 본다.

제8장 구약과 신약의 토라 이해에 대한 성경신학적 고찰

– 라이트(N. T. Wright)의 유대교 토라 이해에 대한 비평적 평가 –

1. 들어가는 말

최근 신약학계는 유대교에 대한 새로운 이해를 전제로 한 샌더스(E. P. Sanders)의 문제제기 이후,[1] 바울 신학의 "새 관점"(The New Perspective on Paul)에 대해 뜨거운 논의를 계속해왔다. 또한 바울 신학의 "새 관점" 이론은 비평학자들뿐만 아니라 복음주의 학자들에게도 직간접적으로 수용되고 있다. 더욱이 복음주의 진영의 대표적인 논객 라이트(N. T. Wright)는 바울 신학의 "새 관점"의 이론을 받아들이면서 기존의 개념과는 다른 급진적인 칭의 개념을 제시해 왔다.[2] 신약학계의 여러 학자들 가운데 비교적 온건한 관점을 견지해 왔던 라이트가 "새 관점"의 입장에 근거하여 전통적인 칭의 개념을 재정의하는 급진적 해석을 천명한 후, 라이트의 신학에 대한 논쟁은 뜨거운 화두로 부각되고 있다. 예를 들면, 미국의 대표적인 복음주의 저널지, *Christianity Today*는 2009년 6월호에 "The Justification Debate: A Premier"라는 특집기사를 다루면서 라이트의 해석에 반대하며 전통적인 바울 신학의 입장을

강조하는 파이퍼(J. Piper)와 라이트와의 대조적인 차이를 일목요연하게 소개한 바 있다.[3]

위의 다양한 입장들 가운데 1세기 유대교 이해는 특히 우리의 관심을 끌게 한다. 라이트는 샌더스와 던(James Dunn)이 주장하는 "새 관점"의 입장을 대변하면서 바울 시대의 유대교가 토라 준수를 통해 구원을 이루려 했던 행위의존적 율법 종교가 아니었음을 강변한다. 라이트에 의하면 바울이 이신칭의 교리와 대조시킨 "율법의 행위"는 행위를 통해 구원을 얻으려는 유대인들의 시도를 의미하는 것이 아니라, 언약 안에 참여하는 회원으로서의 자격을 규정해 준다. 또한 이러한 율법 행위들은 민족주의적 상징들(가령, 할례, 안식일 준수 및 음식법)의 형태로 나타난다. 라이트는 바울이 구원을 얻기 위한 수단으로서의 행위지향적 율법주의를 공격한 것이 아니라, 하나님의 참 언약 백성의 회원자격을 보증하는 민족적 의를 추구하는 태도로서의 율법준수를 공격한다고 주장한다.

그러므로 라이트를 비롯한 "새 관점" 이론의 핵심이슈는 1세기 유대교가 토라를 어떻게 이해했는가 라는 질문과 깊은 관련이 있다. 과연 토라는 바울의 주장처럼 구원의 수단으로서의 역할을 수행하는가? 아니면 라이트의 주장처럼 구원의 수단이 아니라, 하나님의 언약 백성의 회원자격을 보증해 주는 역할을 수행하는가? 이런 질문에 답하기 앞서 본 장은 먼저 구약의 토라의 의미와 그 역할을 먼저 고찰해 볼 것이다. 나아가 본 논문은 구약의 토라 이해와 언약적 순종이 결여된 이스라엘의 형식주의적 이데올로기들을 살핀 후, 주후 1세기(이하 1세기)유대교의 문제를 분석해 보고자 한다.

2. 구약의 토라 이해

구약의 율법에 대한 이해를 고찰하기에 앞서, "율법"이라는 용어에 대한 점검이 필요하다. 70인경은 "토라"를 "노모스"로 번역한다. 이러한 표현은 복음에 대조되는 전문적인 용어로 인식되어 왔다. 특히 신약의 바울 서신에는 율법과 복음의 양극성이 크게 부각된다. "그렇지만 역사적으로나 신학적으로 볼 때, 대립 개념은 토라의 성경적 개념을 왜곡시킬 수 있다."[4] 실제로 카이저(Walter C. Kaiser Jr.)의 주장처럼 히브리어 תּוֹרָה가 70인경에서 노모스로 번역되었을 때, 잘못된(적어도 매우 제한적이며 협소하기 때문에 불충분한) 번역이 발생하였다."[5] 대체로 구약 학자들은 이러한 번역이 정확하지 못하고, 토라에 대한 정의가 더 명확하게 규명되어야 한다고 본다. 분명 토라는 "법"(law) 그 이상의 의미가 있다. 일반적으로 구약학자들은 토라가 '인도하다', '지도하다'를 뜻하는 어근 ירה의 히필형에서 파생된 말로서 '가르침'이라는 포괄적인 의미로 번역되는 것이 바람직하다고 말한다.[6]

그러므로 토라는 포괄적이고 다차원적인 의미를 함축하기 때문에 잘 알려진 대로 "계명", "오경" 혹은 "모세의 법"과 같은 어떤 한 특정한 표현으로 제한될 수 없다. 크뤼제만(Frank Crüsemann)은 다양한 토라의 성격을 다음과 같이 설명한다.

> 구약 시대의 일상생활에서 '토라'라는 낱말은 어머니(잠 1:8; 6:20; 참조 31:26)와 아버지(4:1-2)가 자녀에게 삶의 길을 가르치고 죽음에 이르는 타락을 피하도록 경고하는 훈계를 지칭한다. … '토라'는 평신도에게 주

> 는 제사장의 훈계(렘 18:18; 겔 7:26)를 가리키는 전문적인 용어로 사용되지만, 동시에 지혜 교사들(잠 7:2; 13:14)이나 예언자들(사 8:16, 20; 30:9)이 제자들에게 주는 가르침을 의미하기도 한다. 끝으로, 신명기에서 '토라'는 하나의 포괄적이고 문서화된 하나님의 뜻을 나타내는 가장 중요한 개념으로 사용된다. 바로 여기서 '토라'는 이야기(특히, 신 1:5)와 율법(특히, 시 78:1, 5, 10)을 모두 포괄한다. 그리고 이와 같은 토라의 신명기적 이해가 나중에는 에스라-율법(보기, 느 8:1), 오경 전체, 더 나아가 예언자들이 뭇 민족들에게 선포한 종말론적인 하나님의 말씀에도 적용된다(사 2:3; 42:4; 미 4:2).[7]

이처럼 토라의 의미는 매우 광범위하기 때문에, 토라를 무조건 오경 혹은 복음에 대립되는 율법으로 간주하는 것은 적절치 않다. 크뤼제만이 주장한 바와 같이, 지혜 문헌에서 토라는 지혜의 가르침으로 이해되며, 이사야서와 같은 예언서에는 종말의 환상(사 2:2-4)과 연결되어 있다. 그러므로 토라는 어떤 하나의 표현 혹은 의미로 한정될 수 없으며, 토라의 다양한 용법은 각각의 문맥에 따라 결정되어야 한다. 일반적으로 토라는 구약의 맥락 속에서 하나님의 언약 백성으로 부름 받은 이스라엘의 언약적 의무를 의미한다. 분명 이스라엘은 토라 준수를 구원의 수단으로 인식하지 않았다. 오히려 이스라엘의 토라 준수는 이미 베풀어진 구원의 은혜에 대한 감사의 반응으로 이해되었다. 그러나 후대에 이르러 이스라엘의 토라 준수는 언약적 순종이 결여된 형식주의적 종교 형태로 변질되기에 이른다.

3. 구약에 나타난 토라 준수의 형식주의적 시도들: 이사야서와 예레미야서를 중심으로

구약에 나타난 이스라엘의 형식주의적 태도는 선지서에 매우 심각하게 취급된다. 특히 이사야와 예레미야 선지자는 율법의 참된 정신에서 벗어나 왜곡된 성전 이데올로기에 빠진 이스라엘의 형식주의를 신랄하게 비판한다. 실제로 중앙 집중화된 이스라엘 예배는 점차 예배의 정신과 본질을 상실하고, 외식적인 형태로 변질되어 갔다. 구약의 선지자들은 이와 같은 예배의 변질과 타락에 대해 심각한 도전을 던지며, 이스라엘의 문제를 강력하게 비판하였으며, 이사야와 예레미야의 비판적 목소리는 눈여겨 볼 많다. 이사야서는 1장과 65-66장이 인클루지오를 이루는 독특한 문학적 형식을 취하는데, 특히 1장과 65-66장에는 동일하게 외식적인 제사에 대한 이사야의 신랄한 비판이 제기되고 있다. 이사야 1장에서 이사야는 이스라엘의 예배의 문제를 "공의상실"로 규정한다. 이사야 1장의 구조를 살펴보면 아래와 같다.

표제(1:1)

A 배역한 이스라엘의 현재상(2-4절)

B 심판을 경험한 이스라엘(5-9절)

C 공의를 상실한 살인자들을 비난(10-15절)

D 회개의 요청(16-20절)

C′ 공의를 상실한 살인자들을 비난(21-23절)

B′ 심판을 경험하게 될 이스라엘(24-27절)

A′ 배역한 이스라엘의 미래상(28-31절)

위의 구조는 배역한 이스라엘의 현재상(2-4절), 심판을 경험한 이스라엘(5-9절), 공의를 상실한 살인자들에 대한 비난(10-15절), 회개 요청(16-20절), 공의를 상실한 살인자들에 대한 비난(21-23절), 심판을 경험할 이스라엘(24-27절), 배역한 이스라엘의 미래상(28-31절)의 형식으로 전개되면서, A - B - C - D - C′ -B′ -A′ 의 순으로 교차대구를 이룬다. 이와 같은 1장의 수사적 구조는 심판을 경험하고도 여전히 행악하는 현 이스라엘의 죄악상을 고발하고, 결국 심판과 멸망이 임하게 될 그들의 절망적인 미래상을 예고함으로써 배역한 죄인들에게 회개를 촉구한다.

그렇다면 이사야 1장에 묘사된 이스라엘의 문제는 무엇인가? 이사야 1장에서 이스라엘의 예배는 "언약적 순종"이 없는 형식화된 예배였다. 좀 더 구체적으로 말하자면, 이스라엘은 예루살렘 성전의 제사를 위해서는 좋은 제물과 희생을 바치지만, 삶의 현장에서는 고아와 과부를 억압하며 무죄한 자를 살인하는 불법을 자행하였다(사 1:10-20). 이와 같은 불법을 행하는 자들의 외식적인 제사에 대해 이사야는 다음과 같은 비난한다.

> "여호와께서 이와 같이 말씀하시되 하늘은 나의 보좌요 땅은 나의 발판이니 너희가 나를 위하여 무슨 집을 지으랴 내가 안식할 처소가 어디랴 나 여호와가 말하노라 내 손이 이 모든 것을 지었으므로 그들이 생겼느니라 무릇 마음이 가난하고 심령에 통회하며 내 말을 듣고 떠는 자 그 사람은 내가 돌보려니와 소를 잡아 드리는 것은 살인함과 다름이 없이 하고 어린

양으로 제사드리는 것은 개의 목을 꺾음과 다름이 없이 하며 드리는 예물은 돼지의 피와 다름이 없이 하고 분향하는 것은 우상을 찬송함과 다름이 없이 행하는 그들은 자기의 길을 택하며 그들의 마음은 가증한 것을 기뻐한즉 나 또한 유혹을 그들에게 택하여 주며 그들이 무서워하는 것을 그들에게 임하게 하리니 이는 내가 불러도 대답하는 자가 없으며 내가 말하여도 그들이 듣지 않고 오직 나의 목전에서 악을 행하며 내가 기뻐하지 아니하는 것을 택하였음이라 하시니라"(사 66:1-4)

이사야는 세상에서 불의를 행하면서도 성전에 와서는 제사에 열심을 내는 이스라엘 백성들을 향해 그들의 제사가 하나님 앞에 부정한 것으로 평가 받고 있음을 노골적으로 묘사한다. 그렇다면 왜 이스라엘은 불의한 행위를 범하면서도 성전 제사에 집중하였는가? 이스라엘은 성전을 하나님의 임재 처소로 지나치게 확신한 나머지 비록 그들이 불법을 행한다 하더라도, 성전만 있다면 하나님께서 그들과 함께 하신다고 착각하였다. 그러므로 이스라엘에게 있어서 중요한 것은 하나님과 맺은 언약 관계와 언약에 대한 순종이 아니라, 성전이라는 건물과 성전에서 드려지는 제사행위였다. 그들은 성전과 제사행위야말로 하나님의 임재를 보장해 줄 수 있다고 보았다.

이와 같은 잘못된 인식은 자연스럽게 언약적 순종과 실천에 대한 무관심을 초래하였다. 예레미야는 언약적 순종과 실천보다는 성전이라는 건물을 중요시했던 이스라엘 시대의 문제를 그 유명한 성전 설교에서 잘 제시하고 있다.

"여호와께로부터 예레미야에게 말씀이 임하니라 이르시되 너는 여호와의 집 문에 서서 이 말을 선포하여 이르기를 여호와께 예배하러 이 문으로 들어가는 유다 사람들아 여호와의 말씀을 들으라 만군의 여호와 이스라엘의 하나님께서 이와 같이 말씀하시되 너희 길과 행위를 바르게 하라 그리하면 내가 너희로 이 곳에 살게 하리라 너희는 이것이 여호와의 성전이라, 여호와의 성전이라, 여호와의 성전이라 하는 거짓말을 믿지 말라 너희가 만일 길과 행위를 참으로 바르게 하여 이웃들 사이에 정의를 행하며 이방인과 고아와 과부를 압제하지 아니하며 무죄한 자의 피를 이 곳에서 흘리지 아니하며 다른 신들 뒤를 따라 화를 자초하지 아니하면 내가 너희를 이 곳에 살게 하리니 곧 너희 조상에게 영원무궁토록 준 땅에니라 보라 너희가 무익한 거짓말을 의존하는도다 너희가 도둑질하며 살인하며 간음하며 거짓 맹세하며 바알에게 분향하며 너희가 알지 못하는 다른 신들을 따르면서 내 이름으로 일컬음을 받는 이 집에 들어와서 내 앞에 서서 말하기를 우리가 구원을 얻었나이다 하느냐 이는 이 모든 가증한 일을 행하려 함이로다 내 이름으로 일컬음을 받는 이 집이 너희 눈에는 도둑의 소굴로 보이느냐 보라 나 곧 내가 그것을 보았노라 여호와의 말씀이니라"(렘 7:1-11)

예레미야는 7:3에서 "이것이 여호와의 성전이라, 여호와의 성전이라, 여호와의 성전이라 하는 거짓말을 믿지 말라"고 경고한다. 예레미야는 이스라엘 백성들이 현재의 죄악에서 돌이키지 않는다면 하나님의 심판이 임할 것을 강력하게 선포하였다. 그러나 이스라엘의 반응은 냉담했다. 오히려 거짓 선지자들은 북방의 대적에 의한 멸망은 없으며, 하나님께서 이스라엘을 보호하시고 지켜주실 것이라는 긍정적 메시지만을 선포하였다. 또한 거짓 선지자들은 이런 거짓 메시지를 강조하기 위해 특별히 "여호와의 성전"을 강조하였다.[8] 그들은 "이것이 여호와의 성전이라"고 선언하면서 어떠한 상황 속에서도 하나님께서 이스라엘과 함께 하시며 이스라엘을 지켜 보호해 주실 것이라고 큰 소리쳤다.

그러나 예레미야는 현재의 성전을 "도둑의 소굴"로 규정한다. 다시 말해 이스라엘은 언약적 순종과 실천을 결여한 성전 제사에 몰입하였고, 결국 예배의 본질과 정신에서 벗어난 변질된 제사에 집중했으며, 마침내 하나님의 성전을 원래의 기능과 목적을 상실한 타락된 장소로 전락시켰던 것이다. 그리하여 예레미야는 "이것이 여호와의 성전이다"고 외치는 거짓 선지자의 메시지에 귀를 기울여서는 안 되며, 언약적 순종을 촉구한다. 더욱이 예레미야는 고아와 과부를 압제하지 말며, 무죄한 자의 피를 흘리지 말며, 도둑질과 살인과 간음과 거짓 맹세를 하지 말 것을 강력히 경고한다.

정리하자면 이사야와 예레미야와 같은 선지자들은 이스라엘의 멸망 원인을, 언약적 불순종으로 규정한다. 아이러니하게도 이사야와 예레미야 시대의 이스라엘은 자신들이 토라 준수에 무관심했던 것이 아니라 오히려 토라의 계명을 신실하게 따른다고 믿었다. 예를 들면 그들은 성전 제사에 대한 열심이 토라의 정신을 구현하는 것으로 이해했다. 다시 말해, 그들은 실상 토라의 정신에서 벗어나 참된 계명을 올바로 실천하지 못했음에도 불구하고, 토라의 계명에 순종하며 살아간다고 생각했다.

그러나 이사야와 예레미야의 판단은 달랐다. 이사야와 예레미야는 이스라엘의 철저한 외적인 율법 준수의 내면에 왜곡된 형식주의가 도사리고 있음을 발견한다. 그리하여 이사야와 예레미야는 성전을 우상화시키고 성전제사에만 치중한 나머지 공의를 올바로 실현하지 못한 이스라엘의 형식주의적 태도를 향해 경고의 메시지를 선포하며, 참된 토라의 정신으로 돌아올 것을 촉구한다.

4. 1세기 유대교의 토라 이해에 대한 논쟁들

앞서 우리는 구약의 토라의 목적과 그 의미를 살펴보았다. 이스라엘의 문제는 토라의 실천에 대한 무관심에 있었던 것이 아니라, 토라 준수의 동기와 목적을 왜곡시킨 것에 있었다. 그들은 하나님의 구원의 은혜에 대한 감사의 반응으로서 언약적 순종에 헌신해야만 했다. 형식적 제사와 절기 준수에는 큰 관심을 기울였으나 사회적 공의와 도덕적 의무를 실현하는 데는 실패하고 말았다.

그렇다면 1세기 바울 시대의 유대교는 토라를 어떻게 이해했을까? 유대교의 토라 이해는 광범위하게 논의되어 왔으니, 대체로 유대교가 토라 준수를 구원의 수단으로 이해했다는 전통적 견해와 유대교의 토라 준수를 "언약적 신율주의"(covenantal nomism)의 입장에서 해석하는 새 관점의 견해로 구분될 수 있다. 전자는 1세기 유대교가 구약의 토라 이해로부터 벗어나 왜곡된 행위종교로 변질되었다고 보는 반면, 후자는 1세기 유대교가 구약의 토라 이해를 계승하고 있다고 본다. 다시 말해, 전자는 1세기 유대교와 구약의 토라 이해와의 불연속성을 강조하는 반면, 후자는 전자의 해석에 도전하며 1세기 유대교와 구약의 토라 이해와의 연속성을 부각시킨다.[9] 여기서 우리는 먼저 토라의 역할과 관련하여 전통적 입장에 도전하는 라이트의 유대교 이해를 잠시 살펴볼 필요가 있다.

4.1. 전통적인 유대교 이해에 대한 라이트의 도전

바울 시대 유대교의 토라 이해에 대한 대표적인 입장은 유대교가 토라 준수를 구원의 수단으로 삼았다고 본다. 이런 입장을 취하는 학자들은 대체로 루터와 칼빈 같은 종교 개혁자들의 바울 해석을 수용한다. 루터와 칼빈은 로마서와 갈라디아서 해석에서 바울은 행위종교에 빠진 유대교를 향해 오직 믿음으로 의롭게 됨을 강조한다고 주장한다. 그러나 라이트는 1세기 유대교를 행위종교로 해석하는 전통적 입장에 도전한다.

라이트는 1세기 유대교를 "언약적 신율주의"(covenantal nomism)로 간주한 샌더스의 유대교 이해를 전격적으로 수용하여 전통적인 유대교 이해의 수정을 요청한다. 다시 말해, 라이트에 의하면, 바울이 유대교를 행위종교로 비판했다는 전통적 입장은 바울을 오해한 것이다. 라이트는 던(James Dunn)의 해석을 긍정하면서 유대교에 있어 토라 준수는 구원의 수단으로 작용하기보다 오히려 언약 안에 있는 하나님의 백성들의 정체성을 규정해 주었다고 믿는다.[10] 특히 라이트에 따르면, 토라의 계명들 가운데 할례, 안식일 및 음식법은 유대인들을 이방인들로부터 구별시켜주는 매우 특별한 표지로서 작용하였다. 그러므로 라이트에게 있어서 유대교의 토라 준수는 결코 구원을 얻기 위한 행위로 이해될 수 없으며, 언약 백성의 구별된 표지로서 간주되었다. 그는 다음과 같이 주장한다.

> 그러므로 안식일과 정결에 관한 논증들은, 미쉬나와 탈무드에서 알 수 있듯이, 학자들의 토론 속에서 엄청난 시간과 노력을 점하고 있었다. 하지

만 강조해 둘 것은 이것은 결코 일반적으로는 유대인들, 구체적으로는 바리새파들이 단순히 외적인 의식이나 제의에만 관심을 가졌거나 덕스러운 삶을 통해서 구원을 얻고자 했기 때문이 아니었다. 그것은 그들이 하나님의 토라에 관심을 가졌고, 그러므로 이방 민족들, 특히 그들을 압제하고 있던 민족들에 맞서서 신이 그들에게 준 독특성을 유지하고자 애썼기 때문이었다. … "율법의 행위들"은 신의 호의를 얻어내기 위하여 율법주의자가 올라야 했던 사다리가 아니라 정체성을 나타내는 표지들, 현재 선민에 속해 있다는 표지들, 그러니까 자기 자신에게나 이웃들에게나 극히 중요했던 표지들, 계약의 신이 그의 백성을 구속하기 위하여 역사하실 때에 신원 받게 될 무리들에 속해 있다는 것을 보여 주는 표지들이었다. 그러므로 율법의 행위들은 장래에 신원 받을 것임을 보여주는 현재적인 표지들이었다. 이것이 바로 유대인들, 특히 바리새인들의 신념과 소망 내에서 "토라의 행위들"이 기능했던 방식이었다.[11)]

이와 같은 라이트의 1세기 유대교의 토라 이해는 전통적인 바울 신학의 수정을 요청하기에 이른다. 만약 라이트의 주장처럼 1세기 유대교가 토라 준수를 구원의 근거로 이해하기보다는, 언약 백성으로서의 구별된 정체성을 보여주는 표지로 받아들였다면, 1세기 유대교를, 토라 준수를 구원의 수단으로 삼았던 행위지향적 종교로 간주했던 전통적 입장은 심각한 해석학적 도전에 직면할 수도 있다. 그러나 1세기 유대교의 토라 준수가 구원을 얻기 위한 시도와 관련이 없다는 라이트의 주장은 정당한 것인가? 과연 1세기 유대교의 토라 준수는 구원을 얻기 위한 노력과 무관한 것인가?

4.2. 라이트의 유대교 이해에 대한 반론

최근 들어 라이트와 같은 새 관점 학파의 유대교 이해는 많은 학자들로부터 비판을 받아왔다. 어떤 이들은 라이트와 같은 새 관점의 학자들이 1세기 유대교를 지나치게 자신들의 범주 속에 획일화시켜 버린 나머지 1세기 유대교의 다양성을 무시했다고 비판한다.[12] 특히 던의 지도를 받은 젊은 소장파 신약 신학자 개더콜(Simon Gathercole)은 던의 입장과는 달리 1세기 유대교 안에 토라 준수를 강조하는 행위 종교의 시도들이 있었음을 논증한다.[13] 개더콜은 1세기 유대교 문헌들 중 하나님의 선택적 은혜를 강조하는 사상이 있다고 인정한다. 그러나 또 다른 여러 문헌들은 토라 준수의 행위를 강조하고 있음을 지적한다.

예를 들면, 개더콜은 솔로몬의 시편(the Psalm of Solomon), 바룩(Baruch), 모세 승천기(Assumption of Moses), 4 에스라(4 Ezra), 마카비(Maccabees) 그리고 요세프스(Josephus)와 같은 1세기 전후 유대교 작품들과 쿰란 문헌(The Qumran Literature)에서도 최종적 구원을 행위 혹은 순종에 대한 보상으로 간주하고 있음을 증명한다.[14] 나아가 개더콜은 1세기 유대교 이해를 위해 신약 본문들을 주요 문헌으로 반드시 참고해야만 한다고 강변한다. 특히 그는 요한복음 5:28-29; 6:26-29; 야고보서 2장; 요한계시록 20:11-15, 그리고 예수의 비유 본문들 및 부자 청년 이야기를 소개하는 마태복음 본문들과 로마서 2장은 1세기 유대교에 나타나는 순종에 근거한 구원론(obedience-based soteriology)의 형식을 반영해 준다고 주장한다.

슈라이너(Thomas R. Schreiner)는 토라에 대한 순종 요구를 율법주의(legalism)의 증거로 보는 태도에 반대하면서도 바울이 유대교를 율법주의적 행위종교로 비판하고 있다는 견해를 부정하는 샌더스의 입장도 비판한다. 그는 유대교 전체를 전적으로 율법주의적 행위 종교로 보는 것도 잘못이지만, 바울의 신학 속에 나타나는 유대교의 행위지향적 태도에 대한 비판을 무시하는 것도 문제가 있다고 본다. 그는 바울 서신 속에 유대교의 율법주의적 태도에 대한 비판이 등장하고 있음을 주목해야 한다고 강조한다. 가령 로마서 3:27-4:8; 9:30-10:13; 빌립보서 3:2-11; 갈라디아서 2:16-21; 3:10-14과 같은 바울의 서신들은 유대교를 율법주의적 행위종교로 공격한다. 그러므로 슈라이너는 유대교 가운데 하나님의 선택의 은혜를 강조하는 신념도 존재했지만, 토라의 순종으로 구원을 얻고자 했던 행위론적 구원론도 공존했다고 주장한다.[15]

조철수 박사 역시 1-4세기 유대교의 행위 구원론적 경향을 논증한다.[16] 그는 1-4세기 유대교의 가장 두드러진 특징으로서 "토라 공부에 대한 열정"을 손꼽는다. 실제로 유대교의 토라와 도리를 가르치는 랍비의 중요성은 주후 1-4세기에 매우 강화된다. 그 결과 토라를 가르치는 랍비들은 유대교를 유지하는 방안으로서 일상생활의 지침서인 "미쉬나"를 편찬하였고(200년 경), 주후 300년경에는 "미쉬나"를 보완하는 "토세프타"가 만들어졌다. 그 후 "미쉬나"와 "토세프타"를 토대로 하여 더 많은 토라 연구가 가미되면서 400년경에는 "예루살렘 탈무드"가 탄생되었으며, 600년경에는 "바빌로니아 탈무드"가 편찬되었다. 이와 같은 역사는 초기 유대교가 얼마나 토라 연구와 해석에 관심을 기울였는가를 반영해 준다. 흥미로운 점은 초기 유대교의 토라 연구가 선행을 통한 구원 개념을 견지하고 있었다는 것이다.[17] 이 점에 대해 조철수는, 초기 유대교의 가장 핵심적인 특징은 토라 공부와 선행으로 구원을 받을 수 있다는 신념이라고 말한다. 그는 다음과 같이 진술한다.

> 이처럼 초기 유대교 현인들이 토라 해석에 전념하면서 형성된 유대교의 가장 근본적인 신념은 토라 공부로 창조주에게 예배를 드릴 수 있으며, 토라 공부와 선행으로 구원을 받을 수 있다는 것이다. … 유대교 문헌에서 특히 자선을 강조하는 이유는 자명하다. 자선은 곧 의로움을 행하는 일이며 의로운 자는 오는 세상에 지옥으로 떨어지지 않고 복 받는 것이 확실하기 때문이다. 랍비들은 사람이 의롭게 될 수 있는 방도를 토라에서 가르친다.[18]

이와 같이 초기 유대교에 대한 심층적 연구는 바울 서신에 나타난 1세기 유대교가 라이트의 주장처럼 오직 하나님의 언약 안에 계속 머물면서 혹은 언약 백성으로서의 정체성을 나타내기 위해 토라를 준수한 것만은 아니었다는 결론에 도달한다. 더욱이 초기 유대교의 다양한 문헌들과 신약의 본문들 특히 바울의 서신들은 유대교 안에 토라의 실천과 행함을 구원론과 연결시키려는 시도들이 있었음을 알려준다. 그러므로 토라 준수를 통해 구원을 얻고자 했던 초기 유대교의 한 특징적 시도는 앞서 살펴본 구약의 토라 이해와는 거리가 멀다.

이러한 최종 구원을 위한 행위 중심적 토라 이해는 구약의 토라의 정신과 본질의 왜곡을 의미한다. 마치 이사야와 예레미야 시대의 이스라엘 백성들이 토라의 순종에는 관심을 기울이지 않으면서 성전 제사의 행위에 치중했듯이, 바울 서신에 소개된 1세기 유대교의 한 측면은 예수 그리스도의 복음과 새 계명에 믿음으로 순종하기보다는 토라의 실천 행위를 통한 의를 더욱 강조하였다. 비록 라이트는 1세기 유대교가 행위종교가 아니라 구약의 토라 이해에 근거하여 언약적 신율주의(covenantal nomism)를 지향했다고 주장하지만, 개더콜의 주장처럼 1세기의 여러 유대 문헌들과 신약 본문들을 토대로 해 볼 때, 1세기 유대교의 한 특징으로서 최종 구원을 위한 행위지향적 율법주의는 결코 부정될 수 없다.

5. 결론적 평가

최근에 라이트의 작품과 신학은 보수와 진보를 막론하고 수 많은 그리스도인들에게 사상적 영향을 미치고 있다. 그의 대표적인 작품들은 신학자들과 신학생들의 필독서로 추천되고 있으며, 심지어 일반 평신도들에게도 널리 읽혀지고 있다. 특히 한국 교회에 소개되는 그의 많은 저서들은 이와 같은 그의 영향력을 단적으로 보여준다. 비록 라이트의 해석과 접근이 긍정적인 면을 갖는다 하더라도, 최근 바울 신학의 새 관점 이론을 대변하는 그의 유대교 이해는 재검토가 필요하다. 라이트의 새 관점 이론이 1세기 유대교를 지나치게 획일화시켰다는 비판과 초기 유대교 문헌들 및 신약의 본문들이 최종 구원을 위한 행위 종교로서의 유대교적 특징을 증거하고 있다는 사실은 결코 간과되어서는 안 될 것이다. 이러한 관점에서 볼 때, 바울 시대의 유대교의 특징으로서 행위지향적 율법주의를 간과하지 않았던 종교개혁자들의 해석이 여전히 존중되어야 할 가치를 지니고 있음은 의심의 여지가 없다.

제9장 에드워드 제이 영과 그의 후예들의 해석학적 공통성과 다양성

1. 서론

21세기를 맞이하여 다양한 반 기독교 신학의 도전에 직면한 우리들에게 기독교의 참된 신앙과 그 가르침을 견실히 지켰던 선배들의 정신을 되새는 일은 이러한 도전을 극복할 수 있는 길을 마련해 준다. 이런 의미에서 에드워드 제이 영(Edward J. Young) 박사의 신학과 사상을 다루게 된 것은 뜻 깊은 일이 아닐 수 없다. 그러나 모세 실바의 평가처럼, 영은 웨스트민스터 신학교 교수들 가운데 "가장 박식한 학자"[1]였기 때문에 그의 사상을 다루는 일은 쉬운 일이 아니다. 그럼에도 불구하고 영의 가르침을 받았던 알란 하만 박사(Allan Harman)는 영의 사상을 충분히 살펴본 후, 그의 사상을 다음과 같이 세 가지로 요약한다.[2] 첫째, 영은 철저한 성경관을 견지한 사람이었다. 둘째, 영은 자신의 분야에 탁월한 능력을 보였으며 자신과 다른 입장들도 고려하는 학문적 자세를 견지하였다. 셋째, 영은 주님의 교회를 위해 성실히 섬겼던 훌륭한 설교자요 교사요 목사였다.

여기서 본 논문은 하만 박사의 세 가지 평가 가운데 두 번째에 해당하는 영 박사의 학문적 입장을 보다 중점적으로 다룰 것이다. 특히 본 논문의 목적은 영의 해석학적 입장을 살펴본 뒤, 영 박사의 신학을 계승하며 그의 사상에 직접적 혹은 간접적으로 영향을 받은 21세기 개혁주의 구약신학자들과의 해석학적 공통성과 아울러, 그 해석학적 다양성도 함께 고찰하는데 있다.

2. 영의 구약 해석학

영의 해석학적 입장은 매우 다양하게 기술될 수 있겠지만, 1963년에 출판된 그의 논문, "구약학에 대한 고찰들"[3]은 영의 해석학적 전제를 매우 잘 드러내 준다. 그러므로 필자는 이 논문에 나타난 영의 해석학적 입장들을 간결하게 소개하고자 한다.

2.1. 유신론적 전제주의와 반 역사 비평

먼저 영은 본 논문에서 구약학의 주요 임무는 분명한 전제를 취하는 일이라고 주장한다. 이와 같은 영의 입장은 그의 동료 코넬리우스 반 틸의 유신론적 전제주의의 영향을 반영해준다. 그렇다면 기독교 신학자가 취해야할 가장 중요한 전제는 무엇인가? 그것은 바로 성경이 하나님의 영감으로 기록된 계시의 말씀이라는 점이다. 그러므로 영은 기독교 신학자들이 성경을 연구할 때 성경을 어떤 책으로 보느냐에 따라서 성경의 해석이 판이하게 달라질 수 있음을 강조한다. 그러므로 성경에 대한 잘못된 전제에 기초한다면 성경의 해석은 위험할 수 있다고 지적한다. 그는 다음과 같이 말한다.

> 전제 없는 학문은 있을 수 없다. 성경은 어떤 류의 책이며 성경은 어떻게 연구되는가? 이러한 질문에 답하기 위해 학문적 연구는 인간의 지성을, 논리적 근거의 궁극적 최종적 기초로서 강조하거나, 지혜나 지식도 하나님에게 속한 것이라고 선언할 것이다. 만약 학문적 연구가 인간의 지성의 친밀성을 가정한다면, 이런 학문은 성경이 하나님의 말씀이라는 결론에 결코 도달하지 못할 것이다. 왜냐하면 이런 학문은 이미 인간의 지성으로 하나님을 판단할 수 있다고 여기기 때문이다.[4]

여기서 영은 성경 해석의 첫 출발점으로서 성경의 신적 권위를 강조한다. 그는 성경이 하나님의 계시임을 천명하면서 이런 해석학적 전제가 필수적임을 역설한다. 그러나 19세기 구약학은 이러한 성경관을 무시하며, 계시의 역사성을 거부한다. 이 점에 있어서 영의 입장은 매우 단호하다. 영 박사는 19세기 구약학에 등장한 역사 비평학적 입장들이 근본적으로는 성경의 신적 권위를 인정하지 않는 해석학에서 출발했음을 지적한다. 다시 말해 영은 모세의 오경 저작설을 부인하거나, 신명기의 저작연도를 주전 7세기로 돌리는 고등비평학의 해석들이 근본적으로 성경에 대한 잘못된 전제로부터 기인한다고 평가한다.

더욱이 이러한 파괴적 역사 비평학은 기존의 성경관이 낡은 유산에 불과하며, 그것을 붙드는 태도는 새로운 시대적 사조에 역행하는 매우 뒤떨어진 사고라고 비판한다. 그러나 영은 성경의 신적 권위를 전제하는 입장을 결코 부끄러워해서는 안 되며, 심지어 이런 입장을 포기한 역사 비평학은 기독교적이지 않다고 단언한다.[5]

> 예를 들어 우리가 신명기를 볼 때 주님께서 모세에게 말씀하셨다는 사실을 알게 된다. 그러나 우리는 신명기가 주전 7세기에 만들어졌다는 이론들을 고찰하고 있다. 만약 그것[신명기]이 주전 7세기의 작품이라면 그것은 주님께서 모세에게 말씀하지 않았다는 것을 의미한다. 그렇다면 이런 이론들이 어떻게 설명된다하더라도, 이런 이론들은 기독교적인 것이 아니다. 기독교인이 아니었다. … 그들이 기독교인이든 혹은 그렇지 않든지 간에 그들의 이론은 기독교적 이론들이 아니다.

이처럼 역사비평학자들을 기독교인으로 인정하지 않았던 영의 태도에 대해 혹자는 영이 너무 극단적인 이분법적 사고에 젖어 있다고 혹평할는지도 모른다. 그러나 영의 입장에서 볼 때, 성경의 신적 권위에 대한 도전은 바로 기독교 자체의 도전이 될 수 있었다. 비록 역사 비평학에 대한 영의 단호한 태도가 다소 듣기에 불편한 감을 느끼게 하지만, 영은 성경의 권위에 대한 문제는 결코 타협의 대상이 아님을 분명히 밝히며, 성경을 연구하는 학자들은 반드시 성경의 신적 권위를 강조하는 유신론적 전제주의에 입각한 학문적 자세를 견지해야만 함을 역설한다. 끝으로 영은 바르트의 신정통주의의 도전을 심각하게 취급한다. 그는 바르트의 성경관이 성경의 신적 계시를 부정한다고 지적하면서 신정통주의의 문제를 정확하게 파악하여 그 한계를 인식할 수 있어야 한다고 강변한다. 결론적으로 영의 해석학은 확고한 유신론적 전제주의에 입각한 성경관을 천명함으로써 역사비평과 신정통적 성경관을 철저하게 비판한다.

2.2. 고대 언어 연구와 고고학의 필요성

영의 구약 해석학은 유신론적 전제주의와 아울러 매우 철저한 역사문법적 방식을 취한다. 영은 성경 본문의 의미를 이해하기 위해 원 저자의 의도를 파악하는 일에 최선을 다해야 한다고 주장한다. 그렇다면 성경의 의미는 어떻게 파악될 수 있는가? 그것은 원 저자이신 성령님의 인도함을 받아야만 가능하다. 나아가 성경 본문의 의미는 인간 저자가 사용한 성경의 원 언어에 대한 올바른 이해가 전제되어야 한다. 이에 대해 영은 다음과 같이 단호하게 주장한다.

> 여하튼, 구약학자는 반드시 능수능란하게 언어를 사용할 수 있는 언어학자가 되어야 한다. 무엇보다도 히브리어를 반드시 알아야 한다. … 학생들이 일찍이 구약을 히브리어로 읽는 훈련을 매일 하도록 연습시키자. 히브리어를 큰소리로 읽는 훈련은 매우 중요하다. 만약 학생이 구약을 히브리어로 매일 읽는다면, 그는 히브리어를 통해 삶과 의미를 발견하게 될 것이다.[6]

특히 영은 히브리어뿐만 아니라 고대의 셈어 계통에 속한 언어들을 연구하는 것도 필수적인 단계임을 피력한다. 이와 같은 고대 언어를 연구하는 일은 매우 힘들고 고단한 작업이지만, 영은 하나님의 말씀의 의미를 파악하기 위해서는 필요한 단계라고 강조한다. 영에 의하면, 둠(Bernhard Duhm)과 같은 비평학자들은 어려운 문장들을 만날 때 그것들을 수정하려 했다. 그러나 이런 어려운 문장들을 수정하지 않고 해결할 수 있는 길은 히브리어와 유사한 언어 형태들을 고찰해 보는 일이다. 다시 말해 다른 유사 언어들과 비교하면서 히브리어를 철저하게 연구하는 일은 비평학자들의 수정적 작업을 피할 수 있는 대안이 될 수 있다.

나아가 영은 고고학의 중요성도 배제하지 않는다. 물론 영은 고고학의 전문가가 되어야 함을 뜻하지 않는다. 다만 영은 구약과 관련된 고고학적 유물들과 그것들을 통해 발견된 다양한 정보들을 성경 해석에 참조할 필요가 있다고 본다. 그러나 영은 고고학적 연구들을 사용할 때 주의를 환기시킨다. 영에 따르면, 학자들은 반드시 유신론적 전제주의에 입각하여 고고학을 사용해야 한다. 좀 더 구체적으로 말하자면, 고고학을 통한 고대근동 문헌 연구는 고대근동 문헌들과 구약과의 많은 유사성을 보여준다. 그러나 영은 이런 유사성에 너무 치중하여 구약 계시의 독특성을 무시해서는 안 된다는 점을 분명히 밝힌다.

> 그러나 구약의 내용과 그 표현 형식이 단지 고대 근동의 배경으로부터 왔다고 가정하는 것은 잘못이다. 그러므로 구약이 하나님으로부터 온 계시이며 그 계시의 관점에서 해석되어야 하지, 단지 고대 근동의 한 문헌으로 해석되어서는 안 된다.[7]

가령, 많은 학자들은 창세기 1장과 에누마 엘리쉬(Enuma Elish)와의 연관성에 대해 말한다. 그리하여 어떤 학자들은 에누마 엘리쉬를 바벨론 창세기 혹은 바벨론 창조로 간주하며 창세기가 여기서부터 파생되었다고 주장한다. 그러나 영은 "만약 창세기 1장을 하나님의 계시로 믿는다면, 우리는 창세기 1장에 포함된 정보가 하나님께서 인간에게 주신 것이라고 주장해야만 하지 않겠는가?"[8]라고 질문한다. 영은 이런 하나님의 계시의 내용이 시간이 흐르면서 왜곡되어 전달되었다고 믿는다. 그러므로 영은 창세기가 에누마 엘리쉬에 의존하고 있다고 가정하는 것은 창세기를 공정하게 다루지 못하고 있음을 의미한다고 주장한다.

2.3. 성경신학의 중요성

영은 성경을 읽는 방식으로서 성경신학을 매우 중요하게 취급한다. 영은 많은 사람들이 "성경신학"이라는 용어를 사용하지만 올바른 성경신학에 대한 정립이 시급하다고 역설한다. 그에 따르면, 참된 성경신학이란 "구속사의 다양한 시기 혹은 시대들에 나타난 신적 계시에 대한 연구"[9]와 관련이 있다. 그러므로 구약을 읽을 때 독자들은 구속사의 연속성을 놓쳐서는 안 된다. 그러나 복음주의자들은 구속사의 연속성을 잘못 이해하는 경우가 있다. 다시 말해, 구약의 모든 본문들 속에 그리스도가 발견된다고 보고, 구약의 본문들을 억지로 그리스도와 연결시키는 우를 범한다. 결국 이런 입장들은 잘못된 알레고리 해석으로 전락할 수 있다. 이런 위험성에 대해 영은 다음과 같이 지적한다.

> 심지어 보수주의자들은 원칙적으로 구약의 모든 본문들 속에 그리스도를 발견하려고 한다. 어떤 점에서 물론 그리스도는 모든 본문에 있다. 그러

나 우리는 알레고리 해석에 전복되는 것을 경계해야 한다. … 성경의 이론들이 본질상 중요하지만 우리는 해석에 있어서 전체 성경의 더 넓은 맥락 속에서 각 구절들을 고찰함이 필요하다.[10]

여기서 영은 조직신학의 중요성도 함께 강조한다. 그는 조직신학이 성경 전체의 맥락 속에서 성경을 읽도록 돕는 역할을 수행해야 함을 역설한다. 그는 성경의 한 본문이 성경 전체의 맥락 속에서 해석되어야만 함을 분명히 밝히면서 칼빈, 루터 그리고 찰스 핫지의 주석이 이러한 입장을 잘 드러내고 있음을 지적한다. 그러므로 영은 성경신학과 조직신학은 언제나 성경의 전체적 맥락 속에서 본문이나 구절들을 해석하도록 인도해야할 책임이 있다고 결론 내린다.

3. 영과 그의 후예들의 해석학적 다양성

흥미롭게도 영의 이와 같은 해석학적 입장들은 그의 후예들의 작품들을 통해 선명하게 나타난다. 구약의 계시성과 영감성, 원문에 대한 강조 및 보스의 성경신학적 입장은 분명히 영의 가르침을 받은 후배 구약학자들의 신학에 핵심적 근거로서 작용하고 있다. 하지만 때때로 이러한 신학적 일치성 속에서도 차이점도 발견됨은 흥미롭다. 다시 말해, 영과 그의 후예들의 해석학적 입장은 대체로 공통적인 신학적 입장을 취하면서도 부분적으로는 서로 다른 해석학적 견해를 피력하고 있다. 그럼 지금부터 그들의 차이점을 살펴보도록 하자.

3.1. 저작설 이해의 다양성

영과 그의 후예들간의 해석학적 다양성은 이사야서의 저작설 이해에 분명히 드러난다. 영은 이사야서의 저자로서 8세기 예루살렘의 이사야를 지명한다. 영은 이사야서를 세 저자로 구분하여 1-39장을 예루살렘의 이사야, 40-55장을 바벨론의 익명의 저자, 56-66장을 포로기 후의 익명의 저자로 규정한 둠의 역사 비평적 해석을 단호히 거부한다. 특히 영은 신약의 본문들이 이사야의 저작을 분명히 증거한다고 믿는다. 그는 다음과 같이 결론 내린다.

> 이사야가 전체의 저자임을 부인하는 부정적 비평주의에서 우리가 받는 인상은 그것이 저자에 대해서 전혀 일치를 이룰 수 없었다는 점이다. 물론 문제를 종결시키는 것은 오로지 신약의 명백한 증거에 의해서다. 그러나 우리는 또한 전책의 목적을 고려할 때 이사야를 40-66장의 저자로 단정함이 그러한 곤경에서 벗어날 수 있는 최상의 이론임을 알게 될 것이다.[11]

영은 40-66장의 내용들이 포로기 시대를 반영하고 있음은 분명하지만 그것들은 8세기 예루살렘의 이사야가 미래를 바라보며 선포한 예언의 메시지로 간주한다. 이런 점에서 영은 이사야서 전체가 8세기 예루살렘의 이사야를 통해 선포된 통일된 메시지를 담고 있다고 믿는다.

반면에 영이 몸담았던 웨스트민스터 신학교 교수였던 딜라드와 롱맨은 예루살렘 이사야의 단일 저작설을 인정하지 않는다. 딜라드와 롱맨은 이사야 40-66장의 내용이 바벨론에 살았던 익명의 저자에 의해 기

록되었다고 추론한다.[12)]

흥미롭게도 그들의 이 같은 이론은 영의 논지로부터 착안을 얻은 것이다. 다시 말해 딜라드와 롱맨은 이사야 40-66장의 저작 시기에 관한 이슈를, 신명기 34장에 나오는 모세의 죽음 기사의 저작 시기와 결부시킨다. 딜라드와 롱맨에 의하면, 신명기 34:1-8은 모세의 저작으로 볼 수 없으며, 훨씬 후대의 한 익명에 의해 기록되었다. 그러므로 딜라드와 롱맨에 따르면, 만약 신명기 34장의 내용을 모세 이후의 한 익명의 저자로 돌린다면, 이사야 40-66장의 내용 역시 이사야 이후 후대의 한 인물에 의해 기록되었다고 주장하는 것은 불가능한 일이 아니다. 그들은 다음과 같이 주장한다.

> 신명기 34장의 배경으로 볼 때, 이 장의 저자가 전통적으로 이 책의 저자로 생각되어진 모세보다 후대에 산 어떤 사람이라는 점을 인정하는 것과 이사야 40-66장의 배경으로 볼 때, 이 장들의 저자가 포로시대에 산 사람이라는 것을 인정하는 것 사이에는 본질적으로 아무런 차이가 없다. … 비록 이 위대한 선지자의 익명성이 문제가 되기는 하지만 이것은 역사서의 저자들이나 히브리서의 저자가 익명인 것과 마찬가지로 드문 일은 아니다.[13)]

결론적으로, 딜라드와 롱맨은 신명기 34장의 저자가 모세가 아니듯이, 이사야 40-66장의 저자 또한 예루살렘의 이사야가 아닐 수 있다고 주장한다. 물론 영도 신명기 34장의 저자를 모세로 간주하지 않는다. 영은 신명기 43장에 묘사된 모세의 죽음에 관한 기록에 대해 다음과 같이 평가한다.

> 필로와 요세푸스는 모세가 자신의 죽음에 대한 기사를 기록하였다고 믿는다. 바바 바트라 14b에서는 이 말씀들을 여호수아가 기록한 것으로 본다. … 이븐 에즈라 역시 이 장은 여호수아가 기록하였다고 가르쳤다. 모세의 죽음에 대한 이 짧은 기사가 하나님의 영감 하에 후세인의 손으로 기록되어 신명기에 부가되었다고 생각하는 것은 틀림이 없는 사실이다.[14)]

이처럼 신명기 34장을 모세의 저작으로 보지 않는 딜라드와 롱맨의 주장은 영의 입장과 일맥상통한다. 그럼에도 불구하고 신명기 34장을 모세의 저작으로 보지 않았던 영은 딜라드와 롱맨처럼 이사야 40-66장을 이사야의 저작으로 부정하지는 않는다. 앞서 살펴보았듯이, 영은 이사야 40-66장을, 이사야 1-39장의 저자인 예루살렘의 이사야의 저작으로 간주하였다. 그러므로 영은 딜라드와 롱맨처럼 신명기 34장의 저작 이슈와 이사야 40-66장의 저작 이슈를 서로 결부시키지 않는다.

여기서 우리는 영과 그의 후예들과의 해석학적 차이를 발견한다. 영은 신명기 34장의 저자를 후대 사람으로 돌린다 해도, 신명기를 본질상 모세의 저작으로 보는 것은 결코 무리가 없다고 보지만, 이사야 40-66장을 바벨론 포로기 시대의 한 저자의 작품으로 간주하는 것은 심각한 문제가 있다고 판단한다. 다시 말해, 영에 의하면 이사야 40-66장을 포로기 시대의 작품으로 보는 것은 예언의 미래적 특성을 거부하는 역사 비평학의 영향을 그대로 받아들이는 결과를 초래하는 것이다.

반면에, 롱맨과 딜라드는 신명기 34장의 저자를 모세 이후의 사람으로 인정할 수 있듯이, 이사야 40-66장의 저자도 이사야 이후의 사람으로 추론할 수 있다고 본다. 여기서 딜라드와 롱맨은 비록 이사야 40-

66장의 저자가 바벨론 시대의 사람이라 할지라도 그가 미래에 대한 예언적 메시지를 선포했다고 주장한다. 그러므로 딜라드와 롱맨의 입장은 예언의 미래적 특성을 인정하지 않는 전통적인 역사 비평학적 관점과는 분명한 차이가 있다. 흥미롭게도 롱맨과 딜라드는 이사야서의 저작권 문제가 신학적 "십볼렛"으로 작용해서 안 된다고 선언한다. 좀 더 구체적으로 말해, 이사야서의 저작권의 이슈가 보수주의와 자유주의 혹은 진보주의를 판가름하는 잣대로 간주되어서는 안 된다는 점을 힘주어 강변한다. 여기서 우리는 이사야서의 단일 저작설을 주장하는 영과 이사야서의 복수 저작설을 긍정하는 그의 후예들 사이에 서로 다른 해석학적 차이를 발견할 수 있다.

3.2. 알레고리적 해석에 대한 이해의 다양성

개혁주의 구약해석의 대표적인 특징은 바로 모형론적 해석이다. 그러므로 개혁주의를 표방하는 구약신학자들은 대부분 모형론을 중요한 해석학적 방식으로 사용해 왔다. 그럼에도 불구하고 모형론에 대한 이해는 본문을 해석하는 학자들마다 많은 차이를 나타낸다. 때때로 어떤 학자들의 해석에는 알레고리적 해석과 모형론적 해석이 구별되지 않고 사용되는 경우도 있다. 이런 경우는 아가서를 해석하는 학자들의 다양한 입장들 속에서 발견될 수 있다. 영은 아가서를 해석할 때 알레고리적 해석만이 아가서의 정경화를 설명할 수 있다는 전통적인 알레고리적 해석의 문제를 지적한다. 그는 다음과 같이 반박한다.

> 풍류적[알레고리적] 해석을 옹호함에 있어 만약 본서가 종교적 의미를 갖지 않았다면 정경으로 용납될 수 없었을 것이라고 주장되어 왔다. 이에 답해서 우리는 이것 자체가 풍류적 해석을 정당시 하지 않는다고 말한다. 본서의 참 의미가 무엇인지를 알게 될 때 우리는 왜 하나님이 그것을 정경으로 정하였는지를 충분히 이해할 것이다.[15]

나아가 영은 "아가가 풍류라는 것을 보여주는 아무런 증거가 없다면 풍류적 해석에 대한 어떠한 정당화도 있을 수 없다"고 단언하면서 아가서를 알레고리적 해석으로 접근하는 태도가 결코 지지받을 수 없다는 점을 분명히 밝힌다. 만약 아가서가 알레고리가 아니라면 이 책이 정경에 포함된 목적은 무엇인가? 이 점에 대해 영은 다음과 같이 진술한다.

> 이에 답해서 우리는 하나님께서 이 아가서를 정경에 배치되었음은 우리에게 그가 설정하신 결혼의 순결성과 고귀함을 가르치기 위함이라고 할 수 있다. 아가서를 읽을 때 우리의 심령은 더 순결하게 될 것이며 결혼한 자를 불신실로 인도하는 유혹의 가증스러움을 더욱 인식하게 될 것이다. 본서의 목적이 단순한 연애가 아니고 윤리적, 교훈적인 데 있다고 해도, 하나님이 왜 우리에게 그것을 주셨는가를 우리는 이해할 수 있다. 여호와의 신실한 종까지도 이 계명을 깨뜨릴 수 있을 유혹을 받기 때문이다. 고대의 일부다처주의 세계와 순결함을 잃은 현대에서는 불신실이 사소한 것으로 쉽사리 간주될 수 있다. 그러나 우리 서구인들이 일상생활의 무감각해진 죄에서 돌이켜 성경의 이 부분에 나타난 동양적인 비유적 표현을 음미해 볼 때, 우리는 자복하여 도움을 빌어 마지 않는다. 세상에 부정함

이 있는 한 아가서는 매우 필요하고도 소용될 것이다.[16]

영은 아가서를 읽을 때 솔로몬을 그리스도로로, 술람미 여인을 교회로 해석했던 전통적인 알레고리 해석을 받아들이지 않는다. 오히려 영은 아가서의 주요 이슈로서 그리스도와 교회의 관계에 역점을 두기보다는 하나님의 창조 목적인 결혼과 성의 중요성에 초점을 두었다. 그러므로 영은 아가서의 목적은 일부다처주의와 순결을 소중히 여기지 않는 이방 세계의 잘못된 결혼관과 왜곡된 성의 문제를 교정시키기 위함에 있다고 본다. 이와 같이 영은 아가서에 나타난 남녀의 사랑과 성의 가치를, 창세기 2장에 나타난 창조의 성의 관점에 비추어 이해하고 있다.

이와는 달리, 왈키는 아가서를 해석할 때 알레고리적 접근을 적극적으로 수용한다. 왈키는 아가서를 알레고리적으로 해석함에 있어 알레고리적 해석과 모형론적 접근을 구별하지 않는다. 왈키는 "이 이야기[아가서]는 하나님과 그의 백성간의 참 사랑의 한 모형(a type)으로서 해석되는 것이 가장 바람직하다. 구약에서 하나님을 남편으로, 이스라엘을 그의 신부로 묘사하는 메타포는 흔한 것이었다."[17]고 주장한다. 또한 딜라드와 롱맨의 해석 역시 왈키의 입장과 다르지 않다.

그러나 이 이야기는 여기에서 끝나지 않는다. 이 책이 주로 인간의 성에 대해서 말해 주고 있기는 하지만, 이 책은 또한 우리들에게 우리와 하나님간의 관계에 대해서 말해주고 있다. 비록 이 책에 하나님의 이름이 전혀 언급되어 있지 않기는 하지만 결혼이라는 이미지는 구약에서 아주 잘 사용되어지고 있는 비유적 표현이다.[18]

나아가 딜라드와 롱맨은 아가서의 본문이 예수와 교회의 관계를 남편과 아내의 관계로 묘사하는 에베소서 5:22-23과 신학적으로 연결될 수 있다고 믿는다. 물론 딜라드와 롱맨은 영의 주창처럼 아가서의 목적이 "성에 대한 타락을 고쳐주는 정경"으로서의 역할이 있음을 인정하며, "결혼의 틀 속에서 이루어지는 성"의 가치를 강조하는 책으로서의 아가서의 위치를 밝히고 있다. 물론 영도 아가서를 읽을 때 참된 사랑의 본체이신 그리스도를 생각나게 한다고 말한다. 그럼에도 불구하고 영은 아가서를 주석적으로 그리스도의 모형으로 취급해서는 안 된다고 강조한다.

그러나 딜라드와 롱맨은 전통적인 알레고리적 해석의 가치를 부정하지 않는다. 다시 말해, 딜라드와 롱맨에 의하면 아가서는 궁극적으로 그리스도와 그의 신부인 교회와의 관계를 나타내 주는 영적인 메시지를 전달하는 본문으로 읽혀져야 한다. 여기서 우리는 아가서의 종교적 의미를 강화시키기 위해 알레고리적 해석을 시도했던 전통적 입장에 대해 부정적 견해를 보이는 영의 관점과 전통적인 알레고리적 해석의 가치를 긍정하는 그의 후예들 사이에 해석학적 차이를 발견할 수 있다.

3.3. 역사적 해석과 상징적 해석의 다양성

개혁주의 구약신학자들의 해석학적 난제 가운데 하나는 호세아 선지자의 결혼에 대한 해석이다. 호세아를 향해 음란한 여인과 결혼하라는 하나님의 명령은 어떻게 이해해야 하는가? 대체로 개혁주의 구약신학자들은 호세아 선지자의 결혼을 비역사적인 상징적 사건으로 보는 입장과 실제적인 역사적 사건으로 해석하는 입장으로 나누어진다. 영은 음란한 여인과 결혼하라는 명령을 받은 호세아의 메시지를 해석할 때 주의를 기울여야 한다고 말하면서 호세아의 결혼을 상징으로 해석해야만 한다고 주장한다. 그렇다면 영은 왜 호세아의 결혼을 상징으로 해석해야 한다고 주장하는 것일까? 영은 호세아의 결혼이 실제 사건이라면 호세아의 메시지에 심각한 문제가 발생할 수 있다고 본다. 그는 다음과 같이 진술한다.

> 만약 호세아가 실제로 음녀와 결혼했다면 그는 그 행동 때문에 선교의 효과를 파괴하지나 않았을까? 더 솔직히 말한다면 오늘날 복음을 수종드는 자가 방종한 여자와 결합한다면 사람들은 그를 바로 보지 않을 것이 아니겠는가? 호세아의 경우가 그럴 것이다. 만약 그가 그러한 부인과 사실로 결혼했다면 사람들은 그의 말 듣기를 거절하지 않았겠는가? 이 생각은 상당히 신중하므로 간과할 수가 없다.[19]

다시 말해 영은 거룩하신 하나님께서 하나님의 선지자 호세아에게 음란한 여인과의 실제적인 결혼을 명령하실 수 없다고 본다. 그렇다면 호세아 1:2은 어떻게 해석해야 하는가? 영은 이 결혼의 명령을 상징적으로 취급해야 한다고 강조한다. 영에 의하면, 비록 호세아 1:2을 문자적으로 보지 않고 상징적으로 해석한다 하더라도, 그 상징적 메시지의 힘과 효과는 강력하게 전달될 수 있다.

이와 같은 영의 비역사적인 상징적 해석과는 달리, 많은 구약신학자들은 호세아의 결혼을 역사적인 사건으로 해석한다. 그러나 고멜과의 역사적 결혼을 인정하는 학자들 가운데에도 고멜의 정체에 관해서는 다양한 견해들이 제시되어 왔다. 메이스(J. L. Mays)는 고멜을, 바알 다산 제의의 성창 중 하나로 이해한다.[20] 스튜어트(D. Stuart)는 고멜의 음란을, 육체적 부도덕이 아닌, "영적인 음란"으로 해석한다. 즉 고멜을 다른 신들을 섬겼던 자로 이해한다.[21] 우드(L. Wood)는 1:2을 해석할 때 이 본문이 고멜이 결혼할 당시에는 순결했으나 결혼 후 음란하게 타락했음을 예기적으로 혹은 회상적으로 기록하고 있다는 것이다.[22] 마지막으로 딜라드와 롱맨은 하나님과 이스라엘의 관계를 상징적으로 보여주기 위해 하나님께서 호세아에게 음란한 여인 고멜과의 실제적인 결혼을 명령하셨다고 주장한다. 딜라드와 롱맨은 다음과 같이 주장한다.

> 그러나 본문을 있는 그대로 읽을 때의 가장 자연스러운 결혼은 호세아가 하나님과 이스라엘간의 관계를 상징적으로 보여주기 위해 정숙치 못한 여인과 결혼하라는 명령을 하나님으로부터 받았다고 보는 것이라는 점을 다시 한 번 강조해 줄 필요가 있다. 우리가 이 명령의 도덕적인 문제에 대한 우리의 견해에 근거해서 이러한 해석으로부터 이탈하는 것은 방법상으로 문제가 있다. 그리고 특히 어떤 것이 도덕적인 것이냐 하는 것에 대해 우리의 생각 자체에도 의문의 여지가 있다. 하나님께서는 제사장을 제외하고는 그 누구도 창녀와 결혼하는 것을 금하신 적이 없다.[23]

이처럼 딜라드와 롱맨은 호세아의 결혼을 역사적 사실로 인정하고 있으며, 도덕적 문제로 인해 이 결혼을 상징적으로 해석하려는 태도를 비판적으로 받아들인다. 다시 말해, 딜라드와 롱맨은 호세아의 결혼에 제기되는 도덕적 문제는 지극히 호세아서를 읽는 독자들의 주관적 관점에서 비롯된 것임을 믿어 의심치 않는다.

4. 결론적 고찰

지금까지 우리는 에드워드 제이 영의 해석학적 논점들과 그의 개혁주의 신학을 따르는 후예들 간의 해석학적 공통성과 다양성을 고찰해 보았다. 비록 영의 모습은 오늘 우리들에게 사라졌지만 그가 남겨 놓은 수많은 저술과 작품들은 개혁주의 구약학이 나아가야 할 길을 제시해 주고 있다. 나아가 영의 후예들 역시 영이 남겨놓은 개혁주의 구약학의 정신을 잘 계승하여 21세기 구약신학의 한 축을 담당하고 있다. 그러므로 영과 그의 후예들의 해석학적 공통성은 21세기 개혁주의 구약학의 중요한 해석학적 틀로 작용하고 있으며, 앞으로도 계속해서 유지되어야 할 해석학적 유산임에 틀림없다.

한편 영과 그의 후예들 간의 해석학적 다양성은 개혁주의 해석학의 큰 틀 속에서 발견되는 서로의 차이를 나타내준다. 개인적으로 필자는 이사야서의 저작설과 아가서의 해석에 관해서는 영의 입장이 옳다고 판단하지만 호세아의 결혼 문제는 영의 견해보다는 딜라드와 롱맨의 입장을 받아들인다. 그럼에도 불구하고 이와 같은 차이들은 공격적인 비판적 태도보다는 상대의 다른 견해에 귀를 기울이는 성숙된 대화의 기회로 작용해야 한다. 그러므로 영과 그의 후예들의 해석학적 다양성은 진리와 비 진리의 전투적 대화보다는 자신의 해석학적 한계를 인식하는 열린 마음으로의 학문적 대화를 요청한다. 결론적으로 우리는 영과 그의 후예들의 해석학적 공통성을 통해 21세기 개혁주의 구약신학이 계승해야 할 유산들이 무엇인지를 배울 수 있으며, 영과 그의 후예들의 해석학적 다양성을 통해 보다 성숙된 해석학적 대화의 필요성을 인식하게 된다.

제10장 21세기에서 본 칼빈의 역사 문법적 해석의 의의

- 이사야 14:12의 "헬렐"(הֵילֵל)의 해석을 중심으로 -

1. 서론

칼빈 탄생 500주년을 맞이하여 그의 학문적 가치를 다시 한번 되새기는 일은 매우 뜻 깊은 일이다. 특히 성경해석에 끼친 그의 영향은 늘 새롭게 조명되어야 할 필요가 있다. 칼빈은 본문의 의미를 올바로 발견하기 위해 알레고리 해석을 거부하고 본문의 문맥에 집중하는 역사 문법적 해석을 지향함으로써 당대에 획기적인 성경해석의 길을 열어 주었다. 더욱이 본문의 맥락을 무시하고 영적인 의미만을 찾기 위해 주관적인 해석을 시도했던 중세시대의 알레고리적 해석이 21세기에도 여전히 난무하고 있음을 고려해 볼 때, 칼빈의 역사 문법적 해석은 16세기 종교개혁 시대뿐만 아니라 오늘날에도 중요한 해석학적 의미를 던져준다. 특히 칼빈의 역사 문법적 해석의 진가는 아래에 소개된 이사야 14:12의 "헬렐"(הֵילֵל)의 해석에서 그 빛을 발한다.

너 아침의 아들 계명성이여

어찌 그리 하늘에서 떨어졌으며

너 열국을 엎은 자여 어찌 그리 땅에 찍혔는고[1]

전통적으로 이사야 14:12의 히브리어 "헬렐"(הֵילֵל)은 "사탄"을 가리키는 표현으로 해석되어 왔다. "헬렐"(הֵילֵל)을 사탄으로 동일시 하는 해석은 유대인들의 "위경"(Pseudepigrapha)에 속한 『아담과 하와의 생애』(*Life of Adam and Eve*)에서 분명히 나타난다.[2] 이 본문에서 "사탄"이라는 존재가 고유명사로 처음으로 등장하며, 이 "사탄"은 "헬렐 벤 샤하르"(הֵילֵל בֶּן-שָׁחַר)과 동일한 존재로 소개된다. 그러므로 유대인의 전통에서 "헬렐"(הֵילֵל)을 사탄으로 간주한 해석은 적어도 『아담과 하와의 생애』(*Life of Adam and Eve*)가 기록된 시기, 즉 주전 100년에서 주후 200년 사이에서 시작된 듯하다.[3]

또한 기독교에서 "헬렐"(הֵילֵל)을 사탄으로 해석하는 전통은 이미 초대교회부터 시작하여 오늘날에도 매우 만연되어 있는 실정이다. 제롬의 라틴역(Vulgate 역본)에서 "헬렐"(הֵילֵל)은 "루시퍼"(Lucifer)로 번역되었는데,[4] 원래 이 표현은 행성들 가운데 금성(Venus)을 뜻하는 라틴어였지만 시간이 지남에 따라 이 "루시퍼"(Lucifer)라는 명칭은 사탄을 가리키는 표현으로 인식되어 왔다. 가령 NKJV은 "헬렐"(הֵילֵל)을 "루시퍼"(Lucifer)로 번역하고 있으며, 많은 사람들은 이 명칭을 "사탄"을 가리키는 표현으로 이해한다.[5] 또한 스코필드 성경(Scofield Reference Bible)은 이사야 14:12의 "루시퍼"(Lucifer)를 다음과 같이 설명한다.

Verese 12-14 evidently refer to Satan, who, as prince of this world system, … is the real though unseen ruler of the successive world powers, Tyre, Babylon, Medo-Persia, Greece, Rome, etc. … Lucifer, "day-star," can be none other than Satan.[6]

그러나 종교개혁자 칼빈은 이러한 해석학적 입장에 반대하면서 본문의 문맥을 강조하는 역사 문법적 해석에 근거하여 "헬렐"(הֵילֵל)을 "사탄"으로 해석하기 보다는 바벨론의 왕을 가리키는 표현으로 해석한다. 이와 같은 칼빈의 해석은 무수한 해석학의 홍수 시대를 맞이하여 역사 문법적 해석의 중요성이 점차 잊혀져 가는 이 시대에 그 해석학적 의미를 새롭게 일깨워준다. 그러므로 본 논문의 목적은 이사야 14:12의 "헬렐"(הֵילֵל)을 "사탄"으로 해석하는 입장에 맞서서 역사 문법적 해석을 추구했던 칼빈의 해석학적 입장을 고찰함으로써 그 가치와 의의를 되새기며 나아가 21세기 개혁주의 구약해석학이 나아가야 할 방향을 다시 한 번 점검해 보는데 있다.

2. 이사야 14:12의 "헬렐"(הֵילֵל)의 해석과 그 역사

이사야 14:12의 "헬렐"(הֵילֵל)을 사탄으로 간주하는 해석은 일찍이 초대 교부시대부터 시작되었다. 초대 교부 중 한 사람이었던 터툴리안(Tertullian, ca. A.D. 160-230)은 말시온과 대적하기 위해 저술했던 그의 작품, Against Marcion에서 사탄의 교만을 묘사한다. 터툴리안은 사탄이 하늘의 구름 속에서 자리 잡고 "가장 높으신 자"(the Most High)처럼 행세한다고 말하면서 이사야 14:14을 인용한다.[7] 분명치 않지만 아마도 터툴리안은 이사야 14:12의 "헬렐"(הֵילֵל)을 사탄에 대한 묘사로 이해했던 것 같다. 그러나 이사야 14:12의 "헬렐"(הֵילֵל)을 보다 분명하게 사탄으로 해석한 사람은 오리겐(Origen, ca. A.D. 185-254)이다. 그는 사탄에 대해 설명할 때 이사야 선지자의 "헬렐"에 대해 강조한다. 그는 다음과 같이 말한다.

> We are taught as follows by the prophet Isaiah, … "How is Lucifer, who used to arise in the morning, fallen from heaven!" … Most evidently by these words is he shown to have fallen from heaven, who formerly was Lucifer, and who used to arise in the morning … Nay, even the Saviour Himself teaches us, saying of the devil, "Behold, I see Satan fallen from heaven like lightning."[8)]

오리겐은 "헬렐"의 몰락을 누가복음 10:18의 표현과 연결시켜서 "헬렐"을 사탄과 연결시킨다. 그러므로 이사야 14:12의 "헬렐"(הֵילֵל)을 사탄으로 보는 해석은 이미 오리겐에서부터 분명히 발견된다. 나아가 어거스틴 역시 사탄의 기원을 설명할 때 이사야 14:12을 소개한다. 그는 사탄이 처음부터 타락한 자이며, 진리와 무관한 자임을 강조하면서 "이사야 14:12의 루시퍼는 바벨론 왕의 인격을 통해 나타난 사탄"[9)]을 대변해 준다고 주장한다.

그렇다면 "루시퍼"(Lucifer)라는 표현은 어디서 유래한 것인가? 'Lucifer"라는 명칭은 직접적으로는 라틴 벌게이트 역에서 비롯된 것이지만 그 의미는 70인경에 소개된 eJwsfovroı(dawn-bringer)의 뜻과 연결된다.[10] 원래 70인경의 eJwsfovroı와 벌게이트 역의 Lucifer는 고유명사가 아닌, 일반명사로 번역되었다. 이것은 70인경과 벌게이트 역이 "헬렐"을 단지 "샛별"(the morning star)로 해석하고자 했음을 시사해준다. "헬렐"로 번역된 eJwsfovroı와 Lucifer가 구체적으로 무엇을 가리키는지는 확실치 않다 해도, 원래의 의미는 "샛별"을 뜻하는 일반명사로 사용되었음은 의심의 여지가 없다. 그러나 "헬렐"을 사탄으로 인식하는 해석의 영향으로 이 표현은 사탄의 또 다른 이름 즉 고유명사로 불려지게 되었다.

그렇다면 왜 70인경과 벌게이트 역은 "헬렐"을 번역할 때 "샛별"을 뜻하는 eJwsfovroı와 Lucifer라는 단어를 선택할 것일까? 배리 웹(Barry G. Webb)은 "헬렐은 처음에는 그 광채가 태양과 견줄만하지만 곧 그 빛을 상실하는 금성(the planet Venus)을 가리키는 듯하다"고 주장한다. 즉 웹은 70인경과 벌게이트 역이 금성을 나타내는 적절한 표현으로서 eJwsfovroı와 Lucifer를 선택했다고 본다. 그러나 많은 학자들은 이 표현의 배경으로서 고대근동신화 혹은 헬라신화를 그 근거로 제시한다. 그러므로 우리는 여기서 "헬렐"의 배경과 그 어원적 근원에 대한 논의를 고찰해 볼 필요가 있다.

3. "헬렐"(הֵילֵל)의 어원적 배경과 의미

"헬렐"(הֵילֵל)이라는 단어의 의미를 파악하기 위해서는 그 어원적 배경을 먼저 추적해 보아야 한다. 앞서 언급한 대로, "헬렐"에 대한 어원적 배경을 설명하는 학자들의 입장은 크게 세 가지로 나누어진다. 어떤 이들은 "헬렐"의 기원으로서 고대근동 신화의 배경을 강조하며, 혹자는 헬라 신화에 초점을 두며, 또 어떤 학자들은 신화적 배경을 고려치 않고 행성 중 하나인 "금성"에 대한 표현으로 해석한다. 그럼 먼저 고대 근동의 관점을 주장하는 입장을 살펴보도록 하자.

3.1. 고대근동 우가릿 신화의 관점에서 보는 견해들

"헬렐"의 어원적 배경을 고대근동 우가릿 신화에서 찾는 이들 중 포프(M. H. Pope)와 같은 학자는 우가릿 문헌에서 "엘"(El)의 아내들 가운데 하나로부터 출생하여 만신전의 신 "엘"의 보좌를 찬탈하려 했던 "샤하르"(Shachar)의 아들인 "헬렐"과 결부시킨다.[11] 어떤 이들은 "샤하르"(שַׁחַר)의 שׁ를 שׂ로 수정해서 셈어 어군에서 "달의 신"을 뜻하는 "싸하르"(שַׂחַר)로 해석한다. 이런 해석을 취하는 이유는 히브리어 "헬렐"(הֵילֵל)을 이와 유사한 아랍어, "힐랄룸"(*hilalum*)과 결부시키기 때문이다. 이 아랍어는 "새 달"(new moon)이라는 의미를 지니기 때문에 어떤 학자들은 "헬렐"을 "새 달"(New Moon)로 해석한다. 그러나 학자들은 "헬렐"의 히브리어 어근, הלל이 "빛나다"(to shine, BDB, 237) 혹은 "밝다"(to be bright)를 뜻하기 때문에 "헬렐"을 "새 달"로 해석하는 것은 무리가 있다고 본다.[12] 또한 "헬렐"의 배경을 고대근동 우가릿 신화에서 찾고자 하는 학자들은 "헬렐"과 바알의 보좌에 앉았던 "아스타르"(Athtar)신과의 유사성을 강조한다. 한 우가릿 신화의 문헌은 바알을 대신하여 왕위에 올랐던 "아스타르"라는 신에 대해 소개한다.

And Lady Athiratu of the Sea answered:

"Shouldn' t we make king 'Athtaru the Rich?

Let 'Athraru the Rich be made King!"

Then 'Athtaru the Rich

Went up into the highlands of Sapanu,

He sat down on the throne of Ba' lu the Almighty.

His feet did not touch the top of the back.

And 'Athtaru the Rich said:

"I cannot be king in the highlands of Sapanu!"

'Athtaru the Rich descended,

He descended from the throne of Ba' lu the Almighty

And became king on all the divine earth.[13)]

위의 문헌에 소개된 이야기는 "아스타르"와 "헬렐"과의 유사성을 보여준다. 그럼에도 불구하고 "아스타르"와 "헬렐"과의 차이점도 분명히 나타난다. 위의 이야기에서 "아스타르"는 바알의 왕좌에서 스스로 물러나 내려오는 반면, "헬렐"은 왕좌를 포기하는 자로 묘사되지 않는다. 이 점에서 "아스타르"와 "헬렐"을 동일시하는 것은 무리가 뒤따른다. 한편, 어떤 학자들은 이사야 14:12의 "헬렐"의 배경으로서 바벨론의 갈가메쉬 서사시를 강조한다.[14)] 그러나 스미스(Gary V. Smith)의 주장처럼, 위의 어떠한 신화들도 이사야 14:12의 "헬렐"과 분명한 유사성을 나타내지는 않는다.[15)]

3.2. 헬라 신화의 관점에서 보는 견해

이사야 14:12의 배경을 연구하는 학자들은 고대 근동 신화 외에도 헬라 신화에서 "헬렐"의 사상적 배경을 찾고자 한다. 대표적으로 "라스 샴라 유물"(Ras Shamra discoveries)을 해독했던 그릴롯(P. Grelot)은 사 14:12의 "헬렐"의 사상적 배경으로서 우가릿 신화는 적절치 못하다고 보았다. 그가 보기에, 우가릿 신화의 "아스타르"는 바알의 보좌를 찬탈하지도 않았고 그 보좌에서 쫓겨나지도 않았기 때문에 "아스타르"의 우가릿 신화는 "헬렐"의 배경으로서 설명될 수 없다. 그리하여 그는 헬라 신화에 등장하는 "파에돈"과 결부시킨다. 먼저 새벽의 여신 "에오스"(Eos)의 아들 "파에돈"(Phaethon)을 "헬렐"의 배경으로 지목한다.[16] 이 "파에돈"은 에오스의 마차를 끄는 말들 가운데 하나로 사용되었다.

헬라 신화의 또 다른 이야기에는 "파에돈"이라는 이름이 또 등장하는데, 그는 "헬리오스"(Helios)와 "클리메네"(Klymene)의 아들로서 아버지의 경고를 무시하고 태양의 마차를 끌다가 그 마차를 통제하지 못해 온 땅이 불덩이가 되게 만들었다. 그리하여 지상의 고통을 목격한 "제우스"(Zeus)는 천둥번개로 "파에돈"을 쓰러뜨렸다. 결국 "파에돈' 은 "에리다노스"(Eridanos) 강가에 쓰려졌다.[17] 이처럼 헬라 신화에는 "파에돈"에 관한 두 이야기가 전해 내려 오는데, 그릴롯은 "헬렐"의 배경을 "에오스"의 아들 "파에돈"과 연결시키는 반면, 카이저(Otto Kaiser)는 "헬리오스"와 "클리메네"의 아들 "파에돈"을 "헬렐"의 주요 신화적 배경으로 본다.[18] 그러나 몇 몇 학자들은 헬라 신화와의 연속성이 그다지 크지 않다고 주장하면서 "헬렐"의 헬라 신화적 배경을 인정하지 않는다.[19] 이처럼

"헬렐"의 헬라 신화적 배경에 대해서는 의견의 일치가 없다.

3.3. 금성(the planet Venus)을 배경으로 보는 입장

세 번째 입장은 "헬렐"을 신화적 관점에서 해석하지 않고 행성들 가운데 하나인 "금성"을 "헬렐"의 배경으로 해석한다. 대체로 이런 입장을 취하는 학자들로는 "헬렐"이라는 표현이 바벨론 왕의 특징을 묘사하기 위해 사용된 하나의 메타포로 해석한다. 그렇다면 이사야가 사용한 메타포는 무엇인가? 그것은 바로 "금성"(Venus)이라고 본다. 영블러드(Ronald Youngblood)는 금성을 메타포로 사용한 이사야의 기법을 다음과 같이 말한다.

> 그렇지만 어느 신화들도 이 이사야의 노래[사 14:12]에 나타난 모든 암시들을 설명하지 못한다고 말하는 것이 최상의 결론인 듯하다 로버트 오코넬의 말처럼 "사 14:12-14의 신화적 표현의 기원을 정확하게 규정할 필요 없이 그 기능을 보는 것이 중요한데 사 14:12-14은 이 바벨론 왕을, 교만하여 그 지위를 뛰어넘으며 최상의 신의 자리에 도전하는 신비적인 인물로 묘사하는 기능을 한다." 요약하면, "아침의 아들, 계명성"은 더 밝은 별에 의해 빛을 잃게 되는 금성처럼 한 바벨론 왕을 상징해 주는 선명한 메타포이다.[20]

앞서 소개되었던 웹의 주장처럼 "금성"은 새벽에 가장 찬란한 빛을 발하지만 태양의 등장으로 속히 그 빛의 힘을 잃어버리는 별로 인식되었다. 그러므로 웹에 의하면, 이사야가 "헬렐"이라는 표현을 사용할 때에는 이와 같은 "금성"의 특징을 염두에 두면서 하나님 앞에 교만하여 그 힘을 상실한 바벨론 왕을 묘사하기 위해 "금성"을 메타포로 사용한 것이다.

4. 이사야 14:3-23의 역사적 배경과 문예적 구조

문맥상 이사야 14:12은 더 넓은 맥락인 이사야 14:3-23에 속하는 바, 본 단락은 하나의 독립된 단락으로 취급된다. 이사야 14:3-23은 보다 더 넓은 "열방을 향한 신탁"(사 13-23장)에 속하는 본문으로서 특별히 바벨론 왕에 대한 조소의 노래로 간주된다. 특히 본 단락은 매우 놀라운 표현들을 제시하고 있기 때문에 많은 독자들의 관심을 유발시킨다. 그리하여 오토 카이저(Otto Kasier)는 "탄식의 형식을 취하면서 한 통치자의 죽음과 그 제국의 멸망을 노래하는 이 조소는 구약뿐만 아니라 세상의 모든 문학 작품 가운데 가장 강력한 시들 가운데 하나이다"[21]라고 진술한다. 여기서 우리는 이사야 14:12의 "헬렐"의 의미를 좀 더 정확히 파악하기 위해 이사야 14:12의 더 넓은 맥락인 이사야 14:3-23의 역사적 배경과 그 문예적 구조를 고찰해 볼 필요가 있다.

4.1. 이사야 14:3-23의 역사적 배경

이사야 14:3-23은 바벨론 왕에 대한 비난과 조소의 탄식시를 담고 있기 때문에, 본문에서 언급하는 이 대상 즉 바벨론 왕이 과연 누구인지를 규명하는 것이 필수적이다. 본문에서 저자가 비난하고 있는 이 바벨론 왕은 어떤 인물인가? 이 질문에 대해 학자들은 다양한 입장들을 제시해 왔다.

첫 번째 견해는 이 바벨론 왕을 앗수르 왕 "티글랏 빌레셀"(Tiglath-pileser III)로 보는 입장이다. 헤이스와 어빈(J. H. Hayes and S. A. Irvine)은 "티글랏 빌레셀"이 자신을 바벨론의 왕이라고 자칭한 것을 근거로 삼아서 이사야가 "티글랏 빌레셀"을 바벨론 왕으로 간주했다고 주장한다.[22] 두 번째 견해는 이 바벨론 왕을 "느부갓네살" 혹은 "나보니더스"로 보는 입장이다. 클레멘츠(R. E. Clements)는 이사야 14장에 등장하는 바벨론 왕이 바벨론의 왕이었던 "느부갓네살"을 가리키는 것으로 보는 것이 최상이지만 그보다도 "나보니더스"일 가능성이 더 많다고 주장한다.[23] 셋째로 스위니(Marvin A. Sweeney)와 같은 학자는 이 바벨론 왕을 "사르곤 2세"(Sargon II)로 간주한다. 스위니는 사르곤 2세의 몸이 전쟁터에서 버려졌기 때문에 사 14장의 바벨론 왕을 앗수르 왕 사르곤 2세로 해석한다.[24] 끝으로 스미스(Gary V. Smith)는 바벨론 왕 므로닥 발라단(Merodach-baladan)을 이사야 14장의 바벨론 왕으로 간주한다. 그는 이사야 13-14장의 배경이 이사야 39:1-8의 정치적 배경과 관련이 있다고 믿는다. 그는 이사야의 시대에 바벨론이 이스라엘의 정치적 상황에 매주 중요한 나라로 부각되었으며, 그 때는 이사야 39장의 시기와 연관성이 있다고 주장한다.[25]

그러나 오스왈트(J. N. Oswalt)는 앞서 제시된 모든 해석들이 단지 개연성만을 가질 뿐 결코 확실한 근거가 될 수 없다고 단언하면서 이사야 14장에 묘사된 바벨론 왕의 정체를 구체적으로 규정하는 일은 무의미하다고 강조한다. 그는 다음과 같이 말한다.

신 바벨론 의 어느 왕들도 잘 맞지 않으며, 이사야 시대의 앗수르 왕들도 마찬가지이다. 비록 후자의 왕들이 이 시에서 묘사되는 백성들의 미움을 야기시킨 왕들이기 하지만 말이다. 티글랏 빌레셀, 사르곤 그리고 산헤립이 스스로를 바벨론의 왕으로 소개했기 때문에 이사야가 이런 왕들 사후에 어떤 상징적인 인물을 정형화하는 일은 쉬웠을 것이다. 그러나 이사야가 어떤 한 특정한 사람을 염두에 두었다는 암시는 없다.[26]

이처럼 본문 자체는 바벨론 왕의 신분을 구체적으로 언급하지 않는다. 결국 우리는 단지 이 바벨론 왕의 정체를 추측만 할 뿐 구체적으로 규정할 수는 없다. 그러므로 이사야 14장의 역사적 배경을 구체적으로 추적하는 일은 사실상 불가능한 일이다. 다만 필자는 이사야가 바벨론 왕이라는 표현을 사용했을 때 앗수르 왕 보다는 실제 바벨론 왕을 염두에 두었을 것으로 추측한다. 그러나 오스왈트의 주장대로 본문에서 그 왕의 정체가 나타나지 않기 때문에 이 왕의 신분을 규정하는 일은 불가능하다고 판단된다.

4.2. 이사야 14:3-23의 문예적 구조

앞서 지적했다시피 "헬렐"이 등장하는 이사야 14:12은 더 큰 맥락인 이사야 14:3-23에 속한다. 그러므로 이사야 14:12의 의미를 파악하기 위해서는 이사야 14:3-23의 구조적 맥락을 고찰하는 일은 필수적이다. 이사야 14:3-23의 구조에 대한 연구는 많이 진행되어 왔지만, 대체로 이 본문의 구조는 다음과 같은 구성으로 나뉘어진다.

서론(14:3)

독재자의 죽음으로 인한 평화(4b-8절)

독재자에 대한 지하 세계의 반응(9-11절)

독재자의 가식과 멸망(12-15절)

독재자의 버림받음(16-21절)

결론(22-23절)[27]

그러나 어떤 학자들은 전통적인 구조분석에서 벗어나 본문의 교차대구적 구조의 특징들에 관심을 보여왔다.[28] 여기서는 지면의 제한상 모든 시도들을 설명할 수 없기에 오콘넬(Robert H. O' Connell)과 영블러브(R. Youngboold)의 구조분석을 간략히 소개하고자 한다. 오콘넬은 이사야 14:4b-23을 하나의 통일된 문예적 단락으로 간주한 뒤, 이 단락의 구조를 다음과 같이 분석한다.

A "YHWH" shatters his foes (4b-5)

B Domination of the Oppressed (6)

C "The whole land is at rest and peace" (7)

D "Pine trees" and "Cedars of Lebanon:"

"No woodsman comes to cut us down" (8)

E The startled reaction of "all the kings of the nations (9)

F Sarcastic quotation of deceased kings (10)

G "All your pomp has been brought down to the grave" (11)

AXIS1: Sardonic Celestial Pseudo-epithets (12)

AXIS2: 7-fold Arrogant Assault on the Cosmic Mountain (13-14)

G′ "You are brought down to the grave" (15)

F′ Sarcastic quotation of deceased kings (16-17)

E′ The secure state of "all the kings of the nations" (18)

D′ "You are … like a rejected branch"

"covered with . . . those pierced by the sword" (19a-c)

C′ "You have destroyed your [own] land" (19f-20c)

B′ Domination of the Oppressors (20d-21)

A′ YHWH shatters his foes (22-3)[29]

본 구조에서 오콘넬은 14:12-14을 전체 단락의 중심축으로 보며, 특히 14:13-14에 나오는 7가지 교만의 행위들이 그 이후 나머지 단락에서 역전되고 있다고 주장한다. 또한 오콘넬은 A와 A′는 대적을 흩으시는 여호와를, B와 B′는 억압받는 자의 지배와 압제자의 지배가 서로 대조를 이루며, C와 C′는 억압당하던 땅의 평화와 억압하는 땅의 파멸이 대조를 보여주며, D와 D′는 보존되는 나무들과 버림 당하는 가지들이 대조를 나타내며, E와 E′는 사망한 왕들과 현재의 평화로운 상태의 대조를 강조하며, F와 F′는 독재자의 움직일 수 없는 상태와 이전의 그의 상태가 대조를 이룬다. 이와 같이 오콘넬은 이사야 14:4b-23이 12-14절을 중심축으로 하여 서로 대조를 이루는 주제들로 교차대구를 형성하고 있다고 주장한다.

이와는 달리 영블러드는 이사야 14:4b-23을 통일된 단락으로 보지 않고 사 14:3-23을 통일된 단락을 취급한다. 그의 구조분석은 아래와 같다.

A Prologue: The Lord Confronts Babylon and Its King (3-4a)

B The Destroyer, Himself Destroyed, Will No Longer Disturb Others (4b-8)

C the King' s Deceased Predecessors Meet Him, Greet Him, and Taunt Him (9-11)

D The King Has Been Cast Down to the Earth (12)

E The King' s Pride Knows No Bounds (13-14)

D′ The King Has Been Brought Down to Sheol (15)

C′ The King' s Deceased Predecessors Stare at Him, Ponder His Fate, and Taunt Him (16-17)

B′ The Destroyer' s Descendents, Themselves Destroyed, Will No Longer Disinherit Others (18-21)

A′ Epilogue: The Lord Almighty Destroys Babylon and Its Dynasty (22-23)

그의 구조분석에 의하면, A(3-4a)과 A′ (22-23)은 바벨론과 그 왕을 대적하시는 여호와의 이미지를 동일하게 반영하고 있으며, B(4b-8)과 B′ (18-21)은 독재자와 그 후손들의 파멸을 묘사하고 있으며, C와 C′ 는 독재자에 대한 지하 세계에 있는 이전 왕들의 반응들이 동일하게 등장하고 있으며, D와 D′ 는 지하로 떨어지는 독재자의 최후를 보여주며, E는 바벨론 왕의 교만에 초점을 두고 있다.

흥미롭게도 오콘넬과 영블러드의 구조분석은 이사야 14:12-14 혹은 이사야 14:13-14을 단락의 중심축으로 이해하고 있다. 다시 말해 이들의 분석 특히 오콘넬의 입장에 의하면, 이사야 14:3-23의 메시지의 중심은 이사야 14:12-14에 축약되어 있다고 해도 무리가 아니다. 비록 오콘넬과 영블러드의 구조분석에 차이점이 있지만 이 두 사람의 구조분석은 이사야 14:3-23 혹은 14:4b-23의 맥락이 사탄과는 전혀 상관 없으며, 교만한 바벨론 왕을 비난하는 조소의 시임을 확인시켜 준다.

5. 칼빈의 이사야 14:12 해석

앞서 살펴보았듯이, 최근 구약신학자들은 이사야 14:12의 "헬렐"의 정체를 사탄으로 해석했던 입장에 대해 대체로 회의적인 반응을 보이며, "헬렐"의 정체를 규정하기 위해서는 본문의 문맥에 초점을 두어야만 함을 강조한다. 물론 극소수의 성경신학자들이 아직도 "헬렐"을 사탄으로 해석하는 경우도 있지만, 대다수의 구약신학자들은 "헬렐"을 사탄이 아닌, 바벨론 왕으로 간주하고 있다. 이와 같은 결론은 본문의 문맥을 존중하는 해석학적 자세로부터 비롯된 것이다. 다시 말해 본문의 의미는 문맥에 의해 결정된다는 해석학적 원리를 충실히 따른 것이다.

흥미롭게도 16세기의 성경신학자 칼빈이 이사야 14:12의 "헬렐"을 사탄으로 보지 않고 바벨론 왕으로 해석하여 문맥의 중요성을 강조한 것은 경이로운 일이 아닐 수 없다. 여기서 우리는 칼빈의 문맥 중심의 해석을 살펴본 뒤, 그의 이사야 14:12의 해석을 고찰해 볼 것이다.

5.1. 칼빈의 역사 문법적 해석

앞서 언급했듯이, 성경 연구에 있어서 본문의 문맥과 역사적 배경에 대한 강조하는 해석학적 정신은 종교개혁을 주도했던 칼빈의 해석학적 원리의 중심을 이룬다. 비록 초대교회 시대에 알레고리적 의미를 강조했던 알렉산드리아 학파의 견해를 달리하며 문자적 의미를 추구했던 안디옥 학파의 해석학적 입장이 후대에 영향을 끼친 것은 틀림없지만, 본문의 맥락을 강조하는 역사 문법적 해석은 칼빈의 해석에서 꽃을 피우게 된다.

칼빈은 구약 본문 배후에 놓여 있는 영적인 의미만을 추구했던 중세교회의 알레고리 해석을 경멸했으며, 구약의 모든 본문에서 그리스도를 발견하고자 시도했던 루터의 해석도 동의하지 않았다. 다시 말해 그는 알레고리적 해석을 사탄의 술수라고 강력하게 비난했으며, 루터의 지나친 그리스도 중심적 해석과도 거리를 두었다. 반면에 그는 역사적 해석의 중요성을 강조하며 이런 해석들과의 차별성을 부각시켰다. 칼빈의 해석학적 방법론은 여러 가지 특징들을 지닌다. 시드니 크레이다누스(Sidney Greidanus)는 칼빈의 해석 방법론을 9가지로 나눈다.[31]

1. 명료성과 간결성
2. 저자의 의도
3. 역사적 문맥
4. 원래적 문법적 의미
5. 문예적 문맥

6. 문자적 성경 언어 너머의 의미

7. 비유적 표현

8. 그리스도의 범주

9. 구약과 신약의 관계

종합하자면, 칼빈의 해석 방법론은 본문의 맥락과는 상관없이 영적인 의미를 추구했던 알레고리 해석과 달리 문자적 의미를 존중하며, 저자의 의도를 찾기 위해 히브리 원어와 문법에 기초한 본문의 역사적 문예적 맥락에 초점을 두며, 나아가 모형론적 관점에서 구약과 신약의 통일성을 추구하는 해석 원리라고 말할 수 있다. 무엇보다도 칼빈의 해석의 가장 중요한 특징은 역사적 문예적 맥락을 강조하는 그의 입장이다. 퍼킷(David L. Puckett)은 칼빈의 구약해석의 여러 가지 특성들 가운데 그의 역사적 해석의 특징을 다음과 같이 나열한다.[32)]

1. 히브리어 연구의 중요성

2. 어휘와 문법에 대한 강조

3. 문예적 맥락에 대한 이해

4. 역사적 맥락에 대한 이해

이처럼 칼빈은 본문의 의미 파악을 위해 본문의 역사적 문예적 맥락에 대한 이해를 철저하게 강조하고 있다. 칼빈의 구약 해석을 연구한 파커(T. H. L. Parker)는 "칼빈의 선지서 강해의 탁월한 특징 중 하나는 역사적 문맥을 매우 잘 해석하고 있다는 점이다"라고 말한다.[33)] 다시 말해, 칼빈은 본문에 등장하는 "한 단어" 혹은 "한 문장"의 의미를 파악하기 위해서는 그 단어 혹은 문장이 등장하는 인접 문맥에 대한 바른 이해가 먼저 선행되어야만 본문의 의미를 정확하게 파악할 수 있다고 주장한다.[34] 가령 칼빈은 이사야 41:14의 "מְתֵי"를 "사람들"로 해석하지 말고 "죽은 자들"로 해석할 것을 권한다. 칼빈의 이런 해석은 바벨론 포로에 처한 이스라엘의 절망적인 상황을 고려한 그의 입장을 반영해 주는 것으로 철저하게 문맥을 존중하는 그의 해석학적 태도를 보여준다.[35]

또한 칼빈은 시편 81:6의 해석을 시도할 때, "עֵדוּת "를 "영광"으로 번역하는 입장에 반대한다. 사람들은 이 단어가 "존경하다"는 단어 "아다"에서 파생되었다고 말하지만, 칼빈은 이 단어가 "증거하다"라는 단어 "우드"에서 파생되었다고 주장하면서 이 단어를 "증거" 혹은 "언약"으로 해석해야 한다. 그는 이 단어가 언약이 강조되는 본문의 문맥에 의해 결정되어야만 함을 강조한다. 이와 같은 본문의 역사적 문학적 맥락을 강조하는 칼빈의 해석은 앞서 살펴본 이사야 14:12의 "헬렐"에 대한 해석에 가장 분명히 드러난다.

5.2. 이사야 14:12의 "헬렐"에 대한 칼빈의 해석

칼빈은 이사야 14장을 바벨론 왕에 대한 이사야의 메시지로 간주한다. 그는 이사야 14:4을 주해할 때, 이 본문이 사탄이 아닌, 바벨론 왕의 운명을 가리키고 있음을 분명히 밝힌다. 그는 다음과 같이 말한다.[36]

"어찌" 라는 말에는 경악과 조소를 감추지 못하면서 의아해 한다는 의미

> 가 담겨있다. 그처럼 풍요한 재물과 군대를 가진 바벨론이 뒤엎어지면서 원수의 손아귀에 떨어진다는 것은 믿어지지 않는 일이다. 그러므로 그는 그들이 천하무적이어서 어떤 위험도 자신들에게 따라붙지 못할 것으로 생각했던 어리석고 허망한 확신을 비웃는다.

또한 그는 이사야 14:4의 "מַדְהֵבָה"를 번역할 때, "황금으로 장식된"이라는 뜻으로 이해하여, 바벨론의 탐심과 욕심을 강조한다. 여기서도 칼빈은 본문의 맥락이 바벨론에 초점을 두고 있음을 분명히 밝힌다. 나아가 이사야 14:5-6의 해석에서도 칼빈은 바벨론의 멸망을 부각시킨다.[37)]

> 이어서 "악인의 몽둥이와 패권자의 홀"이라는 말이 나오는데, 이 반복에는 어떠한 제국의 권세도 불의한 횡포를 지지할 수 없다는 뜻이 담겨 있다. 곧이어 그는 바벨론의 군주정치가 너무 부당하고 포악스럽기 때문에 그것이 패망하리라는 점을 더욱더 분명하게 밝혀 주는데, 그 민족이 치료할 수 없는 매를 맞았으며, 그들이 끊임없이 제멋대로 난동을 부렸기 때문에 도무지 그 횡포에 제약이 없었다는 말이다.

또한 이사야 14:13의 "네가 네 마음에 이르기를"이라는 표현에 대한 해석을 시도할 때, 칼빈은 이 표현을 바벨론 왕에 대한 이사야 선지자의 비웃음으로 취급한다. 그리고 이사야 14:14의 "가장 높은 구름에 올라"라는 표현에 대해서도 칼빈은 하나님과 동일시 하려는 바벨론 왕의 교만을 비난하는 선지자의 비난으로 본다. 이사야 14:15의 "이제 네가 음부 곧 구덩이의 맨 밑에 빠지리라"를 해석할 때에도 교만하여 버림

받게 될 바벨론 왕의 운명을 강조한다. 이와 같은 이사야 14:12의 전후 문맥을 고려한 칼빈은 이사야 14:12의 "헬렐"을 사탄으로 보아서는 안 되며, 바벨론 왕으로 해석해야 한다고 주장한다.[38)]

> 이사야는 앞에서 죽은 자들이 살아서 말하는 것처럼 이야기를 계속하면서, 독재자는 사람들이 자신을 일종의 신으로 믿어 주기를 바라지만 다른 사람과 전혀 다를 것이 없다는 결론을 내린다. 그는 이 독재자를 '루시퍼'에게 비유하면서 새벽의 아들로 부른다. 그를 이렇게 묘사한 것은 그 독재자가 남보다 화려하고 밝게 단장하기 때문이다. 이 귀절을 해석하면서 이것을 사단으로 보는 사람도 있는데, 이것은 무지의 소치다. 앞뒤 문맥을 살피자면 이 말이 바벨론의 왕과 관련해서 말한다는 점이 명백하게 드러난다. 성경 귀절을 아무렇게나 읽으며 문맥에 무관심하다 보면 그런 실수가 잦게 된다. 하지만 '루시퍼'가 마귀의 왕이요 선지자가 여기서 그에게 이런 이름을 주었나고 상상하는 것은 참으로 무지의 소치다. 이런 추측은 타당성이 없으므로 그저 쓸데없는 우화로 넘겨 버리도록 하자.

여기서 칼빈은 이사야 14:12의 "헬렐"을 사탄으로 보는 사람들의 해석에 대해 분명한 입장을 밝힌다. 앞서 살펴본 대로, 칼빈은 이사야 14:12의 전후 문맥이 바벨론 왕을 가리키고 있음을 정확하게 간파하고 있었기에 이사야 14:12의 "헬렐"이 사탄이 아닌, 바벨론 왕을 가리키고 있음을 확신한다. 그러므로 칼빈은 "헬렐"을 사탄으로 해석하는 것은 문맥을 전혀 고려하지 않은 무지의 소치라고 진술한다. 나아가 칼빈은 "헬렐"을 사탄으로 취급하는 자들의 견해를 "아무렇게나 읽는" 자의적 해석으로 비판한다. 결론적으로 이사야 14:12의 "헬렐"에 대한 칼빈의 해석은 한 단어의 의미를 결정함에 있어 문맥의 중요성을 강조한 역사 문법적 해석의 대표적인 사례가 될 수 있다.

6. 결론

지금까지 우리는 이사야 14:12의 "헬렐"을 사탄으로 해석해 온 여러 입장들을 살펴보았으며, 최근 구약신학자들의 해석도 함께 고찰해 보았다. 비록 학자들마다 이사야 14:12의 "헬렐"의 배경과 어원에 관해서는 서로 다른 입장을 취하지만,[39] 이사야 14:12의 "헬렐"을 사탄의 이름으로 해석하는 것에는 동의하지 않는다. 그 이유는 이사야 14:12의 더 넓은 맥락을 고려해 볼 때 본문의 맥락이 "헬렐"을 사탄이 아닌 "바벨론 왕"으로 해석하도록 이끌고 있기 때문이다. 이와 같은 본문의 맥락을 강조하는 해석학의 정신은 16세기 종교개혁자 칼빈의 해석학적 영향과 무관하지 않다.

특히 아직도 이사야 14:12의 "헬렐"을, 사탄을 가리키는 고유명사 "루시퍼"로 이해하는 현실의 상황은 우리로 하여금 본문의 역사적 문예적 맥락의 중요성을 일깨워준 칼빈의 해석이 21세기에도 중요한 해석학적 나침반이 되어야 함을 인식시켜준다. 본문의 맥락을 무시하고 영적인 의미를 중요시 했던 중세시대의 오류가 지금도 그치지 않고 있음을 감안해 볼 때, 칼빈의 해석은 그의 탄생 500년이 지난 지금에도 우리의 해석학적 방향을 안내해 줄 소중한 해석학적 유산임에 틀림없다.

주(註)

제6장 21세기 개혁주의 구약신학의 이슈들

1) Peter Enns, *Inspiration and Incarnation: Evangelicals and the Problem of the Old Testament* (Grand Rapids: Baker, 2005). 이 책은 개신대학원대학교에서 가르치는 엔스의 제자 김구원 교수에 의해 한국어로 번역되어 『성육신의 관점에서 본 성경 영감설』이라는 제목으로 2006년에 기독교문서선교회에서 출간되었다. 필자는 본 논문에서 이 책의 이름을 언급할 때, 김구원 교수가 의역한 제목보다는 원서의 제목을 그대로 사용할 것이다. 또한 필자가 보기에, 김구원 교수의 번역은 때때로 원서의 의미를 지나치게 의역하고 있다는 느낌을 준다.

2) 미국 *Christianity Today* 3월 27일자에 실린 이사회 전문은 아래와 같다.

Thank you very much for your prayers for the special meeting of the Board of Trustees that was held on March 26 to address the disunity of the faculty regarding the theological issues related to Dr. Peter Enns' book, Inspiration and Incarnation: Evangelicals and the Problem of the Old Testament. After a full day of deliberation, the Board of Trustees took the following action by decisive vote:

"That for the good of the Seminary (Faculty Manual II.4.C.4) Professor Peter Enns be suspended at the close of this school year, that is May 23, 2008 (Constitution Article III, Section 15), and that the Institutional Personnel Committee (IPC) recommend the appropriate process for the Board to consider whether Professor Enns should be terminated from his employment at the Seminary. Further that the IPC present their recommendations to the Board at its meeting in May 2008."

In order to provide the entire Westminster community with a more complete understanding of the Board' s decision and to offer an opportunity for questions and dialogue, the Chairman and Secretary of the Board will join the President on campus for a special chapel on Tuesday, April 1 at 10:30 am. Students and staff are encouraged to attend and participate. Following that special chapel, they will hold a separate meeting with the faculty.

Our concern is to honor the Lord Jesus Christ and assure a faithful witness for Westminster for years to come. To that end, please pray for everyone involved during the next two months.

Jack White

Chairman of the Board

3) 엔스의 견해를 비판한 복음주의자들로는 D. A. Carson과 Paul Helm을 들 수 있으며, 특히 엔스의 입장을 매우 강하게 비판한 대표적인 학자로는 G. K. Beale이다. 가령 그의 글, "Myth, History, and Inspiration: A Review Article of Inspiration and Incarnation by Peter Enns," *JETS* 49/2 (June 2006): 287-312; idem, "Did Jesus and the Apostles Preach the Right Doctrine from the Wrong Texts?: Revisiting the Debate Seventeen Years Later in the Light of Peter Enns' Book, Inspiration and Incarnation," *Themelios* 32/1 (October 2006): 18-43을 보라. 위의 글들은 최근에 출간된 그의 책에 수정 보완되어 있다. 그의 책, *The Erosion of Inerrancy in Evangelicalism: Responding to New Challenges to Biblical Authority* (Wheaton: Crossway, 2008)을 보라. Peter Enns의 반론으로는 Peter Enns, "Response to G. K. Beale' s Review Article of Inspiration and Incarnation," *JETS* 49/2 (2006): 313-26을 보라.

4) 예를 들면 반대한 8명의 교수들은 Carl Trueman, Scott Oliphint, Richard Gaffin, Jeff Jue, Peter Lillback, Lane Tipton, Sandy Finlayson 그리고 Vern Poythress

이다. 엔스의 신학에 반대하는 그들의 공식적인 선언문을 살펴보려면, "The Minority Report of Eight Faculty Members: Summary of Reasons" (www.bible-researcher.com/enns2.html)을 참조하라.

5) 현재 웨스트민스터 신학교 교수는 아니지만 과거 웨스트민스터 신학교 교수로 있었던 학자들 중 엔스에 대해 비판적인 견해를 피력한 대표적인 사람은 리폼드 신학교의 조직신학자 John Frame과 최근에 리폼드 신학교에서 사임한 구약신학자 Bruce Waltke를 손꼽을 수 있다. 최근 Peter Enns와 Bruce Waltke의 토론을 살펴보려면, Bruce K. Waltke, "Revisiting Inspiration and Incarnation," *WTJ* 71 (2009): 83-95; Peter Enns, "Interaction with Bruce Waltke," *WTJ* 71 (2009): 97-114; Bruce K. Waltke, "Interaction with Peter Enns," *WTJ* 71 (2009): 115-28을 보라.

6) 물론 고대근동문학과 창세기와의 연관성 문제는 궁켈 이전에 이미 조지 스미스(George Smith)에 의해 논의되었다. G. Smith, *The Chaldean Account of Genesis* (London: Sampson Low, 1876)을 보라.

7) Hermann Gunkel, *Schüpfung und Chaos in Urzeit und Endzeit: Eine religionsgeschichtliche Untersuchung über Gen 1 und Apoc Joh 12* (Göttingen: Vandenhoeck & Ruprecht, 1895).

8) 궁켈은 "에누마 엘리쉬"에 등장하는 말둑의 창조신화가 히브리 시나 선지서의 메시지에 직접적 영향을 끼쳤다고 보았으며, 가장 후대에 기록된 P 문서에는 그 영향력이 가장 많이 약화되었다고 보았다. 그는 P 기자는 자신의 문서기록을 마칠 때 바벨론 신화의 영향에서 거의 벗어난 이스라엘 자체의 신앙체계의 가능성을 제시하였다고 말한다.

9) 예를 들면, 창세기 1-11장과 고대근동문학과의 비교연구에 대한 개관적 역사를 살펴보려면, Richard Hess, "One Hundred Fifty Years of Comparative Studies on Genesis 1-11: An Overview," in "I Studied Inscriptions from before the Flood": *Ancient Near Eastern, Literary, and Linguistic Approaches to Genesis 1-11*, (eds.) R. S. Hess and D. T. Tsumura, Sources

for Biblical and Theological Study 4 (Winona Lake, Ind.: Eisenbrauns, 1994), 3-26을 보라.

10) L. R. Fisher, "Creation at Ugarit and in the Old Testament," *VT* 15 (1965): 313-24; R. Clifford, "Cosmogonies in the Ugarit Texts and in the Bible," *Or* 53 (1984): 183-201를 보라.

11) Walther Eichrodt, *Theology of the Old Testament*, vols 2., trans. J. A. Baker (Philadelphia: Westminster Press, 1961-1967).

12) Gerhard von Rad, *Old Testament Theology*, vol. 1., trans. D. M. G. Stalker (New York: Harper and Row, 1962).

13) G. Ernest Wright, *The Old Testament against Its Environment* (London: SCM, 1950).

14) B. S. Childs에 대한 비평적 평가를 살펴보려면, 장세훈, "정경적 접근과 역사 비평의 연속성과 불연속성," 『교회와 문화』 제21호 (2008): 50-74를 보라.

15) A. R. Millard & Donald J. Wiseman (eds.), *Essays on the Patriarchal Narratives* (Leicester: InterVarsity, 1980); K. A. Kitchen, *On the Reliability of the Old Testament* (Grand Rapids: Eerdmans, 2006); V. Philip Long, David W. Baker and Gordon J. Wenham (eds.), *Windows into Old Testament History: Evidence, Argument, and the Crisis of "Biblical Israel"* (Grand Rapids: Eerdmans, 2002).

16) Walter C. Kaiser Jr., *A History of Israel* (Nashville: Broadman, 1998), 류근상 역, 『이스라엘의 역사』 (서울: 크리스챤출판사, 2003).

17) John Oswalt, *The Bible among the Myth* (Grand Rapids: Zondervan, 2009).

18) Richard Hess, *Israelite Religions: An Archaeological and Biblical Survey* (Grand Rapids: Baker, 2007).

19) V. Philip Long, *The Art of Biblical History* (Grand Rapids: Zondervan, 1994). 또한 Iain Provan, Philips Long and Tremper Longman III, *A Biblical History of Israel* (Louisville: John Knox Westminster Press, 2003)도 참고하

라. 이 책은 구약의 역사성을 학문적으로 논증하는 가장 뛰어난 복음주의 작품으로 평가받고 있다.

20) Iain W. Provan, "Ideologies, Literary and Critical: Reflections on Recent History Writing on the History of Israel," *JBL* 114 (1995): 585-606.

21) Daniel I. Block, *The Gods of the Nations* (Grand Rapids: Baker, 2001).

22) Craig C. Broyles (ed.), *Interpreting the Old Testament* (Grand Rapids: Baker, 2001).

23) James K. Hoffmeier, *Israel in Egypt: The Evidence for the Authenticity of the Exodus Tradition* (New York: Oxford University Press, 1997).

24) 고대근동문학과의 연과성의 이슈와 아울러, 최근의 구약학계는 초기 이스라엘의 역사성에 대한 논쟁으로 뜨겁다. "개정주의자"(revisionist)로 불리는 일군의 학파들은 초기 이스라엘의 역사들을 모두 후대의 이데올로기의 산물로 간주하면서 이스라엘의 역사의 신빙성을 부정한다. 이런 점에서 학계에서 이들은 이스라엘 역사 자체의 신빙성에 회의를 갖기 때문에 "최소주의자"(Minimalist)로 불린다. 이런 입장을 취하는 대표적인 작품으로는, Keith W. Whitelam, *The Invention of Israel: The Silencing of Palestinian History* (London: Routledge, 1996); Thomas L. Thompson, *Early History of the Israelite People from the Written and Archaeological Sources, Studies in the History of the Ancient Near East 4* (Leiden: Brill, 1992); N. P. Lemche, *The Cannanites and Their Land: The Tradition of the Canaanites*, JSOTSup 110 (Sheffield: Sheffield Academic Press, 1991); Philip Davies, *In Search of "Ancient Israel"*, JSOTSup 148 (Sheffield: Sheffield Academic Press, 1992)을 보라. 최근의 개정주의자들에 대한 입장과 평가로는 Ernest Nicholson, "Current 'Revisionism' and the Literature of the Old Testament," in *In Search of Pre-Exilic Israel*, (ed.) John Day (London: T&T Clark International, 2004), 1-22를 보라. 또한 이들의 견해의 논점과 그 문제점에 대해서는 장세훈, "키스 화이트램의 해체주의적 이스라엘 역사관과 기독교적 정체성," 『한국개혁신학』 제18권 (2005): 71-92를 보라. "최

소주의자들" 혹은 "개정주의자들"에 대한 복음주의적 대응으로는 Iain Provan, Philips Long and Tremper Longman III, *A Biblical History of Israel* (Louisville: John Knox Westminster Press, 2003); David M. Howard Jr. & Michael A. Grisanti (eds.), *Giving the Sense: Understanding and Using Old Testament Historical Texts* (Grand Rapids: Kregel, 2003); V. Philip Long, David W. Baker and Gordon J. Wenham (eds.), *Windows into Old Testament History: Evidence, Argument, and the Crisis of "Biblical Israel"* (Grand Rapids: Eerdmans, 2002); B. T. Arnold & D. W. Baker (eds.), *The Face of Old Testament Studies* (Grand Rapids: Baker, 1999)을 보라. 이런 복음주의적 입장을 취하는 자들은 "최소주의자들"과 상반된다는 의미로 "최대주의자" (Maximalist)로 불린다.

25) 예를 들면, A. Heidel, *The Babylonian Genesis* (Chicago: Chicago University Press, 1954); G. Hasel, "The Polemic Nature of the Genesis Cosmology," *EvQ* 46 (1974): 81-102; Kenneth A. Matthews, *Genesis 1-4:26*, NAC (Nashville: Broadman, 1996), 118-19를 보라.

26) Richard D. Hess, "Ancient Near Eastern Studies," in *Interpreting the Old Testament*, 202-3.

27) John Walton, *The Lost World of Genesis One* (Leicester: IVP, 2009).

28) 월튼의 주장에 대한 포이쓰레스의 부정적 평가를 보려면, http://www.worldmag.com/articles/15785를 보라. 또한 포이쓰레스의 평가에 대한 월튼의 반론을 보려면 다음의 웹사이트를 참고하라. (http://www.biologos.org/blog/john-walton-responds-to-vern-poythress).

29) 리폼드 신학교는 왈키가 이 인터뷰에서 유신론적 진화론을 긍정하는 입장을 표명한 것에 대해 우려를 표했는데, 어떤 이들은 왈키가 아담과 하와의 역사성을 부정한다는 오해를 하기도 했다. 물론 왈키는 아담과 하와의 역사성을 결코 부정하지 않는다고 해명했지만 논란이 확대되면서 급기야 사임의 단계에 까지 이르게 되었다. 이 논란에 대한 구체적인 보도로는 아래의 미국 Christianity Today의 웹

사이트를 참조하라.

(http://blog.christianitytoday.com/ctliveblog/archives/2010/ 04/bruce_waltke_he. html).

30) 엔스는 자신의 성경관을 피력할 때, 워필드의 성경관을 종종 인용하면서 성경의 인성적 측면을 강조하는 자신의 입장이 워필드의 개혁주의적 성경관을 따르고 있음을 시사한다. Peter Enns, *Inspiration and Incarnation: Evangelicals and the Problem of the Old Testament*, 30를 보라.

31) 엔스는 그의 책에서 evangelicals이라는 명칭과 conservatives라는 명칭을 구별없이 사용하고 있는 듯하다. 그러므로 엔스가 "복음주의자들"을 가리킬 때, "보수주의자들"이란 의미를 내포하고 있다.

32) Peter Enns, *Inspiration and Incarnation: Evangelicals and the Problem of the Old Testament*, 『성육신의 관점에서 본 성경영감설』, 김구원 역, (서울:기독교문서선교회, 2006), 29.

33) Ibid., 25.

34) Ibid., 33-53.

35) Ibid., 36.

36) Ibid., 64.

37) Ibid., 75-76.

38) Ibid.,77.

39) Ibid., 26-27.

40) Richard Hess, "Ancient Near Eastern Studies," 202-3.

41) D. T. Tsumura는 메소포타미아 문헌들과 창세기의 홍수 이야기 사이의 유사성과 상이성을 다음과 같이 소개한다. 그의 논문 "Genesis and Ancient Near Eastern Stories of Creation and Flood", in *"I Studied Inscriptions from before the Flood": Ancient Near Eastern, Literary, and Linguistic Approaches to Genesis 1-11*, 54-55를 보라. 여기서 쯔무라는 키친과 밀라드의 입장에 서서 히스와 동일한 견해를 취한다.

유 사 성	상 이 성
1. 홍수를 내리고자 하는 신(들)의 결정 2. 홍수에서 구원받는 한 사람이 선택되어 그의 가족에 만들어진 배에서 구원받음 3. 나머지 인류는 멸망당함 4. 배가 산 위에 떠 있게 됨 5. 사람의 거처 가능성을 알기 위해 새가 보내어짐 6. 그 사람이 신에게 제사를 바침 7. 인류가 땅에서 새로워짐	1. 메소포타미아 문헌의 신들은 인류의 소음에 지쳐있지만, 창세기의 하나님은 인류의 죄악과 타락을 목도함 2. 메소포타미아 문헌의 신들은 홍수 계획을 인류에게 전적으로 숨기려고 애쓰지만, 창세기에는 그런 의도가 나타나지 않음 3. 메소포타미아 문헌에서 이 영웅의 구원은 한 신의 속임에 의해 이루어지지만, 창세기에는 하나님이 처음부터 노아를 부르시고 그에게 심판과 아울러 방주 만들기를 명하심 4. 메소포타미아 문헌의 배는 방대한 입방체형으로서 거대한 지구랏 형태이지만, 창세기의 배는 실제적인 형태의 배에 해당함 5. 메소포타미아 문헌은 홍수의 양과 시기 및 기간에 대해 구체적인 정보를 제공하지 않지만, 창세기는 매우 구체적인 정보를 제공함 6. 메소포타미아 문헌의 배에는 선장과 기술자들이 포함되지만, 창세기에는 노아와 식구들만 배에 들어감 7. 홍수 후 새를 보내는 이야기가 많은 차이를 나타내며, "아트라하시스"에는 이 이야기가 없음 8. 메소포타미아 문헌의 영웅은 홍수 후 스스로 배에 나와서 제사를 바치지만, 창세기의 노아는 하나님의 명령에 따라 배에 나와서 제사를 드림 9. "아트라하시스"는 홍수 후 번성함이 신들의 활동에 의해 이루어지지만, 창세기는 노아와 그의 자녀들을 통해 이루어짐.

42) 웬함은 창세기가 고대근동문학에 의존했는가 에 대해 세 가지 입장으로 분류한다. 첫째는 창세기가 고대근동문학에 의존하지 않았으며, 각각의 문헌들은 독자적인 발전단계를 갖는다고 본다. 그는 이런 입장을 "mininalist"라고 말한다. 두 번째는 창세기가 고대근동문학에 의존하여 쓰여졌다는 입장으로서 "maximalist"로 칭하며, 세 번째는 중도적 입장으로서 앞의 두 입장의 중간적 성격을 취한다. 여기서 웬함은 고대근동문학의 의존도에 있어서 "minimalist" 의 입장을 취한다. Gordon Wenham, *Genesis 1-15*, WBC (Waco: Word Books, 1987), 163.

43) Gordon J. Wenham, *The Pentateuch, Exploring the Old Testament* Vol. I (London: SPCK, 2003), 박대영 역,『모세오경』(서울: 성서유니온, 2007), 40.

44) Gordon J. Wenham, *The Pentateuch*, 41.

45) Craig C. Broyles, "Traditions, Intertextuality, and Canon," in *Interpreting the Old Testament*, 163.

46) 신화에 대한 다양한 정의들과 그에 대한 평가로는 John N. Oswalt, *The Bible among Myths*, 29-46을 보라. 여기서 오스월트는 신화적 사상과 성경적 사상의 근본적인 차이를, "연속성"과 "초월성"에서 찾는다. 다시 말해, 오스월트에 의하면, 신화는 신적인 존재들과 자연과 인간들 간의 경계가 없는 존재론적 연속성을 갖지만, 구약은 하나님과 그의 피조물과의 근본적인 존재론적 불연속성을 밝히고 있다. 달리 말하면, 구약은 자연과 인간세계에 대한 하나님의 초월성을 강조한다. 특히 오스월트는 신화적 사상의 특징으로서, "혼합주의", "우상들", "무질서의 질료의 영원성", "본질적이지 않은 실제의 인격성", "저등한 신관", "삶의 원천으로서의 갈등", "저등한 인간관", "단일성이 없는 윤리관", "존재의 주기적 순환"을 언급하는 반면, 구약적 사상의 특징으로서, "유일신론", "우상타파", "성령의 사역", "창조과정에서 갈등이 나타나지 않음", "고등한 인간관", "성을 초월하시는 하나님", "성의 제의적 사용 금지," "주술금지", "종교적 반응로서의 윤리적 순종", "인간의 역사적 활동의 중요성"을 강조한다. 결론적으로 오스월트는 이와 같은 근본적인 사상적 차이로 인해, 구약을 신화로 규정하는 것은 잘못이라고 단언한다.

47) J. Maxwell Miller, "Reading the Bible Historically: The Historian' s Approach," in *To Each Its Own Meaning: An Introduction to Biblical Criticism and their Application*, (eds.) S. McKenze and S. Haynes (Louisville: Westminster John Knox Press, 1993), 김은규 & 김수남 역,『성서비평 방법론과 그 적용』(서울: 대한기독교서회, 1997), 29.

48) V. Philps Long, *Art of Biblical History*, 105-6.

49) Craig C. Broyles, "Interpreting the Old Testament," in *Interpreting the Old*

Testament, 14.

50) 예를 들면, 창 1-11장의 문학적 심미성에 관한 논의로는 D. T. Tsumura, "Genesis and Ancient Near Eastern Stories of Creation and Flood", in *"I Studied Inscriptions from before the Flood": Ancient Near Eastern, Literary, and Linguistic Approaches to Genesis 1-11*, 47-57을 보라.

51) 역사에 대한 다양한 의미와 정의에 대해서는 David M. Howard Jr., "History as History: The Search for Meaning," in *Giving the Sense*, 38-42를 보라.

52) 엔스는 자신의 성육신 유비의 이론을 워필드와 바빙크의 해석과 연결시킨다. 그의 글, "Response to G. K. Beal' s Review Article of Inspiration and Incarnation," 324를 보라.

제7장 포스트모던 역사관의 도전과 21세기 개혁신학

1) 주로 개정주의자들로 대변되는 "최소주의자들"(Minimalists)과 그들의 입장에 반대하는 "최대주의자들"(Maximalists)과의 논쟁은 성경학계의 큰 이슈가 되었다. 그들의 지상논쟁을 살펴보려면 다음의 글들을 참조하라. 먼저 K. W. Whitelam과 W. G. Dever와의 논쟁으로는 K. W. Whitelam, "The Identity of Early Israel: The Realignment and Transformation of Late Bronze-Iron Age Palestine," *JSOT* 63 (1994): 57-87; W.. G. Dever, "The Identity of Early Israel: A Rejoinder to Keith W. Whitelam," *JSOT* 72 (1996): 3-24; K. W. Whitelam, "Prophetic Conflict in Israelite History: Taking Sides with William G. Dever," *JSOT* 72 (1996): 25-44을 보라. 또한 최대주의자 I. W. Provan과 다른 최소주의자들과의 논쟁을 다룬 JBL 논문으로 I. W. Provan, "Ideologies, Literary and Critical: Relflections on REcent Writing on the History of Israel," *JBL* 114 (1995): 585-606; T. L. Thompson, "A Neo-Albrightean School in History and Biblical Scholarship?" *JBL* 114 (1995): 638-98; P. R. Davies, "Method and

Madness: Some Remarks on Doing History with the Bible," *JBL* 114 (1995): 699-705를 보라. 더불어 William G. Dever와 Niels Peter Lemche와의 논쟁으로는 W. G. Dever, "Revisionist Israel Revisited: A Rejoinder to Niels Peter Lemche," *CR:BS* 4 (1996): 35-50; N. P. Lemche, "Response to William G. Dever, "Revisionist Israel Revisited," *CR:BS* 5 (1997): 9-14을 보라. 또한 N. P. Lemche와 W. G. Dever의 논쟁에 대한 평가를 제시한 N. K. Gottwald, "Triumphalist versus Anti-Triumphalist Versions of Early Israel: A Response to Articles by Lemche and Dever in Volume 4 (1996)," *CR:BS* 5 (1997): 15-42도 참조하라. 또한 개정주의자들에 대한 복음주의자들의 대응으로는 *Windows into Old Testament History*, (eds.) V. P. Long, David W. Baker & G. J. Wenham (Grand Rapids: Eerdmans, 2002); Iain Provan, V. P. Long & Tremper Longman III, *A Biblical History of Israel* (Louisville: Westminster John Knox Press, 2003)을 보라.

2) 이런 입장을 대변하는 작품들을 간략하게 소개하면 다음과 같다. G. W. Ahlström, "The Origin of Israel in Palestine," *SJOT* 2 (1991): 19-34; N. P. Lemche, *The Canaanites and Their Land: The Tradition of the Canaanites*, JSOTSup 110 (Sheffield: Sheffield Academic Press, 1991); idem, *The Israelites in History and Tradition* (Louisville, KY: Westminster John Knox Press, 1998); P. R. Davies, *In Search of 'Ancient Israel'* (Sheffield: Sheffield Academic Press, 1992); T. L. Thompson, *Early History of the Israelite People from the Written and Archaeological Sources* (Leiden: Brill, 1992); idem, *The Mythic Past: Biblical Archaeology and the Myth of Israel* (New York, NY: Basic Books, 1999).

3) William G. Dever, "Archaeology, Ideology, and the Quest for an 'Ancient' or 'Biblical' Israel," *Near Eastern Archaeology 61:1* (1998), 41.

4) P. R. Davies, *In Search of 'Ancient Israel,'* 114.

5) Ibid., 11-25.

6) 히브리 성경의 정경화 작업에 대한 그의 논지를 살펴보려면, P. R. Davies, *Scribes and Scrolls: The Canonization of the Hebrew Scriptures* (Louisville, KY: Westminster John Knox Press, 1998)을 보라.

7) N. P. Lemche, *The Israelites in History and Tradition*, 94.

8) 히브리 성경의 기술을 단지 비역사적인 창조적 신화물에 불과하다는 그의 입장을 살펴보려면, T. L. Thompson, *Early History of the Israelite People from the Written and Archaeological Sources* (Leiden: Brill, 1992); idem, *The Mythic Past: Biblical Archaeology and the Myth of Israel* (New York, NY: Basic Books, 1999)을 보라.

9) 예를 들면, K. W. Whitelam, "The Identity of Early Israel: The Realignment and Transformation of Late Bronz-Iron Age Palestine," *JSOT* 63 (1994): 57-84; idem, "Palestine During the Iron Age," in *The Biblical World*, Vol. I, (ed.) John Barton (London: Routledge, 2002), 391-415; idem, " 'Israel Is Laid Waste: His Seed Is No More' : What If Merneptah' s Scribes Were Telling The Truth?" , *Biblical Interpretation* 8 (2002): 8-22를 보라.

10) K. W. Whitelam, *The Invention of Ancient Israel: The Silencing of Palestinian History* (London: Routledge, 1996), 김문호 역, 『고대 이스라엘의 발명』 (서울: 이산출판사, 2003). 본 논문은 이 책을 중심으로 Whitelam의 사상을 다루어 갈 것이다. 그러나 필요한 경우는 그의 다른 저작들도 참조할 것이다.

11) Ibid., 26.

12) Ibid., 43.

13) Ibid., 45.

14) Ibid., 57.

15) 팔레스타인의 역사에 대한 논의로는 K. W. Whitelam, "Palestine During the Iron Age," in *The Biblical World*, Vol. I, (ed.) John Barton (London: Routledge, 2002), 391-415을 보라.

16) K. W. Whitelam, *The Invention of Ancient Israel: The Silencing of*

Palestinian History (London: Routledge, 1996), 김문호 역,『고대 이스라엘의 발명』(서울: 이산출판사, 2003), 71.

17) Ibid., 72-73.

18) Ibid., 93.

19) 초기 이스라엘의 출현에 대한 그의 전문적인 연구논문으로는 K. W. Whitelam, "The Identity of Early Israel: The Realignment and Transformation of Late Bronz-Iron Age Palestine," *JSOT* 63 (1994): 57-84을 참고하라. 또한 이스라엘의 기원에 관한 다양한 이론들을 살펴보려면, N. P. Lemche, "Early Israel Revisted," *CR:BS* 4 (1996): 9-34; R. K. Gnuse, *No Other God: Emergent Monothesim in Israel*, JSOTSup 241 (Sheffield: Sheffield Academic Press, 1997), 23-61; K. L. Younger Jr., "Early Israel in Recent Biblical Scholarship," in *The Face of Old Testament Studies: A Survey of Contemporary Approaches*, (eds.) David W. Baker & Bill T. Arnold (Grand Rapids: BakerBooks, 1999), 176-91을 보라.

20) A. Alt, "The Settlement of the Israelites in Palestine," in *Essays on Old Testament History and Religion*, (tr.) R. A. Wilson (Garden City, NY: Doubleday, 1966), 173-221; M. North, *The History of Israel*, (tr.) P. R. Ackroyd, 2d ed. (New York: Harper & Row, 1960), 53-84.

21) 예를 들면, M. Weippert, *The Settlement of the Israelite Tribes in Palestine: A Critical Survey of Recent Scholarly Debate*, (tr.) J. D. Martin, *SBT* 2/21 (London: SCM, 1971), 1-146; idem, "The Israelite 'Conquest' and the Evidence from the Transjordan," in *Symposia Celebrating the Seventy-Fifth Anniversary of the Founding of the American Schools of Oriental Research (1900-1975)*, (ed.) F. M. Cross (Cambridge: American Scholars of Oriental Research, 1975), 15-34을 보라.

22) K. W. Whitelam, *The Invention of Ancient Israel: The Silencing of Palestinian History* (London: Routledge, 1996), 김문호 역,『고대 이스라엘의

발명』(서울: 이산출판사, 2003), 123.

23) W. F. Albright, "Archaeology nad the Date of the Hebrew Conquest of Palestine," *BASOR* 58 (1935): 10-18; idem, "The Israelite Conquest of Canaan in the Light of Archaeology," *BASOR* 74 (1939): 11-23; idem, *The Archaeology of Palestine*, 3rd ed. (Baltimore: Penguin, 1960), 108-109; G. E. Wright, "The Literary and Historical Problem of Joshua 10 and Judges 1," *JNES* 5 (1946): 105-14; idem, *Biblical Archaeology*, 2nd edn. (Philadelphia: Westminster Press, 1962), 69-85; J. Bright, *A History of Israel*, 3nd edn. (Philadelphia: Westminster Press, 1981), 132을 보라. F. Albright, G. E. Wright, J. Bright의 정복설의 입장을 계승하거나 더욱 발전시킨 학자로는 Y. Aharoni와 A. Malamt를 꼽을 수 있다. Y. Aharoni, *The Land of the Bible: A Historical Geography*, rev. edn (Philadelphia: Westminster Press, 1979), 200-229; A. Malamt, "Israelite Conduct of War in the Conquest of Canaan," in *Symposia Celebrating the Seventy-Fifth Anniversary of the Founding of the American Schools of Oriental Research* (1900-1975), (ed.) F. M. Cross (Cambridge: American Scholars of Oriental Research, 1975), 35-55; idem, "How Inferior Israelite Forces Conquered Fortified Canaanite Cities," *BARev* 8.2 (1982): 25-35을 보라.

24) K. W. Whitelam, *The Invention of Ancient Israel: The Silencing of Palestinian History* (London: Routledge, 1996), 김문호 역, 『고대 이스라엘의 발명』(서울: 이산출판사, 2003), 142-44.

25) 농민 봉기설에 대한 구체적인 연구로는 G. Mendenhall, "The Hebrew Conquest of Palestine," *BA* 25 (1962): 66-87; idem, *The Tenth Generation: The Origins of the Biblical Tradition* (Baltimore: The Johns Hopkins University Press, 1973); idem, "Between Theology and Archaeology," *JSOT* 7 (1978): 28-34; N. Gottwald, "Were the Early Israelites Pastoral Nomads?," in *Rhetorical Criticism: Essays in Honor of James Muilenburg*, (eds.) J.

Jackson and M. Kessier (Pittsburg: Pickwick Press, 1974), 223-55; idem, "The Hypothesis of the Revolutionary Origins of Ancient Israel: A Response to A. J. Hauser and T. L. Thompson," *JSOT* 7 (1978): 37-52; idem, *The Tribes of Yahweh: A Sociology of the Religion of Liberated Israel 1250-1050 BCE* (Maryknoll: Orbis Books, 1979)을 보라.

26) K. W. Whitelam, *The Invention of Ancient Israel: The Silencing of Palestinian History* (London: Routledge, 1996), 김문호 역, 『고대 이스라엘의 발명』(서울: 이산출판사, 2003), 174.

27) Ibid., 233.

28) Ibid., 242.

29) Ibid., 251.

30) Ibid., 272에서 인용함.

31) 메르넵타 돌기둥에 대한 Whitelam의 입장으로는 K. W. Whitelam, " 'Israel is Laid Waste: His Seed is No More' : What if Merneptah' s Scribes were Telling the Truth?", *Biblical Interpretation*, vol. 8 (2002): 8-22을 보라. Whitelam의 견해와 다른 해석으로는 K. Kitchen, "The Victories of Merenptah, and the Nature of their Record," *JSOT* (2004): 20-45를 보라.

32) K. W. Whitelam, *The Invention of Ancient Israel: The Silencing of Palestinian History* (London: Routledge, 1996), 김문호 역, 『고대 이스라엘의 발명』(서울: 이산출판사, 2003), 300.

33) 예를 들면 최근에 출간된 John Oswalt의 *Isaiah: The NIV Application Commentary* (Grand Rapids: Zondervan, 2003)에도 이런 세대주의적 관점이 반영되고 있다.

34) "그 날에 이스라엘이 애굽과 앗수르로 더불어 셋이 세계 중에 복이 되리니 이는 만군의 여호와께서 복을 주어 가라사대 나의 백성 애굽이여, 나의 손으로 지은 앗수르여, 나의 산업 이스라엘이여, 복이 있을지어다 하실 것임이니라"(사 19:24-25).

35) 후기식민지주의에 대한 논의와 평가로는 장세훈, "탈식민지사관 성경해석: 비판

적 고찰", *Hermeneia today*, vol. 23 (2003): 124-131; *The Postcolonial Bible*, (ed.) R. S. Sugirtharajah (Sheffield: Sheffield Academic Press, 1998); R. S. Sugirtharajah, *The Bible and the Third World* (Cambridge: Cambridge University Press, 1999); Luise Schottorff, "The Postcolonial Bible: Four Reviews," *JSNT* 74 (1999): 120-21; David Jobling, "The Postcolonial Bible: Four Reviews," *JSNT* 74 (1999): 117-118; Ralph Broadbent, "The Postcolonial Bible: Four Reviews," *JSNT* 74 (1999): 112-114을 보라.

36) W. G. Dever는 화이트램의 역사관에 반유대교적 관점이 배여 있다고 비판한다. W. G. Dever, "Archaeology, Ideology, and the Quest for an 'Ancient' or 'Biblical Israel,' " *Near Eastern Archaeology 61:1* (1998): 45를 보라.

제8장 구약과 신약의 토라 이해에 대한 성경신학적 고찰

1) E. P. Sanders, *Paul and Palestinian Judaism: A Comparison of Patterns of Religion* (Philadelphia: Fortress, 1977).

2) 예를 들면 N. T. Wright, "Justification: The Biblical Basis and Its Relevance for Contemporary Evangelism," in *The Great Acquittal: Justification by Faith and Current Christian Thought*, (ed.) G. Reid (London: Collins, 1980), 13-37; idem, *The Climax of the Covenant: Christ and the Law in the Pauline Theology* (Minneapolis: Fortress, 1991); idem, *What St. Paul Really Said: Was Paul of Tarsus the Real Founder of Christianity?* (Oxford: Lion,1997)을 보라. 또한 라이트의 해석학적 입장에 대해서는, 존 J. 하트만, "니콜라스 토마스 라이트", Walter A. Elwell & J. D. Weaver 편, 『20세기복음주의 성경신학자들』, 장세훈 역 (서울: 이레 출판사, 2001), 705-27을 참고하라. 하트만은 라이트의 학문적 관심사를 크게 다음과 같이 5가지로 분류한다: 1. 해석이론 2. 유대 이야기: 출애굽과 회복 3. 역사적 예수 4. 바울 신학 5. 율법과 이신칭의.

3)

	John Piper	Tom Wright
The problem	God created a good world that was subjected to futility because of the sinful, trea sonous choice of the first human beings. Because of this offense against the glory of God, humans are alienated from their Creator and deserve his just condem nation for their sins.	God created a good world, designed to be looked after and brought to its intended purpose through his image-bearing human beings. This purpose was thwarted by the sinful choice of the first human beings. Because of human sinfulness, the world needs to be put to rights again and its original purpose taken forward to completion. God' s purpose in putting humans "right" is that through them, the world can be put to rights.
The Law	God revealed himself through the Law, which pointed to Christ as its end and goal, commanded the obedience that comes from faith, increased transgressions, and shut the mouths of all humans because no one has performed the righteousness of the Law so as not to need a substitute.	God made a covenant with Abraham in order to set in motion his plan to rescue his world through Abraham' s family. God gave his people the Torah, his holy Law, as a pedagogue?a way to keep Israel, God' s wayward people, from going totally off track until the coming of the Messiah. Israel was supposed to embody the law and thus be a light to the nations. But Israel has failed at this task.
God' s Righteousness	The essence of God' s right eousness is his un wavering faithfulness to uphold the glory of his name in all he does. No single action, like covenant keep ing, is God' s right eousness. For all his acts are done in right eousness. The essence of human right eousness is the unwavering faithfulness to uphold the glory of God in all we do. The problem is that we all fall short of this glory; that is, no one is righteous.	God' s righteousness refers to his own faithfulness to the covenant he made with Abraham. Israel has been unfaithful to this comm ission. What is now required, if the world' s sin is to be dealt with and a worldwide family created for Abraham, is a faithful Israelite who can be faithful to the covenant in Israel' s stead.

The-First Century Judaism	Many Jews in Jesus' day (like the Pharisees described in the Gospels) did not see the need for a substitute in order to be right with God, but sought to establish their own righteousness through "works of the Law." Whether keeping Sabbath or not committing adultery, these works became the basis of one' s right standing with God. The inclination to rely on one' s own ceremonial and moral acts is universal, apart from divine grace.	Jews in Jesus' day believed that the Law was given to them as people who were already in covenant with God. Therefore, the Law was not viewed as a way to earn God' s favor, but as a sign that one was already in covenant with God. The "works of the Law" are not ways to earn favor with God, but badges of covenant identity by which one determines who is in the covenant and who is not. Many Jews in Paul' s day were clinging to these identity markers (Sabbath, circum cision) in a way that made their Jewish identity exclusive. Therefore, their exclusivism was keeping the promise of God from flowing to the nations.
The Gospel	The heart of the gospel is the good news that Christ died for our sins and was raised from the dead. What makes this good news is that Christ' s death accomplished a perfect righteousness before God and suffered a perfect conde mnation from God, both of which are counted as ours through faith alone, so that we have eternal life with God in the new heavens and the new earth.	The gospel is the royal announcement that the crucified and risen Jesus, who died for our sins and rose again according to the Scriptures, has been enth roned as the true Lord of the world. When this gospel is preached, God calls people to salvation, out of sheer grace, leading them to repentance and faith in Jesus Christ as the risen Lord.
How This Happens	By faith we are united with Christ Jesus so that in union with him, his perfect righteousness and punish ment are counted as ours (imputed to us). In this way, perfection is provided, sin is forgiven, wrath is removed, and God is totally for us. Thus, Christ alone is the basis of our justification, and the faith that unites us to him is the means or	God himself, in the person of Jesus Christ (the faithful Israelite), has come, allowing the continuation of his plan to rescue human beings, and, through them, the world. The Messiah represents his people, standing in for them, taking upon himself the death that they deserved. God justifies (declares righteous) all those who are "in Christ," so that

	instrument of our justification. Trusting in Christ as Savior, Lord, and Supreme Treasure of our lives produces the fruit of love, or it is dead.	the vindication of Jesus upon his resurrection becomes the vindication of all those who trust in him. Justification refers to God' s declaration of who is in the covenant (this worldwide family of Abraham through whom God' s purposes can now be extended into the wider world) and is made on the basis of faith in Jesus Christ alone, not the "works of the Law" (i.e., badges of ethnic identity that once kept Jews and Gentiles apart).
Future Justification	Present justification is based on the substitutionary work of Christ alone, enjoyed in union with him through faith alone. Future justification is the open confirmation and declaration that in Christ Jesus we are perfectly blam eless before God. This final judgment accords with our works. That is, the fruit of the Holy Spirit in our lives will be brought forward as the evidence and confirm ation of true faith and union with Christ. Without that validating transformation, there will be no future salva tion.	Present justification is the announcement issued on the basis of faith and faith alone of who is part of the covenant family of God. The present verdict gives the assurance that the verdict announced on the Last Day will match it; the Holy Spirit gives the power through which that future verdict, when given, will be seen to be in accordance with the life that the believer has then lived.

4) 토라의 다양한 정의를 요약해 주는 Elmer A. Martens, "Embracing the Law: A Biblical Perspective," *BBR* 2 (1992): 3을 보라.

5) Walter C. Kaiser Jr., "Images for Today: The Torah Speaks Today," in *Studies in Old Testament Theology*, (eds.) Robert L. Hubbard Jr., Robert K. Johnston and Robert P. Meyer (Dallas: Word Publishing, 1992), 117-18.

6) 토라의 용법에 대한 포괄적인 설명으로는 Peter Enns, "Law of God" in *New International Dictionary of Old Testament Theology & Exegesis*, Vol. 4(ed.)

Wilem A. VanGemeren (Grand Rapids: Zondervan, 1997), 893-900을 보라.

7) 크뤼제만, 『토라: 구약 성서 법전의 신학과 사상사』, 김상기 역 (천안: 한국신학연구소, 1995), 12-13.

8) Gordon McConville, *Exploring the Old Testament*, Vol. 4, *The Prophets* (London: SPCK, 2002), 63-64.

9) 1세기 유대교 이해와 관련된 논쟁들과 그 이슈에 대한 간략한 논의로는 Donald A. Hagner, "Paul and Judaism-The Jewish Matrix of Early Christianity: Issues in the Current Debate", *Bulletin for Biblical Research* 3 (1993), 111-30을 보라.

10) N. T. 라이트, 『신약성서와 하나님의 백성』, 박문재 역 (고양: 크리스챤 다이제스트, 2003), 394.

11) N. T. 라이트, 『신약성서와 하나님의 백성』, 박문재 역 (고양: 크리스챤 다이제스트, 2003), 394-96.

12) D. A. Carson, Peter T. O' Brien and Mark A. Seifrid (eds.), *Justification and Variegated Nomism*, vol. 1 (Tübingen: Grand Rapids: Mohr Siebeck/Baker, 2001).

13) Simon J. Gathercole, *Where Is Boasting? Early Jewish Soteriology and Paul' s Response in Romans 1-5* (Grand Rapids: Eerdmans, 2002).

14) 그의 입장을 간략하게 소개하는 글로서는 Simon J Gathercole, "After the New Perspective: Works, Justification and Boasting in Early Judaism and Romans 1-5," *Tyndale Bulletin* 52.2 (2001) 303-306을 보라.

15) Thomas R. Schreiner, "The Commands of God," in *Central Themes in Biblical Theology: Mapping Unity in Diversity*, (eds.) Scott J. Hafemann & Paul R. House (Nottingham: Appollos, 2007), 66-101.

16) 조철수, "초기 유대교의 토라 공부와 선생," *Hermeneia Today*, 30호 (2005), 70-78.

17) 가령 "잠언 미드라쉬(6:5)" 에는 자선과 같은 선행이 회개보다 더 중요하다는 것을 암시하고 있다.

아키바 랍비의 제자들이 아키바 랍비에게 질문했다.

"회개와 자선 가운데 어느 것이 더 중요합니까?"

그는 그들에게 말했다.

"회개입니다. 자선은 때때로 받을 만하지 않은 자에게도 주어집니다. 그러나 회개는 그것을 행하는 그 자신에게서 나옵니다.

그들은 그에게 말했다.

"랍비님, 그러나 우리는 자선이 회개보다 더 중요하다는 것을 이미 발견하지 않았습니까? 아브라함 이야기에서 말씀합니다. '(아브람이 주님을 믿었으며) 그 분은 그를 위해 그것(믿음)을 정의(자선)로 여겼다' (창 15:6). 다른 곳에서도 말씀합니다. '(그 모든 계명들을) 우리가 지키고 행한다면 정의(자선)가 우리에게 있을 것이다' (신 6:25). 그 뿐 아니라 다윗이 와서 풀이합니다. 당신의 정의(자선)는 하나님(즉 높은) 산들과 같습니다" (시 36:7).

(조철수, "초기 유대교의 토라 공부와 선생," *Hermeneia Today*, 30호 (2005), 70-71에서 인용함)

여기서 제자들은 자선을 베푸는 행위가 회개 이전에 행해졌음을 강조한다. 이것은 초기 유대교의 한 형태가 토라 연구와 실천을 통한 구원의 개념을 소유하고 있음을 암시해 준다.

18) 조철수, "초기 유대교의 토라 공부와 선생," 70-72.

제9장 에드워드 제이 영과 그의 후예들의 해석학적 공통성과 다양성

1) Moises Silva, "A Half-Century of Reformed Scholarship," *WTJ* 50 (1988), 250.

2) Allan Harman, "Edward Joseph Young," in *Bible Interpreters of the 20th Century*, Walter A. Elwell & J. D. Weaver(eds.), 장세훈 역, 『20세기 복음주의

성경신학자들』(서울: 이레서원, 2001), 319-320.

3) E. J. Young, "Some Thoughts on Old Testament Scholarship," *Faith & Thought* 93.2 (1963): 74-87.

4) Ibid., 75.

5) Ibid., 77.

6) Ibid., 81.

7) Ibid., 83.

8) Ibid.

9) Ibid.

10) Ibid., 84.

11) 에드워드 J. 영,『구약총론』, 228.

12) Raymond Dillard & Tremper Longman III, *An Introduction to the Old Testament*, 박철현 역,『최신구약개론』(고양: 크리스찬다이제스트, 1997), 413-14.

13) Ibid., 414.

14) 에드워드 J. 영,『구약총론』, 112.

15) Ibid., 360.

16) Ibid., 363.

17) Bruce Waltke, *An Old Testament Theology*, 164.

18) Raymond Dillard & Tremper Longman III,『최신구약개론』, 399.

19) 에드워드 J. 영,『구약총론』, 271.

20) J. L. Mays, *Hosea*, OTL (Philadelphia: Westminster, 1969), 3, 26.

21) D. Stuart, *Hosea-Jonah*, WBC (Waco, Tex.: Word, 1987), 10-12.

22) L. Wood, *The Prophets of Israel* (Grand Rapids: Baker, 1979), 279.

23) Raymond Dillard & Tremper Longman III,『최신구약개론』, 547-48.

제10장 21세기에서 바라본 칼빈의 역사 문법적 해석의 의의

1) 사 14:12의 BHS와 LXX는 아래와 같다

BHS

אֵיךְ נָפַלְתָּ מִשָּׁמַיִם הֵילֵל בֶּן-שָׁחַר נִגְדַּעְתָּ לָאָרֶץ חוֹ לֵשׁ עַל-גּוֹיִם׃

LXT

καὶ λήμψονται αὐτοὺς ἔθνη καὶ εἰσάξουσιν εἰς τὸν τόπον αὐτων καὶ κατακληρονομήσουσιν καὶ πληθυνθήσονται ἐπὶ της γης του θεου εἰς δούλους καὶ δούλας καὶ ἔσονται αἰχμάλωτοι οἱ αἰχμαλωτεύσαντες αὐτούς καὶ κυριευθήσονται οἱ κυριεύσαντες αὐτων

2) Joseph Jensen, "Helel Ben Shahar (Isaiah 14:12-15) in Bible and Tradition," *Writing and Reading the Scroll of Isaiah: Studies of an Interpretive Tradition*, (eds.) Craig C. Broyles & Craig A. Evans, Vol. I (Leiden, Brill, 1997), 350-52.

3) Joseph Jensen, "Helel Ben Shahar (Isaiah 14:12-15) in Bible and Tradition," 350.

4) 4세기 라틴어 역 사 14:12은 아래와 같다.

Quomodo cecidisti de caelo lucifer qui mane oriebaris corruisti in terram qui vulnerabas gentes.

5) NIV와 NKJV을 비교하면 다음과 같다.

NIV Isaiah 14:12 "How you have fallen from heaven, O morning star, son of the dawn! You have been cast down to the earth, you who once laid low the nations!"

NKJ Isaiah 14:12 " How you are fallen from heaven, O Lucifer, son of the morning! How you are cut down to the ground, You who weakened the nations!

6) *Scofield Reference Bible* (New York: Oxford University Press, 1909), 726.

7) Tertullian, *Against Marcion 5.11, 17* (ANF 3:454, 466).

8) Origen, *First Principles 1.5* (ANF 4:259).

9) Augustine, *The city of God* (New York: Modern Library, 1950), 358-59.

10) 70인경 이사야 14:12은 다음과 같다.

LXT Isaiah 14:12 *πως ἐξέπεσεν ἐκ του οὐπανου ὁ ἑωσφόρος ὁ πρωὶ ἀνατέλλων συνετρίβη εἰς τὴν γην ὁ ἀποστέλλων πρὸς πάντα τὰ ἔθνη*

11) M. H. Pope, *El in the Uagaritic Texts*, VTSupp (Leiden, Brill, 1955), 27-32, 61-63.

12) John D. W. Watts, *Isaiah 1-33*, Revised, WBC 24 (Nashville: Thomas Nelson, 2005), 264.

13) Johannes C. ḍe Moor, *An Anthology of Religious Texts from Ugarit* (Leiden: E. J. Brill, 1987), 85-86.

14) R. van Leeuwen, "Isa 14:12, holes ʻal-gwym and Gilgamesh XI, 6," *JBL* 99 (1980): 173-84.

15) Gary V. Smith, *Isaiah 1-39*, NAC (Nashville: B&H Publishing Group,2007), 315.

16) P. Grelot의 입장에 대해서는 Joseph Jensen, "Helel Ben Shahar (Isaiah 14:12-15) in Bible and Tradition," 342. 또한 "헬렐"의 헬라 신화적 배경에 관해서는 J. W. McKay, "Helel and the dawn-Goddess: A Re-examination of the Myth in Isaiah XIV 12-15," *VT* 20 (1970): 451-64; J. C. Poirier, "An Illuminating Parallel of Isaiah XVI 12," *VT* 49 (1999): 371-89를 보라.

17) John D. W. Watts, *Isaiah 1-33*, Revised, 264.

18) Otto Kaiser, *Isaiah 13-39* (London: SCM Press LTD, 1980), 39-40.

19) P. C. Craigie, "Helel, Athtar and Phaethon (Jes 14:12-15)," *ZAW* 85 (1973): 223-25; Wildberger, *Isaiah 13-27* (Minneapolis: Fortress Press, 1997), 64-65; John D. W. Watts, *Isaiah 1-33*, Revised, 265.

20) Ronald Youngblood, "The Fall of Lucifer," in *The Way of Wisdom: Essays in Honor of Bruce K. Waltke,* (eds.) J. I. Packer & Sven K. Soderlund (Grand Rapids: Zondervan, 2000),

21) Otto Kaiser, *Isaiah 13-39*, 29.

22) J. H. Hayes and S. A. Irvine, *Isaiah, the Eighth-Century Prophet: His Times and Preaching* (Nashville: Abingdon, 1987), 227-31.

23) R. E. Clements, *Isaiah 1-39* (Grand Rapids: Eerdmans, 1980), 149.

24) Marvin A. Sweeney, *Isaiah 1-39*, FOTL (Grand Rapids: Eerdmans, 1996), 232-33.

25) Gary V. Smith, *Isaiah 1-39*, 310-11.

26) John N. Oswalt, *Isaiah 1-39*, NICOT (Grand Rapids: Eerdmans, 1986), 313-14.

27) Joseph Jensen, "Helel Ben Shahar (Isaiah 14:12-15) in Bible and Tradition," 339.

28) W. S. Prinsloo, "Isaiah 14:12-15: Humiliation, Hubris, Humiliation," *ZAW* 93 (1981): 432-38; R. H. O' Connell, "Isaiah XIV 4B-23: Ironic Reversal Through concentric Structure and Mythic Allusions," *VT* 38 (1988): 407-418; Ronald Youngblood, "The Fall of Lucifer," 177.

29) Robert H. O' Connell, "Isaiah XIV 4B-23: Ironic Reversal Through concentric Structure and Mythic Allusion," 407-8.

30) Ronald Youngblood, "The Fall of Lucifer," 177.

31) Sidney Greidanus, *Preaching Christ from the Old Testament*, 김진섭 · 류호준 역, 『구약의 그리스도 어떻게 설교할 것인가』 (서울: 이레서원, 2002), 200-205.

32) David L. Puckett, *John Calvin's Exegesis of the Old Testament* (Louisville: Westminster John Knox Press, 1995), 56-81.

33) T. H. L. Parker, *Calvin's Old Testament Commentaries* (Edinburgh: T & T

Clark, 1986), 205-6.

34) David L. Puckett, *John Calvin' s Exegesis of the Old Testament*, 63

35) Ibid., 63.

36) 존 칼빈,『칼빈 성경 주석 이사야I』(서울: 성서교재간행사, 1992), 440-41.

37) Ibid., 441-42.

38) Ibid., 445.

39) 개인적으로 필자는 "헬렐"의 배경을 신화에서 찾지 않고 "금성"과 결부시켜 해석하는 Barry G. Webb과 Edward J. Young의 견해가 타당하다고 믿는다.

참고문헌

《영문자료》

Aharoni, Y., *The Land of the Bible: A Historical Geography*, rev. edn. Philadelphia: Westminster Press, 1979.

Ahlström, G. W., "The Origin of Israel in Palestine," *SJOT* 2 (1991): 19-34.

Albright, William Foxwell, *The Archaeology of Palestine*, 3rd ed. Baltimore: Penguin, 1960.

_______, *From Stone Age to Christianity: Monotheism and the Historical Process*. Baltimore: Johns Hopkins University Press, 1946.

_______, "Archaeology nad the Date of the Hebrew Conquest of Palestine," *BASOR* 58 (1935): 10-18.

________, "The Israelite Conquest of Canaan in the Light of Archaeology," *BASOR* 74 (1939): 11-23.

Alexander T. Desmond & Rosner Brian S. (eds.), *New Dictionary of Biblical Theology*. Leicester: Inter-Varisty Press, 2000, IVP 역, 『IVP 성경신학사전』. 서울: IVP, 2004.

Anderson, Bernhard W., *Understanding the Old Testament*, 4th edition. New Jersey: Prentice-Hall, 1986, 강성열 & 노항규 역, 『구약 성서 이해』. 서울: 크리스챤다이제스트, 1994.

Arnold, B. T. & Baker, D. W. (eds.), *The Face of Old Testament Studies*. Grand Rapids: Baker, 1999.

Ball, Edward (ed.), *In Search of True Wisdom: Essays in Old Testament Interpretation in Honor of Ronald E. Clements*. Sheffield: Sheffield Academic Press, 1999.

Baltzer, Klaus, *The Covenant Formulary in Old Testament, Jewish, and Early Christian Writings*. Philadelphia: Fortress, 1971.

Barr, James, *The Concept of Biblical Theology: An Old Testament Perspective*.

London: SCM, 2003.

______, *History and Ideology in the Old Testament: Biblical Studies at the End of a Millennium*. Oxford: Oxford University Press, 2000.

______, *The Semantics of Biblical Language*. Oxford: Oxford University, 1961.

Bartholomew Craig G., *The Drama of Scripture: Finding Our Place in the Biblical Story*. Grand Rapids: Baker, 2004.

_____, "Covenant and Creation: Covenant Overload or Covenant Deconstruction," *CTJ* 30 (1995): 11-33.

Bartholomew Craig G. & Goheen, Michael W., "Story and Biblical Theology," in *Out of Egypt: Biblical Theology and Biblical Interpretation*, Grand Rapids: Zonvervan, 2004, 144-71.

Bartholomew Craig, et al.(eds.), *Canon and Biblical Interpretation, Scripture and Hermeneutics Series* Vol 7., Grand Rapids: Zondervan, 2006.

Beale G. K., *The Erosion of Inerrancy in Evangelicalism: Responding to New Challenges to Biblical Authority*. Wheaton: Crossway, 2008.

________, "Myth, History, and Inspiration: A Review Article of Inspiration and Incarnation by Peter Enns", *JETS* 49/2 (June 2006): 287-312.

________, "Did Jesus and the Apostles Preach the Right Doctrine from the Wrong Texts?: Revisiting the Debate Seventeen Years Later in the Light of Peter Enns' Book, Inspiration and Incarnation," *Themelios*, Vol. 32.1 (2006): 18-43.

________(ed.), *The Right Doctrine from the Wrong Texts: Essays on the Use of the Old Testament in the New*. Grand Rapids: Baker Books, 1994.

Birch Bruce, et al., *A Theological Introduction to the Old Testament*. Nashville: Abingdon, 1999.

Block, Daniel I., *The Gods of the Nations*. Grand Rapids: Baker, 2001.

Bright, John, *A History of Israel*. Philadelphia: Westminster, 1956.

Broadbent, Ralph, "The Postcolonial Bible: Four Reviews," *JSNT* 74 (1999): 112-14.

Broyles, Craig C. (ed.), *Interpreting the Old Testament*. Grand Rapids: Baker, 2001.

Brueggemann, Walter, *An Introduction to the Old Testament*. Louisville: Westminster John Knox Press, 2003,

______, *Isaiah 1-39, Isaiah 40-66*. Louisville: Westminster John Knox Press, 1998.

_____, *The Theology of The Old Testament: Testimony, Dispute, Advocacy*. Minneapolis: Fortress Press, 1997, 류호준, 류호영 역, 『구약신학』. 서울: 기독교문서선교회, 2003.

______, *Old Testament Theology: Essays on Structure, Theme and Text* (ed.) Patrick D. Miller Jr. Minneapolis: Fortress Press, 1992.

Carson, D. A., O' Brien, Peter T. & Seifrid, Mark A. (eds.), *Justification and Variegated Nomism*, vol. 1. Tubingen: Grand Rapids: Mohr Siebeck/ Baker, 2001.

Childs, Brevard S., *The Struggle to Understand Isaiah as Christian Scripture*. Grand Rapids: Eerdmans, 2004.

______, *Isaiah*. OTL. Louisville: John Knox Westminster Press, 2000.

______, *Biblical Theology of the Old and New Testaments*. Minneapolis: Augsburg-Fortress, 1993.

______, *Introduction to the Old Testament as Scripture*. London: SCM Press, 1980, 김갑동 역, 『구약 정경 개론』. 서울: 대한기독교출판사, 1987.

______, *Old Testament Theology in a Canonical Context*. Philadelphia: Fortress, 1986.

______, *Biblical Theology in Crisis*. Philadelphia: Westminster, 1970.

Clements, Ronald E, Ezekiel, *Westminster Bible Companion*. Louisville:

Westminster John Knox Press, 1996.

______, *Old Testament Prophecy: From Oracles to Canon.* Louisville: Westminster John Knox Press, 1996.

______, *Deuteronomy.* Sheffield: Sheffield Academic Press, 1989.

______, *Isaiah1-39.* Grand Rapids: Eerdmans, 1980.

______, *Old Testament Theology: A Fresh Approach.* Louisville: John Knox Press, 1979, 김찬국 역,『구약신학』. 서울: 기독교서회, 1989.

Clifford, R., "Cosmogonies in the Ugarit Texts and in the Bible," *Or* 53 (1984): 183-201.

Cline, M. G., *The Structure of Biblical Authority.* Grand Rapids: Eerdmans, 1975, 노춘희 역,『성경권위의 구조』. 서울: 새순출판사, 1994.

Clines, David J. A., *On the Way to the Postmodern: Old Testament Essays, 1967-1998*, Vol 1/2. Sheffield: Sheffield Academic Press, 1998.

_____, *Interested Parties: The Ideology of Writers and Readers of the Hebrew Bible*. JSOTSup 205. Sheffield: Sheffield Academic Press, 1995.

_____, *What Does Eve Do to Help?*. Sheffield: Sheffield Academic Press, 1990.

Coggins, Richard J., "Disputed Questions in Biblical Studies: 1. History and Story in the Old Testament," *The Expository Times* 112 (2001): 257-260.

Collins, John J., *Encounters with Biblical Theology*. Minneapolis: Fortress Press, 2005.

Collins John J. & Brooks Roger (eds.), *Hebrew Bible or Old Testament? Studying the Bible in Judaism and Christianity. Notre Dame: University of Notre Dame*, 1990.

Craigie, P. C., "Helel, Athtar and Phaethon (Jes 14:12-15)," *ZAW* 85 (1973): 223-25.

David M. Gunn & Danna Nolan Fewell, *Narrative in the Hebrew Bible. Oxford: Oxford University Press*, 1993.

Davies, Philip, *Scribes and Schools*. Louisville: Westminster John Knox Press, 1998.

______, "Method and Madness: Some Remarks on Doing History with the Bible," *JBL* 114/4 (1995) 699-705.

______, In Search of "Ancient Israel", *JSOTSup* 148. Sheffield: Sheffield Academic Press, 1992.

Dempster, Stephen, *Dominion and Dynasty: A Theology of the Hebrew Bible, NSBT*. Downers Grove: IVP, 2003.

_______, "Geography and Genealogy, Dominion and Dynasty: A Theology of the Hebrew Bible," in *Biblical Theology: Retrospect & Prospect* (ed.) Scott J. Hafemann. Downers Grove: InterVarsity Press, 2002, 74-82.

Dentan, Robert C., *Preface to Old Testament Theology*, 박문재 역, 『구약신학 입문』. 서울: 크리스챤 다이제스트, 1992.

Dever, W. G., "The Identity of Early Israel: A Rejoinder to Keith W. Whitelam," *JSOT* 72 (1996): 3-24.

_______, "Revisionist Israel Revisited: A Rejoinder to Niels Peter Lemche," *CR:BS* 4 (1996): 35-50.

Dillard, Raymond & Longman III, *Tremper, An Introduction to the Old Testament*, 박철현 역, 『최신구약개론』. 고양: 크리스챤다이제스트, 1997.

Dumbrell, William J., *The Faith of Israel: A Theological Survey of the Old Testament*. Grand Rapids: Baker, 2002.

_______, *The Search for Order: Biblical Eschatology in Focus*. Grand Rapids: Baker, 1994, 장세훈 역, 『언약신학과 종말론』. 서울: 기독교문서선교회, 2000.

_______, *The End of Beginning*. Grand Rapids: Baker Book House, 1986, 장세훈 역, 『새 언약과 새 창조』. 서울: 기독교문서선교회, 2004.

_______, *Covenant and Creation: A Theology of Old Testament Covenants*.

Exeter: Paternoster, 1984.

Eichrodt, Walter, *Theology of the Old Testament*, trans. J. A. Baker, 2 vols. OTL. Philadelphia: Westminster Press, 1961/1967.

Elwell, Walter A. & Weaver, J. D. (eds.), *Bible Interpreters of the 20th Century*, 장세훈 역 『20세기 복음주의 성경신학자들』. 서울: 이레서원, 2001.

Enns, Peter, "Interaction with Bruce Waltke," *WTJ* 71 (2009): 97-114.

______, "Response to G. K. Beale's Review Article of Inspiration and Incarnation," *JETS* 49/2 (2006): 313-26.

______, I*nspiration and Incarnation: Evangelicals and the Problem of the Old Testament*. Grand Rapids: Baker, 2005, 김구원 역, 『성육신의 관점에서 본 성경 영감설』. 서울: 기독교문서선교회, 2006.

______, "Law of God" in *New International Dictionary of Old Testament Theology & Exegesis*, Vol.4 (ed.) Wilem A. VanGemeren. Grand Rapids: Zondervan, 1997, 893-900.

Fisher, L. R., "Creation at Ugarit and in the Old Testament," *VT* 15 (1965): 313-24.

Fowl, Stephen E., *Engaging Scripture: A Model for Theological Interpretation* Oxford: Basil Blackwell, 1998.

______(ed.), *The Theological Interpretation of Scripture: Classic and Contemporary Reading*. Oxford: Basil Blackwell, 1997.

France, R. T., *Jesus & the Old Testament*. Downer Grove: Inter-Varsity Press, 1971.

Gathercole, Simon J., *Where Is Boasting? Early Jewish Soteriology and Paul's Response in Romans 1-5*. Grand Rapids: Eerdmans, 2002.

________, "After the New Perspective: Works, Justification and Boasting in Early Judaism and Romans 1-5," *Tyndale Bulletin* 52.2 (2001): 303-6.

Garrett, Duane A., *Hosea, Joel,* NAC. Nashville: B&P Press,1997.

Gnuse, R. K., *No Other God: Emergent Monotheism in Israel*, JSOTSup 241.

Sheffield: Sheffield Academic Press, 1997.

Gottwald, N. K.. "Triumphalist versus Anti-Triumphalist Versions of Early Israel: A Response to Articles by Lemche and Dever in Volume 4 (1996)," *CR:BS* 5 (1997): 15-42.

_______, *The Tribes of Yahweh: A Sociology of the Religion of Liberated Israel 1250-1050 BCE*. Maryknoll: Orbis Books, 1979.

_______, "The Hypothesis of the Revolutionary Origins of Ancient Israel: A Response to A. J. Hauser and T. L. Thompson," *JSOT* 7 (1978): 37-52.

Grabbe, L. L. (ed.), *Can a "History of Israel" be Written?*. Sheffield: Sheffield Academic Press, 1997.

Greidanus, Sidney, *Preaching Christ from the Old Testament*, 김진섭 & 류호준 역, 『구약의 그리스도 어떻게 설교할 것인가』. 서울: 이레서원, 2002.

Gunkel, Hermann, *Schöpfung und Chaos in Urzeit und Endzeit: Eine religionsgeschichtliche Untersuchung über Gen 1 und Apoc Joh 12*. Göttingen: Vandenhoeck & Ruprecht, 1895.

Hafemann, Scott J., "The Covenant Relationship," in *Central Themes in Biblical Theology: Mapping Unity in Diversity*, (eds.) Scott J.Hafemann & Paul R. House. Nottingham: Apollos, 2007, 20-65.

Hagner, Donald A., "Paul and Judaism-The Jewish Matrix of Early Christianity: Issues in the Current Debate", *Bulletin for Biblical Research* 3 (1993): 111-30.

Hahn, Scott, "Covenant in the Old and New Testaments: Some Current Research(1994-2004)," *CBR* 3.2(2005):263-92.

Harrison. R. K., *Introduction to the Old Testament: With a Comprehensive Review of Old Testament Studies and a Special Supplement on the Apocrypha*. Grand Rapids: Eerdmans, 1969.

Harrisville, Roy A. & Sundberg, Walter., *The Bible in Modern Culture: Baruch*

Spinoza to Brevard Childs. Grand Rapids: Eerdmans, 2002.

Hasel, Gerhard F., *Old Testament Theology: Basic Issues in the Current Debates*, 김정우 역, 『구약신학: 현대 논쟁의 기본 이슈들』. 서울: 엠마오, 1991.

Hayes, J. H. & Irvine, S. A., *Isaiah, the Eighth-Century Prophet: His Times and Preaching*. Nashville: Abingdon, 1987.

_____, "The Polemic Nature of the Genesis Cosmology," *EvQ* 46 (1974): 81-102.

Heidel, A., *The Babylonian Genesis*. Chicago: Chicago University Press, 1954.

Hengsternberg, Ernst Wilhelm., *Christology of the Old Testament*. Grand Rapids: Kregel, 1970.

Hess, Richard, *Israelite Religions: An Archaeological and Biblical Survey*. Grand Rapids: Baker, 2007.

______, "One Hundred Fifty Years of Comparative Studies on Genesis 1-11: An Overview," in *"I Studied Inscriptions from before the Flood": Ancient Near Eastern, Literary, and Linguistic Approaches to Genesis 1-11*, eds. R. S. Hess and D. T. Tsumura, Sources for Biblical and Theological Study 4. Winona Lake, Ind.: Eisenbrauns, 1994, 3-26.

Hoffmeier, James K., Israel in Egypt: The Evidence for the Authenticity of the Exodus Tradition. New York: Oxford University Press, 1997.

House, Paul R., *Old Testament Theology*, 장세훈 역, 『구약신학』. 서울: 기독교문서선교회, 2001.

Howard Jr., David M. & Grisanti, Michael A. (eds.), *Giving the Sense: Understanding and Using Old Testament Historical Texts*. Grand Rapids: Kregel, 2003.

Hugenberger, Gordon Paul, *Marriage as a Covenant: A Study of Biblical Law and Ethics Governing Marriage Developed from the Perspective of Malachi*. .Leiden: E. J. Brill, 1994.

David Jobling, "The Postcolonial Bible: Four Reviews," *JSNT* 74 (1999): 117-18.

Kaiser, Otto, *Isaiah13-39*. London: SCM Press LTD, 1980.

Kaiser Jr., Walter C. *Mission in the Old Testament: Israel as a Light to the Nations*. Grand Rapids: Baker, 2000, 임윤택 역, 『구약성경과 선교-이방의 빛 이스라엘』. 서울: 기독교문서선교회, 2005.

______, *A History of Israel*. Nashville: Broadman, 1998, 류근상 역, 『이스라엘의 역사』, 서울: 크리스찬출판사, 2003.

______, *The Messiah in the Old Testament*. Grand Rapids: Zondervan, 1995, 류근상 역, 『구약 성경 신학-구약에서의 메시아』. 파주: 크리스챤출판사, 2001.

______, *Toward an Old Testament Theology*. Grand Rapids: Zondervan, 1978, 최종진 역, 『구약 성경 신학』. 서울: 생명의 말씀사, 1998.

______, *Toward Rediscovering the Old Testament*. Grand Rapids: Zondervan, 1987.

______, *Toward Old Testament Ethics*. Grand Rapids: Zondervan, 1983.

______, *Toward an Evangelical Theology: Biblical Exegesis for Preaching and Teaching*. Grand Rapids: Baker, 1981.

Keown, Gerald L., Scalis Pamela J., and Smothers Thomas G., *Jeremiah 26-52*, WBC 27. Dallas: Word Books, 1995.

Kitchen, K. A., *On the Reliability of the Old Testamen*t. Grand Rapids: Eerdmans, 2006.

_______, "The Victories of Merenptah, and the Nature of their Record," *JSOT* (2004): 20-45.

Kline, M. G., *Kingdom Prologue: Genesis Foundations for a Covenantal Worldview*. Overland Park: TwoAge Press, 2000.

Leeuwen, R. van, "Isa 14:12, holes 'al-gwym and Gilgamesh XI, 6," *JBL* 99 (1980):173-84.

Lemche, N. P., "Response to William G. Dever, "Revisionist Israel Revisited,"

CR:BS 5 (1997): 9-14.

________, *The Canaanites and Their Land: The Tradition of the Canaanites*, JSOTSup 110. Sheffield: Sheffield Academic Press, 1991.

Long, V. Philip, *The Art of Biblical History*. Grand Rapids: Zondervan, 1994.

Long, V. Philip, Baker David W. and Wenham Gordon J. (eds.), *Windows into Old Testament History: Evidence, Argument, and the Crisis of "Biblical Israel"*. Grand Rapids: Eerdmans, 2002.

Longman III. Tremper, *Immanuel in Our Place: Seeing Christ in Israel' s Worship*. Philipsburg: P&R Publishing, 2001, 『우리 안에 거하시는 하나님』, 권대영 역. 서울: 기독교문서선교회, 2003.

Lundbom, Jack R., *Jeremiah 21-36*, The Anchor Bible. Doubleday: The Anchor Bible, 2004.

Malamt, A., "How Inferior Israelite Forces Conquered Fortified Canaanites Cities," *BARev* 8.2 (1982): 25-35.

Mays, J. L,. *Hosea*, OTL. Philadelphia: Westminster, 1969.

McComiskey, Thomas Edward, *The Covenants of Promise: A Theology of the Old Testament Covenants*. Grand Rapids: Baker,1985 ,김의원 역, 『계약신학과 약속』서울: 기독교문서선교회, 1987.

Mendenhall, G., "Between Theology and Archaeology," *JSOT* 7 (1978): 28-34.

_______, *The Tenth Generation: The Origins of the Biblical Tradition*. Baltimore: The Johns Hopkins University Press, 1973.

_______, "The Hebrew Conquest of Palestine," *BA* 25 (1962): 66-87.

Martens, Elmer., "Old Testament Theology Since Walter C. Kaiser, Jr.," *JETS* 50/4 (December 2007): 677.

______, *God' s Design: A Focus on Old Testament Theology*. Grand Rapids: Baker, 1981, 김지찬 역, 『구약에 나타난 하나님의 계획과 목적』. 서울: 생명의 말씀사, 1990.

Matthews, Kenneth, *Genesis 1-4:26*, NAC. Nashville: B & H Press, 1996.

_____, *Genesis 4:27-11:26*, NAC. Nashville: B & H Press, 1996.

McConville, Gordon, *Exploring the Old Testament*, Vol. 4, The Prophets. London: SPCK, 2002.

McKay, J. W., "Helel and the dawn-Goddess: A Re-examination of the Myth in Isaiah XIV 12-15," *VT* 20 (1970): 451-64.

Mendenhall, George E., *Law and Covenant in Israel and the Ancient Near East*. Pittsburgh: Biblical Colloquium, 1954.

Millard A. R., & Wiseman Donald J. (eds.), *Essays on the Patriarchal Narratives*. Leicester: InterVarsity, 1980.

De Moor, Johannes C., *An Anthology of Religious Texts from Ugarit*. Leiden: E. J. Brill, 1987.

Muilenburg, James, "Form Criticism and Beyond," *Journal of Biblical Literature* 88 (1969): 1-18.

Nicholson, Ernest, "Current 'Revisionism' and the Literature of the Old Testament," in *In Search of Pre-Exilic Israel*, (ed.) John Day. London: T&T Clark International, 2004, 1-22.

Oeming, Manfred, *Contemporary Biblical Hermeneutics: An Introduction*, tr. Joachim Vette. Burlington: Ashgate, 2006.

O' Connell, R. H., "Isaiah XIV 4B-23: Ironic Reversal Through concentric Structure and Mythic Allusions," *VT* 38 (1988): 407-18.

Ollenburger, Ben C. et al., *The Flowering of Old Testament Theology*, 강성열 역, 『20세기 구약신학의 주요 인물들』.서울: 크리스찬 다이제스트, 2000.

Oswalt, John N., *The Bible among the Myth*. Grand Rapids: Zondervan, 2009.

______, **Isaiah: The NIV Application Commentary**. Grand Rapids: Zondervan, 2003.

______, *The Book of Isaiah: Chapters 40-66*, NICOT. Grand Rapids: Eerdmans,

1998.

Perdue, Reo G., *Reconstructing Old Testament Theology: After the Collapse of History*. Minneapolis: Fortress Press, 2005.

_______, *The Collapse of History: Reconstructing Old Testament Theology, OBT*. Minneapolis: Fortress Press, 1994.

Parker, T. H. L., *Calvin' s Old Testament Commentaries*. Edinburgh: T&T Clark, 1986.

Poirier, C. "An Illuminating Parallel of Isaiah XVI 12," *VT* 49 (1999): 371-89.

Pope, M. H., *El in the Uagaritic Texts*, VTSupp. Leiden, Brill, 1955.

Provan, Iain W., "Ideologies, Literary and Critical: Reflections on Recent Writing on the History of Israel," *JBL* 114/4 (1995): 585-606.

Prinsloo, W. S., "Isaiah 14:12-15: Humiliation, Hubris, Humiliation," *ZAW* 93 (1981): 432-38.

Provan, Iain, Long, Philips, & Longman III, Tremper, *A Biblical History of Israel*. Louisville: John Knox Westminster Press, 2003.

Puckett, David L., *John Calvin' s Exegesis of the Old Testament*. Louisville: Westminster John Knox Press, 1995.

Rad, Gerhard von, *Old Testament Theology*, 2 vols. San Francisco: Harper and Brothers, 1962/1965.

Rendtorff, Rolf, 『구약정경신학』, 하경택 역. 서울: 새물결플러스, 2009.

_______, "Jews and Christians: Seeing and the Prophets Differently," *Bible Review*, vol. XIX (2003): 24-31.

_______, "How to Read the Book of the Twelve as a Theological Unity," in *Reading and Hearing the Book of the Twelve*, (eds.) James D. Nogalski & Marvin A. Sweeney. Atlanta: Society of Biblical Literature, 2000, 75-87.

_______, "A Christian Approach," in *Jews, Christians, and the Theology of the*

Hebrew Scriptures, (ed.) Christopher R. Matthews. Atlanta: Society of Biblical Literature, 2000, 137-151.

_______, *The Covenant Formula: An Exegetical and Theological Investigation*. Edinburgh: T & T Clark, 1995.

_______, "Toward a Common Jewish-Christian Reading of the Hebrew Bible," in *Canon and Theology*' Minneapolis: Fortress Press, 1993, 31-45.

_______, *Canon and Theology*, OBT. Minneapolis: Fortress Press, 1993,

_______, *The Problem of the Process of Transmission in the Pentateuch*, JSOTSup 89. Sheffield: Sheffield Academic Press, 1990.

Robertson, O. Palmer, *The Israel of God: Yesterday, Today and Tomorrow*. New Jersey: P & R Publishing, 2000, 오광만 역,『하나님의 이스라엘』. 서울: 그리심, 2002.

_______, *The Christ of the Covenants*. Philipsburg: P&R, 1980, 김의원 역,『계약신학과 그리스도』. 서울: 기독교문서선교회, 1983.

Sailhamer, John, *Introduction to Old Testament Theology: A Canonical Approach*. Grand Rapids: Zondervan, 1995, 김진섭 역,『구약신학개론-정경적 접근』. 서울: 솔로몬, 2003.

_______, *The Pentateuch as Narrative: A Biblical-Theological Commentary*. Grand Rapids: Zondervan, 1992.

Sanders, James A., *Torah and Canon*. Philadelphia: Fortress Press, 1972.

Sanders, E. P., *Paul and Palestinian Judaism: A Comparison of Patterns of Religion*. Philadelphia: Fortress,1977.

Schottorff, Luise, "The Postcolonial Bible: Four Reviews," *JSNT* 74 (1999): 120-21.

Schreiner, Thomas R., "The Commands of God," in *Central Themes in Biblical Theology: Mapping Unity in Diversity*, (eds.) Hafemann, Scott J. & House, Paul R. Nottingham: Appollos, 2007, 66-101.

Seitz, Christopher & Green-McCreight, Kathryn (ed.) *Theological Exegesis: Essays in Honor of Brevard S. Childs*. Grand Rapids: Eerdmans, 1999.

_______, *Word without End: The Old Testament as Abiding Theological Witness*. Grand Rapids: Eerdmans, 1998.

_______, *Isaiah 1-39*, Interpretation. Louisville: Westminster/John Knox Press, 1993.

_______, *Zion's Final Destiny: The Development of the Book of Isaiah*. Minneapolis: Fortress Press, 1991.

Smith, Gary V., *Isaiah 1-39*, NAC. Nashville: B&H Publishing Group, 2007.

Smith, G., *The Chaldean Account of Genesis*. London: Sampson Low, 1876.

Stek, John H., "'Covenant' Overload in Reformed Theology," *CTJ* 29 (1994): 12-41.

Stuart, Douglas, *Hosea-Jonah*, WBC 31. Waco: Word Books, 1987.

Sugirtharajah, R. S., *The Bible and the Third World*. Cambridge: Cambridge University Press, 1999.

Sweeney, Marvin A., *The Twelve Prophets*, Vol.1, Berit Olam. Collegeville: The Liturgical Press, 2000.

______, *Isaiah 1-39*, FOTL. Grand Rapids: Eerdmans, 1996.

Thompson, Thomas L., *The Mythic Past: Biblical Archaeology and the Myth of Israel*. New York, NY: Basic Books, 1999.

______, "A Neo-Albrightean School in History and Biblical Scholarship?," *JBL* 114/4 (1995): 683-705.

______, *Early History of the Israelite People from the Written and Archaeological Sources*, Studies in the History of the Ancient Near East 4. Leiden: Brill, 1992.

Trible, Phyllis, *Rhetorical Criticism: Context, Method, and the Book of Jonah, Guides to Biblical Scholarship*. Minneapolis: Fortress, 1994.

_______, *God and the Rhetoric of Sexuality*. Philadelphia: Fortress Press, 1978.

VanGemern, Willem A., *Interpreting the Prophetic Word*. Grand Rapids: Zondervan Publishing House, 1990, 이명철 & 김의원 역,『예언서 연구』. 서울: 엠마오, 1993.

_______, *The Progress of Redemption*. Grand Rapids: Zondervan Publishing House, 1988, 안병호 & 김의원 역,『구원 계시의 발전사 I. II』. 서울: 성경읽기사, 1993.

Vanhoozer, Kevin J. (ed.), *Theological Interpretation of the Old Testament: A Book-by-Book Survey*, Grand Rapids: Baker Academic, 2008.

_______(ed.), *Dictionary for Theological Interpretation of the Bible*. Grand Rapids: Baker Academic, 2005.

Waltke, Bruce, "Interaction with Peter Enns," *WTJ* 71 (2009): 115-28.

_______, "Revisiting Inspiration and Incarnation," *WTJ* 71 (2009): 83-95.

_______, *An Old Testament Theology: An Exegetical, Canonical and Thematic Approach*. Grand Rapids: Zondervan, 2007.

Walton, John, *The Lost World of Genesis One*. Leicester: IVP, 2009.

_______, "The Irruption of the Kingdom of God," *CTR* n.s. 2/1 (Fall 2004): 3-13.

Watke, W., *Biblische Theologie. Die Religion des AT*. Berlin, 1835.

Watson, Francis., *Text, Church and World: Biblical Interpretation in Theological Perspective*. Grand Rapids: Eerdmans, 1994.

Watts, John D. W., *Isaiah 1-33*, Revised, WBC 24. Nashville: Thomas Nelson, 2005.

_______, *Text and Truth: Redefining Biblical Theology*. Grand Rapids: Eerdmans, 1997.

Wenham, Gordon, *The Pentateuch, Exploring the Old Testament* Vol. I. London: SPCK, 2003, 박대영 역,『모세오경』. 서울: 성서유니온, 2007.

______, *Genesis1-15*, WBC. Waco: Word Books, 1987.

Wellhausen, Julius, *Prolegomena zur Geschichte Israels* .Berlin: G. Reimer, 1878.

Whitelam, Keith W., " 'Israel Is Laid Waste: His Seed Is No More' : What If Merneptah' s Scribes Were Telling The Truth?", *Biblical Interpretation* 8 (2002): 8-22.

________, *The Invention of Israel: The Silencing of Palestinian History*. London: Routledge, 1996.

________, "Prophetic Conflict in Israelite History: Taking Sides with William G. Dever," *JSOT* 72 (1996): 25-44.

________, "The Identity of Early Israel: The Realignment and Transformation of Late Bronze-Iron Age Palestine," *JSOT* 63 (1994): 57-87.

Wildberger, *Isaiah 13-27*. Minneapolis :Fortress Press, 1997.

Williamson, H. G. M., *The Book Called Isaiah: Deutero-Isaiah' s Role in Composition and Redaction*. Oxford: Clarendon Press, 1994,

Williamson, Paul, *Sealed with an Oath: Covenant in God' s Unfolding Purpose*, NSBT23. Downers Grove: IVP, 2007.

______, "Covenant: TheBeginning of a Biblical Idea," *Reformed Theological Review*,Vol.65:1(2006):1-14.

______, "Covenant" in *Dictionary of the Old Testament: Pentateuch*, (eds.) T. D. Alexander & David W. Baker. Downers Grove: IVP, 2003, 139-55.

Wright, George Ernest, *Biblical Archaeology*. Philadelphia: Westminster, 1957.

_______, *God Who Acts: Biblical Theology as Recital*, SBT 8. London: SCM, 1952.

_______, *The Old Testament Against Its Environment*, Studies in Biblical Theology 2. London: SCM, 1950.

________, "The Literary and Historical Problem of Joshua 10 and Judges 1,"

JNES 5 (1946): 105-14.

Wright, N. T., *What St .Paul Really Said: Was Paul of Tarsus the Real Founder of Christianity?*. Oxford: Lion, 1997.

________, *The Climax of the Covenant: Christ and the Law in the Pauline Theology*. Minneapolis: Fortress, 1991.

________, "Justification: The Biblical Basis and Its Relevance for Contemporary Evangelism," in *The Great Acquittal: Justification by Faith and Current Christian Thought*, (ed.) G. Reid London: Collins, 1980, 13-37.

Young, Edward J., "Some Thoughts on Old Testament Scholarship," *Faith & Thought* 93.2 (1963), 74-87.

_______, *The Study of Old Testament Theology Today*. London: James Clarke, 1958.

《한글자료》

김정우, "개혁주의 정경적 성경 해석학에 대한 제안," 『신학지남』, 통권 제300호 (2009): 80-99.

손석태, 『여호와 이스라엘의 남편』. 서울: 솔로몬, 1997.

장세훈, "정경적 접근과 역사 비평의 연속성과 불연속성," 『교회와 문화』, 제21호 (2008): 50-74.

_____, 『본문의 의미를 찾아서』. 서울: 그리심, 2007.

_____, "탈식민지사관 성경해석: 비판적 고찰", *Hermeneia Today*, vol. 23 (2003): 124-31.

_____, 『한 권으로 읽는 이사야서』. 서울. 이레서원, 2004.

_____, "키스 화이트램의 해체주의적 이스라엘 역사관과 기독교적 정체성", 『한국개

혁신학』. 제18권 (2005): 71-92.

정규남, 『구약신학의 맥』. 서울: 두란노, 1996.

조철수, "초기 유대교의 토라 공부와 선생," *Hermeneia Today*, vol. 30 (2005): 70-78.

21세기 개혁주의 구약신학

장세훈 지음

초판1쇄 2010년 11월 18일
발행처 SFC 출판부
총 판 하늘유통(031-947-7777)
인 쇄 (주)일립인쇄

137-040 서울특별시 서초구 반포4동 58-5 2층 SFC출판부
TEL (02)596-8493 FAX (02)596-5437

ISBN 978-89-93325-39-3 03230

값 13,000원
독자의 의견을 기다립니다.
www.sfcbooks.com